Idées et innovation en développement international

Centre de recherches pour le développement international
Ottawa, Ontario, Canada

Pour les autres livres dans la collection:
http://www.springer.com/series/10295

sous la direction de Bo Göransson
Claes Brundenius

L'université en transition

L'évolution de son rôle et des défis à relever

Centre de recherches pour le développement international
Ottawa • Caire • Dakar • Montevideo • Nairobi • New Delhi • Singapore

Sous la direction de
Bo Göransson
Institut des politiques de recherche
L'Université de Lund
Lund, Suède
Bo.Goransson@fpi.lu.se

Claes Brundenius
Institut des politiques de recherche
L'Université de Lund
Lund, Suède
Claes.Brundenius@fpi.lu.se

Publié conjointement avec
Centre de recherches pour le développement international
BP 8500
Ottawa (Ontario), Canada K1G 3H9
info@crdi.ca/www.crdi.ca
ISBN (e-book) 978-1-55250-542-7

ISBN 978-1-4614-1235-9   e-ISBN 978-1-4614-1236-6
DOI 10.1007/978-1-4614-1236-6
Springer New York Dordrecht Heidelberg London

Numéro de contrôle du Library of Congress: 2011944122

© Centre de recherches pour le développement international 2012
Tous droits réservés. Aucune partie de cet ouvrage ne peut être traduite ou reproduite, sans l'autorisation écrite préalable de l'éditeur (Springer Science+Business Media, LLC, 233 Spring Street, New York, 10013, USA), à l'exception d'extraits courts à destination d'articles ou de travaux universitaires d'analyse. L'utilisation pour toute forme d'archivage ou de transmission d'information, d'adaptation électronique, d'application informatique ou d'autre méthode similaire, encore inconnue ou développée dans l'avenir est strictement interdite. L'utilisation de noms de marques ou de services dans la présente publication, indiqués comme tels ou pas, ne représente pas l'opinion des éditeurs sur leurs droits de propriété intellectuelle.

Imprimé sur du papier sans acides

Springer fait partie du Springer Science+Business Media (www.springer.com)

Avant-propos

L'université en transition examine l'évolution des rapports entre la société et les établissements d'enseignement supérieur. L'université a longtemps été considérée comme une « tour d'ivoire », mais étant donné qu'elle s'intègre de plus en plus à la société, une nouvelle métaphore est en train de voir le jour. En effet, l'université, le gouvernement et l'industrie sont aujourd'hui perçus comme étant des brins d'une triple hélice d'ADN, des éléments constitutifs de l'économie du savoir. Lorsque les brins sont sains et reliés entre eux, l'hélice produit les connaissances, le savoir-faire et la technologie qui sont le propre d'une société prospère. Pour l'université, cela signifie de nouvelles responsabilités : offrir une formation spécialisée à un plus grand nombre d'étudiants, mettre au point de nouvelles technologies et en assurer le transfert à l'industrie et répondre à de nombreux besoins sociétaux.

Malgré l'importance que cela revêt, on ne parvient toujours pas à expliquer complètement pourquoi cette triple hélice s'exprime si différemment selon les pays, donnant lieu à un développement hétérogène. Les 34 auteurs des chapitres de cet ouvrage apportent des éléments de réponse grâce à l'étude qu'ils ont faite des liens tissés par les universités avec la société civile, les représentants des gouvernements et les entrepreneurs dans 12 pays. Les pays choisis ont des systèmes politiques et économiques différents et, à eux tous, englobent une proportion importante de l'effectif étudiant des cycles supérieurs de la planète. Fait intéressant, il semble qu'il n'y ait aucune prédisposition génétique à l'isolement ou à l'intégration du secteur universitaire. Les auteurs cernent les dynamiques internes et les influences externes qui, plutôt, ont eu une incidence sur la façon dont les universités ont contribué au développement économique et social, permettant ainsi d'expliquer en partie pourquoi certains pays progressent alors que d'autres restent à la traîne.

Au Brésil et en Afrique du Sud, par exemple, l'évolution du contexte politique a poussé les universités à s'ouvrir davantage aux groupes auparavant marginalisés, tout en instaurant un climat où la commercialisation de la recherche universitaire a pris de plus en plus d'importance. L'ajustement ne s'est pas fait sans heurts et n'a pas manqué non plus de déclencher des polémiques, les universités ayant eu du mal à adapter leurs programmes de recherche fondamentale aux besoins du marché et à accueillir un plus grand nombre d'étudiants tout en préservant la qualité de l'enseignement. Il importe d'examiner de près les tentatives d'élargissement de l'accès à l'enseignement supérieur, car encore trop d'aspirants au diplôme universitaire sont laissés de côté.

La comparaison de la transformation du secteur universitaire à Cuba et en Russie est de ce point de vue très instructif. Les révolutions socialistes cubaine et russe ont également été des révolutions scientifiques, chaque gouvernement ayant mis un accent tout particulier sur l'enseignement supérieur. Partant de sociétés pratiquement illettrées, ces deux pays ont atteint des niveaux de réussite technologique étonnants, alors qu'ils sont pourtant relativement pauvres en ressources. Avec la chute de l'Union soviétique, les établissements d'enseignement supérieur ont cessé d'être les moteurs du développement technologique. De plus, les réformes de la gouvernance et des programmes des universités, nécessaires pour répondre aux nouvelles réalités politiques et économiques, ont exigé un temps considérable. À l'inverse, le système universitaire de Cuba – qui a davantage connu la stabilité que le changement depuis la révolution – a réussi à alimenter de manière à peu près constante le secteur de la production et la société. La divergence des chemins empruntés s'explique à la fois par la politique et par l'économie, mais il n'en reste pas moins que les choix qui sont faits peuvent toujours faire une différence. Prenant en compte ces choix et leurs conséquences dans plusieurs pays, ce livre constitue une ressource précieuse qui viendra éclairer les débats à venir.

Comme le précisent Bo Göransson et Claes Brundenius dans leurs chapitres d'introduction, la collaboration internationale ayant mené à cette publication avait d'autres objectifs que celui de susciter une meilleure compréhension. Contrairement à de nombreux livres qui réservent un espace à l'éducation du lecteur par les auteurs, les responsables de la publication, et leur réseau UNIDEV, ont utilisé le présent ouvrage pour permettre aux auteurs de chaque chapitre et aux responsables des politiques d'échanger sur les tendances qui influent sur l'enseignement supérieur dans leur pays, leur donnant ainsi l'occasion de comparer leur situation en contexte.

Tant en raison de la façon dont il a été réalisé que du fait qu'il met en relief les facteurs influençant la manière dont les universités contribuent à la richesse des pays, ce livre est tout indiqué pour inaugurer la nouvelle collection lancée par le Centre de recherches pour le développement international (CRDI), *Idées et innovation en matière de développement international*.

Depuis 40 ans, le CRDI soutient des travaux de recherche qui étudient de manière innovante les problématiques sociales, économiques et environnementales de même que les solutions technologiques. Une grande partie de ces travaux a été menée dans des universités de pays en développement qui ont noué des liens solides partout dans le monde. Le CRDI encourage les chercheurs à éclairer les débats savants et à transmettre le savoir au-delà des cercles universitaires – aux collectivités, aux responsables des politiques et aux entrepreneurs. Le CRDI estime qu'il s'agit là d'une démarche innovante en matière de recherche, qui apporte de nouvelles idées et propose un éventail de possibilités permettant de faire des choix en connaissance de cause. Non seulement ce livre traite-t-il des innovations dans le domaine de la gouvernance des universités et de la manière dont la recherche stimule l'innovation sociale et industrielle, mais il permet aussi de découvrir comment la recherche favorise la compréhension du plus grand nombre.

David M. Malone
Président, Centre de recherches pour le développement international

Remerciements

Pendant les quatre années de recherche menée par le réseau UniDev pour préparer ce livre, de nombreuses personnes d'horizons différents ont participé à des ateliers nationaux et à d'autres activités liées au projet. Trop nombreuses à nommer individuellement ici, nous voudrions les remercier collectivement pour leur enthousiasme et leurs contributions, qui ont permis de mieux comprendre comment les représentants des états, de l'industrie, du monde universitaire et de la société civile perçoivent les différents aspects de l'évolution des établissements d'enseignement supérieur.

Nous remercions le Département pour la coopération dans la recherche (SAREC) de l'Autorité suédoise du développement international (SIDA) en Suède et le Centre de recherches pour le développement international (CRDI) au Canada pour leur soutien financier. Les travaux ont été largement facilités par l'engagement et le soutien sans réserve de leurs responsables de projet. Pour finir, nous voudrions également exprimer notre gratitude toute particulière à Sylvia Schwaag Serger pour son implication dans le projet dès la phase initiale et ses commentaires perspicaces tout au long de la préparation de ce livre.

Contenu

Partie I   Le Contexte

1 Contexte et introduction 3
  Bo Göransson et Claes Brundenius

2 À la recherche de l'excellence ? Une perspective internationale
  sur la gouvernance de la recherche universitaire 13
  Mats Benner

3 L'évolution du rôle de l'université dans le développement
  économique: les relations entre l'université et l'industrie 29
  Prasada Reddy

Partie II   Études de Cas par Pays

4 Les universités brésiliennes et leur apport à l'innovation
  et au développement 59
  José Manoel Carvalho de Mello, Anne-Marie Maculan,
  et Thiago Borges Renault

5 Uruguay: enseignement supérieur, système national d'innovation
  et développement économique d'un petit pays périphérique 85
  Rodrigo Arocena et Judith Sutz

6 Cuba : université, innovation et société – l'enseignement
  supérieur au sein du système national d'innovation 109
  Jorge Núñez Jover, Luis Félix Montalvo Arriete, Isarelis Pérez Ones,
  Aurora Fernández González, et José Luis García Cuevas

7 Vietnam : débats en cours sur la transformation des
  établissements universitaires 133
  Tran Ngoc Ca et Nguyen Vo Hung

8	Chine : défis de l'enseignement supérieur dans une économie en forte croissance
Wang Haiyan et Zhou Yuan	161
9	Tanzanie : évolution du rôle des universités dans le développement économique
Burton L.M. Mwamila et Bitrina D. Diyamett	189
10	Afrique du Sud: réforme de l'enseignement supérieur et transformation du système national d'innovation
Rasigan Maharajh, Enver Motala, et Mario Scerri	211
11	Lettonie : repositionner les établissements universitaires dans un pays en voie de rattrapage
Anda Adamsone-Fiskovica, Janis Kristapsons, Erika Tjunina, et Inga Ulnicane-Ozolina	239
12	Russie : universités dans le cadre de la réforme du système national d'innovation
Leonid Gokhberg, Tatiana Kuznetsova, et Stanislav Zaichenko	267
13	Allemagne : rôle des universités dans l'économie d'apprentissage
Ulrich Schmoch	283
14	Universités en voie de développement : évolution du rôle des établissements d'enseignement supérieur au Danemark
Birgitte Gregersen et Jørgen Gulddahl Rasmussen	307
15	Rôle des établissements d'enseignement supérieur dans le système national d'innovation et le débat en Suède
Claes Brundenius, Bo Göransson, et Jan Ågren	331

Partie III   Synthèse

16	Les trois missions de l'université : synthèse des résultats du projet UniDev
Claes Brundenius et Bo Göransson	353

À Propos des auteurs 379

Index 389

Contributeurs

Anda Adamsone-Fiskovica Centre pour les études scientifiques et technologiques, Académie lettone des sciences, Riga, Lettonie

Jan Ågren Institut des politiques de recherche, Université de Lund, Lund, Suède

Rodrigo Arocena Université de la République, Montevideo, Uruguay

Mats Benner Institut des politiques de recherche, Université de Lund, Lund, Suède

Claes Brundenius Institut des politiques de recherche, Université de Lund, Lund, Suède

Tran Ngoc Ca Conseil national pour les politiques scientifiques et technologiques (CNPST), Hanoi, Vietnam

Bitrina D. Diyamett College of Engineering and Technology, University of Dar es Salaam, Tanzania

Aurora Fernández González Ministère de l'enseignement supérieur, Cuba

José Luis García Cuevas Ministère de l'enseignement supérieur, Cuba

Leonid Gokhberg École supérieure d'économie, Moscou, Fédération de Russie

Bo Göransson Institut des politiques de recherche, Université de Lund, Lund, Suède

Birgitte Gregersen Département des études de gestion, Université d'Aalborg, Aalborg, Danemark

Jørgen Gulddahl Rasmussen Département des études de gestion, Université d'Aalborg, Aalborg, Danemark

Wang Haiyan Académie chinoise des sciences et technologie pour le développement (ACSTD), Ministère de la science et de la technologie, Beijing, République populaire de Chine

Nguyen Vo Hung Institut national pour études sur la politique et la stratégie S&T (NISTPASS), Hanoi, Vietnam

Janis Kristapsons Centre pour les études scientifiques et technologiques, Académie lettone des sciences, Riga, Lettonie

Tatiana Kuznetsova École supérieure d'économie, Moscou, Fédération de Russie

Anne-Marie Maculan Universidade Federal do Rio de Janeiro, Rio de Janeiro, Brésil

Rasigan Maharajh Institut pour la recherche économique sur l'innovation, Université technologique de Tshwane, Tshwane, Afrique du Sud

José Manoel Carvalho de Mello Université Fédérale de Fluminense, Niterói, Brésil

Luis Félix Montalvo Arriete Université de la Havane, Havane, Cuba

Enver Motala Institut pour la recherche économique sur l'innovation, Université technologique de Tshwane, Tshwane, Afrique du Sud

Burton L.M. Mwamila College of Engineering and Technology, University of Dar es Salaam, Tanzania

Jorge Núñez Jover Université de la Havane, Havane, Cuba

Isarelis Pérez Ones Université de la Havane, Havane, Cuba

Prasada Reddy Institut des politiques de recherche, Université de Lund, Lund, Suède

Thiago Borges Renault Universidade Federal do Rio de Janeiro, Rio de Janeiro, Brésil

Mario Scerri Institut pour la recherche économique sur l'innovation, Université technologique de Tshwane, Tshwane, Afrique du Sud

Ulrich Schmoch Institut Fraunhofer de recherche sur les systèmes et l'innovation, Karlsruhe, Allemagne

Judith Sutz Université de la République, Montevideo, Uruguay

Erika Tjunina Centre pour les études scientifiques et technologiques, Académie lettone des sciences, Riga, Lettonie

Inga Ulnicane-Ozolina Centre pour les études scientifiques et technologiques, Académie lettone des sciences, Riga, Lettonie

Zhou Yuan Académie chinoise des sciences et technologie pour le développement (ACSTD), Ministère de la science et de la technologie, Beijing, République populaire de Chine

Stanislav Zaichenko École supérieure d'économie, Moscou, Fédération de Russie

Partie I
Le Contexte

Chapitre 1
Contexte et introduction

Bo Göransson et Claes Brundenius

Depuis quelques dizaines d'années, de nombreux changements structurels, que l'on décrit souvent comme le résultat de la mondialisation, de la société d'information, ou encore de l'éclosion de l'économie de la connaissance, transforment de manière distinctive notre façon d'acquérir, de distribuer et de transformer le savoir. Entre autres choses, ces changements structurels, auxquels on pourrait rajouter la fin du modèle linéaire du processus d'innovation et l'accélération du rythme de changement, ont entraîné une production du savoir plus proche et plus directement liée à la compétitivité économique. On pourrait ainsi dire que la croissance économique d'un pays et la création de richesse n'ont jamais été autant influencées par le savoir et les compétences qu'aujourd'hui.

Ces développements demandent aux établissements universitaires[1] de s'adapter rapidement et en permanence pour répondre aux évolutions des besoins de la société et de l'économie. En particulier, la pression monte sur les établissements de recherche et d'enseignement supérieur des économies développées afin qu'ils trouvent et affirment leur nouveau rôle dans le système national d'innovation, tandis que leurs homologues dans les pays en voie de développement doivent trouver leur place pour soutenir les structures émergentes du système d'innovation.

Il en résulte une tendance générale à la réforme des universités et des structures d'enseignement. Malgré cette tendance, le rôle émergent des universités variera bien sûr selon les pays et leurs différents niveaux de développement économique. Dans ce livre, nous examinerons l'interaction des universités et des établissements de recherche nationaux avec les processus de développement social et économique.

---

[1] Dans ce livre, les établissements universitaires ne désignent pas uniquement les universités en tant que telles, mais aussi toutes ses extensions ainsi que les autres formes d'institutions publiques dédiées à la création de connaissance comme les établissements de recherches et les académies des sciences.

B. Göransson (✉) • C. Brundenius
Institut des politiques de recherche, Université de Lund, Lund, Suède
Courriel : Bo.Goransson@fpi.lu.se

De plus, nous mettrons en évidence des points communs spécifiques aux pays développés et d'autres aux pays en voie de développement, tout en distinguant et en prenant en compte les spécificités de chaque pays. Ce qui signifie, en d'autres termes, que nous reconnaissons qu'il n'existe ni de recette unique ni de façon meilleure d'organiser les rapports entre la société et le monde universitaire et que chacun peut apprendre des expériences des autres.

On peut appliquer le même raisonnement aux systèmes d'innovation. Dans son acception actuelle, l'expression « systèmes d'innovation » fait essentiellement référence aux pays développés, pouvant s'appuyer sur de solides infrastructures et des établissements d'enseignement, de recherche, de formation et de finances bien implantés. Dans ces pays, le principal défi politique consiste à renforcer les interactions inter-sectorielles (notamment entre les établissements universitaires et l'industrie) et à mettre en place une vision de développement technoéconomique largement suivie. Contrairement, dans la plupart des pays en voie de développement, faire évoluer les systèmes d'innovation est un problème bien plus complexe, car certaines des infrastructures collectives y sont parfois rudimentaires, voire inexistantes. Les systèmes d'innovation ont donc souvent besoin d'être « créés », en se basant soit sur des secteurs existants (par exemple sur les savoir-faire du secteur agricole), soit sur des technologies et des secteurs émergents (par exemple, des Technologies d'informations et de communications (TIC) adaptées aux besoins locaux). Les universités ont tendance à devenir des acteurs majeurs de cette phase de création, en s'appuyant notamment sur un certain nombre de leurs spécificités, telles leur potentielle intégration globale aux mondes technologique et scientifique, leur tradition d'être des organisations relativement autonomes, leurs relations avec les diasporas internationales, etc. De ce fait, pendant la phase de développement, les universités ne sont pas seulement l'une des institutions importantes, elles sont potentiellement l'une des plus importantes.

C'est la raison pour laquelle un consensus de plus en plus large s'établit autour de l'idée que, tout d'abord, les établissements universitaires et de recherche jouent un rôle clé dans les systèmes d'innovation nationaux et, ensuite, que leur rôle évolue de manière significative. Les universités sont devenues des acteurs majeurs du système d'innovation, aussi bien comme fournisseur de capital humain qu'en tant qu'incubateur de création d'entreprise. La croissance et la prospérité d'un pays vont donc dépendre grandement de la capacité d'adaptation de son système universitaire à son nouveau rôle.

Cette notion du rôle radicalement différent et grandissant des universités ne s'applique pas uniquement dans les pays très développés, mais est aussi pertinent et d'actualité pour tous les pays, quel que soit leur niveau de développement économique. Plus précisément, les universités jouent de nombreux rôles dans la phase de développement / transition en :

- Créant des liens (potentiels) avec les systèmes de connaissances globaux. Ce processus est aussi le résultat des tendances expansionnistes des universités des pays développés, toujours à la recherche de nouveaux engagements et de nouveaux rôles en dehors de leurs frontières naturelles (par exemple, le MIT en Chine, la Grande École de Stockholm (School of Economics) dans les états

baltes, l'initiative d'Harvard à Dubaï et l'École de Commerce de Copenhague à Saint-Pétersbourg).
- Développant une base pour le capital social, c'est-à-dire un lieu de rencontre « neutre » au sein de pays éventuellement rongés par la corruption, le manque de mécanismes intégrés et l'absence de relations stables entre l'état, l'industrie et entre les entreprises.
- Devenant source de création d'entreprises dans les pays manquant de tradition entrepreneuriale.
- Offrant des points de rencontres aux diasporas internationales – relations personnelles et réseaux potentiels entre les pays développés et en voie de développement.

La réactivité des universités, et du système universitaire dans son ensemble, varie énormément selon les établissements et les pays. Dans un grand nombre de régions d'Europe, les universités sont en état de crise, en partie dû à leur incapacité à s'adapter aux évolutions de leur environnement. Ainsi, beaucoup d'universités en Europe souffrent des maux identiques à ceux qui touchent leurs homologues dans des pays en développement : un manque flagrant de financement, une difficulté à maintenir la qualité des recherches et de l'enseignement, ainsi que pour assurer un niveau de connaissance et d'enseignement répondant aux évolutions des besoins de leurs contextes économiques et sociétaux. De plus, un changement générationnel significatif s'opère au sein du personnel universitaire et un besoin croissant de trouver de nouvelles sources d'enseignement et de recherche se fait sentir. Toutes ses incitations internes et externes au changement ont poussé Burton Clark à déclarer il y a plus de 10 ans que « Les universités du monde sont entrées dans une période d'agitation et de trouble dont on ne voit pas la fin » (Clark 1998 : xiii). Pendant les années de développement qui ont suivi, les difficultés du système universitaire n'ont fait que s'aggraver, aussi bien dans les pays développés que dans ceux en développement.

1.1 Les universités et le développement

La littérature traitant du rôle des universités dans le développement et les phases de transition se développe de plus en plus. Un grand nombre des études ont été lancées sous l'égide des conférences Triple Hélice, pendant lesquelles les débats ont notamment inclus des études casuelles sur le rôle du système universitaire dans les pays à revenu bas et intermédiaire, aussi bien dans des pays ne disposant que d'un système rudimentaire (essentiellement les pays en développement) que dans les pays disposant d'un système très développé mais ayant dû faire face à une fuite des cerveaux et des ressources pendant ces quelques dernières dizaines d'années (essentiellement les pays en phase de transition, quelques exemples incluent Sutz 2003; Etzkowitz et al. 1998). La littérature couvre aussi l'expansion globale de la science et son rôle dans le développement technoéconomique local. Traditionnellement, deux approches ont dominé la compréhension du rôle de la science dans le développement. La première considère la science comme un élément déterminant de la modernisation sociétale universelle (théorie de la modernisation), tandis que la seconde considère la science comme un instrument de dominance (école de la dépendance). Grâce à l'essor de modèles plus élaborés sur le rôle de la science dans le développement, une représentation plus nuancée a vu le jour. Les modèles partent du principe que la science est une institution mondiale, qui joue un rôle de plus en plus important dans presque toutes les sociétés du monde. Il semble que ce résultat soit en partie dû à l'action de diffusion d'organisations comme l'UNESCO, notamment parce que l'on considère que la science a un impact sur la protection de l'environnement, le développement économique, la rationalisation sociétale, etc. (Drori et al. 2001; Paytas et al. 2004).

Selon ces études, il aparaît que le système universitaire peut potentiellement jouer un rôle important en tant que source d'aptitudes – aussi bien sociale, qu'intellectuelle ou industrielle – mais que le rôle du système universitaire en tant que moteur de développement a été sérieusement négligé, en faveur d'autres mesures politiques (« solutions à court terme »). Les progrès obtenus par les politiques scientifiques et technologiques – et plus généralement les politiques d'innovation – sont plus à long terme qu'à court terme, plus diffus que concentrés et visibles, mais pourtant sans doute essentiels si le but est de développer une économie basée sur la capacité de créer et d'exploiter la connaissance. Cela s'explique notamment par le fait que la connaissance, bien que souvent disponible gratuitement, ne peut être comprise et adaptée aux conditions locales sans une grande quantité de savoir tacite. Et seules des capacités locales de recherche sont à même de révéler ce savoir tacite. Cela dit, le système de connaissance global aurait tout intérêt à être lié aux conditions locales s'il veut jouer un rôle dans le processus de développement. Idéalement, les universités agissent comme une passerelle entre, d'un côté, les flux globaux et la science et les technologies, et, de l'autre, les conditions locales du développement économique.

1.2 Le projet UniDev

Les conclusions empiriques et les considérations théoriques présentées dans ce volume sont le produit du projet UniDev.[2] Ce projet a été conçu en 2005 pour répondre au besoin d'analyse de l'évolution des conditions au sein desquelles les universités du monde définissent leur rôle. L'importance de ce sujet et sa pertinence pour tous les pays, quel que soit leur taille ou leur niveau de développement, l'a rendu unique et idéal pour entamer un dialogue politique international et tirer parti des expériences des différents pays et régions. En analysant les évolutions du rôle des établissements universitaires dans le contexte des procédés d'innovation, de croissance économique et de développement, le but du projet est d'établir un lien conceptuel et

---

[2]Nous remercions l'Agence Suédoise pour la Coopération de Recherche avec les pays en Développement (Sarec) et le Centre de Recherches pour le Développement International (CRDI) pour le soutien financier qu'ils ont apporté au projet.

décisionnel fort et renouvelé entre le travail des agences de développement et les méthodologies et approches des politiques nationales d'innovation et des agences de l'innovation.

Les principaux objectifs du projet étaient, tout d'abord, de contribuer à une meilleure compréhension de l'évolution du rôle des établissements universitaires dans leurs contextes nationaux et, ensuite, de contribuer à l'amorce d'un processus d'apprentissage et d'échange de politiques entre des pays aux niveaux de développement différents. De plus, un des buts importants du projet consistait à lancer des débats publics et des processus d'élaboration des politiques publiques dans ce domaine ainsi qu'au sujet des implications politiques aussi bien au sein de chaque pays qu'au niveau des organisations et forums mondiaux.

La recherche au sein de ce projet rassemblait aussi bien un élément positif que normatif. En premier lieu, nous nous sommes attachés à analyser et à mieux comprendre comment fonctionnent les établissements universitaires et de recherche, et quels sont leurs rôles au sein:

- Des différents systèmes économiques (des économies de marché jusqu'aux économies socialistes)
- Des différents systèmes nationaux d'innovation (petits et grands pays, pays dotés de solides capacités nationales d'innovation ou non, etc.)
- De différents contextes locaux
- De l'interaction locale / globale (c'est-à-dire, comment fonctionnent les universités à une période pendant laquelle, aussi paradoxal que cela puisse paraitre, aussi bien la mondialisation que le contexte local gagnent en puissance et en importance)

Pour y parvenir, 12 pays ont été sélectionnés comme pays d'étude, représentatifs de la diversité décrite ci-dessus. Ces pays sont l'Afrique du Sud, l'Allemagne, le Brésil, la Chine, Cuba, le Danemark, la Fédération de Russie, la Lettonie, la Suède, la Tanzanie, l'Uruguay et le Vietnam. Cet ensemble de pays représente une part substantielle de la production mondiale de biens et de services, ainsi que des ressources dédiées à l'enseignement supérieur et à la R&D. En termes de PIB, ces 12 pays représentent plus de 23% du PIB mondial total (Tableau 1.1 des Annexes). Le PIB moyen par habitant de 7 853 $PPA des pays UniDev est légèrement inférieur à la moyenne mondiale de 9 947 (Fig. 1.1).

De plus, les pays UniDev rassemblent une part substantielle de la population mondiale (29%), de l'effectif étudiant des cycles supérieurs de la planète (31%), des dépenses globales en R&D (22%) et du personnel de recherche dans le monde (Encadré 1.1).

Chaque pays étudié est présenté dans un chapitre dédié. En nous basant sur les informations rassemblées suite à l'analyse de chaque pays, nous avons tenté de proposer quelques pistes de fonctionnement aux universités afin qu'elles puissent remplir leur rôle et réellement servir de véritable point d'ancrage aux capacités de développement économique et d'innovation de leur pays, en fonction des différents contextes.

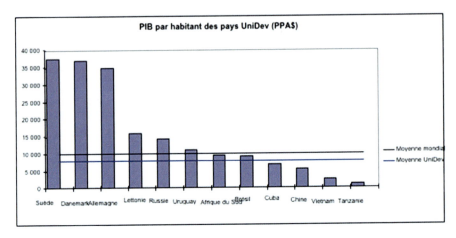

Fig. 1.1 PIB moyen par habitant des 12 pays du projet UniDev

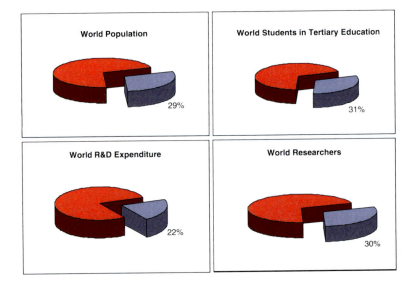

Encadré 1.1 Les indicateurs sélectionnés pour l'ensemble des pays UniDev
Source: Tableau 1.1 en annexe

Les études ont été structurées autour des problématiques suivantes :

1. Les établissements universitaires et de recherche dans leur contexte économique et social, et leur rôle dans les systèmes d'innovation régionaux et nationaux
   (a) Liens et coopérations (modèles de la triple hélice)
   (b) L' « université entrepreneuriale » : l'université en tant qu'incubateur, innovateur, créateur de réseaux, point de rencontre neutre, etc.
   (c) Création de savoir : Le profil des universités relatif à leur contexte local et avec les tendances scientifique et technologique internationales

2. Dynamiques « internes », structures

   (a) Structures organisationnelles, notamment l'équilibre et les relations entre la recherche et l'enseignement, entre les différents domaines de connaissance et entre le perfectionnement des connaissances et les interactions sociales, et la manière dont l'innovation est « interne » à l'organisation
   (b) Financement, notamment au niveau d'intersection des flux de financement locaux, nationaux et internationaux
   (c) Structures administratives, notamment le rôle des pilotages et des influences internationaux
   (d) Les problématiques d'inclusion, notamment comment les universités, aussi bien individuellement qu'en tant que secteur, gèrent et encouragent la parité homme / femme et d'autres questions d'égalité comme l'entrepreneuriat féminin et la diversité ethnique en tant que sources de renforcement des capacités d'innovation
   (e) La « Troisième Mission », ou activités d'extension, de l'université dans ses rapports avec la société environnante[3]

Pour explorer ces problématiques, nous avons adopté une approche comparative, multilatérale et réunissant des groupes d'intérêts multiples. Le projet a travaillé en étroite collaboration avec les réseaux nationaux de chercheurs et de décideurs de plusieurs pays et organisations. Pour chaque pays, le but était de faire en sorte qu'un organisme de recherche et un organisme décisionnel deviennent des partenaires importants du projet. Les chercheurs et les décideurs ont pu se rencontrer pendant le projet lors des ateliers nationaux sur des politiques organisés par les membres du réseau UniDev. Ces ateliers ont fourni une plate-forme de discussion entre les chercheurs et les décideurs – afin que tout le monde soit d'accord sur la pertinence du projet en relation avec la définition stratégique ainsi que l'ancrage des travaux du projet au sein des organismes décisionnels pertinents à la préparation des discussions sur les résultats de la recherche.

Le projet UniDev se préoccupe des processus de changement. L'évolution du rôle des universités et les relations complexes qui s'établissent entre les groupes d'intérêt universitaires, politiques et civils sont au cœur du projet. Ces processus sont par définition difficiles à suivre et à évaluer. Nous espérons pourtant que le projet aura contribué à identifier les « bonnes » pratiques de prescription et à faciliter les dialogues constructifs entre les décideurs nationaux, les représentants des entreprises et la communauté des chercheurs. De plus, nous espérons que les résultats du projet présentés dans ce livre fourniront des idées utiles aux organismes internationaux et aux agences de développement afin qu'ils puissent formuler des stratégies de développement pour soutenir le développement par la connaissance.

---

[3] Pour certaines des conclusions du Projet UniDev au sujet de la Troisième Mission des universités, lire l'édition spéciale de *Science and Public Policy* (2009).

1.3 Organisation du livre

Ce livre est organisé en trois parties. La première partie décrit le contexte et introduit quelques notions fondamentales au sujet de l'évolution du rôle des universités au sein de nos sociétés actuelles. Dans les deux chapitres suivants, nous considérons de manière globale la gouvernance de la recherche ainsi que l'organisation des relations des universités des différents pays avec l'industrie et la société. L'analyse se base sur les expériences des 12 pays étudiés, commentées et comparées. La deuxième partie présente les études sur chaque pays et rassemble un très grand nombre d'expériences et de solutions liées à des problèmes universels ou, dans d'autres cas, des problèmes qui ne concernent que les pays ayant des organisations ou des niveaux de développement semblables. Quant à la dernière partie, elle fournit une synthèse des expériences de chaque pays, enrichie de considérations stratégiques.

Annexe

Tableau 1.1 Les relations d'UniDev avec le monde : quelques données de base

	Population (million) 2007	PIB (milliard $PPA) 2007	PIB ($PPA) par habitant 2007	Étudiants de l'enseignement supérieur (milliers) 2007	Dépenses globales en R&D (million $PPA) 2007	Chercheurs (équivalent plein-temps) 2007
Brésil	191,6	1 775,6	9 270	4 880	19 709	124 882
Cuba	11,3	77,4	6 876	865	317	3 142
Uruguay	3,3	36,6	11 020	159	161	1 158
Danemark	5,5	201,0	36 800	232	5 105	29 572
Allemagne	82,3	2 857,7	34 740	2 279	72 300	279 800
Suède	9,2	343,0	37 490	414	12 451	55 729
Afrique du Sud	47,9	452,3	9 450	760	4 297	18 572
Tanzanie	40,4	48,7	1 200	55	49	1 355
Russie	142,1	2 036,5	14 330	9 370	22 809	469 076
Lettonie	2,3	35,9	15 790	129	158	4 223
Vietnam	85,2	215,4	2 530	1 928	883	15 484
Chine	1 318,3	7 150,5	5 420	27 195	106 542	1 123 756
UniDev	1 939,4	15 230,6	7 853	48 266	244 781	2 126 749
MONDE	6 610,3	65 752,3	9 947	154 251	1 137 900	7 100 000
UniDev en % du monde	29,3	23,2	78,9	31,2	21,5	30,0

Sources: Tableaux 16.1, 16.2 et 16.11 du chapitre 16; Indicateurs du développement mondial 2007 (Banque mondiale); Rapport développement humain 2009 (UNDP 2009), Perspective Globale sur la R&D (Unesco 2009); Base de données UIS (Unesco 2009)

Bibliographie

Clark B (1998) Creating Entrepreneurial Universities: Organizational Pathways of Transformation. Pergamon Oxford
Drori G et al (2001) Science in the Modern World Polity. Stanford UP
Etzkowitz H, Mello JMC, Terra BRC (1998) When Path Dependencies Collide: The Evolution of Innovation Policy in the State of Rio de Janeiro-Brazil. Science and Public Policy 25(6)
Paytas J et al (2004) Universities and the Development of Industry Clusters, Carnegie Mellon Science and Public Policy (2009) Numéro spécial sur la troisième mission des universités 36(2)
Sutz J (2003) Inequality and University Research Agendas in Latin America. Science, Technology & Human Values 28(1)

Chapitre 2
À la recherche de l'excellence ? Une perspective internationale sur la gouvernance de la recherche universitaire

Mats Benner

2.1 Introduction

Une nouvelle doctrine qui influence les politiques de recherche émerge partout dans le monde : elle se caractérise par une volonté de concentrer les ressources disponibles sur un nombre plus restreint d'universités et de régions, sélectionnées en fonction de leur niveau d'excellence scientifique. Cette doctrine s'appuie sur les apports de la recherche de pointe à l'innovation industrielle. La base du modèle de gouvernance est le résultat de la fusion entre le modèle linéaire – qui incite fortement à l'auto-organisation des établissements universitaires – et le modèle des systèmes d'innovation, qui met l'accent sur les interactions systémiques entre la recherche universitaire et l'économie, ainsi que sur l'importance des pôles technologiques créés autour des universités et des centres de recherche les plus importants. Ce chapitre trace un historique de l'émergence et de la montée en puissance de ce paradigme politique dans divers pays de l'OCDE. Les pays étudiés dans le cadre du programme UniDev permettent notamment d'aborder la question de savoir si ce modèle peut être adopté par les pays en voie de développement.

2.2 Vers un abandon de la recherche fondamentale ?

Les politiques de recherche de l'après-guerre, en Europe et en Amérique du Nord, s'appuyaient sur un soi-disant modèle linéaire, dont le postulat présumait que la recherche fondamentale – contrôlée par les pairs – débouchait à terme sur des applications industrielles et favorisait la croissance économique. Le modèle légitimisait

---

M. Benner (✉)
Institut des politiques de recherche, Université de Lund, Lund, Suède
Courriel : Mats.Benner@fpi.lu.se

B. Göransson et C. Brundenius (eds.), *L'université en transition: L'évolution de son rôle et des défis à relever*, Idées et innovation en développement international, DOI 10.1007/978-1-4614-1236-6_2,
© Centre de recherches pour le développement international 2012

l'énorme augmentation des dépenses de recherche scientifique, principalement par le biais de subventions universitaires globales ou au travers de dotations allouées par des conseils de recherche (Elzinga et Jamison 1995).

Cette forme de recherche fondamentale ne semble plus avoir les faveurs des responsables des politiques de recherche, essentiellement parce que les retours sur investissement ne sont pas à la hauteur de l'augmentation de la charge financière supportée par le gouvernement (Nowotny et al. 2003). L'« excellence », telle qu'elle est définie par les procédures collégiales, a été remplacée par la « robustesse sociale », évaluée par des procédures générales, comme principal objectif des politiques de recherche. La gouvernance de la recherche universitaire devrait donc être le résultat de négociations plutôt que d'un alignement sur les seules priorités intra-universitaires (Gibbons 2001). Cette idée implique un contrôle plus ouvert et plus souple de la recherche et de l'innovation – incluant plus d'acteurs et fonctionnant grâce à la mise en place d'un plan d'action plus large.

Un regard plus attentif sur la gouvernance de la recherche révèle toutefois une image moins nette et montre que les idéaux linéaires restent très présents. Elles auront tout de même eu comme effet de renforcer la relative autonomie du système universitaire. Il apparaît que l'excellence reste le principal déterminant de la gouvernance de la recherche en Europe et en Amérique du Nord, donnant toujours plus d'importance au critère qualité et au contrôle par les pairs pour évaluer l'allocation des ressources. Le modèle est adapté, dans sa forme et sa fonction, du système de recherche des États-Unis. La croissance rapide de l'économie américaine des années 1990 a motivé un réexamen de la gouvernance de la recherche dans le monde entier, le modèle de croissance semblant tirer sa force du système de recherche, et plus particulièrement du système universitaire américain (Pavitt 2000). La gouvernance de la recherche considère les centres d'excellence comme un des rouages essentiels d'une économie dynamique. On attend de ces centres de recherche qu'ils attirent d'autres institutions productrices de croissance, tels des fonds d'investissement, des technopoles, des entreprises technologiques, des prestataires de services, etc. Il en résulte que les centres d'excellence de recherche universitaire sont considérés comme des éléments stratégiques de l'émergence d'une économie du savoir, ce qui explique l'attrait et la prééminence de ce modèle à travers le monde.

2.3 Un modèle analytique pour expliquer la gouvernance de la recherche

La gouvernance de la recherche intervient à trois niveaux : macro (politique), méso (financement) et micro (organisation des laboratoires). La plupart des études sur la gouvernance de la recherche se focalisent sur le niveau méso et, en particulier, sur l'interaction entre les organismes de financement et les chercheurs dans les domaines de la sélection, du pilotage et de l'évaluation des recherches financées par des fonds publics (par exemple, Geuna et Martin 2003). Les études réalisées au niveau micro sur la gouvernance de la recherche soulignent les pratiques de négociation des établissements universitaires, intégrées aux travaux des laboratoires, au modèle d'interaction et intégrées aussi bien dans les publications que dans la communication (Knorr-Cetina 2000).

Cet article s'intéresse principalement à la macro-gouvernance de la recherche, mettant en relation les objectifs de la recherche publique et son rôle dans le contexte des systèmes politiques et économiques, mais il couvre aussi certains des aspects de la méso-gouvernance (comme le financement de la recherche et les modèles d'interaction entre l'université et l'industrie). Il fixe un cadre pour la gouvernance aussi bien aux niveaux méso que micro, en définissant les principaux objectifs et priorités, et en régulant des flux de financement et les pratiques de recherche (Elzinga et Jamison 1995). Il existe des différences systémiques stables au sein de la macro-gouvernance des systèmes de recherche, comme par exemple en ce qui concerne le financement et le pilotage des organismes publics de recherche (Whitley 2000). Ces différences proviennent principalement des disparités institutionnelles dans les rapports entre les états et les universités. Même si les voies de la gouvernance sont relativement stables dans le temps, et que les différences institutionnelles nationales tendent à résister aux tendances politiques de court terme, on note également des tendances de convergence politique, notamment motivées par le « succès » apparent de certains modèles institutionnels (Drori et al. 2003). L'université de recherche inventée par Humboldt devint le modèle de référence dans le monde entier à la fin du dix-neuvième siècle, partant de l'Europe pour s'étendre aux États-Unis (et plus tard avec la colonisation, à l'Amérique latine et à l'Asie) ; plus récemment, un transfert politique inverse s'est opéré, faisant devenir le modèle nord-américain des universités « entrepreneuriales » la référence des réformateurs de l'université dans le monde entier (Marginson 2006).

2.3.1 Aspects comparatifs

Au cours des trois premières décennies qui ont suivi la seconde guerre mondiale, la croissance économique était fondée sur les économies d'échelle. La centralisation de la politique et de l'économie nationale ainsi que la réglementation nationale du mode de croissance a conduit à l'émergence de configurations institutionnelles multiples durant cette période. Différents systèmes de production nationaux s'opposaient, les pays anglo-saxons organisant leurs économies autour de la concurrence avec peu de mécanismes de coordination. À l'inverse, les pays nordiques et d'Europe continentale ont développé un large éventail de mécanismes de coordination (Hollingsworth et Boyer 1997). De la même manière, des modèles différenciés de gouvernance de la recherche ont vu le jour: les États-Unis et le Royaume-Uni ont ainsi choisi de faire des universités les lieux clés de la recherche, alors que de nombreux pays d'Europe continentale ont développé un large secteur d'établissements de recherche (souvent en coordination avec les secteurs industriels dominants), tandis que les pays nordiques ont préféré un modèle intermédiaire (Clark 1983 ; Ronayne 1984).

Depuis le début des années 1970, on cherche à établir un nouveau modèle de croissance basé sur des établissements pouvant accompagner la transition vers une économie du savoir (Jessop 2002). Les politiques scientifiques et technologiques ont commencé à intégrer une dimension de création « d'infrastructures de savoir » en lien direct avec le développement économique. Ce faisant, l'université est apparue comme une source importante de création d'entreprises et de liens de coopération avec les secteurs industriels déjà existants ou émergeants (Martin 2003).

Quoi qu'il en soit, la transformation de la gouvernance de la recherche est un processus complexe. Pour émerger, le changement institutionnel a besoin d'un processus dialectique intégrant les notions « dépendance au chemin » (*path dependence*) et d'adaptations aux conditions changeantes et aux différents cercles de pouvoir (Thelen 2004). On peut ainsi prendre comme hypothèse que les systèmes de gouvernance sont relativement stables dans le temps, même si de nouvelles fonctions peuvent être ajoutées au modèle institutionnel original. Plusieurs expérimentations récentes au sujet de la structure institutionnelle de la gouvernance de la recherche ont introduit de nouveaux modèles de financement et de structures organisationnelles. Un certain nombre de ces expériences se sont inspirées de l'évolution de la recherche aux États-Unis et de son système d'innovation, pour être ajoutées aux structures institutionnelles existantes. Cet article se concentrera sur l'exploration des formes et du contenu de ces ajustements.

Les ambitions sont dès lors doubles : étudier l'avènement et la dissémination d'un modèle de gouvernance basé sur des centres d'excellence et analyser sa diffusion dans les différents pays. Ceci est rendu possible grâce à une étude réalisée pendant la dernière décennie sur les priorités des politiques de recherche de plusieurs pays de l'OCDE. Les outils analytiques comprennent la structure d'accompagnement, le discours politique et le rôle donné à la recherche universitaire dans les systèmes d'innovation. L'analyse est comparative, cherchant les éventuelles variations de modèle de gouvernance de la recherche dans les différents systèmes socioéconomiques. L'analyse mènera vers une discussion critique sur l'impact de ces politiques de concentration sur le tissu de l'éducation supérieure et les leçons que l'on pourrait en tirer en matière de politique d'éducation supérieure dans les pays en voie de développement.

2.3.2 *La gouvernance anglo-saxonne de la recherche*

Au moins jusqu'à l'automne 2008, l'économie des États-Unis était considérée comme un modèle dans les débats sur la croissance économique. Les établissements de recherche et le marché de capital-risque sont deux des éléments remarquables au cœur du modèle de croissance des États-Unis (Powell et al. 2003). À partir de là, la dynamique d'innovation et la prospérité économique des États-Unis se construisent sur l'alliance et la concentration de technologies avancées, de profils talentueux et de diversité sociale, qui sont des ressources dépendant étroitement des universités, en collaboration avec des acteurs publics et privés apportant des ressources complémentaires. Le système de recherche américain attire depuis longtemps les meilleurs chercheurs du monde entier, concentrant en Amérique du nord les connaissances de pointe et les meilleurs centres d'innovation (Cooke 2004). Ces centres tendent à s'organiser autour d'un nombre restreint de « chercheurs vedettes » dont, non seulement, les sujets de recherche sont très en vue, mais qui disposent également de liens très étroits avec le marché. Ce processus de concentration a été renforcé par des stratégies offensives de recrutement de la part des plus importantes universités de recherche, entraînant le regroupement d'un grand nombre de chercheurs éminents au sein d'un nombre limité d'établissements (Geiger 2004). Ce mouvement a même été accentué par la concentration des ressources apportées par les agences de financement les plus importantes. De ce fait, seul un petit nombre d'universités ont pu renforcer leur position au sein du système de recherche grâce à des stratégies administratives offensives pour recruter des chercheurs de pointe, partir à la recherche de larges dotations, et atteindre une position stable dans un système de financement très stratifié.

Le modèle de gouvernance de la recherche n'est pas le résultat de l'application d'un concept prédéfini, mais plutôt d'une évolution non coordonnée de différentes sphères politiques. Le système des laboratoires de recherche est l'une de ces sphères et compte pour environ un tiers du total des dépenses publiques de R&D aux États-Unis. Les laboratoires combinent une activité scientifique de haut niveau à un modèle « mission-oriented », même s'il n'est qu'indirect. Les établissements nationaux pour la santé (National Institutes of Health – NIH) et les laboratoires du ministère de l'Énergie (Department of Energy laboratories) mènent des actions de recherche fondamentale, sous couvert de leurs missions officielles. De la même manière, les laboratoires publics d'agriculture ou de défense conduisent également une partie importante des recherches fondamentales (Bozeman et Dietz 2001).

Plusieurs des principes de base de la politique de recherche américaine tendent à se développer en dehors de toute politique de recherche en tant que telle. La question de savoir si cette absence d'approche politique coordonnée est un avantage ou un inconvénient fait sujet d'un débat ; il a même été avancé que la productivité et la visibilité de la science américaine peuvent justement être expliquées par l'absence de mécanismes d'homogénéisation politique (Savage 1999 ; Stokes 1997). La partie non militaire du système de financement s'avère essentiellement orientée vers le domaine biomédical : alors que les ressources allouées à d'autres domaines croissent lentement, voire diminuent (par exemple dans le domaine de l'énergie), le financement de la biomédecine a augmenté de manière importante dans les années 1990 et au début de cette décennie. Il représente désormais à peu près la moitié des dépenses fédérales pour la recherche (AAAS 2005). La force de la recherche biomédicale aux États-Unis a, par ailleurs, été renforcée par un apport important de fonds privés. Le système de recherche américain est donc caractérisé par une concentration de ressources sur un nombre limité d'organismes de recherche, une concurrence intense pour son financement, une quantité importante de financements destinés à des domaines de recherche relativement larges (avec des critères d'allocation principalement basés sur la qualité scientifique) et un intérêt marqué pour les biosciences.

L'économie politique américaine est souvent considérée comme un exemple idéal de l'économie libérale de marché, avec peu de liens forts entre acteurs et organisations, mais profitant d'une grande souplesse dans le déploiement de ses ressources, d'un marché financier énergique, et étant de plus très imprégnée d'une culture d'entrepreneuriale. De ce fait, les mécanismes pour intégrer le système de recherche au marché sont exceptionnellement bien développés aux États-Unis, par rapport à ceux des pays européens. On peut noter tout d'abord que les universités ont souvent une tradition entrepreneuriale et qu'elles sont habituées à fonctionner selon les règles du marché ou proche de celles du marché (Etzkowitz 2001). De plus, les universitaires ont souvent été encouragés à mener de front leur enseignement et une activité entrepreneuriale, sans avoir à abandonner pour autant leurs fonctions universitaires (Mowery et al. 2004 ; Etzkowitz 2003). On remarque enfin une infrastructure entrepreneuriale à vocation scientifique très développée, soutenue par de nombreux investisseurs en capital risque et médiateurs en organisation, de nombreux dépôts de brevets par les universités elles-mêmes et des cessions de licence d'utilisation de technologies à des organismes et entreprises géographiquement proches des centres universitaires (Mowery 2001).

Au final, le système de recherche apparaît comme un rouage essentiel du développement, de la dissémination et de l'exploitation des nouvelles connaissances. La mobilité des chercheurs, le nombre et l'étendue des initiatives politiques destinées à soutenir les relations université-industrie et l'ouverture de la recherche aux évolutions scientifiques, ainsi que l'importance des mécanismes de coopération entre les universitaires et les entrepreneurs, sont autant d'éléments clés de cette organisation institutionnelle.

Toutefois, ces échanges de savoir sont moins développés en dehors des secteurs scientifiques, qui tendent à n'obtenir que des investissements marginaux dans les compétences, et dont les réseaux et interactions systémiques entre institutions et organismes s'avèrent plus faibles. Plusieurs tentatives ont été réalisées dans les années 1980 et au début des années 1990 pour imiter la structure institutionnelle des pays européens afin de remédier à certaines de ces limitations au moyen de programmes de transfert de technologie publics destinés à accroître l'accumulation de compétences dans le secteur secondaire et dans des domaines stratégiques telle la microélectronique (Gulbrandsen et Etzkowitz 1999). La résistance traditionnelle à l'intervention de l'état dans l'économie a empêché que ces initiatives politiques soient totalement institutionnalisées et elles ne jouent aujourd'hui qu'un rôle marginal dans l'action politique.

Alors que les États-Unis représentent le premier exemple de ce type de gouvernance en matière de recherche, des structures institutionnelles similaires sont apparues dans d'autres pays anglo-saxons. Le Canada a pris des mesures pour accompagner la concentration de ses activités de recherche au sein de réseaux de centres d'excellence, en parallèle d'actions de soutien à des chercheurs individuels au parcours scientifique reconnu. L'objectif final de cette augmentation radicale des dépenses gouvernementales en matière de recherche – et notamment dans les centres d'excellence – est de renforcer la position du pays dans un environnement économique nouveau (Bernstein 2003).

Le financement de la recherche universitaire au Royaume-Uni est plus concurrentiel que dans la plupart d'autres pays européens. La mise en place d'une allocation de ressources basée sur l'Exercice d'Évaluation de la Recherche (*Research Assessment Exercise*), en tandem avec une structure de financement par projet suivi par le conseil de recherche, a renforcé la compétition et la concentration du système de recherche (Georghiou 2001). De plus, la part des financements privés a augmenté rapidement. La gouvernance de la recherche au Royaume-Uni est similaire au modèle américain, s'appuyant sur un mode de financement très concurrentiel, un accent tout particulier mis sur les centres d'excellence scientifique, mais offrant aussi de nombreuses incitations à la collaboration entre les universités et l'industrie (PREST 2000). Tout cela montre que différents instruments de gouvernance peuvent fonctionner en parallèle et que les environnements de recherche qui réussissent sont ceux qui sont capables de tenir différents rôles en même temps : excellence scientifique, concentration des ressources autour de programmes de recherche de plus grande envergure et multidisciplinaires, et collaboration industrielle. Le système de recherche du Royaume-Uni se caractérise par une concentration géographique croissante aussi bien de la recherche universitaire que des activités industrielles (Riccaboni et al. 2003).

L'économie politique britannique partage un grand nombre de caractéristiques avec les États-Unis, notamment du fait de sa structure économique double qui s'appuie d'un côté sur un secteur scientifique très concurrentiel (plus particulièrement dans les domaines pharmaceutiques et chimiques), et de l'autre sur des industries d'ingénierie mécanique ou manufacturières aux performances bien moindre (Rhodes 2000).

Pour résumer, la gouvernance de la recherche dans les économies libérales anglo-saxonne s'appuie sur une concentration des ressources passant par des programmes de financement concurrentiels. Le choix global de concentration des ressources s'accompagne d'une riche structure institutionnelle de commercialisation de la recherche publique, soit directement, soit au travers de réseaux denses entre les environnements universitaires et les sociétés privées (Pavitt 2001). Ce qui permet, semble-t-il, de ne pas avoir à choisir entre « excellence » et « intérêt » de la recherche, mais de pouvoir se concentrer sur le renforcement des liens de coopération, dans de nombreux domaines tout du moins. L'hégémonie des institutions universitaires américaines, et dans une moindre mesure, du Royaume-Uni et du Canada, sur le système de recherche mondial en est le résultat le plus visible.

2.3.3 *La gouvernance de la recherche en Europe continentale*

Malgré les origines historiques allemandes de l'université de recherche moderne, les universités d'Europe continentale se consacrent avant tout à l'enseignement, alors que les instituts de recherche dominent la recherche, qu'elle soit fondamentale ou appliquée (Meyer-Krahmer 2001). Les universités réalisent bien moins de la moitié de la recherche publique en France et en Allemagne. Les études sur le développement des secteurs scientifiques indiquent que la plupart des pays d'Europe continentale poursuivent une trajectoire politique de concentration des ressources sur un seul ou un nombre très réduit d'organismes, essentiellement des établissements de recherche (Riccaboni et al. 2003). De plus, les universités et les autres établissements de recherche publique jouent un rôle marginal dans la collaboration en R&D, rôle dévolu aux sociétés de taille importante (Ibid. : 179–181).

Les universités d'Europe continentale, avec leur tradition de structure de carrière rigide et de hiérarchie professorale, ont eu des difficultés à s'adapter à un système de production du savoir plus fluide et plus flexible. Le système universitaire est considéré comme inflexible, compartimenté et trop surchargé pour être capable de fournir une infrastructure de qualité pour une recherche de pointe (Krull 2003). Ces universités ont souffert d'une trop grande responsabilité d'enseignement et ont eu des difficultés à exploiter les interactions dynamiques locales qui caractérisent les universités les plus en vue aux États-Unis et au Royaume-Uni.

La gouvernance de la recherche dans les pays d'Europe continentale a traditionnellement privilégié les intérêts des potentats industriels en place. C'est le cas notamment des établissements de recherche appliquée dont les nombreuses relations et réseaux ont renforcé la capacité des entreprises à améliorer et renouveler leur technologie (Becker et Dietz 2004).

Pour contrebalancer en partie ce déséquilibre, plusieurs pays d'Europe continentale ont lancé des réformes institutionnelles de leur politique scientifique et d'innovation. En Allemagne, en l'absence d'un système de capital-risque suffisamment développé, le gouvernement a soutenu le développement du secteur de la biotechnologie, notamment en finançant la création d'entreprises universitaires, à travers un fonds total annuel de 150 millions d'euros (Kaiser et Prange 2004 : 402). Le budget de la recherche a également augmenté, notamment dans le domaine des biosciences. Le Conseil de recherche allemand a rapidement étendu son soutien à la recherche dans les biotechnologies dans les années 1990 et 2000, une voie également empruntée par la France (Kaiser et Prange 2004 : 204 ; Larédo et Mustar, 2003 : 21). Les bases de financement et l'organisation des universités ont également été renforcées. Récemment le gouvernement allemand a annoncé un plan majeur de modernisation de son système universitaire, en augmentant ses ressources tout en encourageant une concentration des universités aussi bien que des pôles de recherche, autrement appelés pôles d'excellence. Une transformation similaire de la gouvernance de la recherche est intervenue en France : une partie du budget destiné aux établissements de recherche a été redistribué aux universités pour contrecarrer leurs très mauvaises performances dans les classements internationaux (Laredo fc.). Cela explique le phénomène de concentration et le système concurrentiel d'allocation des ressources financières qui émerge dans de nombreux pays d'Europe continentale. Toutefois, comme l'indique Schmoch dans sa contribution à ce volume, les signaux sont hétérogènes car la gouvernance universitaire en Europe continentale donne beaucoup d'importance aux transferts de technologies réalisés par les universités (voir Chap. 13).

Les Pays-Bas et la Suisse sont les seules exceptions à cette règle de faibles performances des universités d'Europe Continentale. Le modèle de gouvernance de la recherche néerlandaise est similaire à celui qui est apparu aux États-Unis, où le système universitaire est aux commandes des réseaux de recherche aussi bien que des réseaux d'innovation (Van der Meulen et Rip 2001 : 318). Les questions de concentration des ressources et d'accompagnement des centres d'excellence ont également été abordées par le système politique hollandais, créant plusieurs programmes de financement des « groupes de recherche de haut niveau dans les universités » (Ministère néerlandais de l'éducation, de la culture et des sciences 2004). Une tendance semblable peut être observée en Suisse où les ressources publiques sont concentrées sur très peu d'acteurs agissant en relative autonomie par rapport à la réglementation publique (Braun et Benninghoff 2003).

Ces réformes de gouvernance de la recherche en Europe continentale sont autant motivées par la lutte contre l'inertie du système universitaire que par la recherche de nouveaux instruments de la politique d'innovation. Les instruments traditionnels d'accompagnement de la croissance économique et de l'innovation sont de plus en plus frappés d'obsolescence, comme en témoigne la faible croissance, tout spécialement dans les secteurs scientifiques. En France, la part de grands programmes gouvernementaux de développement technologique a diminué au cours des dernières décennies, en raison d'une politique financière plus rigoureuse, une série de dérégulations et des engagements idéologiques changeants (Schmidt 2002). Le modèle allemand de structure coordonnée d'administration du changement industriel et technologique s'est également affaibli dans les années 1990. Le système politique allemand s'efforce de réaliser des réformes structurelles depuis plus d'une dizaine d'années, mais la forte régulation institutionnelle de l'emploi, du système social et du développement économique a freiné le développement de sources alternatives de croissance et d'emploi (Streeck 2008).

Devant le manque de souplesse et l'obsolescence des instruments politiques traditionnels, et les multiples références au « problème américain » dans le domaine de la recherche fondamentale et des secteurs scientifiques, l'accompagnement gouvernemental des pôles d'excellence est devenu l'un des points clés de la gouvernance de la recherche en Europe continentale, tout comme les programmes initiés par l'état pour renforcer la présence des financements par capital-risque. Il s'agit d'une véritable rupture dans la continuité pour la gouvernance de la recherche. La rupture vient des réformes radicales du système de recherche qui entraînent un affaiblissement partiel du corps professoral associé à un renforcement du rôle de recherche des universités – également au détriment des instituts traditionnellement très puissants (qui ont d'ailleurs vivement réagi à ces remises en cause politiques ; Laredo et al., fc.). Le renforcement des universités et de la recherche universitaire est donc considéré comme nécessaire à la rénovation du système d'innovation des pays d'Europe continentale, même si c'est au prix d'une confrontation avec des intérêts déjà en place.

2.3.4 *Existe-t-il un modèle nordique de gouvernance de la recherche ?*

Les pays nordiques sont généralement considérés comme un groupe à part dans les études comparatives sur les institutions politiques et le développement économique.

Ils sont souvent catalogués comme sociaux-démocrates, faisant ressortir leur forte tradition de valeurs sociale-démocrates dans leur engagement à créer un système social et de plein emploi, rendu possible grâce à un compromis historique entre les syndicats et les représentants du patronat. Leurs économies sont très institutionnalisées, comme celles des pays d'Europe continentale, avec des systèmes sophistiqués de régulation des investissements, d'interaction avec le marché du travail et de protection sociale. Pourtant, au contraire, ces pays ont des économies ouvertes qui ont très tôt mis au point des mécanismes d'adaptation de leurs économies aux évolutions des marchés mondiaux et aux changements technologiques (Scharpf 2000).

Traditionnellement, la gouvernance de la recherche dans les pays nordiques dépend de subventions d'état aux universités, complétée d'une faible participation concurrentielle privée prenant la forme d'un financement accordé par le conseil de recherche (Skoie 1996). Ces pays ont aussi fondé des organisations d'instituts relativement imposantes, financées aussi bien par l'état que par l'industrie et qui réalisent essentiellement de la R&D proche des besoins du marché. Ce modèle de gouvernance a été partiellement transformé pendant la dernière décennie. Les points dominants du processus de réforme ont porté sur la multiplication des financements concurrentiels, la concentration des ressources de financement autour de pôles d'excellence de plus grande taille, et l'affaiblissement relatif des établissements de recherche.

On constate donc une convergence du vue au sujet de la gouvernance de la recherche, basée sur la concentration des ressources et une part croissante du financement soumise au contrôle concurrentiel des pairs, le tout accompagné de réformes institutionnelles cherchant à tirer parti des dépenses croissantes de R&D (Kim 2002). Le Conseil de recherche de la Norvège a été restructuré du fait de l'instabilité de l'agence interdisciplinaire et inter-organisationnelle fondée au début des années 1990 (Skoie 2000). Le conseil réformé a adopté une structure de gouvernance basée sur la différenciation des rôles avec un soutien particulier alloué aux projets de recherche fondamentale et aux plus grands centres de recherche. Suivant cette tendance, le système de financement danois a été modifié par la création d'une fondation pour la recherche fondamentale et d'un programme de constitution de centres d'excellence. Autre élément frappant de la gouvernance de la recherche : la réorganisation du système universitaire a mené à des regroupements de ressources à l'instigation de l'état et à l'établissement de « contrats » détaillés entre l'état et les universités (voir Chap. 14). Bien que les universités aient obtenu plus d'autonomie et des ressources plus importantes pour leurs recherches fondamentales, elles ont eu aussi à s'adapter à de nouvelles régulations et à des cycles de négociations avec l'état encore plus complexes. En Finlande, un projet de création de pôle d'excellence a été conçu au début des années 1990, en parallèle d'un vaste programme technologique et bénéficiant de nombreux mécanismes d'accompagnement au développement scientifique régional (Lemola 2004). En Suède, le processus de concentration des ressources autour d'un nombre plus réduit d'établissements a démarré plus récemment en raison notamment de l'existence de nombreuses agences de financement n'ayant qui plus est que peu de relations entre elles (Benner 2003).

Malgré la convergence des mécanismes de gouvernance de la recherche, il existe des différences entre les pays, notamment au niveau de leurs dépenses en

R&D – des disparités qui reflètent principalement les différences de construction de leurs économies, où les secteurs basés sur les matières premières et les PME ont un rôle économique plus important au Danemark et en Norvège, qu'en Suède ou en Finlande. Ces différences mises à part, ces pays ont tous augmenté leurs budgets de recherche universitaire, l'ont organisés en pôles de plus grande taille et évaluent leurs performances en se basant sur des critères de qualité scientifique. Cette orientation vers l'excellence de la gouvernance de la recherche a été accompagnée de politiques destinées à renforcer les relations entre l'université et l'industrie. Ces initiatives ont fait évoluer de nombreuses universités nordiques dans le même sens que leurs homologues aux États-Unis ou au Royaume-Uni, endossant un rôle entrepreneurial impliquant la distribution de licences et la création d'entreprises (Jacob et al. 2003).

On a pu assister dans le même temps à la croissance des entreprises technologiques, nombre d'entre elles étant issues de recherches universitaires. Si on les compare aux standards européens, les marchés de capital-risque sont relativement bien développés, tout comme les mécanismes d'association de la recherche universitaire aux acteurs de marché (Henrekson et Rosenberg 2001).

Il semble donc que les pays nordiques tentent de reproduire le modèle américain de gouvernance de la recherche, mettant les universités au premier-plan, privilégiant les secteurs de recherche en croissance, resserrant les liens entre le système de recherche et les entreprises et les secteurs de haute technologie. Contrairement à ce qui se passe aux États-Unis et au Royaume-Uni toutefois, ce modèle de gouvernance s'accompagne d'un soutien important du secteur public aux domaines de recherche en rapport avec les industries peu technologiques et avec des domaines industriels plus pérenne tel celui de l'alimentation, de l'ingénierie ou des transports. De plus, le mouvement de concentration des ressources autour d'un plus petit nombre de domaines et d'acteurs a été tempéré par des considérations régionales : les pays nordiques, à l'exception partielle du Danemark, ont tous investi de manière importante dans leurs universités régionales. Tout l'enjeu pour les pays nordiques consiste donc à trouver la manière de combiner des objectifs politiques différents, à savoir comment concentrer les ressources tout en adaptant le système de recherche aux intérêts économiques et régionaux.

2.4 Discussion : l'évolution de la gouvernance de la recherche

La gouvernance de la recherche dans les pays nordiques, en Europe continentale et dans les pays anglo-saxons a convergé vers un schéma de concentration des ressources couvrant moins de domaines de recherche et un plus petit nombre de bénéficiaires. Les universités sont devenues l'instrument le plus important pour se faire une place dans une économie du savoir mondialisée – en travaillant à une meilleure visibilité scientifique et en dynamisant les réseaux d'innovateurs et de secteurs innovants qui les entourent. Ces processus sont censés se développer en parallèle, la visibilité scientifique étant supposée être liées aux capacités d'innovation. Les universités sont dès lors sujettes à une double problématique de pilotage : il leur faut ainsi utiliser bien leurs ressources pour maximiser leur impact scientifique aussi bien que leur interaction avec le marché. La nouvelle politique globale est clairement dérivée de l'expérience américaine et particulièrement la volonté de confier à un nombre réduit d'universités le rôle de moteur de la visibilité scientifique et des activités d'innovation. Les universités sont distinctement désignées comme moteur du développement économique et les politiques de recherche privilégient le développement d'un petit nombre d'institutions d'élite. On attend d'elles qu'elles deviennent de véritables plates-formes de référence au sein des réseaux de recherche mondiaux. Il existe une tendance globale à la concentration des ressources.

Comment réagissent, dès lors, les pays extérieurs au modèle européen et nord-américain ? Le modèle de gouvernance émergent est-il aussi adopté en dehors de l'Europe et de l'Amérique du Nord ? D'une manière générale, la plupart des pays ont créé au moins une université nationale de référence, même si ces universités ne se sont jamais retrouvées au centre d'activités de recherche ni ont-elles assumé un rôle important dans le développement économique. Certaines de ces universités nationales « phares » ont une taille imposante si on les compare aux standards internationaux en la matière et sont donc plus difficiles à réformer. Il semble qu'il y ait une tendance générale à ce que les universités des pays en développement soient de taille importante (si on compte le nombre d'étudiants), faibles en termes de portée de leurs recherches et qu'elles manquent de souplesse de gestion. Une étude récente des politiques universitaires et de la gouvernance de recherche en Asie et en Amérique latine montre néanmoins une tendance non seulement en direction d'un renforcement du rôle des universités mais également d'une évaluation plus rigoureuse de leurs performances pour les rendre plus réactives aux évolutions des besoins de la recherche et aux demandes sociaux-économiques (Altbach et Balán 2007). Les études de cas conduites dans le cadre du projet UniDev montrent également une adaptation lente et inégale du modèle centré sur l'université qui concentre le financement public sur un nombre limité d'universités auxquelles on confie le rôle d'accroître la visibilité du tissu scientifique national et d'améliorer les relations avec les réseaux de savoir mondiaux.

Une fois encore, les différences sont nombreuses au sein de cette thématique. L'expérience cubaine le montre : ses universités restent au plus près des demandes de son économie, mais évidemment au prix d'un abandon quasi complet de la recherche à long terme, à l'exception des biotechnologies (voir Chap. 6). Le scénario est semblable en Tanzanie où les universités continuent à se concentrer, et même de plus en plus, sur des problématiques proches de besoins du marché, plutôt que sur la recherche fondamentale. Dans ces deux pays, les conditions économiques difficiles limitent les possibilités de développement d'une recherche universitaire couvrant tous les domaines ; les universités jouent encore un rôle intermédiaire en tant que fournisseur d'enseignement à une élite triée sur le volet, et lancent des projets de recherche appliquée motivés par les demandes des entreprises nationales et des secteurs industriels (voir Chap. 9). Même la Russie, une puissance scientifique historique, a vu ses universités reculer dans les classements internationaux, notamment du fait d'une réduction des dotations de l'état à la recherche et d'un manque d'intérêt marqué pour le système universitaire (voir Chap. 12). La Chine est le cas le plus à part, puisque le pays a pris de nombreuses mesures pour donner un niveau international à certaines portions de son système universitaire, tout en mettant l'accent sur la nécessité pour les universités de contribuer au progrès technologique et au réseautage organisationnel, par exemple via la création de start-up et les transferts de technologie (voir Chap. 8). La transformation rapide des universités chinoises, selon certains observateurs, va créer un système de recherche multipolaire capable de détrôner les universités européennes mais aussi les universités américaines tout particulièrement, de leur actuelle position hégémonique dans quasiment tous les domaines scientifiques (Hollingsworth et al. 2008). De même, les universités vietnamiennes ont un rôle de plus en plus important dans l'économie (voir Chap. 7). Dans ces deux cas, les universités agissent sur de nombreux niveaux, y compris en jouant le rôle de sages-femmes pour aider au développement technologique (du fait de l'absence relative d'entreprises de hautes technologies), et en complétant (voire dans certains cas en remplaçant) les établissements universitaires en tant que pivot des activités de recherche publique.

2.5 Conclusions

Bien que le positionnement des universités, tant du point de vue politique qu'économique, soit devenu de plus en plus central, et qu'il leur ait donné, de ce fait, une bien plus grande autonomie en contradiction totale avec la tradition étatique presque coercitive, il a aussi créé des espoirs bien trop optimistes concernant le système universitaire, et une habitude de recherche de solutions à court-terme, se basant sur l'adoption d'une gouvernance simplifié, basée sur le modèle américain. Ce modèle n'est pas forcément adaptable aux structures institutionnelles existantes ou aux conditions socioéconomiques dans lesquelles baignent les universités ; à l'inverse, il risque de créer des « îlots d'excellence » disposant de connexions globales mais dont les interactions avec les intérêts sociaux et économiques plus généraux restent limitées. Il peut aussi masquer et marginaliser les développements d'un nouveau type « d'université autochtone ». À cet égard, Arocena och Sutz (voir Chap. 5) fait remarquer le rôle émergeant d'une université encore en phase de construction, une nouvelle espèce qui ne ressemble ni aux « universités phares » traditionnelles, ni aux universités globales, calquées sur le modèle américain, mais qui au contraire se montre capable de faire correspondre les intérêts locaux aux efforts de recherche mondiaux. Et il ne s'agit pas d'une simple digression théorique, comme le montre l'expérience de nombreux pays comme le Brésil ou l'Afrique du Sud, tous deux étant exemplaires d'une approche ambitieuse et originale d'élaboration et d'adaptation du concept générique d'université – conçu sur le modèle des mécanismes de gouvernance américains – aux besoins locaux (voir Chaps. 4 et 10). En particulier, une réforme plus complète des mécanismes de gouvernance – pour débarrasser les universités des couches hiérarchiques, étatiques et racistes successives – est venue compléter un rôle de locomotive du développement social et de l'économie nationale, avec pour ambition de jouer un rôle important dans les réseaux de savoir mondiaux. S'il se réalise, ce modèle est en soi une contribution essentielle à la définition des politiques, aussi bien des pays développés que de ceux en développement, et une alternative intéressante à l'hégémonie actuelle du modèle de gouvernance universitaire.

Bibliographie

AAAS (American Association for the Advancement of the Sciences) (2005) AAAS analysis of R&D in the FY 2005. AAAS, Washington, DC

Altbach PG, Balán J (dirs) (2007) Transforming research universities in Asia and Latin America: world class worldwide. Johns Hopkins University Press, Baltimore

Becker W, Dietz J (2004) R&D cooperation and innovation activities of firms – evidence for the German manufacturing industry. Research Policy 33:209–223

Benner M (2003) The Scandinavian challenge: the future of advanced welfare states in the knowledge economy. Acta Sociologica 46(2):132–149

Bernstein A (2003) Canadian institutes of health research budgetary dilemma. Canadian Medical Association Journal 169:6

Bozeman B, Dietz JS (2001) Research policy trends in the United States. Dans : Larédo P, Mustar P (dirs) Research and innovation policies in the new global economy. Edward Elgar, Cheltenham, pp 47–78

Braun D, Benninghoff M (2003) Policy learning in Swiss research policy – the case of the National Centers of Competence in Research. Research Policy 32(10):1849–1863

Clark BR (1983) The higher education system. University of California Press, Berkeley

Cooke P (2004) Biosciences and the rise of regional science policy. Science and Public Policy 31(3):185–198

Drori GS et al (2003) Science in the modern world polity. Stanford University Press, Stanford

Dutch Ministry of Education, Culture and Science (2004) Science Budget 04: focus on excellence and greater value. Téléchargé sur : www.minocw.nl/english/doc/2004/sciencebudget.pdf

Elzinga A, Jamison A (1995) Changing policy agendas in science and technology. Dans : Jasanoff S et al (dirs) Handbook of science and technology studies. SAGE, Londres, pp 572–597

Etzkowitz H (2001) MIT and the rise of entrepreneurial science. Routledge, Londres

Etzkowitz H (2003) Research groups as "quasi-firms": the invention of the entrepreneurial university. Research Policy 32(1):109–121

Geiger R (2004) Knowledge and money: research universities and the paradox of the marketplace. Stanford University Press, Stanford

Georghiou L (2001) The United Kingdom National System of Research, Technology and Innovation. Dans : Larédo P, Mustar P (dirs) Research and innovation policies in the new global economy. Edward Elgar, Cheltenham, pp 253–296

Geuna A, Martin BR (2003) University research evaluation and funding: an international comparison. Minerva 41:277–304

Gibbons M (2001) Governance and the new production of knowledge. Dans : de la Mothe J (dir) Science, technology and governance. Continuum, Londres, pp 33–49

Gulbrandsen M, Etzkowitz H (1999) Convergence between Europe and America: the transition from industrial to innovation policy. Journal of Technology Transfer 24(2–3):223–233

Henrekson M, Rosenberg N (2001) Designing efficient institutions for science-based entrepreneurship: lessons from the US and Sweden. Journal of Technology Transfer 26(2):207–231

Hollingsworth JR, Boyer R (dirs) (1997) Contemporary capitalism: the embeddedness of institutions. Cambridge University Press, Cambridge
Hollingsworth JR et al (2008) China: the end of the science superpowers. Nature 454:412–413
Jacob M, Lundqvist M, Hellsmark H (2003) Entrepreneurial transformation in the Swedish University system. Research Policy 32(9):1555–1568
Jessop B (2002) The future of the capitalist state. Polity Press, Cambridge
Kaiser R, Prange H (2004) The reconfiguration of national innovation systems – the example of German Biotechnology. Research Policy 33(2004):395–408
Kim L (2002) Lika Olika. Högskoleverket, Stockholm
Knorr-Cetina K (2000) Epistemic cultures. Harvard University Press, Cambridge
Krull W (2003) Toward a research policy for the New Europe: changes and challenges for public and private funders. Minerva 42:29–39
Larédo P, Mustar P (2003) Public sector research: a growing role in innovation systems. Minerva 42:11–27
Lemola T (2004) Finnish science and technology policy. Dans : Schienstock G (dir) Embracing the knowledge economy. . Edward Elgar, Cheltenham, pp 268–286
Marginson S (2006) The Anglo-American University at its global high tide. Minerva 44:65–87
Martin BR (2003) The changing social contract for research and the evolution of the university. Dans : Geuna A, Salter AJ, Steinmueller W (dirs) Science and innovation. Edward Elgar, Cheltenham, pp 7–29
Meyer-Krahmer F (2001) The German innovation system. Dans : Larédo P, Mustar P (dirs) Research and innovation policies in the new global economy. Edward Elgar, Cheltenham, pp 205–252
Mowery DC (2001) The United States national innovation system after the Cold War. Dans : Larédo P, Mustar P (dirs) Research and innovation policies in the new global economy. Edward Elgar, Cheltenham
Mowery DC et al. (2004) Ivory tower and industrial innovation. Stanford University Press, Stanford
Nelson RR (2004) The market economy, and the scientific commons. Research Policy 33(2004):455–471
Nowotny H, Scott P, Gibbons M (2003) Introduction: "Mode 2" revisited: The new production of knowledge. Minerva 41:179–194
Pavitt K (2000) Public policies to support basic research. Industrial and Corporate Change 10(3):761–779
Pavitt K (2001) Why European Union funding of academic research should be increased: a radical proposal. Science and Public Policy 27(6):455–460
Powell WW et al. (2003) The spatial clustering of science and capital. Regional Studies 36(3):299–313
PREST (Policy Research in Engineering, Science and Technology) (2000) Impact of the research assessment exercise and the future of quality assurance in the light of changes in the research landscape. PREST, Manchester
Rhodes M (2000) Restructuring the British welfare state. Dans : Scharpf FW, Schmidt VA (dirs) Welfare and work in the open economy, vol 2. Oxford University Press, Oxford, pp 19–68
Riccaboni M et al (2003) Public research and industrial innovation. Dans : Geuna A et al (dirs) Science and innovation: rethinking the rationales for funding and governance. Edward Elgar, Cheltenham, pp 169–201
Ronayne J (1984) Science in government. Edward Arnold, Londres
Savage JD (1999) Funding science in America. Cambridge University Press, Cambridge
Scharpf FW (2000) Economic changes, vulnerabilities, and institutional capabilities. Dans : Scharpf FW, Schmidt VA (dirs) Welfare and work in the open economy, vol 1. Oxford University Press, Oxford, pp 21–124
Schmidt VA (2002) The futures of European capitalism. Oxford University Press, Oxford
Skoie H (1996) Basic research – a new funding climate. Science and Public Policy 23:66–75
Skoie H (2000) Diversity and identity: the merger of five research councils in Norway. Science and Public Policy 27(2):83–96

Stokes DE (1997) Pasteur's quadrant. Brookings Institutions Press, Washington, DC
Streeck W (2008) Re-forming capitalism. Institutional change in the German political economy. Oxford University Press, Oxford
Thelen K (2004) How institutions evolve. Cambridge University Press, Cambridge
Van der Meulen B, Rip A (2001) The Netherlands. Dans : Larédo P, Mustar P (dirs) Research and innovation policies in the new global economy. Edward Elgar, Cheltenham, pp 297–324
Whitley R (2000) Divergent capitalisms. Oxford University Press, Oxford
Zucker LG, Darby MR, Armstrong J (1998) Geographically localized knowledge. Economic Inquiry 36:65–86

# Chapitre 3
L'évolution du rôle de l'université dans le développement économique: les relations entre l'université et l'industrie

Prasada Reddy

3.1 Introduction

Durant les quinze dernières années, le rôle joué par les universités dans la croissance économique a autant préoccupé les décideurs que les universitaires, notamment au travers des relations entre l'université et l'industrie. L'influence directe de la recherche universitaire sur le développement économique n'est cependant pas nouvelle. Depuis leur création il y a plus d'un siècle, les universités agricoles ont joué un rôle déterminant dans l'augmentation de la productivité et des revenus des agriculteurs, notamment grâce à leurs recherches sur de nouvelles variétés de graines, sur les cultures résistantes aux maladies, etc. Les services de vulgarisation assurés par les universités agricoles, grâce auxquels elles peuvent transférer aux agriculteurs les nouvelles technologies et les savoirs associés, sont devenus les principaux canaux de commercialisation des recherches universitaires.

Aux États-Unis, les Lois Morrill de 1862 et 1890 ont créé les « land-grant universities » (également connues sous le nom de « land-grant colleges » ou « land-grant institutions »). Ces textes ont permis de financer des établissements de formation en donnant aux états le droit de développer ou de vendre des terrains fédéraux pour fonder et doter de tels établissements « land-grant ». Ces établissements ont pour mission d'assurer des formations dans les domaines agricoles, scientifiques et d'ingénierie. Cette mission a été étendue par la Loi Hatch de 1887, qui a mené à la création d'une série de bureaux d'expérimentations agricoles sous la responsabilité des « land-grant universities » de chaque état afin de diffuser les nouveaux savoirs, essentiellement dans les domaines des minéraux du sol et de la croissance des plantes. Cette mission de diffusion a été encore étendue par la Loi Smith-Lever de 1914 qui y a inclus une

---

P. Reddy (✉)
Institut des politiques de recherche, Université de Lund, Lund, Suède
Courriel: PrasadaReddy1@gmail.com

B. Göransson et C. Brundenius (eds.), *L'université en transition:
L'évolution de son rôle et des défis à relever*, Idées et innovation en
développement international, DOI 10.1007/978-1-4614-1236-6_3,
© Centre de recherches pour le développement international 2012

mission de vulgarisation – notamment l'envoi d'agents dans les zones rurales pour aider les agriculteurs à mettre en pratique les résultats des recherches agricoles.

Au Brésil, la Compagnie Agricole (Embrapa) a joué un rôle déterminant dans le développement de l'agriculture brésilienne, dont les projets de recherche avaient pour objectif d'améliorer la qualité des graines et des troupeaux, ainsi que de protéger des maladies les plantes et les animaux. Ces résultats de recherche ont été rapidement adoptés par l'agriculture industrielle et ont permis d'améliorer significativement les rendements céréaliers et d'obtenir d'excellents résultats d'exportations agricoles (voir Chap. 4).

De la même manière, au Vietnam, dans un grand nombre de secteurs traditionnels comme l'agriculture et la sylviculture, les établissements universitaires jouent un rôle déterminant en proposant des solutions techniques aux agriculteurs. Dans le delta du Mékong par exemple, plus de 80% des variétés de riz utilisées ont été mises au point par l'Institut du Riz du Delta de la Rivière du Mékong (un organisme de recherche publique (ORP)). L'institut des Arbres Fruitiers du Sud est également très actif et s'applique à trouver des arbres de qualité pour assurer la reproduction, à développer des méthodes avancées de culture pour différents types d'arbres fruitiers, et à diffuser les connaissances techniques auprès des agriculteurs (voir Chap. 7).

À l'inverse, les relations de l'université avec l'industrie n'ont traditionnellement pas été aussi fortes qu'avec le monde agricole. Cela pourrait s'expliquer en partie par le fait qu'au contraire des agriculteurs, les industriels ont tendance à avoir des compétences égales ou supérieures à celles des universités pour créer de nouvelles technologies. De plus, les universités ont tendance à mener des recherches fondamentales sur des sujets génériques, alors que l'industrie s'intéresse plus à des technologies aux applications spécifiques. Convertir des résultats de recherche fondamentale en technologies spécifiques est très consommateur de temps et de ressources, sans être sûr du résultat. Ce qui explique que les relations entre l'université et l'industrie en soient essentiellement restées à la formation du capital humain des entreprises.

Cela ne veut pas pour autant dire qu'il n'existait aucun lien entre l'université et l'industrie dans les domaines de la recherche et de l'innovation. Bien qu'aucune donnée d'ensemble ne soit disponible, l'industrie et l'université ont des projets de recherche communs depuis longtemps dans certains domaines comme la chimie, la médecine et l'ingénierie. Cette collaboration incluait toute une gamme d'activités, allant d'activités simples comme des tests de machinerie ou de matériaux, jusqu'à des projets complets de développement technologiques, allant de la conception à la réalisation. Aux États-Unis, par exemple, de tels travaux communs ont commencé à la fin du dix-neuvième siècle, alors que le système de financement de recherche formelle était en manque de sujets autres qu'agricoles, ce qui a poussé les universitaires à trouver par eux-mêmes de nouvelles ressources auprès de l'industrie pour soutenir leurs recherches (Etzkowitz 2003 : 109).

Avec l'émergence de nouvelles technologies fortement liées à la recherche scientifique comme l'électronique ou les bio et nanotechnologies, la recherche universitaire a commencé à jouer un plus grand rôle dans l'innovation industrielle. De plus, la notion « d'économie du savoir » a rendu la recherche universitaire et l'innovation indispensables à l'industrialisation et au développement économique aux yeux des décideurs politiques. Par suite, les gouvernements ont commencé à adapter leurs politiques pour encourager les interactions entre l'université et l'industrie. Partant des pays industrialisés, et particulièrement de l'Europe, cette idée s'étend rapidement aux pays en développement, comme il est évoqué dans le chapitre précédent.

Aujourd'hui, l'université et l'industrie ne collaborent pas seulement au travers de transferts de technologies. Les universités se lancent aussi elles-mêmes dans de véritables activités entrepreneuriales. Ce qui a entraîné de vives discussions sur les « avantages et inconvénients » de la participation directe des universités à l'innovation industrielle et sur son impact potentiel sur la création de savoir et de richesse. Certains critiquent le fait que les récompenses financières liées aux résultats de recherche sont susceptibles d'introduire un biais et de fausser les jugements et les actions des universitaires lorsqu'ils ont à choisir les problèmes à traiter et les directions à donner aux recherches (Krimsky 1991). à long terme, cela pourrait éloigner les scientifiques de la recherche fondamentale.

Comme le montrent les études de cas par pays rassemblées dans ce livre, l'organisation de la recherche diffère considérablement selon les pays. Dans certains d'entre eux, les activités de recherche sont concentrées dans les universités, en parallèle de l'enseignement supérieur. Dans certains autres, les universités sont essentiellement en charge de l'enseignement, laissant les sujets de recherche majeurs à des établissements nationaux de recherche spécialisés. Pour les besoins de notre étude nous avons inclus dans la recherche universitaire tous les types de recherche, y compris celle réalisée dans les instituts de recherche nationaux.

Le but de ce chapitre est d'étudier et d'analyser en pratique les collaborations entre l'université et l'industrie dans tous les pays participants au projet UniDev. Ce chapitre est organisé en six sections : la Sect. 3.2 analyse les moteurs de la collaboration renouvelée entre l'université et l'industrie ; la Sect. 3.3 fait le point sur la littérature existante sur le sujet ; la Sect. 3.4 décrit les modèles conceptuels au sein desquels est analysé le sujet ; la Sect. 3.5 analyse les collaborations université-industrie dans chaque pays du projet ; la Sect. 3.6 analyse les différentes formes de collaboration universités-industrie ; et la Sect. 3.7 conclut le chapitre.

3.2 Les moteurs d'une collaboration université-industrie renouvelée

Grâce à ses atouts spécifiques et notamment à sa constante production de capital humain, c'est-à-dire ses étudiants qui sont de plus une source majeure de nouvelles idées, l'université est considérée aujourd'hui comme le meilleur environnement pour induire l'innovation. L'université joue également le rôle d'incubateur naturel en offrant une structure d'accompagnement aux enseignants et aux étudiants pour se lancer dans de nouveaux projets. Elle est aussi une plate-forme idéale pour le développement de nouveaux domaines scientifiques interdisciplinaires et de nouveaux secteurs industriels, qui peuvent ainsi se rencontrer et s'enrichir les uns les autres. L'interpénétration des réseaux de groupes de recherche universitaires et des jeunes entreprises, se croisant avec les alliances entre les grandes entreprises, les universités et les jeunes pousses, sont l'essence même du modèle émergent des relations université-industrie dans les domaines de la biotechnologie et de l'informatique notamment (Herrera 2001).

En Europe, les débuts de la recherche universitaire formalisée peuvent être liés à la fondation de l'Université de Berlin au début du dix-neuvième siècle, basée sur le concept d'Humboldt. Le concept était orienté vers la recherche fondamentale et motivée par la curiosité, sans aucun but d'application des résultats de recherche. La première évolution universitaire a fait de la recherche une des missions de l'université, en complément de sa mission d'enseignement traditionnelle (Veysey 1965). Quelques années plus tard, une deuxième évolution universitaire ajoutait le développement économique aux deux missions précédentes de l'université. Aux États-Unis, ces évolutions ont d'abord pris la forme d'activités industrielles au sein du Massachussetts Institute of Technologies (MIT), qui fut fondé en 1862 sur le modèle des « land-grant universities » (Etzkowitz 2003).

En Europe, l'intégration de la recherche à l'enseignement n'a pas progressé de manière aussi efficace qu'aux États-Unis. Tous les pays d'Europe continentale ont des systèmes différents, surtout au niveau de l'enseignement supérieur. L'enthousiasme mondial actuel pour la coopération université-industrie, particulièrement en Europe, semble être motivé par l'offre plutôt que par la demande. En Europe, le récent mouvement de coopération université-industrie est plutôt un phénomène venant du haut, des décideurs politiques, afin de réduire le retard perçu d'innovation de l'Europe face aux États-Unis (Soete 1999).

L'intérêt actuel pour les relations entre l'université et l'industrie est principalement motivé par deux facteurs: (1) l'émergence de l'économie du savoir et (2) la volonté des gouvernements d'assurer un retour sur leurs investissements dans la recherche.

La notion d'économie du savoir et de compétitivité comme nouveau cadre décisionnel pousse à promouvoir l'innovation au niveau national. Les politiques nationales sur la recherche ou la science sont considérées comme des mécanismes politiques essentiels de l'innovation via l'intégration des infrastructures du savoir à la structure économique. Les politiques de recherche ont ainsi été progressivement intégrées aux politiques d'innovation. On considère que les politiques d'innovation, au moins au sein des membres les plus importants de l'UE, sont passées par deux phases : la première étant le modèle linéaire, la seconde le modèle collaboratif. Selon le modèle linéaire, les universités contribuent à l'innovation essentiellement au travers de l'enseignement et de la recherche fondamentale. La recherche universitaire crée de nouvelles voies d'innovation qui sont ensuite exploitées par les entreprises. L'enseignement assure la formation de diplômés compétents qui seront embauchés par les entreprises. Par conséquent, dans le modèle linéaire, aucun effort n'était véritablement consenti pour améliorer la coopération entre les universités et l'industrie ou n'importe quel autre type de partenaire. L'approche actuelle d'intégration des politiques de recherche à la politique d'innovation dans le but de répondre aux besoins perçus de concurrence dans un contexte d'économie du savoir a mené, dans un certain sens, à réformer encore un peu plus le contrat social de la recherche scientifique en faveur d'un contrôle plus direct de la science par des motivations sociales et économiques. L'effet le plus immédiat de ces changements se remarque dans les mécanismes d'encouragement à la coopération entre les universités et les autres ORP, et la société au sens large (Jacob et Orsenigo 2007: 22–26).

Les modifications de plusieurs facteurs ont fait naître un besoin de changer les politiques scientifiques. Les innovations dans le domaine des nouvelles technologies sont de plus en plus dépendantes de la recherche scientifique, créant de fait des technologies basées sur la science. Dans ce domaine, le passage de l'invention à l'innovation se fait en un temps très court. De plus, dans le domaine des nouvelles technologies telles les biotechnologies et les TIC, les frontières entre la recherche fondamentale et les technologies appliquées ont tendance à disparaître (Mansfield 1998 ; Rosenberg et Nelson 1994). Les TIC et les biotechnologies ont également entraîné une augmentation des niveaux de qualification exigée à la première embauche et créé un besoin de formation continue des salariés (Piore et Sabel 1984). De tels changements ont mené à un renforcement de la coopération entre l'industrie et les autres créateurs de savoir comme les universités mais aussi les autres entreprises (Reddy 2000).

Afin de rendre la recherche universitaire plus productive et d'encourager la phase d'industrialisation, les États-Unis ont adopté la Loi Bayh Dole en 1980. Elle se réfère à la promulgation de la Loi d'Amendement sur la loi des Marques et Brevets (Patent and Trademark Law Amendments Act), P.L. 96-517, et aux amendements inclus aux P.L. 98-620 et voté comme loi en 1984. Cette loi a donné aux universités et aux petites entreprises le droit de propriété sur des inventions créées grâce à des fonds publics et les autorise à être impliquées dans le processus de commercialisation. Le droit de propriété inclut également un droit de licence exclusif. Cette loi a déclenché l'enthousiasme des décideurs du monde entier qui l'ont adapté à leurs propres versions de législation liée à la propriété intellectuelle (PI) créée par leurs universités et des mécanismes de commercialisation de cette PI.

Quelques études réalisées par des organismes comme l'OCDE ont suggéré que l'innovation en Europe était en retard par rapport aux États-Unis et au Japon. Les décideurs européens ont alors décidé de remédier à ce « déficit d'innovation ». Ces études indiquaient que, bien que les budgets R&D des pays européens soient considérables, les résultats étaient faibles en termes d'innovation. À l'inverse, les États-Unis et le Japon avaient un meilleur rapport coût / innovation. Les implications potentielles d'un tel déficit d'innovation sur la croissance économique future ont poussé les pays européens à adopter une nouvelle doctrine politique. Les points essentiels de cette doctrine ont été résumés par Jacob et Orsenigo (2007 : 27–28) ainsi :

(a) Les universités devraient contribuer plus directement à l'innovation industrielle et à la croissance économique (locale).
(b) La tendance naturelle de la science est de privilégier son intérêt propre, la politique mise en œuvre devra donc intervenir pour faciliter le développement d'une plus grande ouverture aux problématiques de recherche appliquée au sein des établissements universitaires.
(c) La vitesse du développement technologique suggère qu'un avantage compétitif national ne peut être obtenu et maintenu qu'en établissant des liens direct entre les créateurs du savoir et les créateurs de richesses.

(d) Tirant les leçons des points a, b et c, la plupart des pays ont mis en place une matrice d'instruments de politique collaborative destinée à encourager et à assurer une coopération plus proche entre l'industrie et tous les ORP (OECD, 2003).
(e) De plus, les universités doivent être encouragées à ne pas se restreindre à diffuser leurs connaissances auprès d'entreprises existantes, mais aussi s'engager à commercialiser elles-mêmes leur savoir.
(f) Il est de la responsabilité des gouvernements de soutenir le développement des institutions de soutien qui pourrait aider les universités à adopter un ensemble plus systématique de politiques et d'institutions à commercialiser leur savoir.

3.3 Les liens entre l'université et l'industrie : quelques considérations théoriques

Pour décrire les relations de l'université avec l'industrie, il est nécessaire de prendre en compte les différents types d'université. La plupart des études sur les activités commerciales et les activités de vulgarisation des universités se sont concentrées sur des universités d'élite dans ces domaines. Turk-Bicakci et Brint (2005) montrent de grandes différences entre les plus efficaces et celles qui le sont moins en termes de relations université-industrie. Ces dernières ne tirent peut-être pas de grands gains financiers de ces coopérations, mais elles en tirent d'autres bénéfices comme, par exemple, la contribution au développement local social, culturel et économique. Owen-Smith (2005) montre également que toutes les universités ne peuvent pas agir dans le même domaine d'innovation. Les universités qui sont très tôt entrées dans le jeu du dépôt de brevets ont acquis un incontestable avantage de premier entrant. Il est résulte un système stratifié, dans lequel les premiers entrants bénéficient d'un meilleur retour sur leurs investissements, tandis qu'une large majorité d'acteurs ne se partagent qu'un nombre limité de possibilités. Certaines activités de commercialisation n'ont pas la même valeur pour toutes les universités. Une majorité d'entre elles peuvent avoir à créer de la valeur par des moyens indirects, par exemple, en développant un capital social local et en s'attachant à largement transférer leur savoir, plutôt que de se concentrer sur les transferts de technologie au sens étroit du terme (Hellstrom 2007).

Le concept de commercialisation dans un contexte universitaire fait référence aux activités grâce auxquelles, à un moment ou un autre, l'université fait un profit en vendant quelque chose à un client. Ces activités incluent les formes habituelles de collaborations industrielles, c'est-à-dire lorsqu'une entreprise rémunère un transfert direct ou indirect de savoir, lorsqu'elle vend des licences d'utilisation d'une technologie dont elle détient les droits de propriété et lorsqu'elle prend ou échange des participations dans des entreprises issues de l'essaimage ou des licences. La commercialisation peut toutefois prendre d'autres formes lucratives. L'université peut aussi se lancer dans des activités commerciales plus terre à terre sur son propre campus, par exemple : ouvrir ses propres boutiques ou organiser des conférences pour les entreprises environnantes (Clark 1998) et vendre des heures de conseil (Rappert et al. 1999). Une commercialisation de ce type implique des actions très directes et concrètes, dans le but d'augmenter les revenus de l'université. On pourrait qualifier ces activités d'entrepreneuriales car chaque étape se construit sur un raisonnement commercial (Hellstrom 2007).

Le concept de « commercialisation de la recherche », au contraire, est plus étroit et plus directement lié au transfert de technologie. On pourrait le définir comme « le processus permettant de transformer les découvertes scientifiques et les inventions en produits commercialisables » (Harman et Harman 2004 : 154). D'un point de vue politique toutefois, le concept peut aussi englober jusqu'au « processus de transformation des idées, des connaissances et des inventions en un surcroît de richesse pour les individus, les entreprises et/ou la société en général » (Prime Minister's Science, Engineering, and Innovation Council 2001 : 9).

Bozeman (2000) note également que le concept de transfert de technologie en provenance de l'université peut englober toute transmission d'idées et de connaissance depuis l'université vers un grand nombre d'utilisateurs au sein de la société, y compris les services publics et les organisations non gouvernementales, ainsi qu'à l'international, par exemple dans un contexte d'aide au développement. De plus, d'un point de vue sociétal, les diplômés des universités apportent leur savoir aux entreprises ; les facultés partagent leur savoir via leurs activités de conseil ; et les industries, ainsi que les acteurs du secteur public, utilisent les publications scientifiques dans leurs domaines d'activité respectifs. Parmi d'autres choses, une « université entrepreneuriale :

– Répond aux différentes circonstances et à l'évolution des besoins des étudiants ;
– Prend en compte les besoins du marché du travail et des employeurs ;
– Inclut les compétences entrepreneuriales et l'éthique dans son enseignement ;
– Développe des liens de coopération appliquée pour la recherche ;
– S'engage dans des recherches en collaboration avec l'industrie ;
– Choisit des stratégies d'emploi flexibles » (Gallagher 2000 : 2)

Dans son analyse des stratégies de commercialisation de leurs résultats de recherche des universités suédoises, Hellstrom (2007 : 483–486) définit les catégories suivantes :

1. *Infrastructure d'accompagnement à la commercialisation* – Cette catégorie concerne la création d'infrastructure dédiée à la commercialisation, au sein de l'organisation de l'université. Cela inclut la création de nouveaux services et de fonctions administratives dédiées, tel un Bureau de Transfert des Technologies (BTT), et des fonctions de conseil professionnalisé et de support. Les plateformes d'infrastructure les plus importantes pour commercialiser la recherche semblent être les services indépendants de développement commercial : les holdings universitaires et les technopoles. Ces services ont vocation à devenir des plateformes propriétaires intermédiaires au travers desquelles les nouvelles découvertes et inventions peuvent être identifiées, financées et commercialisées.

2. *Développement du savoir en interne et changement culturel* – La deuxième stratégie liée aux actions de commercialisation touche aux processus plutôt qu'aux produits. Ces processus consistent en un ensemble d'activités étroitement liées dont le but est de développer les connaissances et de transformer la culture de l'université pour encourager l'esprit d'entreprise et l'ouverture vers l'extérieur. Les plus importantes sont l'éducation et la diffusion de savoir au sujet de la commercialisation. De telles activités ont trois objectifs : (a) un accroissement général des connaissances au sujet de l'entrepreneuriat universitaire ; (b) un soutien direct aux activités de commercialisation ; et (c) une formulation claire de nouveaux modèles plus flexibles d'essaimage. Le second type de processus concerne l'encouragement et la récolte des idées. Ici, l'activité la plus importante est la concurrence des plans opérationnels. Ce groupe d'actions stratégiques se subdivise en une troisième sous-catégorie, qui concerne la création et la stimulation d'activités de recherche stratégiques. L'université parraine des programmes de recherche et des projets dans des domaines spécifiques afin d'encourager la recherche sur un sujet attractif et, ainsi, obtenir des financements complémentaires. Ce type d'actions reflète un état d'esprit entrepreneurial au sein d'un cadre de référence universitaire plus traditionnel.
3. *Activités de vulgarisation et de coopération sectorielle* – Cette catégorie concerne les actions stratégiques destinées à développer les liens de l'université avec la société environnante. En général, le but de ces actions est de contribuer à la croissance et à l'innovation de la ville ou de la région où est située l'université. Le premier type peut être qualifié d'actions spécifiques de liaison. L'une d'elles sont les projets communs université-industrie, souvent intégrés aux initiatives universitaires et gouvernementales, et cofinancées par des organismes de financement de recherches stratégiques, par exemple, attirant les financements destinés aux centres de compétences nationaux pour la coopération industrielle à long terme. Sous cette appellation générique, on trouve aussi des actions d'intermédiation stratégiques et plus larges dont le but est de créer des liens entre l'université et les autres secteurs de la société. Une des tendances récentes dans ce domaine a été l'intention stratégique de placer des représentants de l'industrie au sein des universités, afin de montrer de manière ouverte de nouvelles façons d'agir à l'université, à différents niveaux de son organisation (Hellstrom 2007 : 483–486).

Plusieurs raisons expliquent les faibles liens unissant l'université à l'industrie. Une des perceptions communes au grand public est que l'université se consacre trop à la recherche fondamentale et affecte ses trop rares ressources à des sujets n'ayant que peu ou pas de rapport avec le développement économique et particulièrement l'industrie. Ces faibles liens s'expliquent partiellement par la culture différente de ces deux mondes, en termes d'orientations et de systèmes de valeurs des recherches universitaires et industrielles. Dans le domaine des recherches universitaires, l'innovation est mesurée selon des critères comme (1) l'avancement des connaissances ; (2) la création de nouvelles méthodes pour de futures recherches ; et (3) l'amélioration ou la meilleure compréhension des processus (savoir pourquoi, comment et quoi). L'innovation commerciale, au contraire, se définit selon les termes de Schumpeter, ce qui signifie que le succès commercial est le critère de réussite principal, plus que l'originalité ou la nouveauté (Jacob et Orsenigo 2007).

Les scientifiques universitaires sont essentiellement motivés par les règles de « science ouverte » et par le principe de « publier ou mourir » (Dasgupta et David 1994), alors que l'industrie est dépendante de connaissances propriétaires. De plus, les chercheurs universitaires tirent une grande fierté de pouvoir s'attaquer à des problématiques scientifiques de grande envergure touchant à la nature et la matière, tandis que l'industrie est engagée dans des activités plus terre à terre consistant à transformer le savoir existant en produits et services tangibles. C'est pourquoi les scientifiques universitaires peuvent avoir besoin d'être motivés pour accepter de se lancer dans des recherches utiles à l'industrie. L'une des mesures politiques les plus utilisées pour créer une telle motivation a été de réduire les financements publics pour augmenter le besoin pour la recherche publique de trouver des financements privés. Cette mesure est souvent accompagnée par la suppression des obstacles bureaucratiques et légaux à l'engagement des universités dans la recherche financée par l'industrie. Pour pousser un peu plus les chercheurs individuels à s'associer à l'industrie, on les encourage également à breveter les résultats de leurs recherches et de vendre ensuite leur savoir-faire sous forme de licences. De plus, on considère souvent que les résultats de recherche universitaire demandent beaucoup d'efforts de développement pour qu'ils deviennent utiles à l'industrie. C'est pourquoi il est pertinent de créer des organismes intermédiaires auxquels on confie la transformation et la diffusion des résultats de recherche universitaire.

Certains universitaires considèrent que l'engagement dans la recherche à destination de l'industrie ne permettrait pas, à long terme, de continuer à défendre ses valeurs, telle la communication ouverte qui permet une meilleure diffusion de la connaissance vers la société qui, elle-même, permet de maintenir le système de création de savoir des universités (David et al. 1999). Nelson (2001) indiquait également que le développement du penchant commercial des chercheurs, combiné au besoin grandissant des universités de trouver des débouchés pour se financer, pouvait affaiblir l'engagement traditionnel à publier dans le domaine public et à contribuer ainsi à la science publique. Quelques autres études concluent que donner de plus en plus d'importance au transfert de technologie et à la création de liens avec l'industrie entraîne souvent des retards significatifs dans la publication des résultats de recherche et gêne les discussions ouvertes avec les autres établissements et les étudiants au sujet des problématiques mises en évidence pendant les recherches (Blumentahl et al. 1997 ; Stephan 2001).

De nombreux universitaires sont persuadés que l'histoire, la confiance et des demandes clairement définies sont indispensables au rapprochement des universités avec l'industrie. Rosenberg et Nelson (1994) indiquent que les universités américaines ont une longue tradition de coopération avec les entreprises locales concernant des problèmes pratiques dans des domaines pragmatiques comme l'ingénierie, la médecine et l'agriculture. Ces relations à long terme et, surtout, la forte demande de la part de l'industrie, tout spécialement au niveau local, sont nécessaires pour établir des relations saines entre les universités et l'industrie. Le rôle proactif de nombreuses universités américaines dans la recherche d'emplois dans l'industrie pour ses étudiants est un autre facteur important (Adams et al. 2005).

La coopération université-industrie a tendance à être plus étroite dans certains domaines que dans d'autres. Par exemple, le récent regain de ce type de relations aux États-Unis est étroitement lié et concentré autour des technologies en plein développement comme les technologies de l'information et les recherches biomédicales (Mowery et al. 2001). Il semble que les entreprises américaines utilisent essentiellement les recherches universitaires menées dans les plus grandes universités de recherche, publiées dans les journaux reconnus, bénéficiant de financements publics, et fréquemment citées par les universitaires eux-mêmes (Pavitt 2001 ; Narin et al. 1997).

La capacité d'une entreprise à collaborer avec succès avec une université dépend de sa propre expérience et de sa capacité à absorber et intégrer de nouvelles connaissances à son organisation opérationnelle. Pour y parvenir, l'entreprise a besoin de disposer d'au moins trois types de compétences : (a) la capacité de recherche de savoir, qui correspond à son aptitude à explorer un univers de savoirs potentiels en constante expansion (grâce à des liens privilégiés avec la communauté scientifique) ; (b) la capacité d'absorption, c'est-à-dire l'aptitude à absorber de nouveaux savoirs créés à l'extérieur de l'entreprise (Cohen et Levinthal 1989 ; Iansiti 1997) ; et (c) la capacité d'intégration, qui consiste à savoir faire cohabiter les nouveaux domaines avec les anciens (Iansiti 1997).

3.4 Cadres conceptuels

Le concept de coopération entre l'université et l'industrie est essentiellement le résultat de choix politiques. Il n'existe pas de grandes explications théoriques ou de grandes études empiriques permettant de mieux comprendre le concept. De plus, il existe très peu d'études expliquant l'ampleur et la nature de ces rapprochements, les circonstances qui permettent que de telles interactions se mettent en place ou leur impact économique. Trois cadres conceptuels peuvent cependant aider à comprendre la nature de ces interactions : les Systèmes d'Innovation (SI), la Production de Savoir Mode 2 et la Triple Hélice.

3.4.1 Les systèmes d'innovation

Le modèle SI vient d'une nouvelle école de pensée connue sous le nom de « économie évolutionniste ». Les discussions au sujet des SI remontent aux travaux de Friedrich List (1841) qui a introduit la notion de systèmes nationaux de production et d'enseignement. Le concept de « Systèmes d'Innovation Nationaux (SIN) » en tant qu'outil d'analyse a d'abord été utilisé de manière plus ou moins indépendante par Freeman (1987), Lundvall (1988) et Nelson (1988). Freeman (1987) avait attribué le développement réussi du Japon pendant la période d'après-guerre à certains éléments clés et spécifiques de son système national d'innovation. Il a défini le concept comme « le réseau des institutions des secteurs publics et privés, dont les actions et les interactions amorcent, intègrent, modifient et diffusent les nouvelles technologies » (p. 1).

Lundvall (1992) définit le concept à deux niveaux. La définition la plus étroite d'un SIN inclut les organisations et les institutions impliquées dans la recherche et l'exploration tels les départements de R&D, les instituts de technologie et les universités. La définition la plus large englobe, elle, « toutes les parties et tous les aspects de la structure économique et de l'organisation institutionnelle qui affectent aussi l'enseignement que la recherche et l'exploration – le système de production, le système marketing et le système de financement se présentent tous comme des sous-systèmes au sein desquels l'enseignement a lieu » (p. 12).

La vision qu'un système d'innovation soit confiné aux frontières nationales n'a toutefois pas trouvé grâce aux yeux de nombreux universitaires. Cela fait plusieurs années que quelques universitaires ont commencé à utiliser le concept de « systèmes d'innovation » pour expliquer les développements au niveau international, régional (infranational), sectoriel et technologique. Carlsson et Stankiewicz (1995) utilisent l'approche des « systèmes technologiques » pour expliquer que les systèmes d'innovation peuvent être spécifiques à des technologies et/ou à des secteurs. Edquist (1997 : 14) définit le SI comme « tous les facteurs importants, économiques, sociaux, politiques, organisationnels et autres, qui ont une influence sur le développement, la diffusion et l'utilisation des innovations ».

Carlsson et al. (2002 : 234) remarquent que les systèmes sont constitués de composants, de relations et d'attributs. Les composants sont « les parties opérationnelles d'un système », acteurs ou organisations, qui peuvent aussi bien être des individus, des entreprises, des universités, des banques, etc. ou des regroupements de plusieurs d'entre eux. Les éléments physiques ou technologiques, tout comme les lois et régulations, sont considérés comme des composants système. Les relations, le deuxième élément clé constitutif d'un SI, sont les liens entre les composants. Les composants d'un SI sont très interdépendants et fortement liés les uns aux autres. Le transfert de technologie et l'acquisition sont considérés comme les deux relations les plus importantes d'un SI. Les relations assurent également l'interaction et, au final, le retour d'information vers le système. Le troisième élément, ce sont les attributs. Ce sont eux qui caractérisent le système et ils sont le résultat de l'interaction entre les composants, au travers des relations qui existent entre chacun d'eux. La fonction d'un SI est la création, la diffusion et l'utilisation des technologies.

On décrit l'essence d'un modèle SI comme suit :

(a) Les entreprises n'innovent pas lorsqu'elles sont isolées. L'innovation doit être considérée comme un processus collectif impliquant d'autres entreprises ainsi que plusieurs autres acteurs/organisations clés tels les universités, les centres de recherche, les agences gouvernementales, etc.
(b) La capacité des entreprises à innover dépend également des institutions, et donc aussi des politiques, des lois et des réglementations (Lundvall 1992 ; Edquist 1997).
(c) L'enseignement et l'interdisciplinarité sont des éléments clés de l'innovation (Edquist 1997).

3.4.2 Production de Savoir Mode 2

Le modèle Mode 2 traite des conditions d'organisation et de production du savoir en environnement proche. L'ouvrage *New Production of Knowledge (NPK)* (Gibbons et al. 1994) décrit ce que l'on appelle dorénavant la thèse Mode 2 de manière courante. Selon ce modèle, dans le monde d'aujourd'hui, un nouveau mode de création de savoir est en train d'émerger. Ce mode, appelé Mode 2, se définit par cinq caractéristiques principales :

- La transdisciplinarité
- La création de savoir dans un but applicatif
- Le contrôle de qualité
- La responsabilité et la réflexivité sociale
- L'hétérogénéité et la diversité organisationnelle

La première caractéristique, la transdisciplinarité, est directement tiré du précédent Mode de Production de Savoir (Mode 1), dans lequel la source des idées de création du savoir était la discipline elle-même. Bien que la recherche interdisciplinaire ait existé depuis longtemps, la transdisciplinarité du Mode 2 dépasse les frontières du simple groupe d'universitaires travaillant ensemble sur une même problématique chacun provenant pourtant de domaines différents et considérant le problème du point de vue de sa propre discipline. La transdisciplinarité, au contraire, est basée sur le développement d'un modèle spécifique dont le but est d'encadrer les efforts de recherche d'une solution. Le résultat final est un effort systémique intégré qui ne permet pas de remonter aux sources de chaque discipline concernée. Le Mode 2 repose sur un ensemble indépendant de structures théoriques, de méthodes de recherche et de pratiques. Les canaux de diffusion des connaissances sont également différents de ceux du Mode 1 en ce sens que les résultats sont communiqués aux membres du groupe pendant leur participation. De cette façon, la diffusion se fait en temps réel. La diffusion plus large des connaissances repose plus largement sur la mobilité des membres de l'équipe que sur la publication d'articles dans des journaux professionnels ou sur la participation à des conférences. Une des caractéristiques importantes du Mode 2 c'est que le savoir est produit en vue de son application. Dans le Mode 1, on considérait que la recherche était conduite presque exclusivement dans un contexte universitaire, tandis que dans le Mode 2, les partenariats entre les différentes parties prenantes sont un des éléments clés de la création de savoir. Les chercheurs s'attaquent à des problèmes identifiés par des praticiens ou des groupes de praticiens, et des scientifiques, et la connaissance est produite avec à l'esprit l'idée qu'elle sera utilisée dans le contexte même de son application. Le savoir étant produit en vue de son application, les problématiques de validité et d'assurance-qualité se définissent en termes d'utilité sociale et d'autres critères de validité en rapport avec les besoins des utilisateurs.

Plusieurs des innovations institutionnelles qui ont vu le jour sous les auspices de la politique scientifique sont le reflet d'une production de savoir de type Mode 2. L'une des plus importantes est le concept de « centres d'excellence », une forme d'organisation de la recherche qui est une véritable incarnation des principes du

Mode 2 pour l'organisation de la production du savoir. Les centres d'excellence sont en général dédiés à une problématique particulière et transdisciplinaire. L'autre caractéristique importante des centres d'excellence c'est qu'ils permettent d'atteindre une taille critique dans un domaine particulier en mettant en place des réseaux s'étendant sur plusieurs sites (Jacob et Orsenigo 2007).

3.4.3 Le modèle de la Triple Hélice

Le modèle de la Triple Hélice a été introduit par Etskowitz et Leydesdorff en 1997. Dans ce modèle, trois acteurs clés – l'université, l'industrie et le gouvernement – jouent les rôles principaux dans l'innovation. Le principe de base du modèle de la Triple Hélice est de considérer que le rôle des universités dans l'innovation est encore plus important dans un contexte de sociétés de savoir. Les liens université-industrie-gouvernement sont considérés comme les brins d'une triple hélice des réseaux de communication en constante évolution (Etzkowitz et Leydesdorff 1997, 2000). Le modèle semble donner un rôle équivalent à chacun des trois acteurs de l'innovation, qui provient essentiellement des entreprises. Il ne prend pas non plus en compte les différences sectorielles et la contribution proportionnelle de chaque acteur.

Jacob et Orsenigo (2007) mettent en lumière deux types différents de triple hélice, les Triples Hélices I et II. La Triple Hélice I se concentre sur les initiatives entrepreneuriales au sein des universités et sur les structures émergentes destinées à encourager l'entrepreneuriat tels les incubateurs, les bureaux de liaisons et les autres structures du même genre. Le concept de base est semblable à celui du Mode 2, considérant également que l'université est engagée dans un processus d'évolution. Le Mode 2 insiste sur l'utilité sociale et sur l'organisation de la création du savoir en environnement proche, tandis que la Triple Hélice I se consacre plutôt à la transformation du savoir en richesse. La Triple Hélice I se base sur un modèle stylisé de l'histoire de l'évolution de l'université, dans lequel l'entrepreneuriat universitaire est considéré comme la dernière étape à franchir (Etzkowitz et al. 2000). L'accent est davantage mis sur les institutions que sur les individus, ainsi que sur la façon dont les rôles, les règles et les connaissances sont transformés par cette coalition tripartite. La Triple Hélice II tente de construire un fil narratif qui soit cohérent avec les points de vue du Mode 2 et du SI. La Triple Hélice II met moins l'accent sur l'entrepreneuriat et se consacre plutôt aux questions d'évaluation et de critères de validité du savoir (Leydesdorff et Meyer 2003).

3.5 Coopération université-industrie : analyse plurinationale

Une vue d'ensemble du scénario plurinational montre que dans la plupart des pays, la coopération entre l'industrie et l'université n'en est qu'à ses débuts. Il existe toujours une séparation des activités entre les universités et l'industrie. Cette situation s'explique en partie par le fait que les programmes de recherche universitaires sont peu nombreux ou qu'ils n'ont souvent qu'un intérêt limité pour l'industrie. D'autre part, les demandes de l'industrie sont rares, notamment parce que celle-ci dépend de transferts de technologie en provenance de l'étranger, ou bien parce que ses opérations ne rencontrent que des problèmes techniques mineurs et que la mise à jour de ses capacités technologiques n'est pas jugée nécessaire.

Dans les années 1950, par exemple, le Brésil a créé de nouvelles universités publiques et privées. Dès 2005, on comptait 2 165 établissements d'enseignement supérieur, dont 173 étaient classés comme universités. La recherche n'a lieu qu'au sein des universités publiques et dans quelques établissements de recherche liés à des ministères spécifiques (Santé, Agriculture, Mines et énergie). Seuls les établissements d'enseignement supérieur classés comme universités ont l'obligation de poursuivre des activités de recherche, et moins de 10% des établissements d'enseignement supérieur (173) sont considérés comme tels. Cependant, l'enseignement supérieur, la recherche et la production industrielle se sont développés rapidement pendant trois décennies, mais avec très peu de relations, chacun suivant sa propre voie (voir Chap. 4).

En Chine, dès le début, les établissements de recherche ont été placés au cœur du système d'innovation national. S'inspirant du modèle soviétique, le gouvernement communiste chinois a créé un système complexe d'établissements de recherche, dont l'Académie des Sciences Chinoises (Chinese Academy of Sciences – CAS) est le plus important. Le gouvernement était directement responsable de l'organisation d'une gamme de plans et programmes de Sciences et Technologies (S&T), et administraient les établissements de recherche sans intermédiaire. La recherche se consacrait essentiellement aux besoins de l'armée et peu de résultats se retrouvaient transposés à la production industrielle. Les établissements de recherche, les universités et les entreprises suivaient des chemins bien distincts, et les recherches universitaires n'avaient que peu de liens avec l'industrie (voir Chap. 8).

En Allemagne, les universités ne sont qu'un des différents types d'ORP. Parmi les plus importants de ces organismes se trouvent la Société Max Planck, la Société Fraunhofer et les Centres Helmholtz. Les instituts Max Planck conduisent d'excellentes recherches fondamentales en physique, biologie et chimie. Bien qu'il s'agisse de recherche fondamentale, les résultats des recherches menées par Max Planck deviennent de plus en plus applicables à l'industrie. La Société Fraunhofer se consacre notamment à la recherche appliquée et est principalement financée par des capitaux externes, notamment par des entreprises du secteur secondaire. Les transferts de technologie passent essentiellement par les « contrats de recherche », qui représentent 40% des activités de Fraunhofer. Chacun des instituts Fraunhofer se consacre à une technique spécifique, couvrant les domaines des TIC, des sciences de la vie, de la microélectronique, des technologies de surface et de la photonique, de la production et des matériaux. Les centres Helmholtz se sont d'abord consacrés à la recherche nucléaire, mais se sont depuis étendus à des domaines comme l'aéronautique, l'informatique et les biotechnologies. La recherche fondamentale fait partie de leurs activités et celle-ci repose sur plusieurs piliers principaux : des équipements de recherche de grande taille ; de grands projets d'intérêt public nécessitant d'énormes capacités de gestion ainsi que de d'immenses ressources financières, technique et scientifique interdisciplinaire ; et un développement technologique à long terme reposant notamment sur la construction de prototype (voir Chap. 13).

Pendant la période l'Union Soviétique, la quasi totalité de la recherche était conduite au sein des établissements de recherche nationaux. Les universités se consacraient à l'enseignement et les industries à la production de biens et services, sans aucun lien entre les trois. Dans les années 1990, suite à la chute de l'Union Soviétique, les grandes institutions départementales se sont désintégrées et celles qui étaient chapeautées par l'Académie des Sciences Russe sont devenues des entités de plus petite taille. Aujourd'hui, l'isolement des établissements d'enseignement supérieur russes par rapport à l'industrie est essentiellement dû au manque de financement de la recherche et au fait que les nouveaux établissements privés d'enseignement supérieur se consacrent uniquement à l'enseignement. De ce fait, moins de 38% des établissements d'enseignement supérieur ont aujourd'hui des activités de recherche. Du fait des conditions d'isolement économique de l'Union Soviétique, la science a dû contribuer à tous les niveaux au développement économique et social, à la croissance de la production et aux capacités de défense. Un tel système demandait d'énormes ressources et n'était pas économiquement viable. En revanche, un résultat de recherche obtenu dans un domaine était immédiatement appliqué dans d'autres domaines, ce qui a entraîné un effet de synergie considérable. Ces avancées étaient cependant utilisées en priorité par les militaires plutôt que par les civils, et dans les domaines importants pour le prestige national (comme l'espace). La physique, les mathématiques, les TIC, la recherche spatiale, la chimie et les matériaux, la médecine, la biologie et l'étude de la Terre ont été autant de domaines de la science et des technologies très développés en Russie et dont les sciences fondamentales et appliquées étaient autant développées l'une que l'autre (voir Chap. 12).

Le système d'innovation tanzanien se caractérise par son manque de relation entre les universités et les autres organismes de R&D, et le secteur industriel. Il existe toutefois des différences entre les secteurs et les sous-secteurs. Une étude concernant trois secteurs, à savoir l'agriculture, l'industrie et la santé, a montré que le secteur de la santé avait développé les liens les plus forts, suivi par l'agriculture, notamment dans le sous-secteur des cultures commerciales. C'est dans le secteur secondaire que la situation est la plus faible : il n'y a quasiment aucune coopération entre la R&D et les industries manufacturières, à l'exception de quelques projets de conseils auprès d'un petit nombre d'entreprises. Les grandes entreprises ne s'intéressent pas aux résultats de R&D universitaires, la plupart d'entre elles indiquant que cette R&D n'est pas en rapport avec leurs activités, notamment parce qu'une majeure partie de l'innovation est obtenue « sur le tas ». À l'inverse, les entreprises de plus petites tailles considèrent les organismes de R&D comme des concurrents. Du fait de la libéralisation de l'économie et les réductions budgétaires de l'état, la plupart des organismes de R&D industriels ont subi des coupes budgétaires. Pour survivre, ces organismes se sont transformés en petites entreprises du secteur secondaire (voir Chap. 9).

En Uruguay, les politiques publiques destinées à soutenir l'innovation ont traditionnellement été de faible envergure. Plusieurs grands instruments politiques, tels la technologie et les services de vulgarisation industrielle, l'équipement technologique de l'état, etc. sont soit peu développés soit totalement inexistants. D'autres instruments de politiques, tels les soutiens financiers aux entreprises innovantes ont en général été sous-utilisés, notamment du fait de procédures administratives trop complexes. Seul le secteur agricole a pu profiter de centres technologiques spécialisés efficaces, destinés à soutenir leurs efforts de production. Récemment, cependant, de nouveaux établissements spécialisés dans l'ingénierie logicielle ont vu le jour, et d'autres organismes comme des incubateurs technologiques ont été créés (voir Chap. 5).

Au Vietnam, il semble que le faible nombre de requêtes en services technologiques faites aux universités et autres organismes de R&D soit lié à la nature des services d'innovation proposés. Les entreprises semblent considérer que les ORP ne fournissent pas ou ne sont pas capables de proposer des types de services technologiques répondant aux besoins de l'industrie. Les capacités des ORP, y compris les universités, sont inférieures aux attentes des entreprises, particulièrement dans les domaines de conseil en technologie, dans lesquels ils ne sont pas capables de proposer des services avancés et complexes. Pour innover, les entreprises ne peuvent compter que sur leurs équipes internes ou parfois la coopération avec d'autres entreprises dans leur domaine (voir Chap. 7).

Malgré le manque patent d'enthousiasme de la part des acteurs concernés, les gouvernements de tous les pays poursuivent leurs efforts pour soutenir une meilleure collaboration entre les universités et l'industrie. Ces efforts prennent plusieurs formes, allant d'initiatives politiques d'envergure jusqu'à des mesures spécifiques ciblées, par exemple en finançant des programmes et des projets de recherche communs.

Pendant la période du régime militaire, entre 1968 et 1980, le Brésil a choisi une politique d'autosuffisance et de développement intérieur, en s'appuyant sur des entreprises publiques ayant un double objectif : garantir la production de matières premières et des produits de base nécessaires à l'industrie (acier, produits miniers et énergie hydroélectrique), et aussi créer des centres de R&D pour diffuser les avancées technologiques vers les secteurs stratégiques (énergie nucléaire, aviation et traitement de données), grâce, par exemple, à Petrobras, Electrobrás, Nuclebras et Embraer. La Loi de réforme des universités adoptée en 1968 avait pour but de rendre le système plus sensible au marché, qui avait besoin d'une main d'œuvre mieux formée, et pour soutenir le processus d'industrialisation via le développement des cycles d'études supérieures et de la recherche universitaire. Le Fonds National pour le Développement Scientifique et Technologique (FNDCT) a été créé en 1969, doté de ressources substantielles en rapport avec la taille de la communauté scientifique. Une partie des fonds publics était destinée au soutien de l'innovation du secteur industriel, mais l'impact fut limité par la faible demande de la part de l'industrie, qui préférait adopter les technologies en provenance de l'étranger plutôt que d'investir dans sa propre R&D. La coopération entre l'industrie et les universités ou les établissements de recherche est donc restée très limitée. Les entreprises achetaient rarement les résultats de recherche obtenus par d'autres organismes locaux.

Dans les années 1990, quelques universités, leaders dans le domaine de la recherche ont adopté de nouvelles stratégies de dissémination des résultats et de transfert de technologies. Plusieurs initiatives ont été adoptées pour faciliter l'essaimage d'entreprises liées à des projets de recherche universitaires. Les « incubateurs opérationnels », les bureaux de transfert de technologies et les technopoles se sont multipliés. Les premiers incubateurs d'entreprises ont été créés à la fin des années 1980 et ont comptait 70 incubateurs universitaires en activité en 2003. La Loi sur l'innovation (N° 10.973) a été adoptée en 2004 après une large consultation auprès de la société civile. Cette loi est conçue pour légaliser les démarches de commercialisation des résultats de recherche universitaires, y compris les services associés, la mise en place de partenariats de recherche avec des entreprises, la création d'entreprises technologiques, ainsi que le dépôt de brevets et la vente de licences d'utilisation (voir Chap. 4).

Au début de 1979, le gouvernement chinois a décidé que les principales universités devaient également devenir des centres de recherche, indiquant ainsi de manière formelle que la recherche devenait une des missions des universités chinoises. Dans les années 1980, le nombre d'établissements de recherche créés par les universités a rapidement augmenté, et les performances dans le domaine de la R&D sont rapidement devenues un indicateur important de l'évaluation des universités. En 1985, le gouvernement chinois a réformé le système S&T, a décentralisé le contrôle fiscal et exécutif et a encouragé les liens entre l'industrie et les établissements de recherche. Le gouvernement a fortement réduit le financement des établissements de recherche et des universités et les a forcés à trouver d'autres sources de financement. Certains établissements de recherche ont ainsi commencé à proposer des cycles d'études supérieures et les universités ont commencé à lancer des projets de recherche. Pourtant, les interactions entre les universités et les établissements de recherche restaient rares, et les entreprises restaient relativement éloignées du monde universitaire.

En 1992, le gouvernement chinois a lancé le projet de « coopération entreprise-université-établissement » pour encourager la collaboration entre les entreprises, les universités et les établissements de recherche. La contribution au développement économique et le soutien au progrès des S&T ont officiellement été ajoutés aux missions de l'université. Les universités chinoises ont alors commencé à créer leurs propres entreprises. Ces entreprises gérées par les universités ont permis à ces dernières de trouver les financements qui leur faisaient cruellement défaut et ont également directement contribué au développement économique, aidant ainsi la société civile à percevoir les universités comme des moteurs de croissance d'une société du savoir (voir Chap. 8).

À Cuba, le gouvernement a modifié sa politique scientifique et technologique au milieu des années 1980. Ces modifications ont notamment porté sur la réorientation de la recherche universitaire vers une recherche plus appliquée ; la définition de nouveaux domaines prioritaires pour le développement des S&T (c'est-à-dire les biosciences, les biotechnologies, l'industrie pharmaceutique et l'équipement médical high-tech) ; et la création de technopoles productifs, véritables réseaux de collaboration intégrée dans lesquels la recherche, la création de technologies, la production et la commercialisation de produits font partie d'un processus continu déterminé par des stratégies uniques et l'amélioration du Forum des S&T. Cette expérience cubaine unique avait pour but d'augmenter la participation sociale au développement des S&T et de leurs applications (voir Chap. 6).

Au Danemark, au cours de ces quelques dernières années, le rôle des universités dans la production du savoir et les transferts de technologies n'a cessé d'augmenter. En plus de l'enseignement et de la recherche, la troisième mission, comme on l'appelle, de diffusion du savoir et de transfert de technologie est devenue un des objectifs importants des universités. Ce rôle n'est pas le résultat de la coopération avec l'industrie ou du soutien gouvernemental, mais d'une volonté spécifique de certains départements au sein de quelques groupes de recherche. Ce qui explique que toutes les universités danoises aient créé des bureaux de transfert de technologies, des bureaux de brevets, des centres réseaux, des incubateurs, des ambassadeurs du savoir, etc. Toutes ces activités ont maintenant été explicitement ajoutées à la Loi sur les universités et aux contrats d'activité que les universités doivent signer avec le ministère (voir Chap. 14).

En Afrique du Sud, la recherche et le développement sont pris en charge par les 23 établissements publics d'enseignement supérieur ainsi que par des ORP (les Conseils de Sciences). Le Livre blanc sur la science et la technologie prévoit la création d'emploi et la compétitivité, l'amélioration de la qualité de la vie, le développement des ressources humaines, les efforts pour un développement durable, et la promotion de la société de l'information. Le Conseil de la Recherche Scientifique et Industrielle (Council of Scientific and Industrial Research – CSIR) est le principal acteur public de la R&D en Afrique du Sud. Il effectue de recherches dirigées et multidisciplinaires, participe à l'innovation technologique ainsi qu'au développement industriel et scientifique pour améliorer la qualité de vie de la société civile. Ces services et solutions technologiques et scientifiques accompagnant de nombreux acteurs. Le CSIR est financé à hauteur de 40% par la dotation parlementaire et le reste vient de contrats de recherche, de redevances, de ventes de licences et de dividendes générées les revenus liés à la propriété intellectuelle et aux autres opérations commerciales (voir Chap. 10).

En Suède, l'enseignement supérieur est également responsable de cette fameuse troisième mission depuis la fin des années 1990. Cela signifie qu'en plus de ses tâches traditionnelles d'enseignement et de recherche, les universités et les autres établissements universitaires sont maintenant également officiellement obligés d'interagir avec leur environnement sociétal et la vie économique. La création de consortiums de recherche est le principal mécanisme au travers duquel la collaboration université-industrie est envisagée. Les agences de financement qui soutiennent ces consortiums ont tendance à agir en tant qu'intermédiaires entre les établissements universitaires et les grandes entreprises. Cela démontre les liens traditionnellement étroits qui unissent l'état, l'industrie et l'université en Suède. L'état joue un rôle important en tant qu'initiateur ou facilitateur de la coopération université-industrie grâce à différents systèmes de financement. Ces dernières années, un modèle entrepreneurial partant de la base, c'est-à-dire dans lequel les universités et les universitaires eux-mêmes jouaient le rôle d'entrepreneurs, est venu compléter ces types d'interaction extrêmement formalisés (Chap. 15).

En Tanzanie, le Collège d'Ingénierie et de Technologie (CoET) contribue de manière significative au progrès socioéconomique national grâce à la sélection, l'adoption, l'adaptation et au développement de solutions techniques adaptées, ainsi qu'au développement de technologies adaptées et durables. Toutes les disciplines universitaires du CoET sont impliquées dans le développement de prototypes et les transferts de technologie. Le courtage technologique et le transfert à l'industrie qui en découle sont coordonnés par le Centre de Développement et de Transfert des Technologies (TDTC). Cette approche de l'innovation et des transferts de technologies est considérée comme potentiellement la meilleure pour le développement socioéconomique de la Tanzanie. Il faut absolument s'assurer de l'efficacité de l'absorption et de l'adaptation aux priorités et ressources nationales des technologies importées. Pour cela, le CoET doit avoir des accords d'échanges et d'informations technologiques avec, au moins, quelques uns des principaux centres de transferts technologiques internationaux (voir Chap. 9).

Pour encourager la coopération université-industrie, la plupart des pays ont adopté des mesures ciblées très spécifiques, comme la création de bureaux de transfert de technologie, de pôles industriels et scientifiques.

En Chine, le premier parc universitaire de science et technologie a été intégré à l'Université du Nord-est en 1991. Il a plus tard été suivi par les universités de Pékin et de Tsinghua qui ont ouvert leurs propres parcs universitaires S&T. La Chine compte aujourd'hui 50 parcs universitaires S&T. Selon les premières estimations statistiques, les 42 parcs universitaires S&T nationaux rassemblaient 5 037 entreprises en incubation et 1 256 entreprises créées à la fin de 2004 (voir Chap. 8).

À Cuba, le système sectoriel de l'industrie médico-pharmaceutique axée sur les biotechnologies est considéré comme l'une des réussites de l'économie du savoir. Il est basé au West Pole de la Havane, un regroupement d'entreprises qui rassemble plus de 40 établissements et 12 000 employés, dont 7 000 scientifiques. Ces établissements travaillent en « circuit fermé » : recherche, conception, développement produit, fabrication et marketing. Ce système sectoriel d'innovation fait participer d'autres acteurs comme les universités, les établissements de recherche, le système de santé et, au premier chef, le gouvernement. Le système est entièrement géré par l'état (voir Chap. 6).

En Lettonie, le secteur industriel est essentiellement composé de petites et moyennes entreprises (PME) ayant de faibles capacités d'innovation. Le gouvernement a adopté une série de mesures pour renforcer les moyens technologiques des entreprises. Un nouveau service des Sciences, des Technologies et de l'Innovation a été créé en 2006, au sein du ministère de l'éducation et des Sciences. La division de l'innovation a été créée en 2003, au sein du service Industrie du ministère de l'économie. Ces dernières années, le ministère du Développement régional et des Gouvernements locaux a également joué un rôle proactif. Les organismes de soutien opérationnel et à l'innovation sont l'un des composants de plus en plus importants du SIN. Ils regroupent un nombre grandissant de parcs industriels, de technopoles, de fonds de capital-risque, de sociétés de conseil et plusieurs autres intermédiaires. Leur rôle consiste à renforcer le secteur industriel en apportant leur aide aux entreprises existantes et en facilitant la création de jeunes pousses et d'entreprises dans le domaine des nouvelles technologies (voir Chap. 11).

En Suède, du fait des avantages que l'on prête à ce que l'on appelle les économies d'agglomération, le concept de systèmes d'innovation et de pôles d'entreprises a attisé l'intérêt des chercheurs et des décideurs voulant encourager l'innovation et la compétitivité dans les secteurs en croissance telles les biotechnologies et les télécommunications, tout en soutenant le développement économique local dans les régions et les villes défavorisées. Le concept de pôle d'entreprises a souvent été mis en avant par le ministère de l'industrie comme un moteur de croissance, mais aussi par le ministère de l'éducation pour l'établissement de relations entre l'industrie et les universités, ainsi que par le ministère des affaires étrangères comme un moyen de promouvoir les investissements étrangers directs, essentiellement via l'Agence Investir en Suède (ISA) (voir Chap. 15).

En Tanzanie, l'ONG Tanzania Gatsby Trust (TGT) a été créée en 1992 pour soutenir les PME via des aides au crédit, des formations au marketing et des transferts de technologie. Depuis 2001, le CoET et le TGT travaillent ensemble dans le domaine du développement et de transfert de technologie (TDT). L'incubation et le courtage de technologie et d'entreprise font partie des autres stratégies de coopération entre l'industrie et l'université dans le domaine des technologies et de l'application des résultats de recherche. L'incubation de technologie est l'un des domaines de coopération entre le CoET et le TGT. Les activités concernées incluent :

- L'analyse des économies locales respectives
- L'évaluation des niveaux technologiques préexistants
- La spécification des fonctions de base d'un incubateur
- L'estimation des aides disponibles pour la mise en place d'autres options d'incubation
- La préparation de plans opérationnels aussi bien pour l'incubateur que pour les bénéficiaires (voir Chap. 9)

De nombreux gouvernements et universités ont adapté leurs régimes de droit de la propriété intellectuelle (DPI) pour pousser les chercheurs à commercialiser par eux-mêmes leurs résultats de recherche ou à vendre des licences d'utilisation à d'autres entreprises.

En ce qui concerne le dépôt de brevets, le Brésil n'a pas encore été très actif. Les entreprises brésiliennes déposent moins de demandes de brevets que les universités. Entre 1999 et 2003, le plus grand nombre de demandes de brevet provenait de l'université de Campinas (UNICAMP) et parmi les 20 plus importants établissements en termes de dépôts de brevets, on trouve 5 universités et 2 agences de développement. Le Bureau américain des brevets a accordé 106 brevets au Brésil en 2004, ce qui représentait 0,6% de la totalité des brevets enregistrés cette année là, alors que la part des articles scientifiques publiés par le Brésil était trois fois supérieure en comparaison avec la production mondiale (voir Chap. 4).

En Suède, les résultats de recherche universitaire restent la propriété intellectuelle des chercheurs participant au projet. Une « dérogation pour les professeurs ou les enseignants universitaires » aux contrats d'embauche, qui transférait la propriété à l'employeur, a été adoptée par une loi de 1949. Le transfert de propriété est toutefois plus théorique que réel, car aucune ressource financière supplémentaire n'est prévue pour les recherches nécessaires à la production d'un prototype. De plus, les entreprises déjà en place refusant en général de payer des licences pour des inventions sans suite, il est indispensable de trouver un fonds de démarrage ou de capital risque pour créer une entreprise capable de développer la technologie et la commercialiser. Du coup, les universitaires manquent souvent de connaissances et de moyens pour tirer un quelconque profit de leurs droits formels de propriété (voir Chap. 15).

3.6 Les différentes formes de coopération entre l'université et l'industrie

La coopération entre l'université et l'industrie sur le plan de l'innovation prend plusieurs formes, dont celles que nous décrivons ci-dessous.

3.6.1 Les services de conseil

Les services de conseil aux entreprises sont assurés par les universitaires à titre individuel. Ces collaborations se font de manière ciblée et se décident projet par projet, de façon formelle ou non. C'est ainsi que commencent en général les relations université-industrie pour ensuite progresser vers d'autres formes de coopération, une fois que l'historique et la confiance dans les capacités des deux parties ont été établis grâce à cette première étape de conseil.

Pour de nombreux universitaires suédois, par exemple, la collaboration avec les entreprises fait partie de leur rôle universitaire habituel. Ils sont par exemple souvent chargés de trouver les bons interlocuteurs capables de répondre au mieux aux requêtes de l'industrie et aussi de s'occuper de tout ce qui concerne les étudiants. « Devenir des *consultants* a donc été la forme traditionnelle de l'implication commerciale. Les limitations de leur rôle professoral ont largement restreint leur champ d'action au sein des entreprises à des opérations de conseil à titre individuel, à temps partiel. Ce type d'implication est par conséquent relativement limité en termes de temps et de soutien financier, et se transforme rarement en relations à long terme avec les clients. On voit donc qu'il existe une séparation claire entre les activités de conseil et le travail universitaire » (voir Chap. 15).

3.6.2 Les activités d'assistance technique fournies à l'industrie par les universités

En général, la recherche universitaire permet de trouver des solutions à des problèmes techniques de différentes manières (Klevorick et al. 1995 ; Sequeira et Martin 1996; Pavitt 1996) : (1) Instruments et techniques pour l'ingénierie de programmation, y compris la création de modèles et de simulations, en plus de la prédiction théorique ; (2) approvisionnement de l'instrumentation, par exemple le tube cathodique ou plus récemment les techniques de « séquençage des gènes » ; (3) base de connaissance – les chercheurs industriels sont souvent moins intéressés par le contexte d'une publication que par l'expérience et la connaissance tacite des auteurs de ces articles ; et (4) participation aux réseaux professionnels aux niveaux nationaux et internationaux – les scientifiques et les ingénieurs fournissent la « connaissance du savoir » lié à la solution d'un problème technique, c'est-à-dire qu'ils savent qu'ils peuvent s'appuyer sur les compétences d'autres collègues concernant des problèmes spécifiques. Assurer la mobilité du personnel entre et au sein des secteurs est la façon la plus efficace de diffuser la connaissance. Les flux de savoir sont souvent le résultat de la mobilité des personnes et des équipes passant d'un organisme à l'autre et sur le marché du travail (Breschi et Lissoni 2001).

3.6.3 *Parrainage de la recherche / création de chaires dans les universités par les entreprises*

Les entreprises financent des recherches ou parrainent certaines créations de chaires dans les universités afin de s'assurer des progrès de la recherche dans un domaine qui les intéresse, quand elles ne sont pas en position de se lancer elles-mêmes dans la recherche pour différentes raisons. Ces raisons peuvent être un manque de ressources ou d'expertise dans les méthodes de recherche fondamentale, et/ou parce que le domaine de recherche ne fait pas partie des domaines opérationnels habituels de l'entreprise. AstraZeneca, par exemple, la multinationale anglo-suédoise de l'industrie pharmaceutique, a créé une chaire à l'Institut indien de la science en Inde (Reddy 2000).

3.6.4 *Projets de R&D communs entre l'université et l'industrie*

De tels projets communs de R&D impliquent que chaque partenaire intervienne dans son domaine de compétence. Du fait des problèmes de confidentialité, ce type de coopération ne peut se mettre en place qu'une fois que le partenaire industriel a pu être rassuré sur les capacités de l'université. Ces dernières années, afin d'encourager les relations entre l'université et l'industrie, certains gouvernements ont initié et financé de tels projets communs de R&D. Par le passé, par exemple, les entreprises chinoises ne disposaient pas d'une grande capacité de R&D et devaient demander de l'aide aux établissements de recherche, aussi bien dans des domaines techniques que technologiques. Les activités de recherche communes entre les universités et les entreprises ont commencé dans les années 1980 en Chine. Les universités peuvent bien sûr assurer une formation professionnelle aux employés au sein des entreprises, mais elles collaborent aussi avec les entreprises pour trouver des solutions à des problèmes techniques pratiques, via des projets de recherche. « Grâce à la mise en place du projet 'coopération entreprise-université-établissement' depuis 1992, la collaboration entre les entreprises et les universités s'est renforcée. Les financements apportés par les entreprises aux universités pour leurs projets de R&D sont passés de 3,6 milliards de yuans en 1998 à 7,45 milliards de yuans en 2004. Aujourd'hui, les transferts de technologie réalisés en collaboration avec les entreprises sont une source importante de financement de la R&D pour les universités » (voir Chap. 8).

3.6.5 *Transfert de technologies créées par l'université à l'industrie*

Traditionnellement, les transferts de technologies de l'université à l'industrie devaient faire face à la contrainte de devoir supporter les immenses coûts de développement nécessaires à la transformation en produits tangibles. Aujourd'hui, dans les nouvelles technologies fondées sur la science les frontières entre la recherche fondamentale et le développement de produit sont de plus en plus floues et ne nécessitent plus forcément d'énormes ressources en termes de coûts de développement.

Au Brésil, par exemple, il est devenu de plus en plus important de breveter les connaissances créées par l'université une fois qu'a été adoptée la nouvelle loi sur la propriété industrielle en 1997. L'objectif était d'inciter les entreprises à payer des licences d'utilisation liées aux brevets déposés par les universités, afin de créer des ressources supplémentaires pour ces dernières. Les Bureaux de transfert de technologie ont été créés pour gérer les offres de services technologiques, les négociations de contrats, le dépôt de brevets, la commercialisation des technologies, la formation des ressources humaines et la diffusion des technologies. Aujourd'hui, 30 bureaux de ce type sont en activité au sein du système universitaire. La Loi sur l'innovation adoptée en décembre 2004 a renforcé ces options et a obligé les universités à créer une structure administrative spécifique – le Bureau de l'innovation technologique (NIT) – pour gérer les activités de commercialisation du savoir (voir Chap. 4).

3.6.6 *Confier toute la R&D d'un produit industriel à l'université*

Pour que ce type de collaboration puisse se mettre en place, il est indispensable que l'entreprise fasse entièrement confiance à l'université, à ses compétences et à sa capacité à tenir les délais et le budget prévus. Par exemple, les Laboratoires de chimie nationaux en Inde ont développé un catalyseur appelé « zéolite », utilisé par l'industrie pétrolière, pour le compte de la multinationale hollandaise Akzo (Reddy 2000).

En complément de ces activités interactives entre l'université et l'industrie, les universités ont développé elles-mêmes leur esprit d'entreprise en participant directement à des opérations commerciales. Il peut par exemple s'agir d'investissements dans des entreprises créées par l'université via des sociétés holding, qui vont jusqu'à prendre en charge la fabrication.

En 1994, le parlement suédois a donné le droit aux universités et aux collèges universitaires de former des sociétés holding ayant la capacité de créer, de détenir en fiducie et de vendre des actions d'entreprises de services et de projets engagées dans la R&D. Elles ont plus tard obtenu le droit de devenir propriétaires d'entreprises, dans le but de commercialiser des formations. De telles sociétés de holding ont été jusqu'à présent créées dans 14 universités et collèges universitaires. Selon *Vinnova* (Vinnforsk, VP2003 : 1), les établissements de recherche suédois disposent déjà de financements suffisants pour soutenir et renforcer les motivations de commercialisation des résultats de recherche. Les ressources financières destinées aux sociétés de holding plutôt insuffisantes et les attitudes souvent négatives de l'université concernant la commercialisation des résultats de recherche sont les principales faiblesses du système (voir Chap. 15).

La réforme de 1985 du système S&T en Chine a considérablement réduit le financement des universités par l'état. De nombreuses universités chinoises ont par conséquent décidé de créer leurs propres entreprises pour augmenter leurs revenus et améliorer les conditions d'enseignement. Cependant, les entreprises universitaires chinoises des années 1980 étaient toutes à but lucratif et regroupaient par exemple des imprimeries, des maisons d'édition et quelques sociétés de services. Dans les années 1990, d'autres universités sont entrées directement sur le marché en créant leurs propres entreprises. Mais la situation avait changé car de nombreuses universités chinoises ont alors commencé à mettre en place des entreprises basées sur les sciences et les technologies. Le développement des entreprises universitaires, et spécialement des entreprises S&T, est rapidement devenu un critère important de l'évaluation des performances d'une université. Avec le soutien de l'état, les entreprises universitaires de type S&T sont devenues de plus en plus grandes et de plus en plus puissantes. De nombreuses entreprises universitaires sont devenues des leaders de l'industrie high-tech chinoise, comme Tongfang, Founder et Dongruan. Les entreprises universitaires chinoises sont assez différentes des entreprises d'essaimage. Par définition, ces dernières sont des entités économiques d'origine universitaire qui deviennent des entités indépendantes, alors qu'une entreprise universitaire est une entreprise économique qui continue à faire partie de la structure administrative de l'université (voir Chap. 8).

3.7 Conclusions

Pendant longtemps, les relations entre l'université et l'industrie n'ont pas été aussi étroites que celles qui liaient l'université avec les agriculteurs. Cela s'explique notamment par le fait que l'industrie dispose d'un savoir technologique égal et parfois même supérieur à celui des universités. Cela dit, l'émergence de nouvelles technologies fortement liées à la recherche scientifique, la différence entre la recherche fondamentale, la recherche appliquée et le développement technologique s'amenuise. De plus, les nouvelles technologies ont besoin des apports de plusieurs disciplines différentes, ce qui pousse les entreprises à collaborer avec d'autres entreprises et aussi avec les universités. Autant de raisons qui ont mené à la création d'une nouvelle forme de collaboration entre les universités et les entreprises dans certains domaines technologiques. Ce qu'on pourrait qualifier de collaboration université-entreprise motivée par la demande. Pour améliorer la compétitivité de leurs secteurs industriels, les gouvernements du monde entier ont commencé à prendre des mesures spécifiques comme envisager une « troisième mission » pour leurs universités, en complément de leurs missions traditionnelles d'enseignement et de recherche. Il s'agit alors pour elles de participer à la vie de la société en devenant un instrument de dissémination du savoir. De telles mesures incluent également des modifications de la loi sur la propriété industrielle, permettant aux universités de breveter les résultats de recherches publiques et de vendre ensuite des droits d'utilisation de ces technologies à l'industrie.

Dans certains domaines, comme les biotechnologies et les technologies de l'information, les chercheurs universitaires se sont saisis de l'occasion pour créer des produits à partir de leurs résultats de recherche. Ils ont alors créé leurs propres entreprises pour développer des produits basés sur leurs recherches universitaires. Selon les cas, ils s'occupent seuls de la commercialisation de leurs produits ou forment des alliances avec des grandes entreprises du secteur concerné. Se rendant compte du potentiel de la recherche universitaire pour le développement régional grâce aux créations d'entreprises dérivées, plusieurs gouvernements ont lancé des parcs scientifiques et des technopoles, rassemblant des incubateurs et des services opérationnels. Ces développements ont permis d'améliorer la collaboration université-industrie dans certains domaines industriels. Cela dit, la collaboration université-industrie reste limitée dans un grand nombre de domaines, comme l'ingénierie.

Il est également clair qu'une meilleure collaboration entre l'université et l'industrie n'est pas une solution miracle pour pallier toutes les faiblesses de l'industrie. à part quelques illustrations anecdotiques, aucune étude ne montre que des résultats économiques significatifs ont été obtenus, que ce soit à l'échelle régionale ou nationale, après la mise en place de collaborations université-industrie ou de mesures pour encourager une telle coopération comme la création de parcs scientifiques.

Bibliographie

Adams JD, Black GC, Clemmons JR, Stephan PE (2005) Scientific teams and institutional collaborations: evidence from U.S. universities, 1981–1999. Research Policy 34(3):259–285

Blumenthal D, Campbell EG, Andersson N et al. (1997) Withholding research results in academic life science: evidence from a national survey of faculty. Journal of the American Medical Association 277(15):1224–1228

Bozeman B (2000) Technology transfer and public policy: a review of research and theory. Research Policy 29:627–655

Breschi S, Lissoni F (2001) Knowledge spillovers and local innovation systems: a critical survey. Industrial and Corporate Change 10(4):975–1005

Carlson B, Stankiewicz R (1995) On the nature, function and composition of technological systems. Dans : Carlsson B (dir) Technological systems and economic performance: the case of factory automation. Kluwer, Dordrecht

Carlson B, Jacobsson S, Holmen M, Rickne A (2002) Innovation systems: analytical and methodological issues. Research Policy 31(2):233–245

Clark BR (1998) Creating entrepreneurial universities: organizational pathways of transformation. IAU Press/Pergamon, Oxford

Cohen W, Levinthal D (1989) Innovation and learning: the two faces of R&D. Economic Journal 99(397):569–596

Dasgupta P, David P (1994) Toward a new economy of science. Research Policy 23(5):487–521

David P, Foray D, Steinmueller WE (1999) The research network and the new economics of science: from metaphors to organisational behaviour. Dans : Gambardella A, Malerba F (dirs) The organisation of economics of innovation in Europe. Cambridge University Press, Cambridge

Edquist C (1997) Systems of innovation approaches, their emergence and characteristics. Dans : Edquist C (dir) Systems of innovation: technologies, institutions and organizations. Pinter, London

Etzkowitz H (2003) Research groups as 'quasi-firms': the invention of the entrepreneurial university. Research Policy 32:109–121

Etzkowitz H, Leydesdorff L (1997) Introduction to the special issue on science policy dimensions of the triple helix of university-industry-government relations. Science & Public Policy 24(1):2–5

Etzkowitz H, Leydesdorff L (2000) The dynamics of innovation: from national systems and "Mode2" to triple helix of university-industry-government relations. Research Policy 29(2):109–123

Etzkowitz H, Webster A et al. (2000) The future of the university and the university of the future: evolution of ivory tower to entrepreneurial paradigm. Research Policy 29(2):313–330

Freeman C (1987) Technology policy and economic performance: lessons from Japan. Frances Pinter, London

Gallagher M (2000) The emergence of the entrepreneurial university. Présenté à Institutional Management in Higher Education (IMHE), General Conference of the Organization for Economic Cooperation and Development (OECD), Paris, Septembre 11–13

Gibbons M, Limoges C, Nowotny H, Schwartzman S, Scott P, Trow M (1994) The new production of knowledge: the dynamics of science and research in contemporary societies. Sage, Londres

Harman G, Harman K (2004) Governments and universities as the main drivers of enhanced Australian university research commercialisation capability. Journal of Higher Education Policy and Management 26:153–169

Hellström T (2007) The varieties of university entrepreneurialism: thematic patterns and ambiguities in Swedish university strategies. Policy Futures in Education 5(4):478–490

Herrera S (2001) Academic research is the engine of Europe's biotech industry Red Herring 108:72–74

Iansiti M (1997) From technological potential to product performance: and empirical analysis. Research Policy 26:345–365

Jacob M, Orsenigo L (2007) Leveraging science for innovation: Swedish policy for university–industry collaboration 1990–2005. Swedish Centre for Business and Policy Studies, Stockholm

Klevorick A, Levin R, Nelson R, Winter S (1995) On the sources and significance of inter-industry differences in technological opportunities Research Policy 24(2):185–205

Krimsky S (1991) Academic-corporate ties in biotechnology: a quantitative study. Science Technology and Human Values 16:275–287

Leydesdorff L, Meyer M (2003) The triple helix of university-industry-government relations. Scientometrics 58(2):191–203

Lundvall B-Å (1988) Innovation as an interactive process. From user-producer interaction to national systems of innovation. Dans : Dosi G, Freeman C, Nelson R, Silverberg G, Soete L (dirs) Technological change and economic theory. Pinter, Londres

Lundvall B-Å (1992) Introduction. Dans : Luvall B-Å (dir) National systems of innovation: toward a theory of innovation and interactive learning. Pinter, Londres

Mansfield E (1998) Academic research and industrial innovation: an update of empirical findings. Research Policy 26(7/8):773–776

Mowery DC, Nelson RR, Sampat B, Ziedonis A (2001) The growth of patenting and licensing by US universities: an assessment of the effects of the Bayh-Dole Act of 1980. Research Policy 30(1):99–119

Narin F, Hamilton K, Olivastro D (1997) The increasing linkage between US technology and public science. Research Policy 26(3):317–330

Nelson R (2001) Observations on the post-Bayh-Dole rise of patenting at American universities. Journal of Technology Transfer 26(1):13–19

Nelson RR (1988) Institutions supporting technical change in the United States. Dans : Dosi G, Freeman C, Nelson R, Silverberg G, Soete L (dirs) Technological change and economic theory. Pinter, Londres

OECD (2003) Main science and technology indicators. OECD, Paris

Owen-Smith J (2005) Trends and transitions in the institutional environment for public and private science. Higher Education 49:91–117

Pavitt K (1996) National policies for technical change: where are the increasing returns to economic research? Proceedings of the National Academy of Sciences United States of America 93(23):12693–12700

Pavitt K (2001) Public policies to support basic research: what can the rest of the world learn from US theory and practice? (and what they should not learn). Industrial and Corporate Change 10(3):761–780

PioreMJ, Sabel C (1984) The second industrial divide: possibilities for prosperity. Basic Books, New York

Prime Minister's Science, Engineering and Innovation Council (PMSEIC) (2001) Commercialisation of Public Sector Research. Paper Présenté au Septième Rencontre PMSEIC, 28 juin (http://www.dest.gov.au/sectors/science_innovation/publications_resources/profiles/commercialisation_research.htm)

Rappert B, Webster A, Charles D (1999) Making sense of diversity and reluctance: academic-industrial relations and intellectual property. Research Policy 28:873–890

Reddy P (2000) Globalization of corporate R&D: implications for innovation systems in host countries. Routledge, Londres

Rosenberg N, Nelson R (1994) American universities and technical advance in industry. Research Policy 23:323–348

Sequeira K, Martin B (1996) The links between university physics and industry, science policy. Rapport à l'Unité de recherche de l'Institut de physique, Université de Sussex

Soete L (1999) The challenges and the potential of the knowledge based economy in a globalised world. Document de référence de la Présidence portugais de L'Union Européenne, MERIT, Maastricht

Stephan P (2001) Educational implications of university–industry technology transfer. Journal of Technology Transfer 26:199–205

Turk-Bicakci L, Brint S (2005) University–industry collaboration: patterns of growth for low- and middle-level performers. Higher Education 49:61–89

Veysey L (1965) The emergence of the American university. University of Chicago Press, Chicago

Partie II
Études de Cas par Pays

Chapitre 4
Les universités brésiliennes et leur apport à l'innovation et au développement

José Manoel Carvalho de Mello, Anne-Marie Maculan, et Thiago Borges Renault

4.1 Introduction

Les établissements d'enseignement supérieur brésiliens (EES) existent depuis la première moitié du dix-neuvième siècle sous la forme de facultés de médecine, de droit ou d'écoles d'ingénieurs. Les universités brésiliennes (c'est-à-dire les EES pluridisciplinaires) ont, elles, été fondées plus récemment. La première université a été créée en 1920 à Rio de Janeiro par le gouvernement fédéral. En 1934, l'état de São Paulo a établi sa propre université, qui est encore aujourd'hui la référence brésilienne en matière d'enseignement et de recherche.

Dans les années 1950, en parallèle du processus d'industrialisation intensif, les créations d'établissements d'enseignement supérieur et, en particulier, d'universités publiques et privées, ont commencé à s'accélérer. En 1980, le Brésil comptait 882 EES, dont 65 universités.

L'institutionnalisation de la mission de recherche des universités date de la fin des années 1960, avec la création de cursus de troisième cycle. En parallèle des universités, certains établissements de recherche ont créé des liens avec des ministères spécifiques (Santé, Agriculture, Mines et Énergie).

Les politiques publiques concernant la science et la technologie (S&T) se sont développées pendant les années 1970. Les objectifs ambitieux en termes d'autonomie technologique sont révélés difficiles à atteindre, entraînant une grande frustration de la communauté scientifique et universitaire.[1]

---

[1] I, II Plan pour le Développement Scientifique et Technologique (PBDCT), II Plan National de Développement (PND).

J.M.C. de Mello (✉)
Université Fédérale de Fluminense, Niterói, Brésil
Courriel: josemello@pq.cnpq.br

A.-M. Maculan • T.B. Renault
Universidade Federal do Rio de Janeiro, Rio de Janeiro, Brésil

Les capacités industrielles du Brésil ne se sont développées que relativement récemment. Le processus d'industrialisation commencé dans les années 1950, s'est basé sur trois éléments fondamentaux : des multinationales, l'état et les entreprises publiques encore embryonnaires. Chacun d'eux avait un rôle spécifique : le premier était chargé d'apporter le financement et les technologies, le deuxième d'obtenir les capitaux internationaux nécessaires pour compléter le financement national insuffisant, et le troisième de préparer le marché domestique au développement technologique – si possible en s'associant avec des entreprises étrangères.

Les systèmes d'enseignement supérieur, de recherche et de production industrielle se sont développés rapidement pendant trois décennies, de manière plutôt indépendante, chacun suivant sa propre voie. La crise a frappé ces trois systèmes pendant les années 1980, période dite de « la décennie perdue »[2] du fait de la forte dette extérieure et de l'hyperinflation qui n'a pu être endiguée qu'en 1994.

Dès 1990, des changements importants ont été apportés à la structure économique du Brésil : l'économie s'est ouverte aux investissements étrangers, plusieurs services publics ont été privatisés, la stabilisation monétaire a été imposée, et la structure organisationnelle des grandes entreprises a été modernisée, le tout entraînant l'amélioration de la qualité de production des entreprises brésiliennes et de leur compétitivité. Depuis cette période, la meilleure articulation des relations entre l'enseignement supérieur, la recherche et l'industrie est considérée comme un défi majeur, afin d'améliorer les capacités d'innovation du secteur privé, un facteur de compétitivité considéré comme essentiel.

Cette étude a pour objet d'analyser les changements qui se sont opérés afin de donner un contexte aux discussions en cours sur les nouvelles missions de l'université et, en particulier, concernant sa contribution au développement économique local, à la formation technologique du milieu des affaires et à la création de perspectives entrepreneuriales.

L'étude commence par une analyse des fonctions de l'université par rapport aux caractéristiques du processus d'industrialisation, qui est présenté dans la première section. Ensuite, elle procède à un examen détaillé de la capacité du système universitaire à répondre aux demandes en capital humain, qui concerne essentiellement sa mission d'enseignement. L'étude poursuit par l'examen du développement des activités de recherche et leur contribution au processus d'innovation, notamment dans le contexte des discussions autour de la Loi sur l'innovation. Enfin, l'étude aborde de manière succincte les points essentiels de la discussion au sujet du contexte social des activités universitaires.

---

[2] D'un point de vue politique, cette période coïncide avec le retour de la démocratie et l'adoption de la nouvelle constitution en 1988.

4.2 Le contexte socioéconomique

4.2.1 L'industrialisation rapide repose grandement sur les technologies étrangères

L'accès au progrès technologique et aux nouvelles technologies de production s'est révélé être un défi majeur de l'économie brésilienne dès le début de son industrialisation. Le manque de relation entre les universités et le milieu des affaires, entre la recherche et l'innovation, trouve sa source dans les raisons historiques expliquant le retard du processus d'industrialisation.

Avant la seconde guerre mondiale, le Brésil était essentiellement un pays agricole. Bien que légèrement en retard par rapport au reste du monde, une industrialisation intensive a commencé dans les années 1950. Influencé par les études sur les déséquilibres de la croissance économique réalisées par la Commission économique d'Amérique Latine (ECLA), le Brésil a choisi un processus d'industrialisation appelé « remplacement des importations ». Dans ce modèle, le développement des secteurs industriels les plus dynamiques est confié à de grandes entreprises multinationales en charge de fournir à la fois les capitaux et les technologies.[3] Les entreprises publiques se concentrent sur certains secteurs tels la production et la distribution d'électricité, les télécommunications, l'industrie minière, et la production de matières premières industrielles (acier, pétrochimie, etc.). Le financement de ces activités est garanti par l'état et les entreprises bénéficient de contrats de transferts de technologie et de savoir-faire pour organiser leurs activités de production. D'autres secteurs sont confiés à des entreprises locales, aux ressources financières limitées et dont l'accès aux technologies est limité voire incertain. Cette politique industrielle, guidée par le développement du marché intérieur, s'accompagne d'une démarche très protectionniste.

De 1952 à 1980, le Brésil a suivi cette stratégie d'industrialisation par « remplacement des importations », avec une forte présence des entreprises publiques dans les secteurs industriels de base (acier, mines et pétrochimie) et sous forme de concession de services publics. Durant cette même période, les entreprises multinationales se sont de plus en plus investies dans le secteur des biens de consommation. Le secteur industriel a profité de barrières tarifaires élevées et de mesures non tarifaires qui protégeaient à la fois le marché intérieur, l'état et les entreprises multinationales de la concurrence internationale.

Pendant le régime militaire établi entre 1964 et 1980, les gouvernements qui se sont succédés ont poursuivi avec vigueur une politique d'autosuffisance industrielle et technologique, notamment au travers d'entreprises publiques qui remplissaient un double objectif : garantir la production de matières premières de base et des biens nécessaires à l'industrie (acier, minéraux, hydroélectricité), et créer des centres de recherche et développement (R&D) pour disséminer certains progrès technologiques spécifiques vers des secteurs stratégiques (énergie nucléaire, aviation, traitement de

---

[3] Industries automobile, pharmaceutique, de biens d'équipements et production, et cimentière.

données). Les exemples sont nombreux : Petrobras, Electrobrás, Telebrás, Nuclebras et Embraer. La société de recherche agricole brésilienne a également joué un rôle important dans le développement de l'agriculture brésilienne, dont les projets de recherche touchaient aussi bien à l'amélioration des graines et des élevages qu'à la protection des plantes et des animaux contre les maladies. Les résultats de ces recherches étaient rapidement diffusés via l'agriculture industrielle et sont les principaux responsables de l'amélioration des récoltes et des performances extraordinaires des exportations agroalimentaires durant les 10 dernières années.

C'est au cours de cette période allant de 1950 à 1980 que l'industrie brésilienne s'est mise en place, caractérisée par de forts taux de croissance et une remarquable diversification. Pendant la décennie 1970–1979, le PIB du Brésil a affiché une croissance moyenne de 8,4%, mais le développement technologique n'a pas profité d'une croissance similaire. L'articulation entre l'autonomie industrielle, via le remplacement des importations, et l'autonomie technologique, via le remplacement des technologies importées par d'autres endogènes, ne s'est tout simplement pas produit.

Pendant la décennie des années 1980, deux effets négatifs du modèle de croissance ont déclenché une crise de l'économie brésilienne : d'une part la croissance rapide de la dette extérieure a entraîné l'apparition de taux d'inflation extrêmement élevés et, d'autre part, de faibles taux de productivité ont diminué les capacités de concurrence du Brésil sur les marchés internationaux. On appelle les années 1980 la « décennie perdue ». L'inflation n'a pas pu être régulée avant 1994.[4] Cette décennie a été notamment marquée par une réduction significative des financements publics destinés aux sciences et technologies.

4.2.2 Recherche et formation de main d'œuvre: la double mission de l'université

Le plan ambitieux de formation de main d'œuvre, en parallèle de la création des activités de recherches institutionnelles, fut la caractéristique essentielle de la politique d'industrialisation et de développement technologique. Son but était de lier la formation universitaire à la formation d'une main d'œuvre hautement qualifiée destinée au secteur secondaire (Tableau 4.1).

Cette théorie se basait sur une conception linéaire du processus d'innovation et sur la conviction qu'un excès naturel de recherche viendrait alimenter les besoins des entreprises. Bien que l'utopique autonomie technologique ne soit jamais devenue réalité, et que les entreprises nationales se soient révélées peu actives en matière technologique, un réel processus d'apprentissage a tout de même vu le jour, marqué par la maîtrise progressive des technologies de production qui s'est opérée d'une façon proche de celle décrite par Bell et Pavitt (1993).

---

[4] Entre 1980 et 1994, le taux d'inflation annuel dépassait les 100%, et était même supérieur à 1 000% entre 1988 et 1994, pour atteindre 2 700% en 1993 (voir http://www.ipea.gov.br/ipeadata, accès au 21/11/2006).

Tableau 4.1 Le processus d'industrialisation et les fonctions de l'université

	Caractéristiques de l'industrialisation	Les fonctions de l'université
1920–1950	Industrialisation hétérogène, avec des technologies étrangères intégrées aux équipements importés, et une immigration de techniciens étrangers	Manque d'établissements d'enseignement supérieur (écoles d'ingénieurs)
1950–1970	Industrialisation basée sur le remplacement des importations, et la création de filiales de production par les multinationales et les entreprises publiques dans les secteurs primaires et les services publics	Formation de main d'œuvre (ingénieur) intégrée au processus d'industrialisation
1970–1990	Diversification de la base industrielle. Industries de pointe basées sur des technologies endogènes et des postes de responsables au sein des multinationales confiés de plus en plus souvent à des employés brésiliens	Formation de main d'œuvre spécialisée et de chercheurs pour la phase d'apprentissage

Source: Maculan (1996)

Pendant les années 1970, les politiques publiques de S&T se caractérisaient notamment par des programmes de création d'infrastructures pour la recherche, avec une capacité installée appropriée et une main d'œuvre abondante. Le principal outil politique fut le Fonds national pour le développement scientifique et technologique (FNDCT), créé en 1969.[5] Le fonds disposait de ressources importantes par rapport à la taille de la communauté scientifique.

Une partie des fonds publics était destinée au financement de l'innovation dans le secteur secondaire ; mais son impact s'est révélé limité du fait du manque de demande de la part des entreprises qui, plutôt que d'investir dans leurs capacités de recherche internes, ont préféré privilégier le transfert de technologies étrangères – le choix le plus courant à l'époque. Le financement interne de la R&D par les entreprises privées ne dépassait pas 3% du financement total consenti par l'état et se concentrait sur quelques-unes des entreprises publiques seulement.

À l'époque, la mise à disposition des financements publics était presque toujours associée à la politique « developmentista » de remplacement des importations. De plus, plusieurs prêts externes assurés par la Banque de développement inter-américaine étaient spécifiquement destinés au développement scientifique et technologique ou à l'enseignement supérieur. Pendant les années 1970, les financements publics ont augmenté. Le fonds a été créé et conçu pour être souple, et pouvait s'appuyer sur l'évolution des ressources budgétaires, basées sur des prêts octroyés par des institutions financières ou d'autres organismes, des mesures d'encouragement fiscal, des contributions et des donations en provenance d'organismes publics ou privés, et d'autres sources. Au début des années 1980, un prêt important destiné au domaine des S&T était en cours de négociation avec la Banque mondiale : il s'agissait du PADCT,[6] signé en 1983.

---

[5] Suite au décret n° 719 de juillet 1969.
[6] Guimarães (1995).

Le signe le plus visible du rôle du FNDCT dans le processus d'institutionnalisation de la recherche scientifique et technologique pendant les années 1970 fut la croissance du nombre de cursus de troisième cycle, passant de 125 en 1969 à 974 en 1979. Un système institutionnel complexe s'est organisé autour d'agences fédérales soutenant les troisièmes cycles et les activités de recherche, ce qui a permis de créer et de financer des laboratoires d'enseignement en troisième cycle, de mettre en place des bourses pour les étudiants de maîtrise et de doctorat, et d'évaluer la qualité de ces cursus. Ce système – unique dans les pays d'Amérique du sud dans les années 1970 et 1980 – a attiré de nombreux chercheurs et étudiants des pays voisins, et notamment venant d'Argentine et du Chili.

Pendant la décennie des années 1980, du fait du déséquilibre des comptes publics, des difficultés pour payer la dette extérieure, et de la diminution des investissements étrangers directs dans les activités de production, le FNDCT a dû faire face à une réduction drastique des financements destinés aux projets de recherche les plus importants, ainsi qu'à l'affaiblissement de l'importance des S&T en général au sein des politiques publiques. Le modèle d'institutionnalisation de la recherche universitaire a commencé à s'effondrer. De nouvelles directives ont commencé à voir le jour, cherchant à réduire le financement de la recherche fondamentale pour favoriser la recherche appliquée à la technologie (Guimarães, 1995), ce qui était en meilleure adéquation avec les objectifs de III PBDCT (1980–1985).

4.2.3 *Formation technologique, capacité industrielle technologique*

Au début des années 1990, l'économie brésilienne a subi une série d'évolutions profondes qui ont modifié sa croissance. Les nouveaux choix économiques ont résulté de l'interaction de plusieurs facteurs : la dérégulation (télécommunications, eau, distribution de l'énergie électrique), la privatisation des grandes entreprises minières, et l'ouverture de nombreuses industries aux investissements étrangers (énergie, pétrole, finances). De nouveaux modèles de gestion et une nouvelle vague d'innovation organisationnelle et de modernisation se sont propagés dans les entreprises brésiliennes, alors que celles-ci s'adaptaient aux nouvelles normes de performance essentielles à leur participation à une économie mondialisée.

Les gouvernements successifs ont redéfini les objectifs de la politique industrielle, notamment en insistant sur le besoin d'améliorer la compétitivité des entreprises brésiliennes, afin qu'elles puissent s'engager sur les marchés étrangers. L'utilisation des nouvelles technologies, et notamment des technologies de traitement des données, fut considérée comme essentielle et disséminée dans toutes les entreprises industrielles du Brésil. Il est aussi devenu clair que la formation technologique devait inclure la capacité à trouver, utiliser et maîtriser les nouvelles technologies, et elle est devenue le but principal des politiques industrielles et technologiques.

Le défi consistait à pousser les entreprises à s'engager encore plus dans l'effort de modernisation et à faire de l'innovation un des axes principaux de leur stratégie.

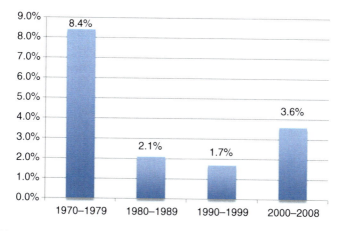

Fig. 4.1 Moyenne de croissance annuelle du PIB (*Source* : IPEADATA 2008)

Les processus de formation technologique et d'acquisition de la capacité d'innovation étaient maintenant devenus les objectifs de la politique industrielle, mais la coopération des universités était nécessaire pour les atteindre. Il était urgent de se débarrasser de l'attitude passive habituelle face aux technologies. Du fait de l'instabilité économique chronique, et malgré l'inflation quasi-maîtrisée, les instruments politiques utilisés n'ont pas empêché que les investissements et la modernisation du secteur secondaire prennent du temps avant d'atteindre un niveau significatif. Le nouveau modèle de développement n'a toutefois pas permis de retrouver les taux de croissance de la période précédente, atteignant une moyenne annuelle de 1,7% entre 1990 et 1999 et de 3,6% entre 2000 et 2008 (voir Fig. 4.1).

L'objectif plus général de la mise en place d'un enseignement technologique a commencé à remplacer les objectifs précédents d'extension des capacités de production et de recherche d'autonomie technologique. Même si les financements publics des S&T étaient légèrement plus élevés que ceux de la décennie précédente, ils n'ont toutefois pas retrouvé les niveaux des années 1970. Le FNDCT, en particulier, est resté à un niveau très bas. Le nouveau modèle de développement se révélait incapable d'instiller le dynamisme technologique nécessaire à l'industrie brésilienne. L'introduction et l'intégration des nouvelles technologies, tout comme la modernisation des technologies utilisées dans les entreprises après « l'ouverture » de l'économie, se sont déroulées beaucoup moins bien que prévu.

Le manque de dynamisme technologique et de capacité d'innovation a été clairement démontré dans trois rapports, PINTEC[7] pour les années 2000, 2003 et 2005 (IBGE 2002, 2005, 2007). La dernière édition de l'étude a analysé la nature des activités innovantes de 93 301 entreprises de plus de 10 salariés, la plupart d'entre elles faisant partie du secteur industriel (91 055). Pour la première fois, elle inclut également des entreprises du secteur des services : télécommunications (393),

---

[7] PINTEC est l'Étude brésilienne sur l'innovation technologique.

informatique (3 811) et R&D (42). Les études montrent les différences de comportement face à l'innovation en fonction des secteurs et de la taille.[8] La dernière étude montre qu'environ un tiers (34,4%) des entreprises suivies avaient des activités innovantes, c'est-à-dire de développement de produits et/ou de mise en œuvre de processus technologiquement nouveaux ou significativement améliorés pendant la période 2003-2005. Toutefois, ces activités d'innovation provenaient essentiellement d'acquisitions de machines et d'équipements, dont la plus grande part était importée. La tendance à préférer les technologies matures, testées et intégrées aux biens d'équipement restait forte et l'industrie brésilienne était toujours très dépendante des sources externes de technologie. Les technologies adoptées par les entreprises brésiliennes étaient le plus souvent développées par d'autres, en général en dehors du système de production intérieur (Maculan 2005).

En général, les innovations qui ont pu être répertoriées avaient pour résultat une légère amélioration de la technologie utilisée pour les processus de production. Les évolutions majeures des technologies de production étaient rares et les innovations au niveau des produits encore plus rares. Le manque (ou l'insuffisance) de demande pour de nouveaux produits ne semblait pas provenir des processus de décision des entreprises elles-mêmes. Il s'agissait plutôt d'une des caractéristiques de l'économie brésilienne qui ne semblait toujours pas être capable d'assimiler le fait que l'éducation technologique, l'innovation et le savoir étaient les nouveaux paramètres de la concurrence.

Les entreprises ont très peu investi dans des capacités de R&D internes, ont très peu collaboré avec des universités ou des établissements de recherche, et ont rarement acheté des résultats de recherches réalisées par d'autres établissements. Dans la dernière étude (PINTEC 2005), 6 168 entreprises ont indiqué disposer de capacités de R&D internes, 58,6% d'entre elles ayant des activités de R&D régulières, et 86% de ces dernières étant de grandes entreprises. L'étude a également montré que 1,3% (83 944 personnes) des salariés travaillaient en R&D à plein temps (1,7%) ou à temps partiel (0,38%).

Les effets du manque de dynamisme technologique de l'industrie pendant cette période se reflétaient également dans la faible productivité de la main d'œuvre et par la nature des exportations. La productivité industrielle, qui a augmenté rapidement pendant les années 1960 et 1970, est restée essentiellement stationnaire pendant les décennies qui ont suivi, en opposition flagrante avec ce qui s'est passé dans des pays comme la Corée et Taiwan, qui se sont aussi industrialisés pendant la même période. À son maximum, la productivité brésilienne avait atteint 35% de celle des États-Unis, mais elle n'est plus qu'à 25% aujourd'hui. Le Brésil, comme le Mexique mais différemment des pays asiatiques, ne semble pas avoir été capable de poursuivre son effort, d'apprentissage et d'assimilation des technologies provenant de l'étranger (Viotti et al. 2005). L'élargissement des domaines de recherche semble

---

[8] Selon le « Registre Central des Entreprises 2004 » (IBGE 2006), le Brésil comptait 5 371 291 entreprises actives, y compris les entreprises privées, les agences gouvernementales et les autres organismes privés à but non lucratif. 9.2% de toutes ses entreprises font partie du secteur secondaire de production.

Tableau 4.2 Les exportations brésiliennes de produits industriels, par teneur technologique sur la période 2000-2007, en pourcentage

	2000	2001	2002	2003	2004	2005	2006	2007
Produits à forte teneur technologique	14,8	14,6	12,2	8,8	8,5	9,3	8,7	8,4
Produits à teneur technologique moyenne	50,0	46,7	48,5	51,4	53,3	55,0	55,6	55,9
Produits à faible teneur technologique	35,2	38,7	39,3	39,8	38,2	35,7	35,7	35,7

Source: MDIC/SESEX (2009)

n'avoir eu qu'un faible impact sur les capacités d'absorption, de maîtrise et d'amélioration des technologies.

La nature des exportations est un autre indicateur du manque de dynamisme technologique du Brésil. Les exportations brésiliennes de produits industriels ont augmenté de 138% entre 2000 et 2007, mais leur composition en termes de contenus technologiques est restée relativement constante au cours de ces années, avec une faible proportion de produits à forte teneur technologique et une majorité de produits à teneur technologique moyenne, comme le montre le Tableau 4.2.

4.3 Le système d'enseignement supérieur

Bien que relativement récent, le système d'enseignement supérieur a connu une croissance rapide. Cette croissance s'est toutefois déroulée de manière désorganisée, accumulant de très nombreux problèmes et de distorsions. Aujourd'hui, la vue d'ensemble est très contrastée.

Les premiers EES furent créés au début du dix-neuvième siècle, avec l'arrivée de la Cour portugaise au Brésil en 1808, les enseignements d'anatomie et de chirurgie à Rio de Janeiro et au Salvador en 1808, et l'Académie militaire en 1810. Plus d'un siècle plus tard furent créées les premières universités, et notamment celle de Rio de Janeiro en 1920. Cette première université est le résultat d'une fusion de trois facultés autonomes : droit, médecine et ingénierie. Pendant les années qui ont suivies, plusieurs universités d'état et fédérales furent créées, dont l'université de São Paulo qui a choisi de se différencier en se donnant un but d'excellence basé sur les normes des universités européennes.

La première tentative d'organisation de l'enseignement supérieur et des universités remonte à 1931, pendant le premier gouvernement de Getulio Vargas, comme on peut le lire dans « les Lois sur les universités brésiliennes ». Le but était, « d'améliorer le niveau de culture général ; d'encourager l'investigation scientifique [...] et de faciliter l'exercice d'activités demandant une formation scientifique et technique supérieure ». La responsabilité de cet objectif reposait sur le système universitaire et les établissements autonomes. En plus des activités d'enseignement diplômant, la Loi avait également prévue des activités de vulgarisation qui pouvaient aussi bien prendre la forme de cours que de conférences éducatives ou utilitaires permettant de diffuser le savoir utile auprès des individus et des communautés, de fournir des solutions aux problèmes sociaux et d'aider à la diffusion des idées et des principes soutenant les intérêts nationaux supérieurs.

Pendant les années 1950, les universités et les autres établissements d'enseignement supérieur se consacraient exclusivement à la préparation de la main d'œuvre au niveau du premier cycle. La demande en main d'œuvre qualifiée en provenance du secteur productif était relativement faible, essentiellement du fait du faible développement industriel à cette période. Un petit nombre d'activités de recherche étaient assurées par des chercheurs indépendants au sein d'établissements comme l'Institut national des technologies, l'Institut Butantã et l'Institut Oswaldo Cruz.

À partir de 1962, après la création de l'université fédérale de Brasília, l'importance des relations entre l'enseignement supérieur et la recherche était devenue évidente. Les années qui suivirent montrèrent le besoin manifeste d'un nouveau cadre légal et organisationnel pour les universités se consacrant à l'enseignement supérieur et à la recherche. En 1968, le gouvernement fédéral officialisait cette nouvelle organisation des universités au travers de la loi dite de la « réforme universitaire » (Loi 5.540), conçue pour répondre aux nouvelles demandes de formation de main d'œuvre qualifiée et de création de savoirs scientifique et technique nécessaires au processus d'industrialisation. Des cycles d'études supérieures et des activités de recherche venaient compléter le trio (premier et second cycles d'étude, cycles supérieurs et services de vulgarisation). Cette loi renforçait l'importance des services de vulgarisation, en tant que fournisseurs de services à la société. Cette tâche incombait à l'université, en parallèle de ses activités d'enseignement et de recherche, basées sur l' « Opinion Sucupira ».[9] L'organisation universitaire s'articulait alors autour de trois pôles : premier cycle, deuxième/troisième cycle et recherche, et services de vulgarisation.

Selon la loi actuelle, les EES sont classés en trois catégories déterminées en fonction de leur organisation et de leurs prérogatives universitaires : universités, centres universitaires ou facultés (MEC 2004). Tous doivent être certifiés par le Conseil national de l'éducation, une agence de régulation indépendante, une fois qu'ils ont été approuvés par le ministère de l'éducation (MEC). Ces établissements peuvent être publics (créés, maintenus et gérés par les pouvoirs publics) ou privés (gérés par des particuliers ou des entreprises).

Les universités s'appuient en général sur une structure poly-disciplinaire, offrant au moins 12 cursus de premier cycle dans au moins trois disciplines, tous homologués et ayant obtenu une évaluation positive de la part du MEC ; des programmes de deuxième cycle comprenant au moins trois domaines d'étude à des niveaux de maîtrise et un cursus au niveau troisième cycle, tous évalués par le MEC ; des programmes institutionnels de vulgarisation ; au moins 33% de professeurs à plein temps ; et au moins 50% du corps enseignant étant détenteur d'une maîtrise ou d'un diplôme du troisième cycle. Parmi les établissements d'enseignement supérieur, seules les universités sont dans l'obligation de mettre en place des activités de recherche.

---

[9] Opinion n° 977/65, C.E.Su., homologuée le 3 décembre 1965. Définitions des études de deuxième cycle publiées le 3 décembre 1965.

Tableau 4.3 Les établissements d'enseignement supérieur au Brésil (2000–2007)

	2000	2001	2002	2003	2004	2005	2006	2007
EES (Total)	1 180	1 391	1 637	1 859	2 013	2 615	2 270	2 281
Public	176	183	195	207	224	231	248	249
Privé	1 004	1 208	1 442	1 652	1 789	1 934	2 022	2 032
Universités	156	156	162	163	169	176	178	183
Public	71	71	78	79	83	90	92	96
Privé	85	85	84	84	86	86	86	87

Source: INEP (2009)

Tableau 4.4 Inscriptions en premier cycle entre 2000 et 2007

	2000	2001	2002	2003	2004	2005	2006	2007
EES	2 694 245	3 030 759	3 479 913	3 887 022	4 163 733	4 453 156	4 676 646	4 880 381
Public	887 026	939 225	1 051 655	1 136 370	1 178 328	1 192 189	1 209 304	1 240 968
Privé	1 807 219	2 091 529	2 428 258	2 750 652	2 985 405	3 260 967	3 467 342	3 639 413
Universités	1 806 989	1 956 542	2 150 659	2 276 281	2 369 717	2 469 778	2 510 396	2 664 187
Public	780 166	816 913	915 902	985 465	1 022 923	1 042 816	1 053 263	1 082 684
Privé	1 026 823	1 139 629	1 234 757	1 290 816	1 346 794	1 426 962	1 457 133	1 561 503

Source: INEP (2009)

4.3.1 Un système à la croissance très contrastée

Le nombre d'établissements d'enseignement supérieur a quasiment doublé entre 2000 et 2007, pour atteindre 2 281 établissements, dont 8% répondaient aux conditions requises pour être considérés comme des universités (Tableau 4.3).

Les inscriptions de nouveaux étudiants ont augmenté de 81% entre 2000 et 2007, pour atteindre 4 880 381 inscriptions, dont 2 664 187 (54,6%) ont été faites en université.

Le Tableau 4.4 montre la croissance constante des inscriptions dans les établissements privés d'enseignement supérieur, passant de 67% du total en 2000 à 74,6% en 2007. Globalement, les Tableaux 4.3 et 4.4 montrent que, pour l'année 2007, bien que les universités ne représentent 8% des EES, elles rassemblent 54,6% des inscriptions d'étudiants, démontrant ainsi l'importance indéniable des universités. De plus, 52,5% des universités sont publiques et rassemblent 40,6% des inscriptions à l'université.

En 2007, les inscriptions aux cursus de premier cycle se concentraient essentiellement autour de certains domaines d'enseignement: 42% pour les sciences sociales, la gestion et le droit et seulement 17% pour les sciences et les cursus d'ingénieur. Les écarts de distribution par domaine de savoir sont directement liés à la prédominance des établissements privés, à but lucratif, offrant un large éventail de cursus ne nécessitant pas de gros investissements en matériel (Tableau 4.5).

Tableau 4.5 Inscriptions des étudiants en premier cycle par domaines de savoir

Domaine de savoir	2000	2001	2002	2003	2004	2005	2006	2007
Programmes généraux	–	1 570	1 314	1 858	2 022	2 626	572	706
Éducation	584 664	653 813	757 890	838 102	858 943	904 201	892 803	860 513
Arts et lettres	88 559	99 926	114 870	135 413	150 517	156 888	165 662	170 231
Sciences sociales, gestion et droit	1 122 142	1 265 861	1 448 445	1 621 879	1 735 105	1 852 373	1 962 369	2 050 282
Science	233 726	262 207	299 530	333 559	360 059	377 818	392 930	414 600
Ingénierie	234 497	254 398	279 716	301 158	319 175	344 714	371 502	417 448
Agriculture et vétérinaire	63 260	67 533	73 058	80 454	87 215	97 280	105 758	113 630
Santé et aide sociale	323 196	363 466	424 383	483 997	556 505	622 464	694 103	753 015
Services	44 201	61 980	80 707	90 602	94 192	94 792	90 947	99 956
Total	2 694 245	3 030 754	3 479 913	3 887 022	4 163 733	4 453 156	4 676 646	4 880 381

Source: INEP (2009)

Tableau 4.6 Distribution de la population brésilienne selon la couleur de la peau en pourcentage, sur la période 2004–2007

Année	Blancs	Noirs et métis	Asiatiques, indigènes et non déclarés
2004	51,4	46,0	2,6
2005	49,9	49,5	0,6
2006	49,7	49,5	0,8
2007	49,4	49,7	0,9

Source: IBGE, Synthèse des indicateurs sociaux 2005, 2006, 2007, 2008

Tableau 4.7 Inscriptions des étudiants blancs, noirs et métis (âgés de 18 à 24 ans)

	% Blancs	% Noirs et métis
2004	46,6	16,5
2005	51,6	19,0
2006	56,0	22,0
2007	57,9	25,4

Source: IBGE, Synthèse des indicateurs sociaux 2005, 2006, 2007, 2008

4.3.2 Inégalités régionales, sociales et raciales

Bien que le nombre d'étudiants inscrits ait augmenté dans l'absolu entre 2000 et 2007, le pourcentage des jeunes entre 18 et 24 ans inscrits (c'est-à-dire le taux net d'inscription) est resté pratiquement inchangé, autour de 10%, ce qui représente une performance très modeste.

Ces inégalités sont tout d'abord visibles dans la distribution géographique des universités et des EES au Brésil. La moitié des EES sont localisés dans le sud-est du pays. Pour ce qui est de la répartition par sexe, la plupart des inscrits sont des femmes: 2 193 246 contre 1 693 776. Mais cette inégalité s'inverse si l'on considère la concentration par domaine de savoir : en ingénierie et sciences exactes, 80% des étudiants sont des hommes.

Enfin, en ce qui concerne la problématique raciale (la couleur), on peut considérer que, durant la période récente, la population brésilienne est à peu près répartie de manière égale entre les blancs et les noirs, auxquels il faut ajouter une petite proportion de métis (Tableau 4.6). En revanche, le pourcentage d'étudiants blancs âgés de 18 à 24 ans, inscrits dans n'importe quelle école et tous niveaux confondus, est plus que deux fois supérieur à celui des étudiants noirs et métis (Tableau 4.7).

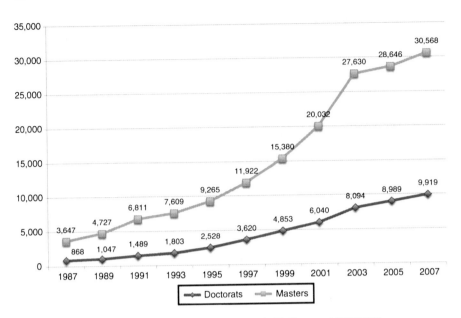

Fig. 4.2 Croissance du nombre de diplômés de 1987 à 2007 (*Source* : MCT 2008)

4.3.3 Le deuxième et troisième cycle universitaire

En termes de performance, les programmes de deuxième et de troisième cycle sont dynamiques et de qualité. En 2006, le système universitaire a assuré 2 410 programmes de deuxième et de troisième cycle (masters et doctorats), 86% d'entre eux dans des établissements publics et 14% dans le privé.[10] Le secteur public compte pour 82% des cours de masters et 90% des doctorats.[11] Mais les universités privées ont augmenté leur offre de deuxième et de troisième cycle, passant de 87 à 346 masters et de 44 à 96 doctorats, entre 1996 et 2004.

En 15 ans, le nombre d'inscriptions en masters a doublé, tandis que les inscriptions en doctorats ont été multipliées par cinq. La croissance annuelle moyenne du nombre de masters était de 12,9%, et de 15,4% pour les doctorats, entre 1987 et 2003. Le nombre de diplômés en masters a augmenté de 757% et de 932% pour les doctorats, pendant la même période. Pourtant, en 2003, le Brésil ne délivrait que 4,6 diplômes de doctorat pour 100 000 habitants (voir Fig. 4.2).[12]

---

[10] Voir Sinopse da Educação Superior – 2004 http://www.inep.gov.br/superior/censosuperior/default.asp et www.edudatabrasil.inep.gov.br.

[11] http://www.capes.gov.br: Plan national pour les études en troisième cycle 2006–2010.

[12] Un taux bien moins élevé qu'en Allemagne qui délivre 30 diplômes de doctorat pour 100 000 habitants, qu'en Corée du Sud (13,6) ou qu'au Japon (12,1). En 2003, le taux sud-coréen était trois fois supérieur à celui du Brésil.

4 Les universités brésiliennes et leur apport à l'innovation et au développement   73

En 2003, 41,6% des diplômes de troisième cycle concernaient les sciences sociales appliquées, les arts et lettres et la linguistique, tandis que 31,6% des étudiants recevaient des diplômes en sciences exactes, biologie, et ingénierie.

4.3.4 De nouvelles propositions pour l'enseignement supérieur

L'enseignement supérieur s'est développé très rapidement, mais sans réelle stratégie de gouvernance et sans objectifs sociaux explicites. Son expansion s'est déroulée dans un contexte de laissez-faire influencé par les intérêts opérationnels de groupes privés. Il devenait évident qu'il fallait corriger les distorsions les plus marquantes et créer les conditions nécessaires à la promotion de l'inclusion sociale, à la réduction des inégalités sociales, et augmenter les capacités de formation du système. Les bases de la loi sur la réforme de l'université de 1968 consistaient à adapter le système à la demande de main d'œuvre qualifiée pour accompagner le processus d'industrialisation – le tout passant par le développement des études de deuxième et troisième cycle et la recherche universitaire.

Le gouvernement du président Luiz Inácio Lula da Silva qui a pris ses fonctions en 2003[13] a tenté de réduire le déficit social du Brésil, c'est-à-dire en permettant à un plus grand nombre de citoyens d'accéder à l'université et dont l'exclusion était basée sur des facteurs sociaux et ethniques. Les propositions gouvernementales concernant la réforme de l'université, ainsi que d'autres mesures complémentaires, étaient conçues pour promouvoir l'éclosion d'une université plus démocratique, multi-ethnique et multi-culturelle. Les réformes étaient basées sur la nécessité pour l'enseignement supérieur de s'adapter aux besoins d'un pays démocratique souverain, capable de mettre en place une réelle émancipation sociale en parallèle d'une vision de modernisation radicale qui permettrait d'inclure dans le système une plus large portion de la population qui jusque là était exclue du système universitaire et de l'enseignement supérieur en général.

Deux mesures méritent d'être exposées en particulier, du fait de la controverse qu'elles ont déclenchée. La première consistait à offrir des bourses aux étudiants qui n'avaient pas les moyens de payer leurs frais de scolarité. L'autre consistait à réserver des places aux étudiants de certaines ethnies ou provenant de certains milieux sociaux (technique des quotas), en se basant sur les écoles primaires et secondaires que les candidats avaient précédemment fréquentées.

4.3.5 Inclusion sociale et discrimination raciale « positive »

Le MEC a lancé un programme intitulé Université pour chacun (ProUni) pour aider les étudiants à faibles revenus. ProUniS[14] donne des bourses aux étudiants provenant

---

[13] Le gouvernement de Luiz Inácio Lula da Silva est entré en fonction en 2003 et a été réélu en 2006.
[14] Mesure provisoire n° 213/2004 et Loi n° 11.096 du 13 janvier 2005.

de l'école publique, aux handicapés, ainsi qu'à ceux qui se déclarent d'origine noire, métisse ou indienne. Pour ces derniers, la distribution de ces bourses se base sur le pourcentage d'origines noire, métisse et indienne de la population totale, basée sur les recensements IBGE de chaque état. La première année, ProUni a offert 112 000 bourses réparties sur 1 142 établissements d'enseignement supérieur. Durant les quatre prochaines années, 400 000 nouvelles bourses seront distribuées.

La mise en place de ProUni, en parallèle de la création de 10 nouvelles universités fédérales et de 42 nouveaux campus, a énormément facilité l'accès à l'enseignement supérieur et complété le système d'éducation publique gratuite, réduisant les inégalités régionales et permettant aux universités de mieux s'intégrer aux objectifs sociaux et économiques des régions.

Les mesures adoptées ont ravivé des débats houleux et les idées préconçues des différentes parties. Une majorité du grand public considère qu'une grande partie des indigènes ou des personnes d'origine africaine sont de fait marginalisés à tous les niveaux de la vie sociale. Mais le programme ProUni a été critiqué parce qu'il réserve des places à ceux qui *se déclarent eux-mêmes* comme noirs, métis ou d'origine indienne, introduisant des critères explicitement raciaux, en opposition directe avec le concept d'égalité des droits pour les individus.

La communauté universitaire n'était pas d'accord avec ce système de places réservées aux étudiants venant de couches sociales défavorisées et sortant sur système scolaire public, arguant d'une menace sur la qualité de l'éducation au sein des universités publiques. En réalité, la qualité de l'éducation de base (primaire et secondaire) fournie aux classes sociales les moins favorisées par les écoles publiques est considérée comme totalement déficiente. Les étudiants sortant de ce système sont incapables d'intégrer les meilleures universités publiques en termes de qualité d'enseignement supérieur. Les inscriptions de ces étudiants ne sont acceptées que par les universités privées, aux frais de scolarité élevés et dont la qualité d'enseignement est assez faible (tout comme les exigences d'inscription). Les étudiants socialement défavorisés n'arrivent pas à passer le processus de sélection des universités publiques et ne peuvent pas s'inscrire dans les universités privées parce qu'ils n'ont pas les moyens de payer les frais de scolarité.

La communauté universitaire estime que l'aide à l'inscription des étudiants aura un effet négatif sur la qualité de l'enseignement supérieur et de la recherche publique. Puisque la qualité de l'école primaire est à la base des problèmes d'exclusion, c'est à ce niveau que le gouvernement devrait agir pour améliorer l'enseignement et les professeurs. L'ancien ministre de l'éducation, Cristovam Buarque fait remarquer que la sélection au sein du système universitaire avait jusqu'alors toujours concerné un plus petit nombre de candidats potentiels, puisque la majorité de la population n'avait même pas terminé le lycée.

L'Académie des sciences du Brésil pense pour sa part qu'il est impossible de dépasser le préjugé racial qui existe au sein de la société brésilienne en utilisant des critères subjectifs basés sur la race. Cela pourrait induire des biais et attiser les tensions qui pourraient se révéler préjudiciables à la vie de l'université. Le problème central c'est l'inégalité sociale, une situation qui touche des individus d'origines ethniques et culturelles très variées. Dès lors, la question importante est de savoir comment les établissements d'enseignement supérieur peuvent réduire l'exclusion sociale et améliorer la diversité sociale du corps étudiant, sans pour autant porter atteinte à la qualité de l'enseignement.

Un groupe de membres éminents de la communauté universitaire, notamment des anthropologues et des sociologues, a fait une déclaration publique pour rejeter la sélection basée sur des éléments raciaux, même en tant qu'instrument de discrimination « positive ». Selon eux, une telle situation aurait comme effet pervers de créer un racisme « légal », qui s'ajouterait à la problématique constitutionnelle. Malgré les évidentes différences d'accès à l'éducation dont souffrent les populations les plus pauvres, et notamment celles d'origine africaine, l'application de ces règles d'admission serait loin d'être simple du fait d'un manque d'une catégorisation raciale claire de la population brésilienne. En réalité, il est difficile de faire des distinctions de race dans un pays dont la population résulte d'une longue histoire de mélange de peuples indigènes, européens, africains et asiatiques.

4.3.6 L'autonomie de l'université

On a aussi reproché à ProUni de menacer l'autonomie des universités. Tout d'abord, la communauté universitaire estime que les réformes lancées par le gouvernement fédéral et les actions de « discrimination positive » des états, qui définissent des quotas de places réservées à des groupes sociaux spécifiques au sein des universités publiques,[15] défendent un principe radicalement inverse de celui de l'autonomie des universités en ce qui concerne leurs critères de sélection.

La seconde controverse touche à l'autonomie de financement. Le rôle de l'état en tant que financeur est largement accepté, ce qui lui donne aussi le droit d'établir les objectifs des universités publiques. Mais la question qui si pose est de savoir s'il est pertinent pour l'état d'être le seul soutien financier des universités, ou si celles-ci devraient être encouragées à générer leurs propres revenus, en proposant par exemple des cursus payant de type MBA ou en louant leurs services, pour se rapprocher ainsi du modèle entrepreneurial.

Les universités publiques ont obtenu leur autonomie administrative depuis les 1990, mais rares sont celles qui ont montré un réel intérêt d'en tirer le meilleur parti. En réalité, beaucoup d'entre elles se sont inquiétées du fait que l'autonomie pourrait entraîner la suspension des financements publics.

4.3.7 Qualité de l'enseignement

Les réformes abordent aussi le sujet de la qualité de l'enseignement et de la recherche. La croissance désorganisée de l'enseignement supérieur privé, favorisée pendant des années par le manque de régulation claire, semble avoir atteint ses limites.

---

[15] L'université d'état de Rio de Janeiro fut l'une des premières à réserver des places pour les étudiants noirs.

Plusieurs établissements doivent faire face à des difficultés financières, entraînant un mouvement de fusions et de consolidations. Sans compter que plusieurs établissements privés internationaux[16] sont également entrés sur le marché. Une des conséquences de ce processus a été de jeter le doute sur la qualité de l'enseignement offert. Ce qui a entraîné la commercialisation d'un enseignement supérieur de faible qualité et l'augmentation d'une offre ne répondant pas aux besoins de ceux qui n'ont pas les moyens de payer ni aux exigences économiques ou sociales de la formation du capital humain. Les cursus de gestion, d'administration et éducation, de droit et de comptabilité sont les plus courants. À quelques exceptions près, les établissements privés n'offrent qu'un enseignement de faible qualité et n'ont aucune activité de recherche.

En faisant le bilan de cette situation, l'Académie des sciences du Brésil explique que « la situation actuelle de l'enseignement supérieur demande des mesures efficaces pour améliorer la qualité de l'enseignement, encourager la création de nouveaux savoirs et de nouveaux modèles universitaires, contrôler l'autonomie et le financement des établissements fédéraux d'enseignement supérieur, et l'extension de l'enseignement vers des domaines importants pour le développement du pays. Ces objectifs ne pourront être atteints qu'en renforçant le secteur de l'enseignement public qui concentre le plus grand nombre d'inscrits en enseignement supérieur dans tous les pays développés ».

Le gouvernement a réaffirmé le besoin d'évaluation de la qualité de l'enseignement en adoptant plusieurs mesures à ce sujet, dépendant du niveau d'enseignement considéré. De nombreuses voix se sont élevées contre ce système d'évaluation, mais ce dernier a tout de même réussi à s'établir. Une récente étude du MEC a montré que 70% des étudiants demandent une évaluation plus rigoureuse de la qualité de l'enseignement qu'ils reçoivent.

4.4 Système universitaire et innovation

Dans le contexte de réforme, la capacité de la recherche universitaire à contribuer à l'innovation et à la compétitivité des entreprises nationales est également remise en question. Le Plan national d'enseignement de troisième cycle[17] préparé par le MEC établit que le système éducatif est un facteur stratégique du processus de développement socioéconomique et culturel et qu'il est considéré comme une référence institutionnelle indispensable à la formation de ressources humaines hautement qualifiées et au renforcement du potentiel scientifico-technologique du pays. La formation de professionnels capables de participer aux différents secteurs de la société et de contribuer à la modernisation du Brésil est une tâche qui demande des études de troisième cycle, car pratiquement toute la recherche scientifique et

---

[16] On assiste également à la multiplication des universités d'entreprise fondées par de grandes entreprises ou des banques.
[17] CAPES 2004b.

technologique brésilienne se déroule au sein du Système national d'enseignement de troisième cycle.

Deux autres goulets d'étranglement ont été identifiés. Tout d'abord, un système de financement inadéquat qui continue à privilégier les désirs de chercheurs individuels qui travaillent « hors cadre », c'est-à-dire à l'inverse des pratiques de collaboration et du réseautage de la recherche scientifique, un modèle organisationnel indispensable pour créer un savoir de pointe. L'autre goulet d'étranglement, ce sont les disparités du niveau de développement des différents états. Du point de vue des demandes et du potentiel économique d'un pays continental comme le Brésil, la recherche scientifique a besoin d'une politique nationale pour unir les mesures capables de soutenir la structuration des activités de recherche afin de répondre aux demandes spécifiques du développement économique local. Les récentes ouvertures de nouvelles universités, de nouveaux campus et d'écoles de techniques avancées (CEFET) sont autant d'exemples des efforts consentis par le gouvernement actuel pour répondre à ces besoins.

Il faut noter toutefois qu'au sein de cette série de mesures de réforme de l'enseignement supérieur, on oublie souvent de considérer l'efficacité des modèles de création et de diffusion, ou justement de non-diffusion, des nouveaux savoirs vers la société et, notamment, vers l'économie. Le modèle de référence est presque exclusivement resté centré sur la formation des ressources humaines, la recherche et la création de savoir étant rarement considérées comme utiles à la formation technologique des entreprises et à l'innovation.

4.4.1 Les relations entre l'université et l'industrie

En parallèle de l'extension de l'enseignement de troisième cycle, l'université devra forcément se diriger vers une alliance avec le monde de l'entreprise, via la formation de ressources humaines hautement qualifiées et la création de savoir.

Dans les années 1990, les universités les plus actives dans le domaine de la recherche ont mis en place de nouvelles politiques institutionnelles pour la dissémination des résultats de recherche et le transfert des technologies, notamment via la création de mécanismes institutionnels tels que les bureaux de transfert de technologie, les technopoles et les incubateurs. Les incubateurs universitaires, en particulier, ont connu une croissance remarquable. Les premiers incubateurs universitaires ont été créés à la fin des années 1980.[18] En 2003, 70 incubateurs universitaires étaient opérationnels.

Avec l'entrée en vigueur de la nouvelle législation sur la propriété intellectuelle (PI) à la fin des années 1990, associée au lancement des programmes gouvernementaux destinés à stimuler les partenariats université-entreprise, un nombre grandissant d'universités ont rejoint le système PI, aidant ainsi à la propagation de la culture

---

[18] Au sein de l'université de São Carlos dans l'état de São Paulo et de l'université fédérale de Santa Catarina.

d'innovation, de la sensibilisation à l'importance de la protection des résultats de recherche, et à l'établissement de règles concernant le transfert de technologies.

Désireuses de rendre leurs travaux transférables à l'industrie, de nombreuses universités ont confié à leurs (ou en ont créé de nouveaux) bureaux de transfert de technologie le soin de s'assurer des droits de propriété intellectuelle (DPI) et d'en vendre des licences d'utilisation à des entreprises privées, démarche largement inspirée par l'entrée en vigueur de la Loi sur l'innovation technologique (2004), qui obligent les universités à mettre en place un service dédié à la gestion de la PI.

Une analyse récente a montré qu'en 2007, 54 de ces bureaux étaient en place au sein du système universitaire. La performance de ces nouvelles formes d'action des universités demande encore à être évaluée avec attention.

À l'inverse, le monde de l'entreprise ne s'est que peu intéressé aux initiatives universitaires. Les efforts et les investissements réalisés par les universités ne semblent pas avoir été suffisants pour ouvrir la voie d'une interaction plus systématique avec les entreprises, qui pourrait mener vers des efforts d'innovation plus sérieux. Il est probable qu'il manque encore aux entreprises la capacité d'absorber et de tirer parti du savoir générer par les universités.

On a pu remarquer que le nombre de brevets déposés par le Brésil est assez limité et que les entreprises en déposent moins que les universités. Les statistiques de l'Institut national de la propriété intellectuelle (INPI) montrent clairement le manque d'activités d'innovation des entreprises brésiliennes. Entre 1999 et 2003, le plus grand nombre de demandes de brevets provenaient de l'université de Campinas (UNICAMP). De plus, parmi les 20 organisations déposant le plus de brevets, cinq étaient des universités et deux étaient des agences de développement (Carvalho 2006). Le Bureau des brevets des États-Unis[19] a accordé 106 brevets au Brésil en 2004, soit 0,6% de la totalité des brevets enregistrés[20] cette année là (Rezende 2005), alors que la proportion des articles scientifiques publiés par le Brésil par rapport au total mondial était trois fois supérieure.

Ces statistiques confirment la solide production scientifique des universités, le manque de capacité d'innovation de l'industrie, et les faibles relations entre les établissements de recherche et le secteur productif au sein du système d'innovation. Cette situation semble être similaire à celle du processus d'industrialisation présenté en première section. Selon Viotti (2006 : 9), « il semble que la vaste majorité des entreprises brésiliennes n'ait pas engrangé une formation technologique suffisante pour se transformer en agent actif du processus d'absorption et de création d'innovations ».

Selon PINTEC 2005 (IBGE 2007), 34,4% seulement des entreprises industrielles brésiliennes ont innové entre 2003 et 2005 et, parmi celles-ci, 34,122% se sont engagées dans des activités de R&D. Il faut souligner que les plus innovantes sont les grandes entreprises, mais elles ne représentent que 1,71% des entreprises considérées par l'étude.

---

[19] USPTO – United States Patent and Trademark Office.
[20] La même proportion qu'au début des années 1990.

Le processus désordonné d'industrialisation, essentiellement basé sur des entreprises multinationales, n'a pas fourni un terrain favorable à la création de technologies adaptatives ou incrémentales pour les entreprises. Cet échec n'a pas permis au système national d'innovation de se développer de manière complète et efficace, et s'est retrouvé qualifié de système immature (Albuquerque et Sicsú 2000) du fait de son rôle passif dans l'enseignement, et de sa faible propension à transformer le savoir en innovation (Viotti 2002). Le système d'innovation du Brésil, comme celui de Mexique mais à l'inverse de celui de la Corée ou de Taiwan, récompense l'absorption passive de technologie et sous-estime l'importance des processus d'enseignement et des innovations adaptatives. Les entreprises agissent de manière isolée et développement difficilement des partenariats et des collaborations, que ce soit entre elles ou avec les établissements de recherche. Cette culture ne permet pas de créer de solides synergies entre les systèmes de production et d'innovation, et les relations entre les différents acteurs sont insuffisantes pour créer des innovations. Il est très rare que les résultats obtenus par les établissements de R&D soient intégrés au secteur industriel, qui reste très éloigné des développements scientifiques et technologiques (Rezende 2005). En d'autres termes, la structure scientifique et la structure de production sont en manque cruel d'interactions.

4.4.2 La Loi sur l'innovation

La version définitive de la Loi sur l'innovation[21] adoptée en 2004, a été livrée après un large débat au sein de la société civile, coordonné par le ministère des Sciences et Technologies. Cette loi légalise plusieurs initiatives universitaires concernant la commercialisation des résultats de recherche, y compris les services de vulgarisation, la mise en place de partenariats de recherche avec des entreprises, l'essaimage, et le brevetage et la vente de licences d'utilisation de technologies.

Le ministère des Sciences et Technologies s'est basé sur l'hypothèse que la commercialisation de technologies et la vente de licences d'utilisation sont « d'un intérêt collectif majeur, car leur but est de fournir à la société des produits et services capables de garantir l'amélioration des conditions de vie de la population. L'industrie... est le secteur le plus intéressé par l'adoption de ces mesures... puisqu'elle profitera directement du potentiel économique des produits et services dérivant de la recherche ».[22] La commercialisation n'est pas directement liée à l'activité principale des universités, mais elle est plutôt une conséquence secondaire des activités de recherche et de l'évaluation des potentiels économiques.

Les associations industrielles ont soutenu cette proposition, tout en faisant toutefois remarquer les limites de la loi. De fait, la loi telle qu'elle fut votée se limite à réguler les activités du secteur universitaire, alors qu'une loi sur l'innovation devrait en réalité se concentrer sur les entreprises. Le large débat qui a agité la communauté

---

[21] Loi n° 10.973, promulguée en décembre 2004.
[22] Extrait de l'exposé des motifs du projet de loi de 2001.

scientifique s'est focalisé sur des mesures qui se démarquaient de la vision traditionnelle de la recherche universitaire.

L'association brésilienne pour le progrès de la science (SBPC) estimait que l'ouverture des universités au marché du développement technologique [était] assez contradictoire. « Tout indique que l'un des objectifs de ce projet est de rendre les universités auto-suffisantes en les obligeant à s'affronter pour obtenir une part des investissements de développement technologique ... [avec] comme effet collatéral une baisse de leur capacité à penser la société [comme un tout] ».

Un des aspects les plus controversés concerne la proposition de légaliser les « entreprises d'essaimage » via un processus d'incubation au sein des universités. La loi autorise le partage des laboratoires de l'université, des équipements, des matériels et des bâtiments avec les entreprises dans le cadre d'activités destinées à promouvoir l'innovation technologique. Les universités peuvent également autoriser leurs chercheurs à créer une entreprise dans le but de développer des innovations.

Le débat concernait également le cadre légal du transfert ou des licences d'utilisation des technologies développées au sein de l'université qui est autorisée « à conclure des contrats de transfert de technologie et de vente de licences donnant le droit d'utiliser ou d'exploiter les créations qui y sont développées » avec des entreprises privées. Dans ce but, les universités devront « fournir les bases nécessaires à l'innovation technologique, soit en étant propriétaire des technologies, soit en s'associant avec d'autres établissements impliqués dans les Sciences et Technologies, avec pour but de gérer sa politique d'innovation ».

4.5 La dimension sociale de l'université

Pour achever l'analyse de la mission des universités dans le développement social, il est nécessaire de présenter les activités de vulgarisation. La loi de réforme universitaire de 1968 les distinguait de l'enseignement de deuxième et troisième cycle, et des activités de recherche, et les considérait plus proches de la participation du corps des enseignants. C'est la constitution de 1988 qui a fait passer les services de vulgarisation à un autre niveau. Ils furent alors élevés au niveau de l'enseignement et des activités de recherche, les trois, ensemble, étant considérés comme des missions inséparables.

Les doyens responsables des services de vulgarisation au sein des universités publiques[23] veulent redéfinir les termes de cette mission. Les activités de vulgarisation sont traditionnellement considérées comme des services destinés aux groupes sociaux défavorisés. Ils sont supposés représenter l'engagement de l'université dans la lutte contre les inégalités et l'exclusion sociale. Aujourd'hui, ces services cherchent à associer ces actions aux différents domaines du savoir (communication,

---

[23] FORPROEX – Forum des recteurs des services de vulgarisation des universités publiques.

culture, droits de l'homme, éducation, environnement, santé, technologie et travail) en proposant des formations ou des perspectives économiques.

Pourtant, lors du dernier recensement réalisé par le ministère en 2004, les services de vulgarisation étaient toujours considérés comme des services rendus à la communauté. L'importance des services rendus aux citoyens méritent d'être soulignée : 180 millions de patients ont été traités dans des centres de soins universitaires et 350 000 cas d'assistance juridique ont été suivis par des centres universitaires d'assistance judiciaire.

Une des nouveautés fut l'apparition d'incubateurs pour les coopératives populaires. Le premier d'entre eux fut créé en 1995 par le mouvement « Action citoyenne contre la faim et la pauvreté et pour la vie ». L'expérience des incubateurs de technologie fut adaptée à l'incubation des coopératives ; leur but étant de trouver un emploi aux personnes des classes défavorisées. En 2005, 34 universités avaient mis en place des incubateurs de coopératives populaires, créant 350 coopératives et un total de 8 000 emplois directs (Etzkowitz et al. 2005).

4.6 Conclusions

Le Brésil a atteint le vingt et unième siècle avec une structure de production complexe et un système de recherche convenable, qu'on l'évalue en fonction du nombre de diplômés de maîtrise et de doctorat, ou de sa participation aux publications scientifiques internationales. Ces deux systèmes sont toutefois restés assez éloignés l'un de l'autre. Les entreprises ont continué à considérer qu'elles n'avaient qu'une capacité limitée d'absorption et de perfectionnement des technologies et d'innovation.

L'utilisation des infrastructures de recherche essentiellement installées au sein des universités publiques afin d'améliorer les capacités technologiques des entreprises est devenu l'un des grands objectifs des évolutions politiques récentes. Les universités sont fortement encouragées à commercialiser les résultats de leurs recherches, à protéger leurs créations, à breveter les technologies développées et à accompagner le processus entrepreneurial et la création d'entreprises basées sur les technologies créées.

Deux problématiques apparaissent lorsque l'on examine ces actions. D'un côté, certaines de ces actions correspondent parfaitement à l'environnement des universités, mais qui ne concernent pas directement les entreprises. La contribution de l'université reste confinée à la formation technologique et aux performances d'innovation des entreprises.

D'un autre côté, la valeur économique de la recherche, et les politiques de dépôt de brevets et de ventes de licences des universités, comme les décrit la récente Loi sur l'innovation, continue à inquiéter une partie importante de la communauté universitaire.

Il semblerait utile, voire indispensable, d'adopter des mesures de contrôle et d'évaluation afin de définir comment ces activités sont mises en place par les universités.

La Loi sur la réforme universitaire, toujours en cours de discussion au Congrès, est précisément conçue pour répondre à ces problématiques. Malheureusement le premier cycle universitaire, qui souffre toujours de sérieux manques, ne profite pas de la même volonté politique que les cycles supérieurs et les politiques de recherche dans les universités.

Bibliographie

Albuquerque E, Sicsu J (2000) Inovação institucional e estímulo ao investimento privado. São Paulo Perspec [Online] 14(3):108–114. Accessible sur http://www.scielo.br/scielo.php in 04/10/06

Bell M, Pavitt K (1993) Technological accumulation and industrial growth: contrasts between developed and developing countries. Industrial and Corporate Change 2(2):157–210

Buarque C (2003) The University at a crossroad. Présenté à la World Conference on Higher Education + 5 à l'UNESCO. Paris, 23–25 juin

CAPES (2004b) Plano Nacional de Pós-Graduação (PNPG) 2005–2010, CAPES/MEC, Brasília

Carvalho P (2006) O papel da propriedade industrial no estímulo à inovação – a experiência da UNICAMP. Seminário Transferência e Inovação Tecnológica. UFPR, Curitiba, 11/05/2006

Cavalcante, C. (2005) Educação e inovação: o papel e o desafio das engenharias na promoção do desenvolvimento industrial, científico e tecnológico. Parcerias Estratégicas, n° 21, Brasília. CNPq website, www.cnpq.br – in 20-31/01/200676

Etzkowitz H, Mello JMC, Alemida M (2005) Toward "meta innovation" in Brazil. The evolution of the incubator and the emergence of a triple helix. Research Policy 34(4):411–424

Guimarães R (1995) FNDCT : uma nova missão. Dans : Schwartzman S (coord.) Ciência e Tecnologia no Brasil : Uma Nova Política para um Mundo Global (II PADCT). Fundação Getúlio Vargas, Rio de Janeiro

IBGE (2002) Diretoria de Pesquisas Departamento de Indústria Pesquisa Industrial Inovação Tecnológica 2000, IBGE, Rio de Janeiro

IBGE (2004) Pesquisa Nacional de por Amostra de Domicílios 2004, IBGE, Rio de Janeiro

IBGE (2005) Diretoria de Pesquisas Coordenação de Indústria Pesquisa Industrial de Inovação Tecnológica 2003, IBGE, Rio de Janeiro

IBGE (2006) Cadastro Central de Empresas 2004, IBGE, Rio de Janeiro

IBGE (2007) Diretoria de Pesquisas Coordenação de Indústria Pesquisa de Inovação Tecnológica 2005, IBGE, Rio de Janeiro

IBGE (2008) Síntese dos Indicadores Sociais, IBGE, Rio de Janeiro

INEP (2009) Sinopse da Educação Superior – 2008. Accessible sur www.inep.gov.br

IPEADATA (online) http://www.ipeadata.gov.br dans 22/11/2006 et 28/03/2008

Maculan AMD (1996) From research to innovation: the Brazilian experience with business incubators. Universities and the global knowledge economy: a triple helix University-Industry-Government Relations, Amsterdam. Book of Abstracts. Universities and the global knowledge economy, vol 1. University of Amsterdam, Amsterdam, pp 80–86

Maculan AMD (2005) Capacitação tecnológica e inovação nas empresas brasileiras: balanço e perspectives. Rio de Janeiro. FGV Cadernos EBAPE. BR. Numéro spécial Management of Innovation Technology in the context of Emerging Economies: The Experience of Companies in Brazil

MCT (2008) "Brasil" : Alunos titulados nos cursos de mestrado e doulorado, 1987–2007

MEC (2004) Anteprojeto de Lei – versao preliminar dezembro de 2004. Accessible sur www.portal.mec.gov.br

Rezende S (2005) Ciência, tecnologia e inovação para o desenvolvimento nacional: o papel do MCT. [s.l.]: Science, technology and innovation conference, Brasília, 18 novembre 2005

Viotti E (2002) National learning systems: a new approach on technological change in late industrializing economies and evidences from the cases of Brazil and South Korea. Technological Forecasting & Social Change, n° 69

Viotti E (2006) O crescimento da produção científica brasileira, mimeo, Brasília

Viotti E, Baessa A, Koeller P (2005) Perfil da Inovação na Indústria Brasileira – Uma Comparação Internacional, Chap. 16. Dans : Salerno M, De Negri J (dirs) Inovação, padrões tecnológicos e desempenho das firmas industriais brasileiras. IPEA, Brasília, pp 653–687

Chapitre 5
Uruguay: enseignement supérieur, système national d'innovation et développement économique d'un petit pays périphérique

Rodrigo Arocena et Judith Sutz

5.1 Introduction

Ce chapitre a pour objectif de décrire quelques-unes des relations principales qui existent entre savoir et développement en Uruguay. La Sect. 5.1 résume l'évolution historique et la situation actuelle de ce petit pays périphérique qui affiche pourtant un haut niveau de développement humain. La Sect. 5.2 se concentre plus spécifiquement sur le système national d'innovation (SNI) uruguayen; organise les éléments empiriques au sein d'une approche théorique de l'étude des Systèmes d'innovation (SI) en utilisant des « modules constitutifs »; et étudie quelques-uns de ces modules. La Sect. 5.3 dresse une cartographie préliminaire du système universitaire uruguayen, en examinant les modules du SNI uruguayen qui s'y rapporte. Une attention particulière est portée à l'université de la république (UR), qui est de loin le plus grand établissement d'enseignement supérieur du pays. La Sect. 5.4 décrit le débat actuel au sujet de l'enseignement supérieur et ses ramifications hors du pays. La Sect. 5.5 esquisse les principales thématiques que pourront aborder les prochaines études, en lien avec la notion d'université évolutive.

5.2 Le contexte uruguayen

L'Uruguay est un petit pays d'Amérique du sud d'un peu plus de 3,3 millions d'habitants et de 176 000 km² de superficie. Comme nous le verrons un peu plus loin, il s'agit également d'un pays relativement atypique comparé aux autres pays d'Amérique Latine. Son intégration au système « périphérique central », en tant

R. Arocena (✉) • J. Sutz
Université de la République, Montevideo, Uruguay
Courriel: roar@fcien.edu.uy

qu'exportateur de matières premières et d'importateur de produits industrialisés pendant la période dite de croissance vers l'extérieur (entre 1850 et 1930), a été précoce et plutôt ré plutôt eu de la chance à la « loterie des matières premières » (Bulmer-Thomas 1994: 15): ses principales exportations sont basées sur l'élevage, et ces produits sont capables tout à la fois de stimuler l'industrie et l'urbanisation, tout en bénéficiant d'une assez bonne élasticité des revenus à la demande. Ces facteurs aident à expliquer pourquoi l'Uruguay, tout comme l'Argentine, était un pays relativement riche et en croissance rapide dans les années 1900.

À cette période, la population uruguayenne avait presque atteint le million d'habitants, alors qu'elle n'était que d'environ 150 000 en 1850. Le pays accueillait une forte immigration en provenance des pays d'Europe. L'intégration des immigrants était facilitée par le développement précoce de l'enseignement élémentaire public laïque, gratuit et obligatoire. L'illettrisme a rapidement reculé. L'enseignement secondaire public a été mis en place après 1900, non seulement à Montevideo – la capitale, le plus grand port maritime et le centre économique, politique et culturel du pays, où vit 40% de la population aujourd'hui encore – mais aussi dans le reste du pays. L'enseignement public du troisième degré s'est également développé de manière significative, mais il était et reste toujours essentiellement concentré sur Montevideo. L'Uruguay a toujours été fier de son système éducatif, malgré ses quelques défauts, provenant pour certains de la faible valeur sociale et culturelle donnée au travail manuel et aux activités techniques.

Il n'en reste pas moins vrai qu'il y a un siècle, le pays était sur la voie de la réussite. L'immigration aidait à atteindre un certain niveau de progrès technique et une industrialisation précoce. L'adoption de techniques d'élevage reconnues et d'innovations liées au transport de la viande surgelée a permis de multiplier les exportations. Le retour à la tranquillité des zones rurales était devenu essentiel au développement économique: la longue histoire des guerres civiles touchait à sa fin. L'urbanisation progressait rapidement, tout comme les services publics, la petite industrie et l'intérêt populaire pour la politique. Une démocratie libérale voyait le jour. Les immigrants n'apportaient pas seulement leur savoir-faire technique, mais aussi leurs traditions syndicales. Bien qu'elles soient essentiellement concentrées à Montevideo, de nouvelles règles sociales « modernes » émergeaient, y compris une démocratie sociale Keynésienne avant la lettre.

La chute brutale des revenus extérieurs des années 1930 a entraîné un important virage social et politique, et le gouvernement est devenu dictatorial pour la première fois du siècle. Durant cette période, l'Amérique latine entrait dans une nouvelle ère économique, une période de croissance tournée vers le marché intérieur basée sur une industrialisation par « remplacement des importations » (IRI). Ce type de croissance était déjà solidement ancré en Uruguay. Elle a pris de plus en plus d'importance dans les années 1940, alors que la « loterie des matières premières » redevenait favorable – et elle l'est restée jusqu'au milieu des années 1950, essentiellement grâce à la demande extérieure liée à la Deuxième guerre mondiale et à la guerre de Corée. Une autre vague réformiste a grandement relancé la croissance du secteur secondaire public et du système de sécurité sociale. Autour de 1950, l'Uruguay se considérait comme un « pays modèle » et était vu comme tel depuis l'étranger: plutôt prospère, pacifique et souffrant de bien moins d'inégalités que la moyenne des pays d'Amérique latine. Très idéalisé, ce « pays modèle » d'hier a toujours une grande influence aujourd'hui sur « l'inconscient collectif » des uruguayens.

L'histoire politique uruguayenne du vingtième siècle peut se diviser en deux périodes d'à peu près 50 ans chacune (Filgueira et al. 2003): la première se caractérise par la croissance systématique du rôle économique et social de l'état, et la seconde par un processus conflictuel et contradictoire de réduction de l'intervention de l'état. Ce second processus provient des limites du modèle d'industrialisation intérieure pour un petit pays, du manque de progrès technique de la production agraire et de la baisse des prix des matières premières à l'international. Après 1960, le flux migratoire s'est inversé et l'Uruguay est devenu un pays d'émigration, en parallèle d'une montée des contestations sociales et de la répression policière. Petit à petit, un gouvernement dictatorial se mettait en place, jusqu'au point culminant de la dissolution du Parlement en 1973. Pendant plus de 10 ans, l'Uruguay a vécu sous un régime militaire, une situation alors assez courante dans le sud de l'Amérique latine. La grande crise de la dette du début des années 1980 a entraîné une chute brutale de la production: 46% de la population s'est retrouvée sous le seuil de pauvreté, un chiffre proprement incroyable pour l'Uruguay. L'opposition populaire au régime militaire s'est renforcée; la quasi totalité de l'échiquier politique réclamait la fin de la dictature, entraînant une difficile transition. En mars 1985, un gouvernement démocratiquement élu a pris les rênes du pouvoir.

Durant les 20 ans qui ont suivi, on peut estimer que le problème principal était de remettre en place un système social – ardemment réclamé par la majorité de la population – tout en trouvant de nouveaux moyens d'assurer la croissance économique. Quelques solutions ont commencé à voir le jour, au moins jusqu'à la fin des années 1990.[1] Durant la décennie 1985–1995, les inégalités et la pauvreté ont reculé. En 1995, le Chili était devenu l'exemple de la réussite économique de l'Amérique du sud et l'Uruguay celui de la réussite sociale. Les gouvernements uruguayens successifs ont tenté de mettre en place une version quelque peu allégée des politiques du Consensus de Washington, qui a dû faire face à une forte résistance sociale et politique. La situation économique a changé à la fin des années 1990. La Commission économique pour l'Amérique latine et les Caraïbes (CEALC) a estimé que la période 1998–2002 était une demi-décennie perdue pour l'Amérique latine en général. La crise n'a fait qu'accélérer un nouveau changement politique déjà en cours. Une large coalition de gauche baptisée Frente Amplio – le Front Large – a commencé à s'identifier de plus en plus à la tradition d'état-providence. En 2005, pour la première fois de son histoire, l'Uruguay s'est doté d'un gouvernement de gauche.

À cette époque, le redressement économique profitait des tendances internationales et tout particulièrement de la montée des prix des matières premières. Le PIB a crû de près de 40% pendant la période 2004–2008, une situation bien différente de celle d'avant la crise de 1998–2002. La croissance uruguayenne fut plutôt lente

---

[1] Sur les différents aspects de la période 1985–2005, l'ouvrage collectif Caetano (2005) est une bonne référence.

pendant les dernières décennies du vingtième siècle. Elle fut de 0,9% en moyenne entre 1960 et 1998, contre environ 2% aux États-Unis, ce qui signifie « qu'entre 1960 et 1998, le revenu par habitant en Uruguay est passé de 28,3% à 19% de la moyenne américaine […] en grandes masses la croissance à long terme par habitant s'est établie à une moyenne de 1%, ce qui implique que la croissance du pays a été moindre que celle de la technologie sur le long terme » (Hausman et al. 2004: 7).

Afin de déterminer si la perspective à long terme a changé, il est utile de rappeler la distinction, souvent oubliée, à faire entre croissance économique et développement économique. Dans sa « Théorie du développement économique », dont la première publication remonte à 1911, Schumpeter fait une distinction entre la simple croissance de l'économie, caractérisée par la croissance matérielle et démographique, et le développement [économique], qui dépend totalement de la mise en œuvre de nouvelles associations de moyens de production (Schumpeter 1957: 74–76). Ces nouvelles associations, ou innovations, augmente la valeur ajoutée et le savoir incorporé à la production de biens et services; elles sont au cœur du développement économique. Une autre affirmation fondamentale, et liée à ce qui précède, établit que « comme il a pu être souvent observé au cours des siècles passés, le problème le plus souvent rencontré par toutes les économies suivistes est que le passage vers des activités à plus forte valeur ajoutée, qui constituent l'élément clé du processus de développement économique, ne se produit pas 'naturellement' » (Chang 2002: 126).

La croissance économique a été lente en Uruguay du fait du faible niveau d'investissement et aussi à cause d'un très faible développement économique. Bértola et Bittencourt (2005) définissent cette période commençant en 1985 comme « 20 ans de démocratie sans développement économique ». Après cela, la croissance s'est accélérée et le niveau d'investissement s'est considérablement élevé, le tout accompagné d'une baisse du chômage et de la pauvreté. Jusqu'à présent (septembre 2009), l'Uruguay est loin d'être l'un des pays qui souffrent le plus de la crise mondiale. Les politiques sociales et éducatives ont bénéficié d'un soutien renouvelé. La question fondamentale est de savoir si, alors que les indicateurs internationaux jouent au yo-yo, l'Uruguay sera capable de doucement s'orienter vers une économie un peu plus basée sur le savoir et guidée par l'innovation.

Cette question est considérée ici du point de vue des contributions potentielles des universités au développement. Il est bien entendu que les universités ne peuvent ni déployer ces potentiels, ni opérer une quelconque transformation si elles restent isolées. Ce qu'elles peuvent réaliser dépend à la fois de leur structure interne et de leur environnement. Leur impact en tant que fournisseurs de savoir et de personnes compétentes dépend grandement du rapport au savoir de la société dans son ensemble. Par conséquent, « le rôle de l'enseignement supérieur doit être évalué en tenant compte du plus large contexte du système national d'innovation et […] les politiques de l'enseignement supérieur ont besoin d'être coordonnées avec un plus large ensemble de politiques d'innovation » (Lundvall 2007). C'est la raison pour laquelle nous présenterons quelques unes des caractéristiques principales du SI uruguayen, afin de donner une idée plus générale de l'environnement dans lequel vit et évolue l'enseignement supérieur uruguayen.

5.3 Le système national d'innovation uruguayen caractérisé par ses modules constitutifs

Pour qu'une définition d'un SNI soit utile, elle doit remplir trois conditions préalables: il faut d'abord que les spécificités nationales soient prises en compte de manière fidèle; il faut ensuite qu'il puisse être comparé à d'autres SNI de manière pertinente; et enfin, la définition doit être capable de donner une idée précise de l'évolution du système. Pour y parvenir, l'une des méthodes possibles consiste à brosser un « portrait » du SNI à l'aide de modules constitutifs, chacun d'eux aidant à comprendre un élément clé ou une situation; la combinaison des différents modules permettant de se faire une idée générale du SNI (Arocena et Sutz 2000). L'évaluation des relations entre les différents modules complète le portrait en montrant jusqu'à quel point le système est homogène ou bien constitué de parties plus ou moins isolées. Les spécificités nationales influent sur le choix des modules constitutifs; des comparaisons internationales peuvent être construites depuis la base, en comparant les différents modules constitutifs entre eux, selon différents points de vue. Quant à l'évolution du système, très difficile à analyser dans son ensemble, elle est plus simple à réaliser si on considère l'évolution de chaque module.

Huit modules constitutifs ont été sélectionnés pour le cas uruguayen comme le montre la Fig. 5.1: cinq d'entre eux seront brièvement évoqués dans cette partie tandis que les trois autres, plus directement liés au système universitaire, le seront dans la partie suivante.

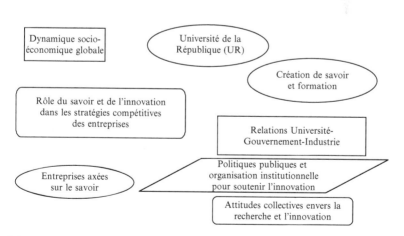

Fig. 5.1 Modules constitutifs caractérisant le SNI uruguayen

5.3.1 Dynamique socioéconomique globale

Trois des principales caractéristiques de la dynamique socioéconomique uruguayenne récente ont été (1) les faibles niveaux d'investissements dans les moyens de production, situés à moins de 15% du PIB ces dernières décennies; (2) peu d'investissements étrangers directs (IED); et (3) une structure d'exportation essentiellement basée sur la bonne dotation en ressources naturelles incorporant une faible valeur ajoutée. Les deux premières caractéristiques ont sensiblement changé au cours des 5 dernières années: le niveau des investissements productifs a atteint environ 20% du PIB et les IED progressent rapidement, surtout autour des complexes forestiers, du fait des importants investissements actuels dans les usines de cellulose. La troisième caractéristique évolue également, mais plus lentement.

Le nouveau gouvernement, évoqué à la fin de la partie précédente, a fait évoluer la dynamique socioéconomique globale du pays de manière significative. Le fondamentalisme de marché des administrations précédentes a été atténué; le besoin de politiques d'action pour bâtir un « pays productif » a été reconnu et elles ont été adoptées. Une politique industrielle active crée des chaînes productives, la formation de regroupements industriels, particulièrement de PME qui représentent plus de 95% de toutes les entreprises industrielles et 25% de tous les emplois industriels.

La conjoncture favorable en termes de prix internationaux des matières premières, pour certaines desquelles – comme la viande et les produits laitiers – l'Uruguay excelle, peut se révéler être une bonne occasion de soutenir les investissements à long terme dans les politiques du savoir et de l'innovation. Si cette occasion est saisie, les universités auront à gérer une demande plus forte que jamais, du fait des nouvelles possibilités d'application de nouveaux savoirs et de développement de nouvelles technologies capables d'ajouter de la valeur aux secteurs productifs traditionnels et, même, de création de nouveaux secteurs industriels indépendants.

5.3.2 Le rôle du savoir et de l'innovation dans les stratégies compétitives des entreprises industrielles

Les études sur l'innovation permettent d'obtenir une vision globale de cette problématique. La dernière étude sur l'innovation industrielle, couvrant la période 2004–2006 (ANII 2008), indique que 28% des entreprises de plus de cinq salariés déclarent s'être lancées dans au moins une « activité d'innovation ». La plus populaire de ces activités d'innovation est l'acquisition de biens d'équipement, réalisé par près de 60% des entreprises; 22% des entreprises déclarent posséder une activité de R&D en interne.

Tableau 5.1 Entreprises n'ayant aucun salarié disposant d'une formation universitaire, en 1986 et en 2003

Étude sur l'innovation – 1986	+ de 100 salariés	51 à 100 salariés	20 à 50 salariés
% des entreprises sans ingénieurs	21,9	50,3	73,8
% des entreprises sans analystes programmeurs et sans programmeurs	47,2	66,1	81,9
Étude sur l'innovation – 2003	+ de 100 salariés	51 à 100 salariés	20 à 50 salariés
% des entreprises sans ingénieurs ni diplômés universitaires en science ou technologie	22,5	63,2	87,4

Source: Argenti et al. (1988) et Bianchi et Gras (2006). À noter que la dernière étude intégrait également les plus petites entreprises de moins de 20 salariés

Pour estimer l'importance du savoir dans les stratégies compétitives des entreprises, deux indicateurs peuvent s'avérer spécialement importants: les personnels qualifiés employés par les entreprises, et l'intensité des relations des entreprises avec les différents types de créateurs de savoir avec le SNI. Le premier indicateur montre la situation très difficile des petites entreprises, dont 80% (innovante ou non) ne disposent d'aucun professionnel ayant une formation scientifique ou technique. Cette proportion est inférieure dans les entreprises de plus grande taille, avec environ 60% des entreprises de taille moyenne ne disposant pas de ces compétences et un peu plus de 10% des plus grandes entreprises dans la même situation. Vu l'immense proportion de petites entreprises dans le tissu industriel uruguayen, cette situation est inquiétante. Ces chiffres proviennent de la toute dernière étude sur l'innovation, sur la période 2004–2006. Le Tableau 5.1 montre que la faiblesse structurelle du système de savoir n'est pas récente, ce qui suggère que seules des décisions politiques fortes et créatives seront à même d'amorcer un changement tangible.

Cette situation reflète et explique en partie la faiblesse de la demande de savoir de la part des entreprises: très peu de chercheurs y travaillent. Ce qui explique aussi que les jeunes diplômés manquent de débouchés dans le secteur industriel pour mettre en pratique leurs compétences nouvellement acquises, et qui mène à une fuite des cerveaux, une tendance très forte en Uruguay[2].

Les relations des activités de R&D avec le SNI sont assez peu nombreuses, mais le sont bien plus quand il s'agit de réunir des informations: si seulement 20% environ des entreprises innovantes établissent des liens autour des activités de R&D, trois quarts d'entre elles le font pour trouver des informations. Comme on peut s'y attendre, les fournisseurs et les clients sont les partenaires SNI les plus demandés;

---

[2] Les relations entre la fuite des cerveaux et les systèmes d'innovation sont examinées par Arocena et Sutz (2006).

les moins demandés sont les fournisseurs traditionnels de savoir, tels que les universités, les laboratoires techniques, les établissements de formation technique et les agences de R&D.

Il apparaît clairement que la demande de savoir de l'industrie uruguayenne a été et reste structurellement faible. Cette tendance ne concerne pas uniquement l'Uruguay, comme l'indique cette citation: « D'un côté, le modèle de production de l'Amérique latine et des Caraïbes ne prédispose pas les entreprises ni le secteur privé à exprimer une forte demande de savoir et, de l'autre, pousse surtout à créer des liens externes, privilégiant les entreprises étrangères et les laboratoires de recherche disposant déjà d'une solide réputation, et ayant une expérience et une efficacité mondialement reconnues dans le domaine des S&T. Ce qui entraîne une disparité entre les besoins de la demande et les offres des fournisseurs, et amoindrit l'impact des politiques » (Cimoli et al. 2009: 43).

On trouve tout de même plusieurs entreprises réellement innovantes en Uruguay, qui utilisent le savoir comme un atout productif et qui renforce leurs bases de connaissances en embauchant et en formant des personnels hautement qualifiés. Ces entreprises peuvent-elles devenir un vecteur clé de l'innovation pour l'économie du pays? Cela dépend de la solidité des relations industrielles en amont et en aval (Hirschman 1958) dans toute l'économie et au sein de la société en général. Nous abordons rapidement ces entreprises un peu plus loin.

5.3.3 Les entreprises à forte concentration de savoir

Une étude de cas de l'industrie de l'électronique professionnelle en Uruguay (Snoeck et al. 1992) a montré l'influence des entreprises de haute technologie sur les capacités d'exportation du pays: les principaux clients privés de l'industrie électronique étaient de gros importateurs qui avaient besoin de solutions adaptées pour améliorer leur compétitivité et pour répondre aux besoins externes. Un autre exemple de ce type concerne l'industrie de la viande: des vaccins biotechnologiques conçus localement ont été capables de lutter efficacement contre les maladies touchant les élevages, comme la fièvre aphteuse, qui réduisent les capacités d'exportation. Cela signifie que, même si les entreprises d'électronique ou de biotechnologie ne sont elles-mêmes que de faibles exportatrices, elles contribuent de manière indirecte mais importante aux résultats d'exportation. On peut le voir plus généralement grâce au Tableau 5.2 qui montre les exportations réalisées par quelques entreprises, regroupant à la fois des utilisateurs et des producteurs de savoir: plus de 90% du total des exportations ont été réalisés par des clients d'entreprises à forte concentration de savoir.

Il est intéressant de remarquer que la présence de personnels qualifiés soit nécessaire pour établir des relations avec des entreprises de création de savoir: la proportion de personnel qualifié au sein des entreprises utilisatrices de savoir était de 15% en 2002, bien plus élevée que la moyenne de l'industrie qui était d'environ 3,5% à cette période. Cela permet de mettre en valeur la contribution essentielle, du point

Tableau 5.2 Exportations réalisées par les entreprises à forte concentration de savoir et leurs clients pour l'année 2000, en pourcentage

	Producteurs de savoir (entreprises à forte concentration de savoir)	Utilisateurs de savoir (clients des entreprises à forte concentration de savoir)
Logiciels	82,1	2,5
Biotechnologies	6,1	43,2
Services d'ingénierie entrepreneuriale	–	37,8
Environnement	0,6	16,4
Produits pharmaceutiques	11,2	–
Total des exportations par catégorie	100	100
% du total des exportations par les entreprises étudiées	8,5	91,5

Source: Basé sur Pittagula et al. (2005: 213)

de vue des fournisseurs, des universités de recherche aux capacités d'absorption des entreprises.

5.3.4 Les politiques publiques et l'organisation institutionnelle pour soutenir l'innovation

Tout le monde s'accorde à dire que les politiques publiques uruguayennes en matière de soutien à l'innovation ont été traditionnellement peu efficaces. Tout d'abord, le niveau des investissements en R&D a été particulièrement faible, toujours situé sous la barre des 0,3% du PIB. De plus, d'importants instruments politiques ont également été inefficaces voire inexistants, tels que la vulgarisation technologique et industrielle, l'approvisionnement technologique de l'état, ou la production systématique de statistiques et d'études sur la science, les technologies et l'innovation pour améliorer le niveau d'information des décideurs. À l'inverse, certains instruments historiques, tels que les subventions aux entreprises pour l'innovation via des prêts internationaux, ont souvent été sous-utilisés, principalement du fait d'une trop grande complexité administrative.

Jusqu'à présent, seul le secteur agricole disposait de puissantes technopôles spécialisées capables d'accompagner le secteur productif, mais de nouveaux établissements prometteurs, dédiés par exemple aux logiciels ou à l'incubation technologique, sont en train de voir le jour.

La situation actuelle s'est beaucoup améliorée en termes d'investissements dans les Science et Technologie (S&T). Même si cela ne se remarque pas en proportion du PIB du fait de la forte croissance de ce dernier, le nombre de types d'instruments différents ainsi que les sommes dédiées au soutien de la production de savoir, particulièrement à la production de savoir universitaire, sont notables. En termes institutionnels, la preuve la plus flagrante de l'importance renouvelée du sujet est la création de Cabinet ministériel à l'innovation, en lien direct avec les ministères des finances, de l'industrie, de l'économie, de l'éducation et du Plan et la création d'une Agence de la recherche et de l'innovation spécifique pour gérer les ressources affectées aux politiques de S&T. De nouveaux établissements scientifiques importants ont été créés, telle la branche uruguayenne de l'Institut Pasteur français, et d'importants investissements ont été réalisés dans d'autres établissements universitaires et de recherche appliquée.

En ce qui concerne l'innovation, bien qu'un plus gros budget ait été alloué à des projets compétitifs, le problème structurel des comportements faiblement innovants et de la faible demande de savoir n'a toujours pas été entièrement compris.

5.3.5 Les attitudes collectives face à la recherche et à l'innovation

L'environnement culturel modifie le SNI et les innovations. La façon dont sont considérées les S&T influe sur les différents efforts d'innovation. Plusieurs comportements clés peuvent être attribués à une perception publique des S&T. La volonté de la jeunesse de s'orienter vers des carrières scientifiques ou techniques, la façon dont les professionnels évaluent le recrutement de personnels hautement qualifiés, et la détermination des jeunes professionnels à créer leur propre entreprise à forte concentration de savoir, ne sont que quelques exemples de tels comportements.

Ces problématiques ont été étudiées en Uruguay en 1986, puis de nouveau en 2003 (Arocena 2003). On a par exemple demandé aux sujets de l'étude de choisir entre trois « alternatives politiques »: (1) l'Uruguay peut et doit financer des activités de recherche publiques, car les gains dépasseront les dépenses; (2) l'Uruguay est capable de financer une recherche fructueuse, mais n'a pas intérêt à le faire car les dépenses dépasseraient les gains; et (3) l'Uruguay n'est pas capable de financer des programmes de recherche fructueux. En 1996, 55% de la population a choisi la première alternative; en 2003, alors que le pays traversait la crise économique la plus sévère depuis 2 ans, 51% de la population continuaient à choisir la première alternative. On peut en conclure qu'une proportion non négligeable de la population considère la recherche comme un outil important pour le développement national et qu'elle mérite en tant que telle un soutien populaire. Ce résultat concorde avec les fortes attentes que suscite l'Université de la République, l'établissement qui concentre une grande partie des activités de recherche (Bortagaray 2006).

Dans une nouvelle étude réalisée en 2008, 80% de la population a choisi l'option « l'Uruguay est capable de financer une recherche fructueuse », 6% l'option « l'Uruguay est capable de lancer des programmes de recherche, mais ça n'en vaut pas la peine », 4% l'option « l'Uruguay n'est pas capable de lancer des projets de recherche », et 10% n'ont pas répondu (Bortagaray 2009). Il est intéressant de noter que parmi les 80% ayant choisi la première option, il n'y a pas de grande différence de proportion en fonction du niveau d'éducation: cette option a été choisie à 71% par les personnes ayant un niveau d'école primaire et à 91% par ceux ayant un niveau universitaire (Bortagaray 2009). Ce large soutien a donné une vraie légitimité aux politiques de R&D.

5.4 Vue d'ensemble du système universitaire uruguayen

5.4.1 L'Université de la République

L'unique université publique d'Uruguay, l'UR, est de loin l'établissement universitaire le plus important du pays. L'UR est directement issu du Mouvement de réforme de l'Amérique latine qui est à l'origine d'un type spécifique d'université en Amérique latine, ayant une influence forte mais atypique sur la société (Arocena et Sutz 2005a). L'autonomie de l'université est le résultat de longs combats; la loi de 1958, la « loi organique sur l'université », a également consacré la co-gouvernance des étudiants, du corps enseignant et des diplômés.

Il existe d'autres établissements de type universitaire, y compris quatre universités privées, dont le plus ancien n'a que 25 ans. Leur contribution à l'enseignement et à la recherche est limitée, mais est en croissance. L'UR regroupe plus de 80 000 étudiants, soit plus de 80% du total des inscriptions en cycle universitaire.

En 1996 – au moment du dernier recensement de la population – moins de 9% des 24 ans et plus avait atteint un quelconque niveau universitaire et moins de 5% avait été jusqu'au bout de leurs études universitaires (Boado 2005).

En ce qui concerne les domaines préférés des nouveaux étudiants de l'UR, le plus frappant est le délaissement des études agricoles, adoptées par 3,5% d'entre eux, la même proportion que pour les arts. Les sciences sociales et les lettres comptent pour près de 45%, tandis que les S&T sont choisies par un peu moins de 20% des étudiants. La santé (y compris la psychologie) attire environ 30% d'entre eux. Une grande partie des étudiants de l'UR travaille ou a besoin de travailler: 55% ont un emploi et 21% sont au chômage. Environ 33% d'entre eux travaillent plus de 30 heures par semaine.

Au début des études, l'égalité des sexes n'est pas un problème à l'UR. Ces quelques dernières années, les femmes représentaient presque 63% des inscriptions. Cette égalité n'est cependant pas tout à fait la même si l'on considère les postes universitaires à responsabilité: elles ne participent qu'à hauteur de 40% au régime spécial à plein temps dédié au soutien des activités de recherche. De plus, les postes les plus importants au sein du Système national pour les chercheurs, un système de primes destinés à ces derniers, montrent un déséquilibre très marqué puisqu'ils sont occupés à 80% par des hommes.

5.4.2 Création de savoir et formation

La structure de création de savoir et de formation en Uruguay est très centralisée. Comme indiqué plus haut, 80% des inscriptions universitaires sont concentrés sur l'UR. En ce qui concerne les chercheurs appartenant Système national des chercheurs récemment mis en place, près de 80% d'entre eux travaillent au sein de l'UR, et 93% dans le public.

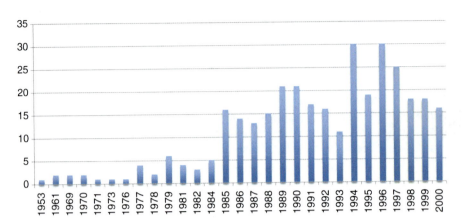

Fig. 5.2 Création d'équipes de recherche au sein de l'UR (*Source* : Unité universitaire du CSIC 2003)

Quelques unes des caractéristiques principales du système uruguayen du savoir ont radicalement changé au cours des vingt dernières années. En 1986, seuls 13% des chercheurs étaient diplômés de troisième cycle et il n'existait aucun programme national de master ou de doctorat (Argenti et al. 1988). Des programmes locaux de troisième cycle ont commencé à se développer à partir de la fin des années 1980, surtout en sciences fondamentales. Plusieurs plans de bourses universitaires ont permis d'augmenter significativement les possibilités d'envoi d'étudiants à l'étranger. Il y a quelques années, 80% de toutes les équipes de recherche de l'UR disposaient déjà d'au moins un membre ayant obtenu une maîtrise ou un doctorat ou étant en train de suivre un troisième cycle (Unidad Académica de CSIC 2003).

Le schéma ci-dessous montre l'évolution de la formation des équipes de recherche de l'UR. L'effet positif du retour à la démocratie depuis 1985 se voit clairement, tout comme la vague de progrès du début des années 1990, qui résulte en partie du rapatriement massif de chercheurs, d'un programme national réussi de développement des sciences fondamentales, et de la création de deux nouvelles écoles au sein de l'UR: la Faculté des sciences sociales et la Faculté des sciences naturelles (Fig. 5.2).

Le Tableau 5.3 permet de comparer la position de la R&D uruguayenne à la situation mondiale: il n'inclut que les pays de petite taille et de taille moyenne.

5.4.3 Les relations université–gouvernement–industrie

Les relations de l'UR avec le gouvernement ont traditionnellement été conflictuelles. Le budget, très serré, a souvent été à l'origine des accrocs, mais ces derniers avaient également une origine politique plus profonde. Lors des conflits sociaux des années 1960, l'UR s'était fortement opposé aux tendances autoritaires qui ont mené à la dictature militaire. Les fortes pressions subies par l'université pendant cette

Tableau 5.3 Quelques indicateurs sur la recherche dans quelques pays

	Chercheurs en R&D par millions d'habitants (1)	DIRD / PIB (2)	DIRD par habitant – en $ US (3)
Argentine	720 (2003)	0,49 (2006)	59,2 (2006)
Bolivie	120 (2002)	0,28 (2002)	9,0 (2002)
Chili	444 (2003)	0,67 (2004)	76,5 (2004)
Costa Rica	81 (…)	0,37 (2004)	30,3 (2004)
Paraguay	79 (2002)	0,09 (2005)	3,4 (2005)
Uruguay	*366 (2002)*	*0,26 (2002)*	*18,4 (2002)*
Nouvelle Zélande	3 945 (2003)	1,17 (2005)	290,3 (2005)
Danemark	5 016 (2004)	2,44 (2006)	870,6 (2006)
Suède	5 415 (2004)	3,82 (2006)	1 307,2 (2006)
Finlande	7 832 (2004)	3,43 (2006)	1 134,1 (2006)
Pays Bas	2 481 (2004)	1,69 (2006)	615,6 (2006)
Irlande	2 674 (2004)	1,31 (2006)	535,0 (2006)
Belgique	3 065 (2004)	1,85 (2005)	625,7 (2005)

Source: pour les colonnes (2) et (3): statistiques UNESCO, dernière consultation sept. 2009, http://stats.uis.unesco.org/unesco/TableViewer/tableView.aspx?ReportId=2656. Source pour la colonne (1): Base de données des indicateurs du développement mondial

période ont atteint leur paroxysme en 1973 lorsque les militaires ont commencé à intervenir dans la marche de l'université. Cet interventionnisme n'a pris fin qu'avec la chute de la dictature et a entraîné de nombreuses mises à la porte dans le corps enseignant ainsi que l'exil de nombreux professeurs. Après 1985, la situation s'est améliorée, mais les relations avec les nouveaux gouvernements démocratiques fluctuent entre coopération et conflit. Le gouvernement élu en 2005 s'est engagé dans de grands changements des politiques de santé, d'éducation et de recherche. Ces modifications ont créé de nouvelles possibilités de coopération avec l'UR mais ont aussi entraîné quelques désaccords. Cela n'empêche pas l'UR de coopérer, aujourd'hui, avec presque tous les organismes importants du secteur public. Cette collaboration est particulièrement proche dans le domaine des politiques sociales soutenues par le ministère du développement social. Des programmes de recherche et d'innovation sont mis en place par l'UR et certaines grandes entreprises publiques. Pour résumer, depuis 2005, la coopération s'est améliorée aussi bien qualitativement que quantitativement.

Même si d'un point de vue général les relations entre l'université et les différents secteurs de production ne sont pas particulièrement étroites, on peut tout de même citer des exemples significatifs de collaborations très réussies et montrant d'excellents résultats, dans presque tous les domaines du savoir et au sein de plusieurs secteurs, y compris la bioingénierie, la production lainière, les vaccins vétérinaires, les produits pharmaceutiques, l'automatisation industrielle et l'environnement.

D'un point de vue institutionnel, l'UR a beaucoup évolué pour tenter de mettre en place des relations plus étroites et plus fluides avec l'industrie. La signature de contrats formels entre les équipes de recherche et les entreprises est maintenant autorisée. Les chercheurs peuvent obtenir des augmentations de salaires grâce à ces contrats; une commission spéciale a été créée pour gérer les problèmes de droits de la propriété intellectuelle (DPI) liés aux projets communs avec l'industrie. Les laboratoires des facultés peuvent servir d'incubateurs d'entreprises et quelques facultés ont créé des bureaux spéciaux dont le but est d'accompagner et de faciliter les relations entre les équipes de recherche et les entreprises. Autant d'aspects qui montrent à quel point les vieilles résistances universitaires contre toute collaboration avec l'industrie se sont affaiblies au niveau institutionnel. L'évolution des perceptions idéologiques est en partie responsable d'un tel changement; il est également très probable que ce changement puisse s'expliquer en partie par les difficultés financières croissantes qui poussent les équipes de recherche à demander l'aide de l'industrie pour pouvoir continuer à travailler et à garder leurs meilleurs éléments. Il faut également souligner que le monde universitaire s'intéresse de plus en plus aux problèmes organiques de l'industrie.

Pour résumer, les relations entre l'université et l'industrie sont plus étroites aujourd'hui que dans le passé, des innovations institutionnelles ont été adoptées pour faciliter ces relations, la plupart des chercheurs acceptent volontiers de participer à des projets de recherche commandités par l'industrie, et les débats idéologiques que de telles pratiques avaient tendance à déclencher se sont affaiblis et ont même parfois été remplacés par des discours enthousiastes. Pourtant, l'université et l'industrie restent assez distantes: jusqu'à présent, le changement d'état d'esprit de l'université n'a pas entraîné une transformation radicale des processus de production, qui aurait pu rendre l'industrie encore plus volontairement dépendante de l'expertise universitaire. Et il ne s'agit pas là d'un problème mineur: une faible demande du marché pour un savoir créé à l'intérieur des frontières nationales est une des raisons structurelles de sous-développement. Seules des politiques très spécifiques et à long terme peuvent aider à surmonter ce problème.

5.5 Le debat en cours

Les questions clés du débat public au sujet du système d'enseignement supérieur tournent autour des points suivants:

1. Les niveaux d'investissements publics, les bas salaires, et les différentes sources de financement, y compris le partage des coûts, les frais de scolarité et les autres frais
2. L'évaluation de la qualité de l'enseignement et de l'apprentissage
3. L'accès à et le taux de réussite de l'enseignement supérieur, ainsi que les inégalités sociales et régionales qui y sont liées
4. Les relations entre les établissements publics et privés
5. L'utilisation sociale du savoir et l'orientation future des recherches
6. Les nouveaux défis liés au rôle que les universités devraient tenir au sein de la société et comment elles devraient s'insérer dans le SNI

5.5.1 *Investissement, salaires, gratuité*

Récemment, les investissements de l'Uruguay dans son système éducatif, en proportion de son PIB, ont été relativement faibles. En moyenne, les dépenses publiques pour l'éducation se sont établies autour de 3% du PIB, avec 0,6% pour l'enseignement supérieur. Lorsqu'il a été élu, le gouvernement actuel a déclaré qu'il ferait passer ce budget à 4,5% du PIB d'ici à 2009: c'était une des demandes principales de la coalition de gauche maintenant au pouvoir. Pour l'heure, on peut estimer que les dépenses publiques pour l'éducation sont équivalentes à un peu plus de 4% du PIB.

Les salaires dans l'enseignement supérieur sont en général considérés comme assez bas, par rapport à ce qui se pratique ailleurs dans le monde, voire même dans les régions avoisinantes. Ils ont même du mal à se mesurer aux salaires des personnels techniques des entreprises publiques et d'autres établissements publics dédiés à la R&D ou aux services techniques. Néanmoins, les salaires au sein de l'UR ont augmenté de 50% en valeur réelle entre 2004 et 2008.

L'éducation publique est gratuite en Uruguay, y compris au niveau universitaire. Cette question a suscité de nombreux débats. Il y a quelques années, le parlement avait adopté une loi autorisant l'UR à instaurer des frais de scolarité, mais l'université a décidé de ne pas la mettre en pratique. La Loi générale sur l'éducation, votée en 2008, établit la gratuité des universités publiques. Les frais de scolarité sont considérés par une majorité des autorités universitaires, et notamment par les représentants des professeurs et des étudiants, comme allant à l'encontre du droit à l'éducation et pouvant restreindre l'accès à l'enseignement supérieur, réduisant d'autant le savoir potentiel du pays, sans compter l'augmentation des inégalités. Les partisans des frais de scolarités les justifient en expliquant vouloir éviter l'effet pervers d'une université financièrement soutenue par les taxes payées par toute la population alors que la majorité des étudiants font partie des classes moyennes ou favorisées. Ils indiquent également que ces frais de scolarités ne seraient demandés qu'aux étudiants ayant les moyens de les payer. Comme nous l'avons déjà signalé plus haut, 76% des étudiants de l'UR ont un emploi ou en ont besoin d'un. Mettre en place des frais de scolarité s'avèrerait compliqué et pourrait rendre plus difficile la situation financière, voire fermer les portes de l'université, pour un grand nombre d'étudiants. Pendant 5 ans après l'obtention de leur diplôme, les étudiants de l'université publique doivent contribuer au Fonds de solidarité. Les sommes recueillies sont principalement converties en bourses destinées aux étudiants à faibles revenus. Ce système affiche des résultats plutôt positifs, même si ses détracteurs soulignent que la contribution n'est presque jamais calculée en fonction des revenus, ce qui signifie que des jeunes diplômés ayant du mal à joindre les deux bouts paient autant que des professionnels établis disposant d'un revenu confortable. Ce système pourrait devenir plus juste et plus efficace que les frais de scolarité s'il était amélioré, notamment en rendant les contributions proportionnelles aux revenus des activités professionnelles.

Les discussions autour des qualités et des défauts de l'enseignement public gratuit ont un lien évident avec les migrations internationales. Les étudiants étrangers doivent-ils bénéficier du même système? Les étudiants venant du Chili, où l'accès à l'enseignement supérieur n'est ni facile ni gratuit, ont été acceptés pendant de nombreuses années selon les mêmes termes que les étudiants uruguayens, un état de fait contesté aujourd'hui. Ceux qui ne sont pas d'accord rappellent que de nombreux uruguayens travaillant aujourd'hui en Uruguay – y compris un grand nombre de chercheurs – ont pu poursuivre leurs études gratuitement dans de nombreux pays, tels que par exemple le Mexique, le Venezuela, le Brésil ou la Suède, notamment lorsque le régime militaire uruguayen avait rendu la chose impossible.

Le « problème inverse » lié à l'accélération de la fuite des cerveaux n'est pas moins important. De nombreux étudiants diplômés de deuxième et troisième cycle, formés gratuitement par l'UR, quittent le pays, notamment pour aller aux États-Unis. Ce qui signifie que toute proportion gardée, un pays de petite taille et comparativement relativement pauvre en subventionne un autre bien plus riche et puissant. Est-ce une bonne utilisation des ressources publiques limitées? Il n'y a pas de réponse simple à cette problématique.

Le contexte de la plupart de ces problématiques a été modifié de fait de la croissance des universités privées, un phénomène relativement nouveau et évoluant lentement en Uruguay. Son cadre règlementaire est encore insuffisant. Une loi a été proposée pour créer une agence d'évaluation de la qualité de l'enseignement universitaire.

Les frais de scolarité ne sont qu'un des aspects du débat global autour de la gratuité. En Uruguay, toute personne, étant parvenue à la fin de ses études secondaires, a la possibilité d'entrer à l'université pour suivre le cursus de son choix: les domaines limitant le nombre d'étudiants ou faisant passer des examens d'entrée sont très rares. Ces deux types d'exigences existaient lorsque l'UR était présidé par des personnes choisies par le gouvernement militaire. Leur disparition était l'un des prérequis principaux du mouvement de démocratisation et elles ont été de fait immédiatement éliminées lorsque l'autonomie de gouvernance des universités à été restaurée. Il n'en reste pas moins que certains responsables politiques importants, ainsi que des médias influents, réclament la mise en place de *numerus clausus* et d'examens d'entrée. À l'inverse, l'UR et les pouvoirs publics liés à l'éducation cherchent à généraliser la formation supérieure tout au long de la vie. Sachant qu'aujourd'hui seuls 40% des jeunes arrivent à la fin de leurs études secondaires, un tel objectif a besoin de s'appuyer sur des efforts et des réformes d'envergure et à long terme.

5.5.1.1 L'utilisation sociale du savoir et l'orientation future des recherches

Pour replacer le débat sur le rôle des universités dans son contexte, il faut rappeler que la recherche universitaire en Uruguay souffre de ce qu'on pourrait appeler un « syndrome d'isolement » (Arocena et Sutz 2001): le manque de demande de la société d'un savoir créé au sein des frontières est en grande partie responsable de la « solitude » du monde universitaire. Des voix se font entendre pour réclamer une « recherche utile », mais la demande réelle reste faible. Et ce n'est qu'un aspect du problème.

L'autre correspond à ce que les chercheurs perçoivent comme étant leur véritable devoir, à savoir, quels produits concevoir en échange de leurs financements publics. Un aspect également lié au système universitaire de reconnaissance, qui met au pinacle les publications réalisées dans les journaux scientifiques internationaux de référence. C'est exactement ce qui est remis en question aujourd'hui: le débat autour des spécificités de la production universitaire dans différentes disciplines et du besoin de trouver des manières différentes pour évaluer la qualité et la productivité, est en train de porter ses fruits. L'épineux problème de la « pertinence » reste une notion importante des discussions, ajoutant une dimension cruciale au débat.

Le syndrome d'isolement et le système de reconnaissance universitaire actuel a produit une situation schizophrénique: la recherche a besoin d'être utile pour différents partenaires qui, pourtant, ne font aucun usage des résultats. Si l'on suivait cette réflexion, la recherche devrait être récompensée par sa pertinence, mais le système universitaire donne bien trop d'importance à la réussite internationale plutôt que nationale.

Le débat autour de ces problèmes s'articule selon différents axes: faut-il donner plus d'importance à la recherche à court terme ou à long terme? Quel est le bon équilibre entre la liberté de recherche de savoir de l'université et son devoir de répondre aux besoins urgents de la nation? Doit-on donner des priorités à la recherche universitaire? Et, si oui, à quel niveau ces priorités devraient-elles être décidées? Au sein de l'UR, le débat est vivant mais n'est pas violent: personne ne nie le rôle clé joué par la recherche dans les sciences fondamentale; personne ne nie non plus que les lettres sont au cœur de la mission de l'université et de ce qu'elle peut offrir à la société. Le débat tourne plutôt autour de savoir comment répartir les ressources limitées dédiées à la recherche: certains estiment que les financements devraient être réservés aux domaines pouvant directement contribuer à la résolution des problèmes de la nation, tandis que d'autres insistent sur la nécessité de garder l'équilibre entre tous les domaines du savoir.

Une étude réalisée en 2006 auprès de chercheurs profitant de compléments de rémunération liés à leur choix de travailler à plein temps pour l'université, et leur demandant ce que devraient être les priorités d'un Plan national stratégique pour la Science, les Technologies et l'Innovation, a produit des résultats intéressants (Unité universitaire du CSIC 2006). La volonté de chercheurs de se consacrer à des problèmes concrets du développement uruguayen a par exemple été clairement énoncée. De même, les chercheurs ont indiqué que pour que des solutions puissent être mises en œuvre, il était important que les problématiques ne soient pas inventées par les chercheurs eux-mêmes: il fallait que les problématiques soient découverts et évalués par un organisme spécialisé. Il s'agissait, selon eux, de la seule façon de faire en sorte que les questions liées au développement puissent avoir une influence sur le calendrier des recherches. À l'inverse, certains chercheurs craignaient que la détermination des priorités nationales par un Plan national stratégique donne trop d'influence à ceux ayant le pouvoir nécessaire pour se faire entendre, comme par exemple les champions agricoles de l'exportation, au détriment des problématiques exprimés par les petits producteurs. Plus généralement, comme l'indiquent les chercheurs, le principal défi lié à l'application concrète des résultats de recherche consiste à mettre en place une meilleure articulation et une meilleure communication entre l'université, l'industrie et la société. Il ne s'agit là que d'une autre manière d'exprimer la même chose: le besoin de comprendre le travail des universités dans le contexte plus large du SNI.

Depuis cette étude, plusieurs instruments politiques ont été mis en œuvre avec pour objectif de mieux faire correspondre les projets de recherche aux problèmes industriels et sociétaux. Nous n'en mentionnerons qu'un ici: un court document qui permet à des centaines de chercheurs d'obtenir des informations concernant leur domaine de recherche et dont on pense pouvoir utiliser les résultats. Ces documents qui ont été largement distribués auprès d'organismes de production dans les secteurs de l'industrie, de l'agriculture et des services, seront régulièrement mis à jour et complétés.

5.5.1.2 Les nouveaux défis de l'université et l'intégration au système national d'innovation

L'enseignement supérieur en Uruguay, et particulièrement l'UR, doit faire face à d'importants défis. Moins de 30% des étudiants parviennent à y entrer, alors que la moyenne dans les pays de l'OCDE est bien supérieure à 50%. Un très petit nombre d'étudiants vient des zones rurales, dans lesquelles les équipements universitaires sont rares et incomplets. Et peu d'étudiants viennent des couches de population, aujourd'hui très nombreuses, vivant en deçà ou juste au dessus du seuil de pauvreté. Autant de défis d'importance qui donnent une nouvelle dimension au rôle de l'université aujourd'hui: participer à l'intégration sociale dans un contexte d'économie de l'apprentissage. Le défi est immense car l'intégration doit être réalisée pour un ensemble très disparate d'étudiants en termes de savoirs acquis et de capital social: pour y parvenir, l'université ne doit rien moins qu'inventer de nouvelles approches d'enseignement et mobiliser les différentes formes de solidarité qui existent au sein de l'établissement. Une partie du défi rencontre l'adhésion du plus grand nombre, comme par exemple le besoin de diversifier la population étudiante. D'autres parties sont moins consensuelles, tel le besoin d'augmenter de manière importante le nombre d'étudiants et de diplômés. Ce dernier aspect est directement lié à la problématique d'amélioration du SNI: le besoin de renforcer la recherche et d'augmenter le nombre d'étudiants universitaires ne sera largement compris et soutenu qu'à la condition qu'il y ait une forte croissance de la demande de savoir.

Deux autres défis liés à la création de savoir et à sa diffusion sont également intéressants à prendre en compte. L'un consiste à lancer des études sur les problèmes sociaux les plus urgents. L'autre consiste à relier de manière plus intime le savoir à la troisième mission historique de l'université, la vulgarisation, ce qui demande de rendre le savoir plus proche des gens. Pour avoir un impact social durable, ces défis doivent faire partie d'une transformation profonde du SNI. Une telle transformation doit avoir pour objectifs de créer un lien direct entre le savoir et les problématiques de développement, notamment en ce qui concerne l'inclusion sociale.

Enfin, un des grands défis de l'université consistera à trouver des moyens de mettre en place et de participer à un large débat national autour des politiques sur la science, les technologies et l'innovation. Il aidera à bâtir le consensus nécessaire à un engagement à long terme sur le savoir, une étape indispensable pour aider à la transformation de l'université et pour rendre le SNI plus fort et bien plus intégré.

5.6 Conclusions: nouveau développement et universités évolutives

Le sous-développement est notre préoccupation majeure, une des principales sources d'un grand nombre des problèmes les plus aigüs du monde d'aujourd'hui et l'un des aspects les plus importants des problèmes d'inégalités. Le sous-développement est un phénomène dynamique qui associe continuité et évolutions. Quelques-unes des évolutions les plus importantes sont liées au nouveau rôle du savoir dans l'économie et au sein de la société en général. Cette progression de l'importance du savoir crée de nouvelles fractures – les « fractures éducatives » – qui ne font qu'intensifier les inégalités entre les régions géographiques, tout comme entre les groupes sociaux. La fracture éducative qui sépare l'hémisphère nord de l'hémisphère sud vient du fait que, d'un point de vue global, les pays sous-développés ne disposent que de peu de compétences avancées – qui proviennent essentiellement de l'apprentissage en établissement de haut niveau – et n'ont de plus que peu d'occasion de mettre ces compétences en pratique dans un contexte de demande de savoir, permettant l'apprentissage en situation réelle, la résolution de problèmes et l'interaction.

Donc, dans le contexte d'une économie du savoir globale mais très asymétrique, un nouveau développement est nécessaire. Pour faire face aux questions de compétences et d'utilisation de celles-ci, tout en faisant en sorte d'améliorer la qualité de vie, un tel nouveau développement doit comprendre deux aspects principaux:

(a) *Une innovation à but social et une productivité améliorée,* la progression du savoir et de l'innovation dans tous les secteurs productifs (y compris les soi-disant secteurs traditionnels, afin d'améliorer la compétitivité), notamment ceux qui sont liés à la résolution des problèmes sociaux.
(b) *La marche vers une société d'apprentissage,* basée sur la généralisation de l'enseignement supérieur tout au long de la vie, en relation étroite avec le monde du travail (notamment nécessaire pour « rattraper » ceux qui ont abandonné leurs études).

Ces deux aspects sont nécessaires pour réduire les inégalités en faisant progresser les capacités individuelles et collectives, afin que les inégalités puissent être encore réduites à l'avenir, autrement dit, créer une égalité proactive: une égalité capable de créer plus d'égalité (Arocena et Sutz 2003).

Cette perspective met en relief le rôle de l'enseignement supérieur dans les processus de développement; il est clairement relié aux débats concernant la « troisième mission » des universités, et mène tout naturellement à la notion d'université évolutive.

L'*université évolutive* peut se définir brièvement par son engagement envers le développement en tant que troisième mission. « Mais on peut proposer une définition plus précise. [...] le projet d'Humboldt ne se définit pas uniquement par l'adoption de la recherche comme deuxième mission des universités, mais par la pratique conjointe des deux missions fondamentales que sont l'enseignement et la recherche. Comme le suggèrent les [observations empiriques], ces missions sont essentielles à la contribution des universités à l'innovation. La référence conceptuelle est une approche au développement centrée sur les acteurs, directement liée au cadre réglementaire des systèmes d'innovation. L'université évolutive peut alors être définie, d'un point de vue néo-Humboldtien, par la pratique conjointe de trois missions: l'enseignement, la recherche et la coopération pour le développement avec d'autres établissements et acteurs collectifs. Cela signifie que les universités évolutive ne peuvent exister qu'en tant que partenaires actifs des systèmes d'innovation » (Arocena et Sutz 2005b).

Afin de déterminer si cette notion peut être utile à la recherche, ainsi qu'aux décideurs, plusieurs problématiques doivent être explorées. Quelques-unes des questions qui se posent sont brièvement abordées ici.

5.6.1 Les possibilités d'études avancées dans des contextes d'enseignement qualifié

1. De quelle manière les universités peuvent-elles collaborer avec d'autres organismes pour mettre en place un système universitaire étendu et diversifié offrant des possibilités de formation tout au long de la vie à la majorité de la population?
2. Quels efforts ont-ils été consentis, tant d'un point de vue pratique que théorique, pour faire face au défi essentiel, posé par la formation tout au long de la vie, consistant à proposer une éducation de niveau avancé à un ensemble de personnes très hétérogène, tant du point de vue de l'âge que des compétences acquises?
3. Jusqu'à quel point le système universitaire emploie-t-il les ressources humaines et matérielles disponibles dans les meilleurs sites de production socialement utiles?

5.6.2 Évolution du projet Humboldtien

1. Quelles sont les anciennes et nouvelles manières de lier l'enseignement à la recherche? Il est aujourd'hui encore plus vrai qu'au moment de la fondation de l'université de Berlin, que de telles relations profitent aux deux activités.

2. Comment relier les activités d'études à celles de la résolution des problèmes? C'est une problématique essentielle pour préparer des diplômés créatifs, capables de faire face à l'évolution rapide de leur environnement et sachant saisir les occasions créées par l'économie du savoir.

5.6.3 L'atout universitaire pour la résolution des problèmes productifs et sociaux

1. Quel est le niveau de participation des universités à la recherche de solutions aux problèmes spécifiques des secteurs industriels et à ceux influencés par la situation sociale?
2. Quelle est la priorité donnée à ces problèmes dans les calendriers de recherche?
3. Dans quelle mesure et de quelle manière les universités et les établissements proches aident-ils les étudiants et les diplômés à se familiariser avec ces problématiques et leur permettent-ils de participer à la recherche de solutions?
4. En particulier, comment collaborent-ils avec des acteurs externes pour créer des nouvelles utilisations du savoir avancé et ce faisant, augmenter les capacités?

5.6.4 Le système d'évaluation

1. Partant de la conclusion que le système de reconnaissance universitaire est l'un des principaux facteurs influant sur les calendriers de recherche, il mérite qu'on y porte une attention particulière afin d'évaluer les priorités et les possibilités des établissements universitaires.
2. Un tel système encourage-t-il une recherche de qualité qui couvre un large éventail de domaines?
3. Permet-il de prendre en compte les problèmes culturels et scientifiques pertinents, les besoins sociaux les plus urgents et le développement économique?

Plusieurs questions, y compris celles mentionnés ci-dessus, ont besoin d'être étudiés de manière comparative afin de déterminer si la notion d'université évolutive est utile – d'un point de vue empirique, qu'est-il réellement en train de se passer aujourd'hui? – d'un point de vue prospectif – quelles sont les principales évolutions possibles? – et d'un point de vue centré sur les politiques – quelles actions faudrait-il entreprendre?[3] Comme hypothèse de travail, nous supposons que l'université évolutive est utile du point de vue de la troisième question, qu'elle l'est probablement du point de vue de la deuxième, et pourrait également apporter une réponse partielle à la première.

---

[3] Un article en ligne sur ce sujet (Sutz 2005) a été publié sur papier avec comme sous-titre « les pays en développement devraient promouvoir les universités évolutives ».

Bibliographie

Agencia Nacional de Investigación e Innovación (ANII) (2008) III Encuesta de Actividades de Inovación en la Industria Uruguaya (2004–2006), Montevideo

Argenti G, Filgueira C, Sutz J (1988) Ciencia y Tecnología: un diagnóstico de oportunidades. Ediciones de la Banda Oriental, Montevideo

Arocena R (2003) La percepción ciudadana de la ciencia, la tecnología y la innovación. El caso de Uruguay, article présenté lors de l'atelier sur les indicateur de la perception publique: Culture Scientifique et participation civique, Université of Salamanque

Arocena R, Sutz J (2000) Looking at national systems of innovation from the South. Industry and Innovation 7(1):55–75

Arocena R, Sutz J (2001) Changing knowledge production and Latin American universities. Research Policy 30(8):1221–1234

Arocena R, Sutz J (2003) Inequality and innovation as seen from the south. Technology in Society 25(2):171–182

Arocena R, Sutz J (2005a) Latin American universities: from an original revolution to an uncertain transition. Higher Education 50(4):573–592

Arocena R, Sutz J (2005b) Developmental universities: a look from innovation activities, article présenté à la conférence GLOBELICS en Afrique du sud

Arocena R, Sutz J (2006) Brain drain and innovation systems in the south. International Journal on Multicultural Societies (IJMS) 8(1):44–61. http://www.unesco.org/shs/ijms/vol8/issue1/art3

Bértola L, Bittencourt G (2005) Veinte años de democracia sin desarrollo económico. Dans: Caetano G (dir) 20 años de democracia. Uruguay 1985–2005: miradas múltiples. Taurus, Montevideo, pp 305–329

Bianchi C, Gras N (2006) Economic behavior and economic performance in the Uruguayan Manufacturing Industry 2001–2003, présenté à l'Innovation Pressure Conference, Finland

Boado M (2005) La deserción universitaria en Uruguay: aproximación descriptiva y perspectivas, Comisión Sectorial de Enseñanza, Universidad de la República, Montevideo

Bortagaray I (2006) UniDev Project paper Universidad de la República: case study

Bortagaray I (2009) Los uruguayos y su percepción sobre ciencia, tecnología e innovación. Datos de una encuesta sobre percepción pública de ciencia, tecnología e innovación 2008 Technical Report ANII Montevideo

Bulmer-Thomas V (1994) The economic history of Latin America since independence. Cambridge University Press, Cambridge

Caetano G (dir) (2005) 20 años de democracia. Uruguay 1985–2005: miradas múltiples. Taurus, Montevideo

Chang Ha-Joon (2002) Kicking away the ladder. Development strategy in historical perspective. Anthem Press, London

Cimoli M, Ferraz JC, Primi A (2009) Science, technology and innovation policies in global open economies: reflections from Latin America and the Caribbean. GCG Georgetown University 3(1):32–60

Filgueira F, Garcé A, Ramos CY, Yaffé J (2003) Los dos ciclos del Estado uruguayo en el siglo XX, en El Uruguay del siglo XX. La Política, Ediciones de la Banda Oriental, Montevideo

Hausman R, Rodríguez-Clare A, Rodrik D (2004) Toward a strategy for economic growth in Uruguay, Interamerican Development Bank

Hirschman A (1958) The strategy of economic development. Yale University Press, New Haven, CT

Lundvall B-A (2007) Higher education, innovation and economic development, présenté au Regional Bank Conference on Development Economics, de la Banque mondiale, Beijing

Pittaluga L (dir) (2005) El Uruguay hacia una estrategia de desarrollo basada en el conocimiento. UNDP Desarrollo Humano en Uruguay, pp 149–315

Schumpeter J (1957) Teoría del desenvolvimiento económico. Fondo de Cultura Económica, Méxique

Snoeck M, Sutz J, Vigorito A (1992) Tecnología y Transformación. La industria electrónica como punto de apoyo. Trilce, Montevideo
http://www.scidev.net/dossiers/index.cfm?fuseaction=policybrief&dossier=13&policy=59
Unesco statistics: http://stats.uis.unesco.org/unesco/tableviewer/document.aspx?FileId=76
Unidad Académica de CSIC (2003) Grupos de Investigación en la Universidad de la República, Montevideo
Unidad Académica de CSIC (2006) Pensando el Plan Estratégico Nacional en Ciencia, Tecnología e Innovación Elementos para la reflexión derivados de la Encuesta a Docentes en Régimen de Dedicación Total. http://www.csic.edu.uy/seminarios/doc_final/Informe%20 encuesta%20DT. pdf
World Development Indicators Database: http://www.nationmaster.com/graph/eco_res_in_ram_per_mil_peo-amp-d-per-million-people

Chapitre 6
Cuba : université, innovation et société – l'enseignement supérieur au sein du système national d'innovation

Jorge Núñez Jover, Luis Félix Montalvo Arriete, Isarelis Pérez Ones, Aurora Fernández González, et José Luis García Cuevas

6.1 Introduction au contexte cubain

L'enseignement supérieur a contribué de manière significative au système d'innovation cubain. Dans ce chapitre, nous nous appliquons à montrer que ces contributions ne viennent pas seulement des activités de recherche universitaires, mais aussi de toutes les autres activités des universités. Nous examinons également quelques problématiques telles que la formation des diplômés et le rôle des troisièmes cycles, ainsi que la formation du corps enseignant. Autant de processus créant des liens entre l'université et le système d'innovation.

Ce chapitre commence par la présentation du contexte économique récent du pays. Il continue par une description et une analyse du système des sciences et de l'innovation cubain, ses principaux acteurs et leurs rôles. Cette section s'attache surtout au rôle des universités dans le système national d'innovation. Quant à la dernière section de conclusion, elle décrit les principales problématiques.

J.N. Jover (✉) • L.F.M. Arriete • I.P. Ones
Université de la Havane, Havane, Cuba
Courriel : jorgenjover@rect.uh.cu

A.F. González • J.L.G. Cuevas
Ministère de l'enseignement supérieur, Cuba

6.1.1 Le contexte économique

Le début des années 1990 à Cuba a été marqué par une conjoncture économique très difficile, baptisée « Période spéciale », déclenchée par la chute de l'URSS et l'affaiblissement des liens commerciaux établis avec les pays de l'Europe de l'est.[1]

L'impact sur l'économie cubaine, directement lié aux changements qui avaient eu lieu en Europe de l'est, était renforcé par les effets de la mondialisation grandissante, ainsi que par le blocus permanent imposé par les États-Unis, et même renforcé par l'adoption des Lois Torricelli[2] (1992) et Helms-Burton (1996).[3] Du fait de ces évolutions extérieures et du contexte intérieur, le gouvernement a entamé un processus de transformation pour mettre un terme au déclin de l'économie et redémarrer la croissance du pays, en se basant sur un renouvèlement des conditions et des ressources.

En 1994, après une période de déclin économique continu,[4] Cuba a commencé un lent processus de reprise économique. En 2006, la croissance économique atteignait 12,5%, le taux le plus élevé depuis 1959. En 2007, toutefois, ce taux n'atteignait que 7,5%, en deçà des 10% prévus, essentiellement du fait des effets des mauvaises conditions climatiques sur les secteurs du bâtiment et de l'agriculture (Rodríguez 2007a, b). Entre 1990 et 2006, Cuba a commencé à se transformer en une économie de services, donnant la primeur aux activités rapportant des devises étrangères, économisant l'énergie et réduisant la dépendance énergétique, utilisant les compétences d'une main d'œuvre qualifiée, et vendant ses produits sur des marchés dynamiques. En 2006, la structure du PIB en contribution par secteur s'établissait comme suit: primaire 4%, secondaire 20% et tertiaire 76% (Rodríguez 2007a, b).

Le processus de reprise économique a commencé au milieu des années 1990; il s'est accompagné d'une diversification de la structure économique. Le facteur clé de la croissance de l'économie cubaine, jusqu'alors centré sur un modèle

---

[1] La rupture de ces relations très anciennes avec ces pays a impliqué pour Cuba à une réduction drastique de plus de 70% de ses importations, la perte des marchés garantis pour ses produits, un rapide déclin de ses importations, et l'impossibilité de faire des demandes de crédit auprès des organismes internationaux. Cette conjoncture difficile mettait en péril le niveau de développement social et économique atteint à la fin des années 1980.

[2] L'objectif de cette loi est d'empêcher le commerce cubain avec les filiales d'entreprises américaines installée dans des pays tiers.

[3] Cette loi avait pour objectif de ralentir les investissements étrangers à Cuba en pénalisant les pays étrangers qui tentaient de faire du commerce avec des entreprises anciennement américaines à Cuba.

[4] Entre 1989 et 1992, l'approvisionnement en produits technologiques en provenance de l'URSS s'est interrompu. En trois ans, les importations se sont réduites de 72% et les exportations de 67%, le niveau des investissements est passé de 26 à 7%, la formation brute de capital a baissé de 60%, et les importations de pétrole se sont effondrées de plus de 50%. En 1993, le PIB avait chuté de 35% comparé à celui de 1989.

de spécialisation de la production et l'exportation de produits à faible valeur technologique[5] (sucre et tabac), a évolué pour laisser place à une économie essentiellement basée sur la production de services à forte valeur ajoutée, notamment dans les secteurs de la santé, de l'éducation et du tourisme. En 2006, les exportations de Cuba étaient réparties entre 30% de biens et 70% de services, dont 39% correspondaient à des services professionnels (Terrero 2006). Récemment, l'efficacité économique et la productivité ont été sérieusement critiquées (Castro 2008) et le développement de certains secteurs a été rendu prioritaire: l'électro-énergie, les transports, le développement hydraulique, les programmes sociaux, l'alimentaire et le logement.

La reprise économique du pays et les transformations structurelles qui doivent être mises en œuvre sans tarder, s'appuieront fortement sur le Système d'innovation scientifique et technologique cubain.

6.2 Le système d'innovation scientifique et technologique de Cuba

Au milieu des années 1990, la politique cubaine des sciences et de l'innovation a évolué pour donner naissance au Système d'innovation scientifique et technologique (SIST),[6] un concept similaire à celui du système national d'innovation. Nous allons tenter de décrire le SIST,[7] d'en indiquer les principaux acteurs, de le placer dans son environnement, d'en définir les priorités, quelques indicateurs, ses limitations et ses forces et faiblesses discernables.

---

[5] La typologie de Kelly calcule la valeur technologique comme étant le rapport entre les dépenses totales de R&D (dépenses courantes et d'investissement) et le coût de production d'une activité économique. Certains critiquent cette typologie en faisant remarquer ces limitations, notamment en indiquant que l'on peut considérer la densité technologique d'une branche industrielle comme faible, alors qu'elle peut très bien utiliser, de manière indirecte via ses intrants, des technologies créées par d'autres branches. Les partisans de cette typologie justifient l'utilisation de cette classification par des exemples concrets, observés dans de nombreuses industries, mettant en lumière le rapport entre les dépenses de R&D et la valeur ajoutée technologique (Fernández 1994).

[6] CITMA (1995). « Le Système d'innovation scientifique et technologique ». Document de base. La Havane, décembre, pp. 3–61.

[7] Nous adoption ici la définition suivante du système « d'innovation »: un groupe constitué des organismes, des institutions, des interactions entre les différents acteurs collectifs et des dynamiques sociales globales qui ont une influence majeure sur les capacités mises à disposition de la recherche, du développement expérimental, de l'innovation technologique et de la diffusion des progrès des techniques de production (Arocena et Sutz 2005: 96).

6.2.1 Les principaux acteurs du SIST

Les différents organes de l'Administration centrale de l'état (OACE) jouent un rôle important. Il en existe deux types: ceux qui ont une portée globale et ceux qui sont en lien à une branche. Les fonctions du SIST, pour sa part, sont essentiellement liées à la planification, au financement, à l'évaluation et au contrôle des activités scientifiques et technologiques. Le ministère des sciences, des technologies et de l'environnement pilote les activités scientifiques et d'innovation technologique. C'est lui qui est chargé de la définition des politiques de promotion et de développement de l'innovation, suivant les projections stratégiques qui permettent d'optimiser les investissements disponibles, et il doit aussi réguler et faciliter les actions des différents intervenants dans le processus d'innovation.

Les organes de branches prenant en charge l'orientation et la gestion d'une ou plusieurs branches de l'économie, ils sont également en charge de deux fonctions principales en lien avec le SIST. Ils doivent d'abord choisir les développements scientifiques et technologiques appropriés pour soutenir les progrès constants de l'efficacité économique, suivant les plans et politiques établis. Et il leur faut ensuite évaluer les processus de développement technologique et de transfert de technologie.[8]

Comme indiqué plus haut, les entreprises produisant des biens et services se sont vues confier un rôle capital. Elles participent de manière importante au SIST via leurs revenus provenant de leurs activités et contributions[9] à la société, et au travers de leurs activités d'innovation. Le pays regroupe plus de 3 000 entreprises, dont 715 suivent le processus appelé « Amélioration de la gestion ».[10] Les autres seront intégrées au programme petit à petit. Les progrès liés à ce programme sont tangibles, aussi bien au niveau des entreprises qu'à celui de la société en général.[11]

---

[8] Le potentiel scientifique et technologique est estimé – branche par branche dans ce cas – en fonction de l'ensemble des ressources disponibles pour investiguer, innover et étudier les problèmes, à caractère national ou international, mis en lumière par les processus scientifique, technologique et d'innovation.

[9] La participation totale rassemble l'ensemble des contributions monétaires versées à l'état, la création de produits et de services utiles à l'amélioration de la qualité de vie des citoyens, les emplois garantis, les contributions techniques et structurelles, les nouveaux produits et services, les brevets, les innovations et tout ce qui améliore l'efficacité de la société socialiste.

[10] Programme de rénovation des structures et des méthodes de travail des entreprises cubaines dont les objectifs principaux sont de réorganiser les flux de production et les services, et de moderniser les processus de production en suivant une approche de rationalité économique, à la recherche d'un efficacité maximum, notamment en termes de compétitivité, tout en respectant les besoins de protection de l'environnement et les équipes de travail.

[11] Par exemple, en 2005, la productivité des entreprises intégrées au système d'amélioration était supérieure de 54,55% à celle des entreprises n'en faisant pas encore partie. Leur contribution en devises étrangères par salarié y était de 1 618,76, contre 480,86, et la participation de ces entreprises dans le système supérieure de 14,5% (Betancourt 2005). En 2007, la productivité des entreprises en cours d'amélioration était supérieure de 48% à celle des autres (Terrero 2008). Le panorama entrepreneurial cubain montre ainsi des entreprises capables d'égaler leurs équivalentes internationales du point de vue de leurs indicateurs d'activités, et d'autres qui ont besoin d'évoluer pour répondre à la demande de l'économie et de la société cubaine d'atteindre une meilleure productivité et une meilleure efficacité.

Les universités jouent un rôle déterminant dans la création, la diffusion et l'application du savoir. Elles réalisent une part importante de la recherche scientifique nationale; elles forment les étudiants et ont un poids décisif dans les choix des programmes d'enseignement, notamment dans au niveau du développement du troisième cycle.

Les Établissements de Science et d'Innovation Technologique (ESIT), c'est-à-dire, les centres de recherche, les centres de services scientifico-technologiques et les unités de développement scientifico-technologique, sont essentiels au système. La recherche scientifique, le développement technologique et la fourniture de services scientifico-technologiques sont les missions fondamentales de ces organismes. On estime aujourd'hui à plus de 200 le nombre de ces organismes (OCCYT 2005:19).

La principale mission des établissements financiers au sein du système est de proposer plusieurs modèles de financement et d'essayer de développer les capacités clés des acteurs dudit système. Un groupe d'établissements soutient aujourd'hui ces organismes dans cette mission.[12]

Le SIST rassemble différentes formes organisationnelles et organismes dont l'objectif est de promouvoir et de rassembler les efforts d'innovation, et notamment de créer des liens entre la recherche scientifique et technologique et les secteurs productifs. On y trouve notamment les pôles de production scientifique, le Forum national des sciences et technologie, l'Association nationale des innovateurs et des rationalistes (ANIR) et les Brigades techniques juvéniles (BTJ).

Les pôles de production scientifique coordonnent et rassemblent les instruments dont l'objectif principal est de faire efficacement correspondre les résultats obtenus par les organismes de recherche et développement aux nécessités du secteur produisant les biens et services. Il existe aujourd'hui quatorze de ces pôles, deux d'entre eux dans la capitale et les autres disséminés dans les provinces. Les pôles territoriaux servent de point de rencontre aux universités, aux centres de recherche, aux industries, au gouvernement et aux organisations sociales. Le pôle ouest est le plus important des pôles de production scientifique, du fait du rôle qu'il a joué dans la création de la nouvelle industrie médico-pharmaceutique basée sur un savoir biotechnologique. Il promeut aussi les interactions et le consensus entre les acteurs liés à son développement.

---

[12] Parmi ceux-là:

- La *Banque centrale cubaine*: l'autorité suprême du système bancaire qui, entre autres fonctions, propose les politiques monétaires permettant au pays d'atteindre les objectifs demandés.
- La *Banque d'investissements S.A.*: Elle fournit des services financiers spécialisés dans les investissements, identifie et mobilise les ressources disponibles, aussi bien sur le marché intérieur qu'à l'international, et les canalise pour qu'ils soient utilisés par les secteurs les plus productifs et prioritaires de l'économie.
- La *Banque internationale du commerce*: Elle propose un large éventail de services aux organismes cubains, étrangers ou mixtes. Leurs principales activités incluent, entre autres, les transactions liées au commerce extérieur et aux transferts depuis et vers Cuba.
- La *Banque financière international*: Elle réalise des opérations en devises étrangères convertibles comme une banque commerciale, et dispose d'une solide réputation et d'agences bancaires dans plusieurs pays.

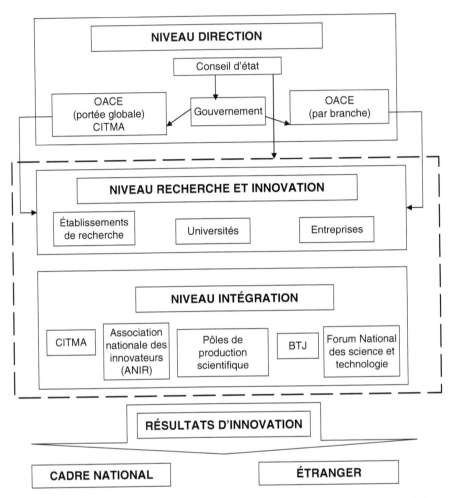

Diagramme simplifié du système d'innovation à Cuba (après 1994) (*Source* : Graphique élaboré par les auteurs à l'aide de Monreal 2005)

Le Forum national des sciences et technologie est un mouvement qui veut encourager une large participation sociale aux processus d'innovation. Il tente d'améliorer les interactions entre les acteurs clés et d'aider à la dissémination des résultats. Le Forum facilite la recherche de solutions utiles aux problèmes quotidiens liés à la production et aux services, y compris des applications appropriées des sciences et technologies. Le Forum est présent aussi bien au niveau local que national.

ANIR est un organisme qui regroupe la totalité du tissu industriel et dont les membres contribuent de différentes manières à l'adoption des technologies par les entreprises et à l'amélioration de l'efficacité et de la compétitivité de ces dernières. Son importance au sein du SIST vient du fait que son activité dans les entreprises

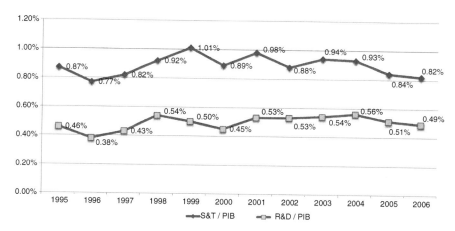

Fig. 6.1 Dépenses totales en S&T et R&D en pourcentage du PIB (*Source* : ONE 2005a, b; CITMA 2006)

maximise l'utilisation des savoirs tacites et le faire-savoir de la créativité technologique.

BTJ est un mouvement participatif des jeunes qui tente de trouver des solutions aux problèmes qui demandent en général un savoir scientifique et technologique. Parmi ses objectifs on peut citer: le remplacement des importations et la création de nouveaux fonds exportables pour influencer l'introduction et la généralisation des résultats scientifiques, ainsi que leur popularisation.

Les mécanismes qui permettent de planifier la recherche et l'enseignement, et leurs liens avec les stratégies économique et sociale du pays, ne sont pas limités aux formes organisationnelles ni aux organismes mentionnés ci-dessus. Différents mécanismes d'échange entre les services gouvernementaux au plus haut niveau, les ministères, les entreprises, les universités et les centres de recherche, permettent de créer plusieurs actions conjointes influençant la recherche scientifique, les échanges de spécialistes et les modes de qualification. Jetons un coup d'œil sur une sélection d'indicateurs du Système d'innovation scientifique et technologique.

Pendant de nombreuses années, le gouvernement a fait des efforts importants pour promouvoir les activités scientifiques et technologique, S&T (ou ACT en espagnol), comme montré ci-dessous. La Fig. 6.1 montre comment, en 1995, malgré ses difficultés financières, Cuba a alloué 0,87% de son PIB aux S&T, avec une tendance à la hausse les années suivantes. Après 2001, le pourcentage a eu tendance à baisser du fait d'investissements disproportionnés dans les activités S&T.

La Fig. 6.2 montre également les efforts consentis en S&T (ACT), en détaillant les sources de financement, via les participations, en pourcentage, de l'état, des entreprises et des financements externes. Comme on le sait, les entreprises privées ont un impact limité à Cuba; à l'exception des domaines intégrant la participation de capitaux étrangers, ces entreprises n'intègrent aucun développement ACT. Ce qui explique que lorsque l'on parle de financement par les entreprises, cela concerne essentiellement les entreprises publiques.

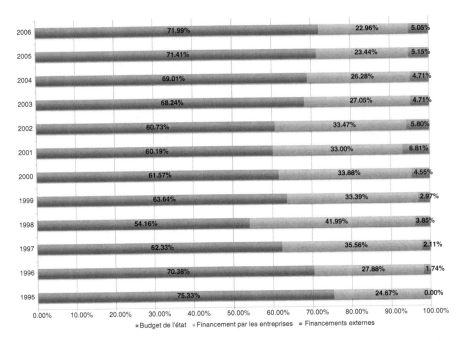

Fig. 6.2 Dépenses en S&T (ACT) par source de financement (%) (*Source*: Calculé à partir des informations CITMA (Direction de la planification))

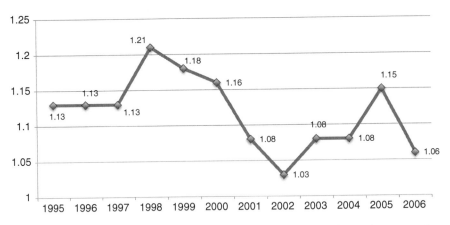

Fig. 6.3 Nombre de chercheurs pour mille habitants parmi la population économiquement active (PEA) (*Source* : CITMA (Direction de la planification))

Enfin, la Fig. 6.3 montre le nombre de chercheurs pour 1 000 habitants parmi la population économiquement active (PEA). Il faut noter qu'à la fin 2005, le pays atteignait un taux de 1,15/1 000, faisant ainsi preuve de son important potentiel humain de R&D (CITMA 2006). Ce potentiel était déjà patent en 2003, selon les données RICYT, qui permettaient de comparer Cuba avec d'autres pays comme la Colombie (0,52), Panama (0,35) et l'Amérique latine et les Caraïbes (1,02).

La mise en place du système d'innovation est toujours en cours. De nombreux éléments de base sont en place; il y a des avancées, mais le SIST souffre toujours de quelques limitations qui l'empêchent d'être totalement efficace.

Comme nous l'avons déjà évoqué plus haut, au début des années 1990, lorsque le pays est entré dans la période dite spéciale, l'industrie a subi un phénomène de désinvestissement. De nombreuses entreprises basaient leurs opérations sur des technologies obsolètes, très consommatrices en matériaux et en énergie.[13] Cette situation existe toujours dans de nombreux domaines et influe sur le développement industriel et les capacités d'innovation.

Le manque de financement est un autre problème important. La politique du gouvernement cubain de préserver et de soutenir les activités de R&D a permis aux institutions de continuer à travailler avec les ressources existantes, malgré les sévères restrictions économiques. Le soutien financier public de la R&D permet de garantir les salaires du personnel travaillant dans ce secteur, ainsi que de couvrir les autres dépenses payables en monnaie nationale.

Le problème de financement public de la R&D le plus important est lié à la disponibilité de devises étrangères. Le manque considérable de devises étrangères a obligé à assigner ces ressources de manière très sélective, afin de garantir les opérations des établissements de R&D appropriés et des secteurs spécifiques impliqués dans les domaines ultra-prioritaires. L'impossibilité de répondre aux besoins en devises étrangères de tous les établissements de R&D, des universités et des entreprises, parmi d'autres acteurs du système, est à l'origine des énormes difficultés d'approvisionnement en matériaux, en ressources spécialisées et en équipements, ainsi qu'en termes de mobilité internationale et d'accès aux réseaux d'information nationaux et à Internet.

Les limitations organisationnelles s'ajoutent à celles déjà évoquées ci-dessus. Malgré les déclarations SIST, la R&D reste en grande majorité externe aux entreprises. Les entreprises ne sont pas au centre du Système. La gestion technologique des entreprises ne parvient pas à garantir des relations efficaces entre la R&D et la production. Les organes spécialisés dans les services d'interface se sont plutôt concentrés sur le développement organisationnel en prêtant moins attention à la gestion des technologies.

Il est également probable que, dans certains secteurs, la qualification de la main d'œuvre (ouvriers, techniciens et professionnels) ne réponde pas aux besoins de développement de ces secteurs. Le mécanisme systématique de suivi et d'évaluation du SIST n'a pas fonctionné de manière optimale non plus. Dans certains cas, même, il manque les informations nécessaires à la prise de décision (OCCYT 2005).

Ces limitations montrent que le processus d'amélioration de la mise en place effective du SIST a encore un long et sinueux chemin à parcourir. L'environnement

---

[13] L'impact sur le pays en termes d'énergie est montré par Figueras (1994: 46) lorsqu'il indique qu'en 1978, Cuba avait consommé un total de 1 111 kg d'énergie (en équivalent pétrole) par million de dollars de PIB. Grâce à la rationalisation et aux efforts économiques, ce qui a été réduit à 848 kg en 1987. Il faut toutefois noter que cet indicateur a également baissé dans d'autres pays pendant la même période: Espagne (de 407 à 323), Italie (de 322 à 259) et Japon (de 286 à 205).

socioculturel et éducatif est favorable au SIST. Cuba dispose d'un excellent système éducatif dont l'accès est garanti à tous de manière égalitaire et qui permet le développement d'une formation continue de la main d'œuvre[14]. 99,96% de la population âgée de 15 à 24 ans sait lire et écrire; 99,4% de la population a suivi un enseignement primaire (et 98,5% a atteint la classe de CM2 – cinquième année de primaire) et, en moyenne, les ouvriers ont atteint la 10,8e année (plus qu'à Taiwan, qu'au Chili, qu'en Chine ou qu'au Brésil). 11% de la population âgée de 25 à 64 ans a atteint un niveau universitaire (similaire à la situation française, et mieux qu'en Italie ou au Portugal). L'école est obligatoire jusqu'en 9e année.

Selon L'UNESCO, le nombre d'élèves par enseignant en primaire et collège est respectivement de 14 et 12 (il est de 15 dans les deux niveaux aux États-Unis). En 2005, la télévision a réservé 62,7% de ses grilles à des programmes éducatifs (Rodríguez 2005).

Il existe toutefois des secteurs de la société et de l'économie cubaine exemplaires en termes d'efforts d'innovation à fort impact social. Le secteur de l'énergie, par exemple, a réalisé de grandes avancées en termes d'innovation, entraînant des transformations significatives de la production et de la distribution de l'énergie électrique et dans l'utilisation des énergies non renouvelables. L'innovation associée à l'assimilation des technologies dans le domaine de la production de nickel a également été très importante.

Le système sectoriel de l'industrie médico-pharmaceutique basée sur les biotechnologies peut être considéré comme un modèle de réussite de l'économie du savoir (Lage 2000). Fondé à l'est de la Havane, il forme une technopole de plus de 40 établissements, rassemblant 12 000 employés, dont 7 000 chercheurs. Ces établissements fonctionnent en « cycle complet »: recherche, conception et développement, production et commercialisation des produits.

L'industrie des biotechnologies dispose de réserves de trésorerie[15], a déposé plus de 900 brevets, et a augmenté sa part dans les exportations cubaines. Ainsi, en 2002, les ventes à l'export de produits médicaux et pharmaceutiques étaient valorisées à 50 millions de dollars (ECLAC 2003: 5), contre 100 à 200 millions de dollars en 2005, le secteur devenant ainsi le deuxième exportateur du pays. Cuba est probablement le principal exportateur de médicaments d'Amérique latine, exportant dans plus de 50 pays. Des accords commerciaux et de transfert de technologie ont été signés avec des dizaines de pays. La section suivante analyse le rôle de l'enseignement supérieur dans le SIST.

---

[14] En 2006, Cuba a dédié 9,6% de son PIB à l'éducation et 24,6% du budget national (Recueil statistique, MES 2008).

[15] Aux États-Unis et en Europe, 20% des entreprises de biotechnologies ont des difficultés d'autofinancement. Elles dépendent principalement du capital-risque et des spéculations sur le marché boursier (Lage 2001). Comme on peut le voir, le secteur cubain des biotechnologies est radicalement différent. La différence essentielle tient peut-être au régime de propriété. Cuba a mis en place un système de propriété sociale, qui transfère tous les profits à la société. Les performances des chercheurs et des autres acteurs sociaux sont en majeure partie menées par des motivations morales.

6.3 Le système d'enseignement supérieur

Le système d'enseignement supérieur cubain[16] joue un rôle important dans le système d'innovation. Il fournit au pays les diplômés dont il a besoin, est responsable de la majeure partie des troisièmes cycles et de la formation continue[17], prend en charge une part importante de la recherche scientifique et technologique nationale, est intégré aux principaux programmes sociaux mis en place par le pays (éducation, énergie) qui fait fréquemment usage d'innovations technologiques, et se charge de la formation des cadres.

Comme nous l'avons vu, l'enseignement supérieur n'est pas un facteur isolé (Arocena et Sutz 2005), au moins dans la même mesure que ce qui se passe traditionnellement dans les pays en développement. Il existe quelques établissements de R&D importants chapeautés par d'autres organismes, comme par exemple les ministères productifs (Agriculture, Transport, Industrie de base et Santé publique), les établissements universitaires (par exemple le système CITMA), et les laboratoires de R&D en relation avec des entreprises. Le secteur médico-pharmaceutique et l'industrie des biotechnologies, déjà mentionnés en sont deux exemples significatifs.

Le système est constitué de 65 établissements d'enseignement supérieur (EES),[18] tous sous contrôle public. Les EES cubains offrent 98 cursus universitaires, ce qui permet au pays d'assurer une très grande partie de l'enseignement nécessaire au développement. Plus de 56 000 enseignants à temps complet et environ 94 000 à temps partiel travaillent dans l'enseignement supérieur. Le Ministère de l'enseignement supérieur (MES) est chargé de l'orientation méthodologique de l'ensemble du système (MES 2008).

6.3.1 La formation de professionnels et le système d'innovation

Un des processus important est la formation des professionnels. Deux types cursus coexistent au sein de l'enseignement supérieur: les cursus à temps plein et les cursus à temps partiel. Le premier type inclut des journées de cours traditionnelles et

---

[16] Le profil global du système d'enseignement supérieur a été réalisé par l'Office des statistiques du Ministères de l'enseignement supérieur.

[17] La formation professionnelle joue un rôle important dans le système d'innovation. Elle produit les diplômés universitaires, développe pratiquement toutes les spécialités importantes du pays avec un taux d'efficacité de 60% (qui correspond à la proportion d'étudiants qui finissent leurs études). Les universités collaborent activement à la définition des besoins de formation des établissements et des gouvernements locaux. Au sein des universités, les formations de troisième cycle sont mises en place avec comme objectif d'améliorer les capacités d'enseignement et de recherche.

[18] Tous les EES proposent des activités de formation continue, des cursus de troisième cycle et des activités de recherche, d'importance variable et en fonction de leur profil universitaire. Un groupe d'une douzaine de ces universités de manière majeure sur les sujets de recherche et l'enseignement de troisième cycle.

Tableau 6.1 Inscription par domaine d'études (études à temps plein seulement) TRADUIRE SVP!

Disciplines	Pourcentage
Technologie	19,3
Sciences naturelles et mathématiques	2,5
Sciences médicales	19,9
Sciences agricoles	1,6
Économie	4,7
Sciences sociales et lettres	7,4
Pédagogie	36,3
Sports	7,8
Arts plastiques	0,4

Source: MES, Office des statistiques (2008)

correspond à un plan de revenus de l'enseignement supérieur approuvé par le gouvernement, en fonction des prévisions établies par la stratégie socioéconomique. Ce type de cursus demande un certain temps pour parvenir diplôme final (en général 5 ans) et un rythme identique pour tous les étudiants. Une fois le cursus terminé, l'état assure un emploi approprié aux nouveaux diplômés, en fonction de leur classement. Ces cursus sont essentiellement peuplés de jeunes bacheliers qui passent des examens d'entrée pour continuer leurs études dans l'enseignement supérieur. Ces cursus à plein temps se caractérisent par une présence quasi permanente des étudiants en salles de classe et se déroulent en général sur le campus et dans les établissements[19] des universités. Pendant l'année universitaire 2007–2008, 149 953 étudiants se sont inscrits à ce type de cursus. Près de 60% des étudiants se sont inscrits pendant les périodes prévues. La composition du corps étudiant réparti par disciplines est montrée dans le Tableau 6.1.

Les cursus à temps partiel ont pour objectif de garantir l'accès à l'enseignement supérieur à toute la population. Ils sont proposés à toute personne disposant d'un niveau d'éducation secondaire ou supérieur, sans limite d'âge et se déroulent après les heures de travail. Il faut toutefois noter que l'état ne garantit pas un emploi aux étudiants ayant terminé un tel cursus, ces étudiants en ayant déjà un le plus souvent.[20] Chaque étudiant avance à son propre rythme, sans limite de temps pour parvenir au terme du cursus. Le nombre de présences obligatoires en classe est réduit, les cours se déroulant en général dans des campus municipaux ou dans d'autres salles de formation.

Après 2001, grâce au processus d' « Universalisation de l'enseignement supérieur » et à la création de campus dans toutes les villes du pays, ce type de cursus s'est

---

[19] Les organes disposant du développement scientifique et technique adéquat dans les matières considérées, du nombre de spécialistes nécessaires en fonction du nombre d'étudiants, des conditions générales pour concilier le développement des cours, l'enseignement, la production, les périodes d'études, les supports de cours et les diplômes, le travail des chercheurs en dehors de leurs obligation universitaires, etc. qui forment leur contribution au développement des capacités et des habitudes professionnelles. Ces établissements devraient garantir le développement d'activités éducatives systématiques ou concentrées, demandant ou non la présence permanente des étudiants dans l'établissement.

[20] Il faut prendre en compte le fait que le taux de chômage à Cuba se situe à moins de 2%, ce que l'on peut techniquement appelé une situation de « plein-emploi ».

considérablement étendu et est devenu accessible dans plusieurs villes et dans d'autres sites de production et de services. Ce qui a entraîné un processus de modification de la structure institutionnelle des études de troisième cycle qui a permis l'apparition de nouveaux programmes et de nouvelles formes de participation civique à l'enseignement supérieur.

Ce processus a entraîné la création par de nombreux EES de campus universitaires dans les 169 villes du pays. Le pays rassemble 3 150 groupes universitaires,[21] regroupant 609 000 étudiants dans 47 disciplines. Ce processus a permis à 743 000 étudiants de s'inscrire en troisième cycle, soit environ 68% de la population âgée de 18 à 24 ans. Et 63% de ces étudiants sont des femmes. Pendant la première phase, les sciences humaines et sociales ont été choisies par la majeure partie de étudiants; aujourd'hui, les politiques mises en place tentent d'encourager l'enseignement dans les disciplines utiles au développement local (l'agriculture, les processus industriels agricoles, l'ingénierie industrielle, l'informatique et la maintenance).

Les cycles d'enseignement regroupent des caractéristiques leur permettant d'interagir avec l'industrie et d'influencer les processus d'innovation et de formation. Voici quelques-unes des ces caractéristiques:

- Les programmes rassemblent les activités d'enseignement, de production et de recherche. Pendant leur formation, les étudiants réalisent des stages en industrie et dans d'autres sphères de développement remarquables.
- Les formations universitaires s'adressent aujourd'hui au plus grand nombre, aussi bien à une grande partie des jeunes qu'aux professionnels désireux de continuer leurs études.
- Les études universitaires sont intimement liées à la stratégie socio-économique du pays. La plupart des étudiants sont assurés d'obtenir un emploi dans leur branche à la fin de leurs études.
- Les EES sont présents sur la totalité du territoire, ce qui permet de maintenir un lien plus étroit entre les formations proposées et les besoins de chacune des régions du pays.
- Le processus de création des EES,[22] des disciplines, de modification des programmes, la mise en place des pratiques de travail, la réalisation de recherche par les étudiants, la création de zones de formation dans les entreprises et dans d'autre organismes, et même la création d'universités, sont étroitement liés aux besoins sociaux, économiques, culturels et environnementaux. Le savoir intégré aux formations professionnelles est donc intimement associé au développement du pays.

---

[21] 340 d'entre eux sont liés au Ministère de l'enseignement supérieur, 2 361 au Ministère de la santé publique, 209 au Ministère de l'éducation et 240 à l'Institut national d'éducation physique, des Sports et des loisirs.

[22] Par exemple, on peut citer parmi les EES les plus récents l'Université des sciences informatiques (UCI), qui compte plus de 10 000 étudiants, qui démontre les efforts du gouvernement pour développer l'industrie informatique, la relier aux besoins du pays et renforcer la présence de ses produits dans le portefeuille d'exportation du pays.

6.3.2 Le système d'innovation et les cursus de troisième cycle

Les cursus de troisième cycle sont très importants pour le système d'innovation. Cuba est l'un des pays de la zone Amérique latine et Caraïbes à avoir structuré un système national d'étude de troisième cycle. Ce système est capable de répondre en grande partie aux besoins de formation exigés par le développement. La coopération internationale permet de répondre aux besoins que le système national ne peut pas satisfaire.

Les cursus de troisième cycle sont conçus pour permettre à tous les diplômés universitaires de poursuivre gratuitement leur formation tout au long de leur vie professionnelle et même après, et ils ont pour objectif de mettre à jour les connaissances, de qualifier, de requalifier et de réorienter les diplômés en fonction des besoins, aussi bien dans le domaine éducatif et la recherche qu'au niveau du professionnel).

À Cuba, les cursus de troisième cycle incluent ce qu'on appelle la formation continue dans d'autres pays (qualification dans les entreprises, mise à niveau des cadres), ainsi que les masters, les doctorats et les disciplines pertinentes pour de nouvelles qualifications. Plus de 600 000 participants sont admis chaque année.[23] Les enseignements ne se déroulent pas uniquement en université, mais aussi dans les entreprises ou dans tout autre endroit de travail. Les diplômes de troisième cycle contribuent ainsi à améliorer la qualité des activités professionnelles et aux processus d'innovation.

Les programmes de master (au nombre de 367 pour environ 2 000 étudiants par an) sont essentiellement créés à l'initiative des universités et de quelques centres de recherche, en fonction des besoins de développement économique, social et culturel. Les disciplines sont choisies (environ 169) conjointement par les universités et les organismes en demande. Dans les deux cas, les universités, l'industrie et le secteur des services travaillent ensemble, même si ce dernier joue un rôle prépondérant dans le choix des disciplines, non seulement en formulant la demande, mais aussi en fournissant les ressources et les espaces d'accueil, ainsi qu'une bonne partie des professeurs et des tuteurs de programmes.

Les programmes de doctorats sont essentiellement conçus comme des processus de formation de chercheurs au plus haut niveau. Entre 300 et 500 étudiants obtiennent leur doctorat chaque année (seuls le Brésil et le Mexique font mieux en Amérique latine). La coopération internationale joue un rôle prépondérant à ce niveau. Le processus d'évaluation de la thèse de doctorat intègre les avis de personnes et d'institutions pouvant légitimement donner leur avis sur la qualité des résultats, leur application pratique et leur impact social. L'idée de contrôle par les pairs est ainsi préservée, bien qu'il tente également d'y associer des principes d'utilité et d'efficacité, qui ne sont pas toujours pris en compte dans le contrôle par

---

[23] Toutes les données concernant les cursus de troisième cycle ont été fournies par le département Troisième Cycle du Ministère de l'enseignement supérieur.

les pairs. Leurs impacts sont très souvent pris en compte dans les jugements d'évaluation. Environ 9 000 docteurs ont été formés par le pays pendant les quarante dernières années, essentiellement dans les domaines des techniques, de l'agriculture, de la biomédecine et des sciences naturelles. Pour comprendre comment fonctionnent les cursus de troisième cycle et leur articulation avec le développement, il convient d'expliquer brièvement les différents environnements dans lesquels ils évoluent.

L'un d'entre eux est celui des ministères, des établissements et des entreprises qui ont des besoins de formations pour leurs personnels en relations avec leurs stratégies technique, de production, sociale et culturelle. Ces établissements disposent en général d'un service de gestion des ressources humaines pour gérer cet aspect. Les ministères ont souvent, également, des « écoles de branche » chargées de cette étape de qualification.

Les universités collaborent activement en mettant en place les formations nécessaires pour satisfaire aux nouveaux besoins. C'est à ce stade que de nouvelles disciplines sont mises en place, selon les priorités définies. La croissance du nombre de disciplines semble montrer une amélioration de la réactivité des organismes pour répondre aux besoins de développement de leurs ressources humaines.

Les différents territoires sont un autre cadre important. Chacun d'eux définit ses propres stratégies économiques, sociales et culturelles, et a donc des besoins de formation propres. Les universités et les gouvernements locaux travaillent ensemble pour définir les besoins des territoires en termes d'enseignement, de recherche et d'innovation. L'universalisation de l'enseignement supérieur ouvre de nouvelles voies de gestion du savoir et de l'innovation pour le développement local, via les établissements universitaires.

L'environnement universitaire, quant à lui, gère les activités de troisième cycle essentiellement au sein des universités, et son objectif est de développer les capacités d'enseignement et de recherche. Le perfectionnement permanent des professeurs d'université fait partie de leurs obligations contractuelles. Les principaux efforts sont concentrés sur la formation de docteurs. Dans les universités les plus importantes, les docteurs représentent 40% à 50% du corps enseignant, mais seulement 20% dans les autres universités. Mais il convient de noter qu'environ 50% des enseignants n'ayant pas de doctorat travaillent pour en obtenir un.

Au sein de tous ces environnements, et probablement de manière plus marquée dans les deux premiers, la formation continue et les cursus de troisième cycle s'occupent tout particulièrement des personnes occupant des postes d'encadrement dans les entreprises, au sein des gouvernements locaux, etc., ainsi qu'à tous ceux qui se préparent à assumer de telles responsabilités.[24] Des stratégies spécifiques de formation et de qualification intègrent plusieurs composants: l'utilisation de procédures modernes de gestion, des formations techniques et professionnelles, une formation économique, et une préparation à la défense du pays et formation politique. Des responsables politiques de haut niveau et des dirigeants d'organismes et de

---

[24] Ils sont officiellement appelés, respectivement, des cadres et des réservistes.

territoires travaillant à tous les niveaux participent à ces processus de formation. C'est ce qui permet aux cadres, essentiellement des diplômés universitaires, d'être qualifiés pour leurs prochaines fonctions et d'améliorer leur productivité. De plus, ils participent souvent à d'autres programmes de formation continue.

La dernière décennie a vu l'apparition d'un concept de gestion de la qualité des troisièmes cycles afin de répondre aux besoins nationaux, ainsi qu'aux standards internationaux. Le problème de la qualité est lié à celui de l'innovation. Le concept de qualité à Cuba n'inclut pas seulement ce que l'on appelle l'excellence universitaire, qui s'appuie sur les publications, les thèses et les autres produits du savoir contrôlés par les pairs, mais porte aussi un intérêt tout particulier à la pertinence sociale des programmes de troisième cycle. L'objectif est de développer un troisième cycle très social, qui sera attentif aux besoins de la production, des services, de la recherche et à créer une université de qualité. Cette relation qui existe entre les troisièmes cycles et les demandes sociales mettent en avant son rôle de promoteur de l'innovation.

6.4 Université, science, technologie et innovation

Les universités cubaines sont très liées à la société. Les stratégies de recherche des universités sont définies avec la société. C'est la raison pour laquelle le modèle cubain de relations entre l'université et la société est qualifié de « modèle interactif » (Núñez and Castro 2005). L'université cubaine ne considère pas la société comme un seul marché de débouchés. Le savoir et la science peuvent répondre aux besoins commerciaux, mais se focalisent sur les nécessités sociales. Les plans prévisionnels de formation et de recherche tentent d'élargir au maximum l'adoption sociale du savoir et de ses avantages, dans un but d'équité et de justice sociale. Pour y parvenir, toutes les sources de savoir sont potentiellement utiles: aussi celles apportées par les sciences et technologies, que les sciences humaines et sociales ou encore les arts.

De notre point de vue, le « modèle interactif » facilite la participation des universités au système d'innovation. De plus, ce modèle contribue à l'objectif social de progresser vers un modèle de développement social par le savoir. La « nouvelle université », un modèle qui promeut l'accès universel des citoyens aux études universitaires et aux centres de formation sur la totalité du territoire, est une ressource importante de stimulation du développement. Les plans prévisionnels de recherches scientifiques et technologiques tiennent aussi compte du besoin d'impact social, incluant les innovations en termes de recherche scientifique de haut niveau universitaire, la formation de troisième cycle et la coopération internationale.

Les 17 EES directement liés au Ministère de l'enseignement supérieur (MES[25]) sont les principaux contributeurs au développement scientifique national. Ils reçoivent plus

---

[25] Les autres EES sont rattachés aux ministères de la Santé publique, de l'Éducation, de la Culture, des Forces armées, etc.

de la moitié des prix donnés par l'Académie de sciences cubaine (ASC) et qui récompensent les principales avancées scientifiques du pays. Ils sont responsables de plus de la moitié des articles scientifiques cubains répertoriés par l'Index des citations scientifiques; forment plus de la moitié des docteurs en science et obtiennent environ 20% des récompenses liées à l'innovation. Cuba s'est également vu accordé un total de huit brevets par l'Organisation mondiale de propriété intellectuelle, dont six l'ont été à des établissements d'enseignement supérieur.

Près de 5 807 professeurs, 620 chercheurs, 254 jeunes diplômés s'occupant essentiellement de recherche (« réserves scientifiques »), et 787 autres jeunes (des stagiaires), suivent plusieurs formations, y compris un composant de recherche, à la fin desquelles ils ont la possibilité de travailler dans d'autres organismes ou bien de continuer dans la recherche au sein de ces EES. Plus de 21 000 étudiants ont des activités de recherche intégrées à leur programme de formation, presque 13 000 d'entre eux au cours des dernières années et environ 4 000 sont considérés comme des étudiants à haut rendement et dont la contribution aux recherches est en générale importante. L'organisation de la recherche tend habituellement à intégrer les jeunes diplômés et les étudiants aux communautés de recherche.

La recherche au sein des EES suit différentes formes d'organisations institutionnelles. Les plus traditionnelles sont les départements d'enseignement. En pratique, 80% des professeurs ont des activités de recherche, parfois liées à des programmes de maîtrise, mais surtout à des doctorats. Une politique institutionnelle et un mécanisme de motivation poussent à la formation doctorale, se concentrant essentiellement sur les jeunes.

Ces départements organisent aussi fréquemment leur travail scientifique en groupes de recherche. Le type de recherche correspond à ce qu'on appelle le Mode 1 de la création de savoir (Gibbons et al. 1994). Il se déroule au sein d'un environnement universitaire, fréquemment lié à une discipline en particulier; a essentiellement comme résultats de générer des publications et des thèses; et est évalué par des pairs.

Il y a plus de 50 « Établissements de science et d'innovation technologique » constitués de 20 centres de recherche (dont le plus grand peut accueillir une centaines de chercheurs) et environ 30 établissements de développement scientifique et technique, en général de moins grande envergure et ayant une moindre autonomie économique que les centres de recherche. Ces organismes ont souvent évolué vers d'autres formes de création de savoir, plus proches de celles décrites dans le « Mode 2 » (Gibbons et al. 1994): le « contexte d'application » détermine les directions de recherche. L'organisation prend une forme multidisciplinaire et favorise les interactions avec les entreprises et l'industrie. Elle est sujette à un contrôle qualité différent et crée des produits et des technologies qui peuvent être commercialisés aussi bien dans le pays qu'à l'étranger. Plus de 90 « centres d'études » proposant des activités de recherche et des programmes de troisième cycle sont également opérationnels au sein des EES.

Les domaines de recherche les plus importants regroupent la production alimentaire, le développement d'énergie renouvelable, la santé, l'industrie médico-pharmaceutique et biotechnologique, l'environnement, les technologies de l'information et des communications, un groupe de recherches stratégiques dans des domaines comme les nanotechnologies, les nouveaux matériaux, la bio-informatique et les systèmes complexes, ainsi que de nombreux groupes de recherches en sciences humaines et sociales et en pédagogie.

La présence des universités dans les activités scientifiques nationales se révèle dans le fait que 43% des projets ce recherche participent directement aux priorités principales du pays, organisées via les programmes d'innovation scientifique au niveau national, branche et territorial.

L'Université de la Havane, l'Institut supérieur de polytechnique José Antonio Echeverría, le Centre national des recherches scientifiques, l'Université agricole de la Havane, l'Institut des sciences animales, l'Université centrale de Las Villas, et l'Université d'Oriente sont en charge de la majorité des activités de recherche. On peut aussi citer les universités de Ciego de Ávila, Matanzas, Camagüey, parmi d'autres, qui couvrent un moins grand nombre de disciplines et ont une influence plus régionale.

Depuis les années 1980, suivant les évolutions de la politique nationale sur les sciences et technologies (García Capote 1996), l'éducation supérieure a fait l'effort de créer des liens plus étroits entre sa recherche et l'industrie, et même au marché cible, y compris les exportations de produits et technologies, de préférence vers les pays d'Amérique latine, l'Europe et l'Asie. À la fin des années 1990, pour faciliter l'atteinte de ces objectifs, ont été créés des établissements intermédiaires appelés les « Bureaux de transfert de résultats de recherche », ainsi que des mécanismes financiers spécifiques destinés à développer des produits pouvant générer des revenus économiques (Núñez and Alonso 1999).

Une étude récente concernant l'Université de la Havane (Núñez and Pérez 2007), la principale université de recherche du pays, a mis en exergue quelques problématiques directement issues des expériences des décennies précédentes:

- Les recherches utiles au développement devraient faire très attention à intégrer le contexte de son application. Cela ne réduit pas la valeur scientifique des recherches. Le contexte, le schéma des relations au sein desquelles la pratique scientifique va s'insérer, peuvent influencer les plans prévisionnels de recherche et définir des voies techno-scientifiques permettant de lancer l'exploration de nouvelles frontières scientifique et technologique. La recherche peut dépasser les espérances en termes scientifiques et ses applications peuvent aller au-delà des limites du contexte d'origine. Le vaccin contre l'*Haemophilus influenzae* type b (Hib), à partir d'un antigène synthétique, est un des exemples qui montrent l'intérêt de dépasser les dichotomies simplistes de la recherche universitaire fondamentale/appliquée scientifique/technologique, ou encore d'évaluation universitaire/évaluation selon le contexte, etc. L'utilité sociale peut être placée au cœur de nos valeurs sans réduire la valeur universitaire.
- Une recherche d'excellence demande un haut niveau universitaire et exige un enseignement scientifique d'exception, y compris au niveau des cursus de troisième cycle. Le processus d'enseignement est essentiel.
- Le travail, les réseaux et la coopération multidisciplinaires sont indispensables.
- Les systèmes d'évaluation de la science universitaire doivent aller au-delà du seul contrôle par les pairs, pour inclure d'autres approches, afin de guider les recherches pour qu'elles s'attèlent à trouver des solutions aux problèmes sociaux.

Malheureusement, nous ne disposons toujours pas d'indicateurs sur la signification et l'adoption sociale du savoir.
- La société représente bien plus qu'un simple marché. La science répond aux demandes commerciales, mais devraient aussi s'intéresser aux nécessités sociales. Les projets de recherche doivent aussi être guidés par l'objectif de favoriser l'adoption sociale la plus large possible du savoir et de ses avantages. Le savoir peut être une sorte de justice et d'équité sociale.

6.5 Innovation et développement local

Les campus universitaires municipaux (CUM) que nous avons déjà mentionnés ne sont pas seulement un instrument permettant d'élargir l'accès à l'enseignement. Ils deviennent aussi de nouveaux acteurs institutionnels ayant un énorme potentiel pour promouvoir le développement local grâce au savoir et à l'innovation. En fait, ces établissements peuvent jouer un rôle majeur dans la création d'un capital humain et innovant au sein de leur territoire. L'universalisation de l'enseignement supérieur permet de doter les villes d'établissements d'enseignement supérieur qui n'en avaient jusqu'alors jamais eu, ouvrant la voie à une formation de haut niveau à un grand nombre de personnes qualifiées dans chaque ville, et créant ainsi de nouveaux réseaux de diffusion de savoir et de technologies. Elles pourront ainsi répondre aux besoins sociaux des territoires, en coordination étroite avec les gouvernements locaux. En d'autres termes, les CUM aide à identifier les problématiques locales nécessitant un savoir spécifique pour les résoudre, à identifier également les organismes ou les personnes adéquats pouvant participer à la solution, et peuvent ensuite s'occuper de créer les liens, les réseaux et les savoirs nécessaires qui permettront d'assimiler, de générer et d'utiliser le savoir requis à bon escient. Autant de tâches stratégiques que les CUM commencent à prendre en charge.

De récentes études (Núñez et al. 2007) montrent que certains CUM innovent dans les domaines du matériel (équipements, produits), du logiciel (systèmes informatisés, technologies de gestion) et de l'organisation (méthodes de gestion publique stratégique). Bien entendu, un système qui commence à peine doit faire face aux défis imposés par des temps nouveaux. Cette transformation des universités impose de revoir le niveau universitaire, de prendre en compte la société dans son ensemble pour définir ses interlocuteurs, d'étudier et de perfectionner l'innovation locale et ses particularités, et de transformer le système traditionnel d'évaluation des activités universitaires.

Au niveau local, plusieurs réseaux ont un impact important sur le développement local, en relations avec le CUM et les EES. On y trouve notamment le Programme d'innovation locale agricole sous la responsabilité de l'Institut national des sciences agricoles, très actif dans les domaines de l'alimentation et de la biodiversité; le réseau des éco-matériaux de l'Université centrale de Las Villas qui a supervisé la production de matériaux de construction pour les habitations; le réseau d'efficacité énergétique chapeauté par l'Université de Cienfuegos pour ses travaux sur les économies d'énergie; et le réseau des écoles agricoles de production laitière de l'Institut des sciences animales qui joue un grand rôle dans la production de lait. Plusieurs de ces réseaux collaborent à l'international.

La mise en commun des efforts de ces réseaux et le rôle des CUM en tant qu'agents de diffusion du savoir et de l'innovation élargissent les champs d'action de l'enseignement supérieur en tant que promoteur de l'innovation au service du développement local.

6.6 Considérations finales

Comme nous l'avons vu, les liens entre les universités cubaines et la société sont très étroits. L'impact social est une des valeurs importantes de l'enseignement supérieur cubain. Les stratégies de formation et de recherche universitaires sont définies en collaboration avec la société. C'est pourquoi nous donnons le nom de « modèle interactif » au modèle cubain de relations entre l'université et la société (Núñez and Castro 2005).

Les plans prévisionnels des enseignements et de la recherche sont définis en fonction d'un objectif d'adoption sociale la plus large possible du savoir et de ses avantages, dans un but d'équité et de justice sociale. Tous les domaines de savoir sont potentiellement utiles, qu'il s'agisse des sciences et des technologies, mais aussi des arts ou des sciences humaines.

Le « modèle interactif » permet aux universités de participer au système d'innovation. De plus, ce modèle contribue à l'objectif social cherchant à progresser vers un modèle de développement social basé sur le savoir. L'universalisation de l'enseignement supérieur a pour objectif d'offrir un accès universel aux études universitaires, et aux lieux de formations dans toutes les villes du pays.

Avoir un impact social positif sur son environnement est également une des missions que se donne la recherche scientifique et technologique, notamment via les innovations résultant de la recherche universitaire d'excellence, des cursus de troisième cycle et de la coopération internationale.

Les problèmes et défis restent toutefois nombreux. En voici une liste des quelques-uns les plus importants[26]:

1. Aujourd'hui, différents idéaux universitaires cohabitent (ce que Tünnerman appelle « l'idée de l'université », 2006). En parallèle de l'idée d'université innovante à but social (Didriksson 2006), qui nous semble cohérente avec la voie empruntée par l'Université cubaine, un autre idéal considère l'université comme un centre de recherche essentiellement fondamentale, indépendant de son rôle

---

[26] L'identification des ces défis résulte des travaux du séminaire 'Université, Innovation et Société » mis en place par le Programme Science, Technologie et Innovation de l'Université de la Havane.

d'enseignement (aujourd'hui universalisé). Ces idéaux différents ont d'évidentes conséquences politico-institutionnelles qui peuvent avoir une influence sur les formes de participation de l'enseignement supérieur au système d'innovation.
2. Dans le secteur industriel, il existe des entreprises et des établissements qui ne font que peu de cas de la formation, de la recherche et de l'innovation universitaire. Cela vient notamment du fait qu'il n'existe pas de système global de motivation autour de l'innovation, ou de politique poussant l'industrie à soutenir l'université, bien qu'il existe quelques exemples intéressants dans ce domaine.
3. La Politique scientifique et technologique nationale (PST) a besoin d'évoluer et de soutien. Durant la dernière décennie, la PST a surtout cherché à créer un système d'innovation fortement basé sur la science. Dix ans après, toutefois, il semble qu'elle n'ait pas été suffisamment efficace pour créer un réseau étendu d'« interactions entre les acteurs de l'innovation ». L'utilisation des résultats de recherche, dans des secteurs clés comme la production alimentaires, est encore insuffisante. Il semble donc qu'il soit nécessaire de réévaluer les approches, les priorités, les styles de gestion et les autres instruments pour améliorer leur assimilation par les établissements de savoir et les autres acteurs.
4. On peut observer d'importants problèmes de financement et d'investissement, menant à une détérioration rapide des infrastructures des laboratoires des universités et des instituts de recherche. Des investissements permettant de faciliter l'accès à l'information sont également nécessaires.
5. La diminution du nombre de diplômés en science et en ingénierie, et leur migration vers des secteurs mieux rémunérés de l'économie, posent le problème du vieillissement du corps enseignant et des chercheurs de haut niveau.
6. La recherche au service de l'innovation au sein des universités manque de bases institutionnelles et légales stables: programmes de motivation, mécanismes de financement et canaux de commercialisation.
7. L'universalisation de l'enseignement supérieur met en relief d'innombrables défis. Comme tout d'abord les défis liés à la qualité de la formation dans un contexte d'accès du plus grand nombre à l'éducation, mais aussi les défis liés à la gestion des EES et leur capacité à participer au développement local. Il est réellement possible de créer des systèmes d'innovation locaux, grâce à la participation active des CM. Mais cela ne pourra passer que par l'adoption de politiques très spécifiques qui auront rassemblé un large consensus autour d'elles.

Aujourd'hui, le pays est en pleine phase d'évaluation de la structure de l'état et des organisations gouvernementales afin qu'ils puissent contribuer de manière plus efficace à son développement. Cette restructuration a un impact aussi bien sur le système d'enseignement supérieur que sur le système d'innovation scientifique et technologique du pays.

Ce processus a entraîné des modifications de la structure des établissements municipaux d'enseignement supérieur, jusque là connus sous le nom de campus universitaires municipaux (CUM). Depuis l'année universitaire 2009–2010, ces campus se sont rassemblés dans chaque commune en groupes universitaires municipaux (GUM),[27] sous l'égide du Ministère de l'enseignement supérieur. L'objectif principal est d'assurer que la qualité des diplômes obtenus est identique à celle des campus principaux.

Plusieurs aspects du système d'accès à l'enseignement supérieur ont été modifiés afin d'éviter les problèmes de qualité qui pourraient survenir du fait de l'explosion du nombre d'étudiants. L'un d'eux est l'obligation étendue à tous les candidats à l'université de passer un examen d'entrée, y compris les jeunes issus de programmes spéciaux. À l'inverse, afin de renforcer l'impact social des GUM, les quotas d'inscription aux programmes de sciences sociales ont été réduits, tandis que ceux concernant les programmes technologiques et agricoles ont été revus à la hausse.[28] L'objectif est de faire en sorte que les GUM s'occupent de plus en plus de la formation de professionnels, tout en prenant en compte les besoins et les plans de développement de chaque ville.

Bien qu'il soit trop tôt pour évaluer le nouveau système, on peut d'ores et déjà estimer que ces modifications entraîneront une réduction du pourcentage des inscriptions en enseignement supérieur de la population âgée de 18 à 25 ans. Il est vrai qu'à une certaine période de son histoire, le taux d'inscription en enseignement supérieur (17%) à Cuba n'était pas en rapport avec les principes d'équité et de justice sociaux de son projet révolutionnaire. Pourtant, le taux de 68% atteint pendant l'année universitaire 2007–2008 n'est pas très encourageant non plus, car il peut aussi mettre en péril la qualité des processus universitaires.

D'une manière générale, on peut estimer que l'imminent impact de la crise économique mondiale a accéléré la restructuration institutionnelle des EES à Cuba. La volonté politique de la mettre en pratique existait depuis longtemps, mais elle est maintenant devenue réalité.

Bibliographie

Arocena R Sutz J (2005) Para un nuevo desarrollo. CECIB, Madrid
Castro R (2008) Discours prononcé par Raúl Castro, Presidente de los Consejos de Estado y de Ministros en las conclusiones de la sesión constitutiva de la VII Legislatura de la Asamblea Nacional del Poder Popular. Periódico Granma, 25 février 2008
CITMA (1995) Dirección de Política Científica y Tecnológica: El Sistema de Ciencia e Innovación Tecnológica. Documento Básico. La Havane, décembre, pp 3–61
CITMA (2006) Datos estadísticos. Dirección de Planificación

---

[27] Les GUM forment de nouveaux établissements universitaires directement issus de la participation des villes à la formation des professionnels aux programmes du Ministère de l'enseignement supérieur (MES), de Ministère de l'éducation (MINED), du Ministère de la santé (MINSAP) et de l'Institut du sport (INDER).

[28] En lien avec la volonté de lutter contre un déclin des inscriptions aux programmes de sciences et techniques.

Didriksson A (2006) Universidad, sociedad del conocimiento y nueva economía. Construcción de nuevo conocimiento en el espacio CAB, Convenio Andrés Bello, Fodesep, Bogotá, pp 70–108

Fernández C (1994) Contenido tecnológico y competitividad: elementos para la reconversión de la industria cubana. Cuba: crisis y reformas. Boletín ICE Económico n° 2433, pp 3027–3034

Figueras M (1994) Aspectos estructurales de la economía cubana. La Habana (dir) Ciencias Sociales, p 46

García Capote E (1996) Surgimiento y evolución de la política de ciencia y tecnología en Cuba (1959–1995). Dans: García E, Faloh R (dirs) Seminario Taller Iberoamericano de Actualización en Gestión Tecnológica, La Habana. GECYT

Gibbons M, Limoges C, Nowotny H, Schartzman S, Trow M (1994) The new production of knowledge. The dynamics of science and research contemporary societies. Sage, London

Lage A (2000) Las biotecnologías y la nueva economía: crear y valorizar los bienes intangibles. Biotecnología Aplicada 17:55–61

Lage A (2001) Propiedad y expropiación en la economía del conocimiento. Ciencia, Innovación y Desarrollo, Vol. 6, n° 4, CITMA, La Habana

MES (2008) Prontuario Estadístico. Educación Superior. Juillet 2008. Dans: http://www.reduniv.ed.cu/estadísticas

Monreal P (2005) Encapsulating knowledge: comments on the innovation function of Cuba's University Networks. Présenté à Taller developing universities – the evolving role of academic institutions in economic growth. Université de Lund, Suède, 15–17 juin 2005

Núñez J, Alonso N (1999) Universidad e innovación tecnológica. Dans: Revista Universidad de La Habana n° 250, primer semestre de 1999, La Habana, pp 36–56

Núñez J, Castro F (2005) Universidad, Innovación y Sociedad: Experiencias de la Universidad de la Habana, Revista de Ciencias de la Administración, vol 7, n° 13, enero/julio, Florianópolis, Brasil, pp 9–30

Núñez J, Pérez I (2007) La construcción de capacidades de investigación e innovación en las universidades: el caso de la Universidad de La Habana, Revista Educación Superior y Sociedad: Universidad latinoamericana como centros de investigación y creación de conocimientos, Nueva Época, Año 1, n° 12, IESALC, Caracas, Agosto 2007, pp 146–173

Núñez J, Benítez F, Pérez MT, Hernández D, Figaredo F (2007) Educación superior y desarrollo social sostenible: nuevas oportunidades y desafíos (en proceso de publicación)

OCCYT (2005) Elementos para una evaluación general del Sistema de Ciencia e Innovación Tecnológica. Resumen ejecutivo. La Havane, décembre, p 10

ONE (2005a) Panorama económico y social. Cuba 2005. Décembre, p17

ONE (2005b) Censo de Población y Viviendas Cuba 2002. Informe Nacional. La Havane, septembre, p 400

RICYT (2003) Principales Indicadores de Ciencia y Tecnología Iberoamericanos

Rodríguez J (2005) Informe sobre los resultados económicos del 2005 y el Plan Económico Social para el 2006, présenté à la Asamblea Nacional del Poder Popular par José Luis Rodríguez, Ministre de l'économie et du plan. Periódico Juventud Rebelde. Suplemento Especial. 23 décembre 2005

Rodríguez J (2007a) Informe sobre los resultados económicos del 2007 y los Lineamientos del Plan Económico y Social para el 2008, présenté à la Asamblea Nacional del Poder Popular par José Luis Rodríguez, Ministre de l'économie et de la plannification. Periódico Juventud Rebelde. Suplemento Especial. 28 décembre 2007

Rodríguez J (2007b) Panorama actual de la economía cubana. Conferencia Inaugural de Primavera. Université de la Havane. 21 mars, pp 28

Terrero A (2006) Economía del conocimiento: inversión en células grises. Revista Bohemia Digital. 12 mai 2006

Terrero A (2008) Economía cubana: lecturas de un despegue. Revista Bohemia Digital. 18 juillet 2008

Tünnerman C (2006) Comentarios a la ponencia del Dr. Axel Didriksson. Dans: Vessuri H (dir) Conocimiento y Necesidades de las Sociedades latinoamericanas. Ediciones IVIC, Caracas, pp 55–70

Chapitre 7
Vietnam : débats en cours sur la transformation des établissements universitaires

Tran Ngoc Ca et Nguyen Vo Hung

7.1 Le contexte vietnamien

De nombreux changements ont secoué le Vietnam ces dernières décennies dans pratiquement tous les domaines politiques, sociaux et économiques. Autant de changements qui ont eu une forte influence sur l'évolution du système universitaire. Historiquement, les établissements universitaires (instituts de recherche et universités) remontent à la période française. La première université vietnamienne moderne (essentiellement spécialisée dans les domaines de la médecine et de la pharmacie) fut établie à Hanoï. Parallèlement, les français ont établi des instituts de recherche en médecine, pharmacologie et biomédecine, tel l'institut Pasteur. De plus, pendant la guerre, des établissements universitaires ont été ouverts aussi bien au nord (suivant le modèle universitaire soviétique, avec par exemple l'école Polytechnique de Hanoï) qu'au sud Vietnam (plus proche du style occidental, avec par exemple l'université Can Tho). Ces établissements ont eu une forte influence sur les activités de guerre notamment via des missions dédiées à la formation et à la création de méthodes directement consacrées aux besoins militaires.

Une fois le Vietnam réunifié après la guerre de 1976, l'économie reposait essentiellement sur l'agriculture et les soutiens étrangers. Un plan économique centralisé a alors été mis en place dans tout le pays. Le développement industriel s'est essentiellement concentré sur l'industrie lourde, suivant une politique de remplacement des importations. De nombreux ministères fonctionnaient comme de grandes entreprises et étaient en charge aussi bien des services publics que des activités

---

T.N. Ca (✉)
Conseil national pour les politiques scientifiques et technologiques (CNPST), Hanoi, Vietnam
Courriel: tranngocca@gmail.com

N.V. Hung
Institut national pour études sur la politique et la stratégie S&T (NISTPASS), Hanoi, Vietnam

économiques des entreprises publiques. Le secteur universitaire était organisé en fonction de cette structure et accueillait de nombreux étudiants enthousiastes inscrits dans les universités locales ou provenant des anciens pays socialistes. À cette période, on avait confié aux universités la tâche de former un personnel instruit et aux établissements de recherche la recherche fondamentale, appliquée et en ingénierie. La division du travail et des responsabilités était assez claire entre ces différents établissements universitaires, ce qui se reflétait dans leur organisation. Les universités et écoles étaient placées sous la responsabilité du Ministère de l'enseignement supérieur, tandis que les instituts de recherche universitaires étaient placés sous l'égide de l'Institut scientifique vietnamien ou de la Commission d'état pour les sciences et technologies. De leur côté, la plupart des établissements de recherche en ingénierie répondaient à leurs ministères de tutelle. Malgré les nombreux problèmes suscités par l'organisation centralisée de l'économie, le secteur universitaire était assez efficace et se concentrait sur la création de solutions spécialement destinées à l'industrie.

Dans les années 1980, le manque d'impulsion venant du marché et les rigidités de l'organisation centralisée ont entraîné le pays vers une crise économique suffisamment sévère pour dégrader le niveau de vie moyen. Du fait de ces difficultés intérieures, et poussé par les évolutions de la Chine et de l'ancienne Union soviétique, le gouvernement vietnamien a lancé en 1986 un programme de réforme intégrale de l'économie connu sous le nom de « Doi Moi » (rénovation). Depuis cette date, le pays a suivi ce que l'on appelle une double transition : passant d'une économie planifiée à une économie de marché, et d'une économie agricole à une économie industrielle.

Après 20 ans de changements drastiques, le pays a obtenu des résultats significatifs. Le taux de croissance du PIB des dix dernières années a été de bon niveau et relativement stable autour de 8%. Le PIB par habitant a augmenté de 440 $ US en 2002 à près de 700 $ US en 2006. Et peut-être plus important encore, le taux standard de pauvreté est passé de 30% des foyers en 1990 à 7% en 2005. La plus grande partie de la croissance économique provient du secteur industriel, mais les services ont connu une forte croissance également. Une grande partie de cette croissance peut être attribuée aux investissements étrangers et, plus récemment, au développement du secteur privé local. La croissance du secteur agricole s'est établie autour de 4% par an en moyenne pendant les dix dernières années. Grâce à la libéralisation et à la modernisation de ce secteur, le Vietnam s'est transformé, passant du statut de nation d'importation alimentaire à celui de pays classé parmi les trois plus gros exportateurs de riz dans le monde. Cela dit, l'agriculture compte toujours pour 22% des recettes économiques du pays et de plus des deux tiers de ses emplois, essentiellement au sein de petites exploitations familiales.

Les Investissements étrangers directs (IED) jouent un rôle essentiel dans la performance économique du Vietnam. Les investisseurs étrangers ont créé un « secteur privé » importé dans un pays qui ne disposait que d'un secteur privé à peine naissant au début des années 1990. Tirant parti du faible éloignement et de leurs similarités culturelles, les pays voisins comme Singapour, la Corée du sud, Taiwan et le Japon se sont établis au Vietnam très rapidement après la mise en place de la politique d'ouverture. À la fin des années 1990, les entreprises à capitaux étrangers étaient responsables de près de 27% des exportations du pays, de 35% de la production industrielle, de près de 13% du PIB vietnamien et contribuait pour environ 25% des revenus d'imposition, alors qu'elles ne rassemblaient pourtant que moins de 1% des emplois (Klaus et al. 2006). Entre 2001 et 2005, les IED représentaient 16,8% du total des investissements. En 2004, cela représentait une somme de 4,2 milliards de dollars US, et de 6,3 milliards en 2005.

Le Vietnam a intégré l'OMC en 2006 en s'engageant sur un certain nombre de points tels que aspects des droits de propriété intellectuelle qui touchent au commerce (ADPIC), les mesures concernant les investissements et liées au commerce (MIC), les obstacles techniques au commerce (OTC), etc. Les réformes cherchant à rendre plus efficaces les entreprises publiques ont porté leurs fruits en menant notamment à la réduction de leur nombre, passant de 5 600 en 2005 à 2 600 en 2006. De bons résultats qui ne doivent pas cacher les gros problèmes qui subsistent. Malgré la réduction du taux de pauvreté, l'écart s'est accentué entre les plus riches et les plus pauvres. L'internationalisation de l'économie a ses avantages mais apporte aussi son lot de problèmes. Le processus de réforme institutionnelle des systèmes judiciaire et bancaire a créé une attente pour une action gouvernementale plus ferme.

Il n'en reste pas moins que les changements économiques ont amélioré la qualité de vie de la plupart des gens et, plus important encore, ont permis au pays d'intégrer l'économie mondiale. L'influence de l'économie mondiale a multiplié les options pour les entreprises, les rendant notamment plus libres pour trouver des solutions à leurs problèmes auprès de partenaires étrangers. Il semble que les entreprises préfèrent cette approche, leur permettant de trouver des solutions rapides, éprouvées et testées. De plus, dans de nombreux cas, cela les aide à intégrer des réseaux mondiaux de production, un atout d'une grande valeur dont les entreprises ne disposaient pas auparavant. La nouvelle génération de biens de production demande des compétences nouvelles et différentes. Tous ces facteurs augmentent la pression qui pèse sur le secteur universitaire et le force à évoluer.

7.2 Les établissements universitaires au sein du système national d'innovation vietnamien

Les institutions universitaires vietnamiennes peuvent aujourd'hui être classées selon deux groupes : (1) les établissements de R&D et ingénierie générales et (2) les établissements d'enseignement supérieur. Les deux groupes ne sont pas, en réalité, totalement séparés l'un de l'autre, notamment parce que le premier est aussi en charge de certains enseignements formels, tandis que le second s'occupe aussi de recherche. Une faible partie de la R&D vietnamienne est réalisée par le secteur industriel, essentiellement composés de petites et moyennes entreprises (PME). Plusieurs études concernant ces dernières ont mis en lumière leur manière de considérer leurs relations avec les établissements de R&D et les universités, ainsi que sur la façon de répondre aux besoins technologiques des entreprises (NISTPASS 1999,

2002, 2004). Ces études ont notamment montré que les entreprises vietnamiennes préfèrent internaliser les services professionnels de base. Ces entreprises ont ainsi tendance à conserver l'ingénierie, la gestion et le marketing dans le cercle de leurs compétences, tout en externalisant volontiers leurs besoins informatiques et de formation. Les services informatiques sont considérés comme prioritaires, suivis par les services de formation. Au sein des PME, l'innovation se concentre surtout autour du développement de nouveaux processus et du contrôle qualité.

De nombreux obstacles et effets dissuasifs empêchent ou découragent les PME de développer leurs propres capacités d'innovation. Les entreprises n'ont pas suffisamment de ressources à disposition pour investir à long terme dans l'innovation, y compris en recrutant une main d'œuvre hautement qualifiée ou en améliorant son équipement. Et, dans le même temps, de nombreux services techniques sont manquants. Les entreprises manquent également d'information à propos des technologies disponibles. Les barrières à l'entrée sont aussi très élevées, notamment parce que les PME ont peu de vision sur les besoins en produits et les canaux de distribution. Et les PME ont aussi du mal à obtenir des crédits auprès des banques.

Toujours selon les études mentionnées ci-dessus, il y a clairement une demande pour des services technologiques et de formation de la part de ces entreprises, assurés par les établissements universitaires et de R&D. Et pourtant, cette demande est loin d'avoir été servie. Lorsque l'on demande à ces entreprises de citer une source d'idées innovantes, 10% seulement des 126 interrogées ont indiqué qu'elles considéraient les établissements universitaires et de R&D comme importants (Nguyen Vo Hung et Nguyen Thanh Ha 2003). La faible demande en termes de services technologiques en provenance des universités et des établissements de R&D semble lier au type d'innovation proposé et reflète peut-être le manque de confiance des entreprises dans la capacité des universités et établissements de R&D à fournir des solutions adaptées. De nombreuses entreprises se passent totalement de services technologiques parce qu'elles sont persuadées qu'aucun fournisseur n'est capable de proposer les services dont elles ont besoin. Une situation particulièrement avérée dans le domaine du conseil en technologie, dans lequel la majorité des établissements de R&D se révèlent incapables de fournir quelque service de pointe que ce soit. Il apparaît donc clairement que les capacités des établissements universitaires et de R&D sont largement inférieures aux attentes des entreprises. Pour innover, les entreprises ont tendance à ne compter que sur elles-mêmes, ou sur d'autres entreprises, plutôt que de se tourner vers les établissements et les universités du pays. Cette situation s'explique notamment par l'environnement macro-politique, les positions monopolistiques et les capacités des entreprises et des fournisseurs de services.

Il semble que ce contexte ait poussé à construire un modèle d'innovation vietnamien essentiellement basé sur les relations commerciales (y compris la concurrence) entre les entreprises. De nombreux établissements universitaires vietnamiens se sentent alors « exclues » du système d'innovation inter-entreprises. De plus, ils ne sont pas capables de proposer des solutions efficaces aux nombreux problèmes spécifiques à l'innovation rencontrés par les entreprises. Et ces établissements sont rarement capables de proposer des solutions technologiques intégrées aux entreprises les plus influentes du marché.

Malgré cette faiblesse, les établissements universitaires jouent toujours un rôle important dans le progrès technologique de l'économie vietnamienne. Ce rôle est même vital pour apporter des solutions techniques aux exploitants des secteurs agricoles, sylvicoles et dans certaines parties les plus dynamiques du pays (essentiellement dans le sud). Dans le delta du Mékong, par exemple, qui est la principale zone de production de riz du Vietnam, plus de 80% des variétés de riz utilisées ont été créées par l'Institut du riz du delta du Mékong, un établissement de recherche public. L'Institut des arbres fruitiers du sud recherche aussi activement les meilleurs arbres pour assurer une production de qualité, développe des méthodes avancées de culture pour divers types d'arbres fruitiers et diffuse son savoir-faire technique auprès des exploitants, entre autres. On peut donc dire sans exagération que les établissements universitaires impliqués dans l'agriculture et les réseaux de vulgarisation ont joué un rôle important dans la réussite de la production de riz au Vietnam. Récemment, dans le cadre du programme « Coopération Sud-Sud » de l'Organisation des Nations unies pour l'alimentation et l'agriculture (FAO), des chercheurs et techniciens agricoles ont été envoyés dans plusieurs pays africains pour aider des communautés locales à exploiter le riz et d'autres plantes. Les résultats ont été accueillis avec enthousiasme par leurs collègues africains et ce programme est considéré comme l'un des plus réussis de tous les programmes de la FAO en Afrique.

Les établissements universitaires ont également un rôle important dans l'enseignement, qui est bien sûr l'une des principales missions des universités et de certains établissements de recherche. Le Vietnam dispose d'un système d'enseignement supérieur relativement bien développé. Jusqu'à présent, ce système a fourni une part importante de la main d'œuvre qualifiée utilisée par pratiquement tous les secteurs économiques du pays. L'éducation universitaire a formé des étudiants disposant d'un bagage de base, leur permettant de continuer leur formation tout au long de leur vie professionnelle. Tous les établissements de formation ne sont cependant pas capables de fournir une formation de qualité suffisamment élevée pour les personnels les plus hautement qualifiés. Le Vietnam a atteint un très bon niveau d'alphabétisation (94%), notamment grâce à la mise en place de son système d'éducation primaire quasi universel. Malgré cette réussite, l'accès à la formation technique et aux établissements d'enseignement supérieur reste limité, et le niveau moyen de compétence de la main d'œuvre se révèle insuffisant pour assurer le développement technologique. Les entreprises s'appuient sur une main d'œuvre peu ou pas qualifiée et leur productivité reste faible. Les inscriptions aux programmes de formation restent peu nombreuses ou ne concernent que des formations à court terme, l'enseignement informel jouant un rôle important dans l'acquisition de nouvelles compétences (UNIDO 1999). De nombreuses entreprises maintiennent ou améliorent leur niveau d'exportation en investissant dans la formation de leurs propres équipes. Mais, la plupart du temps, les entreprises ne fournissent pas de formation permettant d'atteindre un niveau technique supérieur, du fait d'un manque de ressource ou de peur de voir des équipes bien formées quitter l'entreprise pour en intégrer une autre qui offrirait un meilleur salaire ou de meilleures conditions de travail.

Les activités à forte croissance économique et le processus de libéralisation ont augmenté la pression pesant sur l'enseignement universitaire au Vietnam.

Comme nous l'avons déjà souligné, l'ouverture de l'économie a permis aux secteurs industriels d'acquérir des biens d'équipement intégrant des technologies en provenance de pays plus avancés. C'est ce qui permet à des pays en développement de tirer parti d'une R&D réalisée ailleurs et de l'utiliser à son avantage. En parallèle de l'acquisition de ces outils de production, les entreprises doivent apprendre à gérer leurs systèmes de production de manière plus efficace, ce qui implique souvent un contact direct des ingénieurs et des salariés avec les systèmes eux-mêmes, ce que les universitaires ont rarement l'occasion de faire. Ce processus a été si rapide que les programmes universitaires ont bien du mal à rester à jour et sont souvent dépassés. L'équipe enseignante doit assurer trop d'heures de cours ou bien ne peut pas se lancer dans des recherches permettant d'enrichir son enseignement. De même, les primes ou les bonus sont souvent insuffisants pour retenir les meilleurs enseignants. Les diplômés ne sortent pas de l'université avec des connaissances de pointe en ingénierie et ils ont parfois besoin de plusieurs années passées en entreprise pour apprendre leur métier et travailler efficacement dans l'industrie.

En ce qui concerne d'autres activités, en dehors des activités traditionnelles de formations et de recherche, les établissements universitaires vietnamiens ont commencé à proposer un ensemble de services d'accompagnement technique aux entreprises, et parfois même des biens de consommations gratuits pour répondre aux besoins des communautés, notamment dans les zones rurales ou montagneuses. Toutefois, cette « troisième mission » des établissements universitaires a rencontré plusieurs obstacles, notamment parce que le concept de biens fournis gratuitement par les universités était considéré comme contraire aux mécanismes de marché. La contribution de ces établissements au développement socioéconomique du pays est indéniable, mais de nombreux domaines peuvent encore être améliorés afin de les transformer en véritables créateurs de savoir et diffuseurs de l'innovation.

7.3 Cartographie du système universitaire au Vietnam

Suite à la réforme économique, la libéralisation du secteur des sciences et technologie (S&T) a commencé rapidement. Alors qu'il s'était d'abord développé selon le modèle soviétique, le système universitaire a récemment testé plusieurs restructurations ; dont certaines particulièrement sérieuses et radicales, en tout cas en théorie. Parmi elles, le décret gouvernemental n° 35, adopté en 1992, est probablement le plus connu. Il a marqué un tournant important, notamment parce qu'il reconnaissait officiellement le droit aux organismes de S&T de nouer des relations commerciales avec des entités économiques, ainsi que de créer des filiales (centres) à des fins commerciales. Depuis, de nombreux centres ont vu le jour sous l'égide de ce décret (connu du coup sous le nom de « Centres 35 »), ouverts par des organismes de S&T publics et des groupements de personnes. Cela dit, du fait d'un manque de soutien et d'engagements de la part des établissements, le décret 35 tout comme d'autres efforts de restructuration du système ne sont pas parvenus à produire les résultats escomptés. Le secteur des S&T s'est réformé moins rapidement que le secteur

Tableau 7.1 Organismes de R&D au Vietnam au 31 décembre 2005

Type d'administration	2002 Nombre	%	2003 Nombre	%	2004 Nombre	%	2005 Nombre	%
Secteur public	631	56,5	668	55,7	688	56,3	694	52,6
Ministères de tutelle	437	39,1	466	38,9	481	39,4	484	36,7
Enseignement supérieur	134	12,0	141	11,7	144	11,8	147	11,1
Entreprises publiques	60	5,4	61	5,1	63	5,1	63	4,8
Secteur collectif	440	39,5	487	40,6	481	39,4	556	42,1
Secteur privé	44	4,0	44	3,7	52	4,3	70	5,3
Total	1 115	100	1 199	100	1 221	100	1 320	100

Source : MOST (2006)

économique et, malgré quelques améliorations, des évolutions radicales doivent encore être entreprises. Plus récemment, le décret n° 115 adopté en 2006 demande aux établissements de R&D de devenir plus indépendants, aussi bien au niveau de leur organisation que de leurs missions, afin de se rapprocher d'une gestion d'entreprise. Cette modification devrait entraîner un changement significatif du système de R&D.

7.3.1 Les établissements de R&D et d'ingénierie

7.3.1.1 Les établissements publics

La plus grande partie des activités de R&D sont menées dans des instituts de recherche liés à leurs ministères de tutelle, ainsi que dans deux organismes de recherche nationaux pour les sciences naturelles et d'ingénierie, ainsi que pour les sciences sociales.[1] Plus récemment, quelques-unes de principales universités se sont aussi lancées dans des activités de R&D. Le Vietnam a consacré environ 0,52% de son PIB aux activités de S&T en 2005 (MOST 2006),[2] la plus grande partie de la R&D publique étant menée dans des établissements de recherche publics. Le niveau de l'infrastructure de recherche est considéré comme en dessous des niveaux internationaux. La recherche est plutôt théorique, décidée en amont, et du coup assez peu en rapport avec les besoins de l'industrie. Le système de R&D national est « organisé, financé et géré de telle manière que les transferts de technologies sont complexes et onéreux » (Bezanson et al. 2000). Tous les organismes de R&D sont présentés dans le Tableau 7.1.

---

[1] Il s'agit de l'Académie vietnamienne des Sciences et Technologies (VAST) et de l'Académie vietnamienne des Sciences Sociales (VASS).
[2] De nombreux pays de l'OCDE et la Chine consacrent environ 1,5% de leur PIB à la R&D.

Bien que ces chiffres puissent sembler impressionnants, il faut noter que certains de ces centres ont des équipes très réduites d'une ou de deux personnes, qui ne sont créées que pour des raisons administratives (par exemple parce qu'ils profitent d'une plus grande autonomie et d'une plus grande liberté opérationnelle que les organismes dont ils dépendent).

De tous les organismes de R&D et d'ingénierie du pays, l'Académie vietnamienne des sciences et technologies (VAST) est de loin la plus grande. Elle regroupe 18 établissements de recherche et neuf branches régionales opérant dans plusieurs domaines scientifiques et d'ingénierie. L'Académie a créé 16 entreprises, 21 centres scientifiques (selon les règles du décret 35), 16 établissements d'enseignement supérieur, 7 organismes publics, et 11 journaux. À la fin 2005, l'Académie employait 2 404 personnes. L'autre grand établissement public de recherche scientifique est l'Académie vietnamienne des sciences sociales (VASS). À la fin 2005, cette académie regroupait 27 instituts de recherche, 5 organismes publics, 15 établissements d'enseignement de troisième cycle, et 30 journaux. Elle employait alors près de 1 400 personnes.

Traditionnellement, ces deux grands organismes ont été prioritaires dans la distribution des financements publics destinés aux missions d'état de S&T. Ces missions sont généralement organisées en programmes de recherche destinés à donner une fondation scientifique aux décisions politiques et au processus législatif (science sociale), ou à la création de nouveaux débouchés en S&T importants pour le développement économique et social ; la défense et la sécurité nationale ; et pour le développement des ressources humaines. Cela dit, en l'absence d'un mécanisme efficace permettant d'identifier ces missions, ainsi que d'en disséminer les résultats de recherche, on a reproché aux programmes publics de S&T leur manque d'efficacité. Au cours des quelques dernières années, le processus complet consistant à identifier, mener et évaluer les missions publiques en termes de S&T a lui-même été évalué afin de trouver des procédures plus efficaces.

En parallèle des deux établissements déjà cités, plusieurs autres organismes scientifiques ont été mis en place, rattachés à des domaines ministériels et à des provinces. Ces établissements reçoivent également des financements publics au travers de leur ministère de tutelle ou de leur province afin de mener des recherches concernant des problèmes scientifiques, techniques, et/ou politiques directement liés aux centres d'intérêt des ministères concernés ou des provinces.

Les organismes scientifiques publics incluent également les centres intégrés aux universités et les établissements de recherche en ingénierie intégrés aux entreprises publiques. Les premiers étaient au nombre de 141 à la fin 2003. Les seconds sont classés comme organismes publics de R&D, du fait que les organismes dont ils dépendent sont publics également.

7.3.1.2 Les organismes scientifiques non-publics

Les organismes de R&D non-publics incluent (1) les organismes de R&D rattachés à des entreprises privées ; (2) les établissements de R&D liés à des organismes politiques, sociaux ou professionnels ; les organismes liés à des associations professionnelles ; et (3) les organismes de R&D étrangers, y compris les coentreprises. Les organismes scientifiques collectifs listés dans le Tableau 7.1 sont également incluent dans cette catégorie car la plupart d'entre eux appartiennent à la sous-catégorie (4) des associations professionnelles.

Vu la petite taille des entreprises privées vietnamiennes et leurs faibles relations avec les organismes privés de R&D, les quelques activités de R&D non-publiques sont principalement menées en interne par leurs propres équipes, qui n'ont pas forcément bénéficié d'une formation formelle en science ou en ingénierie. La R&D en tant qu'activité organisée est rare dans ce secteur. En ce qui concerne le secteur étranger, les organismes étrangers de R&D sont relativement rares, et la majorité des travaux de R&D et d'ingénierie du secteur sont réalisés aux sièges des maisons mères.

De nombreux établissements de R&D sont associés à des organismes politiques, sociaux et, surtout, professionnels. Cela dit, leur activité consiste surtout à offrir des services de conseil et de vulgarisation. Ils sont peu nombreux à disposer de moyens de recherche capables de mener à bien de quelconques travaux sérieux d'ingénierie.

Au total, il existe 1 320 organismes de R&D publics et non-publics, dont 11% sont liés à des universités ou à des organismes similaires. En termes de ressources humaines, le Vietnam dispose de 274 chercheurs en R&D par million d'habitants, une moyenne plus basse que les 384 des pays en développement et bien inférieure à la moyenne internationale de 1 096 (Programme des Nations unis pour le développement, Rapport statistique du développement humain 2004a, b).[3] En outre, les équipes de R&D vieillissent, rencontrent des problèmes de contrôle qualité et ne disposent pas des compétences les plus utiles aux besoins économiques actuels du Vietnam. La formation d'une grande partie d'entre elles a reposé sur des systèmes d'apprentissage qui se focalisaient sur les relations linéaires qui pouvaient exister entre les S&T, l'industrie lourde et le contrôle et la planification publique (Tran Ngoc Ca 2002).

7.3.1.3 Le financement et les résultats des établissements de R&D

En ce qui concerne la gouvernance des organismes scientifiques publics, la majorité d'entre eux sont aujourd'hui chapeautés par leur ministère de tutelle ou par d'autres organismes gouvernementaux, et reçoivent de ce fait des subventions publiques. Le Tableau 7.2 listent ces établissements scientifiques liés à différents organismes gouvernementaux, leurs filiales, et la façon dont ils sont financés. La colonne jointe « Nombre d'organismes financés par le gouvernement » montre ceux qui sont financés totalement ou en partie par le gouvernement, ou ceux qui ne le sont pas du tout. Ceux qui ne reçoivent aucun financement public dépendent totalement ou partiellement sur leurs activités de conseil auprès d'entreprises ou d'autres organismes.

Le Tableau 7.2 permet de mettre en lumière plusieurs points intéressants. Tout d'abord, le nombre réel d'organismes scientifiques publics (sièges sociaux uniquement) est bien plus faible que celui montré par les statistiques du Tableau 7.1, une

---

[3] http://hdr.undp.org/statistics/data

Tableau 7.2 Financement des établissements scientifiques publics, rattachés à des organismes gouvernementaux

	Organismes gouvernementaux	Sièges sociaux uniquement	Sièges sociaux et filiales	Nombre d'organismes financés par le gouvernement		
				Financés totalement	Financés partiellement	Non financés
1	Ministère de l'agriculture et du développement rural	38	87	1	82	4
2	Ministère de l'industrie	23	35	1	26	8
3	Ministère de la santé	18	20	8	10	2
4	Ministère de la pêche		7		7	
5	Ministère de la culture et de l'information		4	3	1	
6	Ministère des postes et des télécommunications		2	1	1	
7	Ministère du travail, des invalides et des affaires sociales		5	4	1	
8	Ministère de la construction	15	15	1	12	2
9	Ministère des ressources et de l'environnement	3	9	1	8	
10	Comité des sports et de l'exercice	1	1	1		
11	Comité de la population, de la famille et des enfants	1	1	1		
12	Comité des ethnies et des Highlands	1	1	1		
13	Inspection des états	1	1	1		
14	Syndicat du travail	4	4	1	3	
15	Syndicat de la jeunesse	1	1	1		
16	Ministère du commerce	3	3	2	1	
17	Ministère des finances	5	5	3	1	1
18	Ministère de la planification et de l'investissement	3	3	3		
19	Ministère des transports	10	23	3	19	1
20	Académie vietnamienne des Science et Technologie	26	44	23	5	16

21	Académie vietnamienne des sciences sociales	28	28	26	1
22	Ministère de la défense	8	19	19	
23	Ministère de la sécurité publique	10	10	9	1
24	Ministère des affaires intérieures	2	2	2	
25	Télévision vietnamienne	1	1	1	
26	La Cour suprême du peuple	1		1	
27	Ministère des sciences et technologie	8	33	1	25	7
28	Ministère de l'enseignement et de la formation	18	155	3	21	131
29	Comité national de pilotage pour la qualité de l'eau et l'hygiène environnementale	1	1			1
	Total	*230*	*521*	*122*	*225*	*174*

Source: MOST (2006)

Tableau 7.3 Dépôts de brevets d'invention au Vietnam

Années	2001	2002	2003	2004	2005	Total
Dépôts par des vietnamiens	87	136	145	179	362	909
Dépôts par des ressortissants étrangers	1 201	1 206	1 136	1 390	1 800	6 733
Pourcentage des dépôts vietnamiens	7%	11%	13%	13%	20%	14%

Source: MOST (2006)

fois retirés les « Centres 35 ». Deuxièmement, la plupart d'entre eux continuent de dépendre directement des financements publics. Savoir s'il s'agit d'un point positif ou négatif reste ouvert au débat. Troisièmement, le tableau ne liste pas les organismes scientifiques publics mis en place par les villes et les provinces. Bien que ceux-ci soient encore peu nombreux, les villes et provinces ayant des excédents budgétaires ont eu tendance à créer des organismes de recherche rattachés à leur propre administration afin de soutenir leurs travaux administratifs et/ou leurs communautés locales.

En ce qui concerne les résultats des activités de R&D, le nombre de dépôts de brevets a eu tendance à augmenter ces dix dernières années. Le Tableau 7.3 indique le nombre de dépôts de brevets entre 2001 et 2005. Les dépôts étrangers sont largement dominants.

Le nombre de brevets d'invention[4] est faible et ne concerne pratiquement uniquement des dépôts étrangers. En 2001, sept brevets seulement ont été attribués à des résidents vietnamiens, à comparer aux 47 721 pour Taiwan et aux 121 742 pour le Japon (Association asiatique sur la productivité 2003). Les brevets de concept industriel,[5] au contraire, sont plus nombreux et surtout accordés à des résidents vietnamiens, mais n'intègrent que peu de contenus technologiques. Le nombre relativement faible de brevets n'est peut-être pas seulement dû au manque de capacité d'innovation, mais aussi aux régimes de propriété intellectuelle peu clairs ou inapplicables, qui dissuadent les inventeurs d'effectuer les démarches de dépôt, de peur de perdre leurs droits de propriété intellectuelle.

7.3.1.4 Les établissements d'enseignement supérieur

Comme mentionné ci-dessus, bien que les établissements d'enseignement supérieur soient considérés comme une importante part du système S&T, tous ne sont pas listés comme des organismes de S&T dans les statistiques. Le Tableau 7.4 montre le

---

[4] Une invention est une solution technique nouvelle au niveau mondial, qui implique une étape inventive, et qui peut s'appliquer à différents domaines sociaux et économiques (Art. 782, Code civil). Le brevet protège l'invention pendant 20 ans.

[5] Un concept industriel est le dessin d'un produit formé par des lignes, des objets en trois dimensions et des couleurs, ou une combinaison des trois, et qui représente une nouveauté au niveau mondial pouvant être utilisé comme modèle industriel ou artisanal (Art. 784, Code civil). Le brevet protège le concept pendant 5 ans.

Tableau 7.4 Universités au Vietnam

	1995	2000	2001	2002	2003	2004
Universités		178	191	202	214	230
Public	109	148	168	179	187	201
Non-public		30	23	23	27	29
Enseignants (en milliers)		32,4	35,9	38,7	40,0	47,6
Public	22,8	27,9	31,4	33,4	34,9	40,0
Non-public		4,5	4,5	5,3	5,1	7,6
Étudiants (en milliers)		899,5	974,1	1 020,7	1 131,0	1 319,8
Public	297,9	795,6	873,0	908,8	993,9	1 182,0
Non-public		103,9	101,1	111,9	137,1	137,8
Dont ceux en formation à plein-temps	173,1	552,5	579,2	604,4	653,7	729,4
Public		452,4	480,8	493,8	529,6	601,8
Non-public		100,1	98,4	110,6	124,1	127,6
Diplômés (en milliers)		162,5	168,9	166,8	165,7	195,6
Public	58,5	149,8	157,5	152,6	152,6	180,8
Non-public		12,6	11,4	14,2	13,1	14,8

Source : Statistiques annuelles (différentes éditions)

nombre d'établissements d'enseignement supérieur pour les années universitaires 1995, 2000, 2001, 2002, 2003 et 2004.

La quasi totalité des universités sont sous la tutelle du Ministère de l'éducation et de la formation (MOEF). Le ministère est également responsable de l'éducation primaire et secondaire. Pour l'année universitaire 2004–2005, le pays comptait 230 universités (93 universités et 137 « collèges »), employant 47 646 conférenciers, dont 6 223 détiennent un doctorat (13%), 14 539 sont diplômés du troisième cycle (30,5%), et 26 854 ont un diplôme universitaire (56,4%). Elles regroupaient 446 professeurs (0,9%) et 1 842 professeurs agrégés (3,9%) (MOEF 2005).

Au Vietnam, les inscriptions en troisième cycle représentaient environ 8,56% du total en 2001, alors qu'elles ne représentaient que 1,54% en 1992, et 1,3 million d'étudiants ont suivi les cours d'établissements de formation technique. Ces chiffres sont pourtant bien inférieurs aux inscriptions à Singapour ou à Taiwan, respectivement 45% et 77,12% (Association asiatique de la productivité 2003). De plus, la qualité des établissements vietnamiens de formation technique, d'ingénierie et de gestion est faible et ne donne par un niveau de compétence suffisant pour permettre aux entreprises de se moderniser et de devenir plus compétitives.

Au cours des dernières années, en utilisant différentes sources de financement, l'infrastructure et les bâtiments des établissements d'enseignement supérieur vietnamiens ont été grandement rénovés. Certains laboratoires ont reçu de nouveaux équipements, des bibliothèques électroniques et des réseaux de communications électroniques (réseaux locaux et sites Web). La création de frais de scolarité pour l'enseignement supérieur a également augmenté de manière substantielle les ressources des universités. D'une manière générale, la politique du gouvernement a consisté à créer un petit nombre d'universités publiques de grande taille, servant de base au développement d'autres universités sur tout le territoire (les créations d'universités nationales, régionales, communautaires ou de téléuniversités ne sont que quelques exemples de l'évolution du système universitaire). Plusieurs universités nationales comme l'Université nationale de Hanoï, l'Université nationale HCMC, et les autres universités dites territoriales (liée à un groupe de provinces ayant des caractéristiques et des conditions communes) sises à Hue, Danang (région centrale) et Thai Nguyen (nord) en sont le résultat. Ces évolutions ont pour objectif de créer des « centres d'excellence » pour la recherche et l'enseignement universitaire, afin d'atteindre un niveau de reconnaissance nationale.

L'ouverture des téléuniversités et du système universitaire privé a été également l'une des caractéristiques clés du système universitaire de ces dix dernières années. Aujourd'hui, deux téléuniversités et 15 universités privées sont opérationnelles. Point intéressant, plus de 70% du personnel enseignant de ces universités continuent à travailler pour les universités publiques. La coopération internationale s'est également étendue grâce à des partenariats mis en place avec de nombreuses universités du monde entier, permettant de renouveler les programmes et d'intégrer de plus larges expériences. Depuis 2005, une nouvelle politique majeure de création d'universités ayant un statut international a également été envisagée, en collaboration avec plusieurs universités importantes, aussi bien américaines que d'autres pays occidentaux.

Jusqu'au milieu des années 1980, les établissements d'enseignement supérieur telles que les universités n'ont mené aucuns travaux de recherche, suivant en cela modèle de l'Union soviétique. Leur mission consistait plutôt à fournir de la main d'œuvre selon une planification précise. Bien que l'enseignement et la formation restent les missions principales des universités, les activités de recherche sont depuis peu devenues plus fréquentes, tentant ainsi de transformer les universités en établissements menés par la recherche. Il n'en reste pas moins que seul un petit nombre de facultés ont les moyens de se lancer dans des activités de R&D significatives. Seulement 4% des dépenses publiques en S&T sont aujourd'hui destinées aux universités, qui correspondent à peu près à 15,3% des dépenses en R&D des universités. Le reste du financement de la R&D est assuré par des contrats signés avec d'autres établissements – dont 29,9% d'entreprises – 6,7% d'autres organismes, et 48,8% du financement proviennent de sources à l'international (Tran Ngoc Ca 2006). Entre 1991 et 1996, les universités ont lancé près de 200 projets pilotes de production, basés sur leurs propres résultats de recherche. Entre 1996 et 2002, les universités sous la tutelle du MOEF, et les deux universités nationales de Hanoï et de Ho Chi Minh Ville, ont mis en place 3 800 projets de R&D et étaient impliquées dans 90 projets pilotes de production. De nombreuses universités ont créé leurs propres unités de R&D. À la fin 2002, le secteur universitaire comptait 167 divisions de recherche et 147 centres impliqués dans le développement technologique et proposant des activités de conseil. Les activités entrepreneuriales se sont également développées au sein des universités, notamment via les enseignants signant de plus en plus de contrats de conseil avec des entreprises ou des gouvernements locaux. Il n'en reste pas moins qu'il est probablement trop tôt pour affirmer que le Vietnam est en train de vivre l'émergence d'une forte culture d'universités entrepreneuriales.

La recherche au sein des universités souffre de plusieurs défauts. En termes de perception et de décisions politiques, les activités de R&D menées au sein des universités n'ont été réellement acceptées qu'au cours des quelques dernières années. Rares sont les universités à être considérées comme des « centres d'excellence » en R&D. Les universités vietnamiennes ne bénéficient pas d'un statut autonome. Bien qu'elles soient devenues bien plus indépendantes d'un point de vue opérationnel, elles doivent toujours suivre de nombreuses directives et se conformer aux règlementations du MOEF, ou dans certains cas, de leurs ministères de tutelle. Leurs équipes enseignantes, notamment au sein des universités publiques, sont soumises à de nombreuses contraintes, notamment en termes de plafonds salariaux, de règlementations concernant la gestion des ressources humaines, de bonus, etc. Bref, elles sont toujours considérées comme des fonctionnaires plutôt que comme des universitaires. Malgré la volonté d'abolir la séparation entre l'enseignement et la recherche, la faiblesse des activités de recherche est patente, tout comme les liens existants entre la recherche et l'enseignement.

Le schéma actuel de motivation n'encourage pas le personnel enseignant des universités à s'engager dans une approche proactive. Les mécanismes d'encouragement à collaborer avec d'autres établissements ou des entreprises sont rares. Les collaborations (quand elles existent) ne sont en général qu'à court terme et sont essentiellement basées sur des relations personnelles et informelles. De sorte que la contribution des activités universitaire a tendance à rester isolée par nature, à l'exception de la formation de la nouvelle main d'œuvre. Au sein du système actuel, les universités ne considèrent pas les activités de transfert de technologies comme indispensables à leur survie, tandis que les entreprises ne sont pas particulièrement intéressées par les innovations technologiques en général. D'autant plus que, souvent, les connaissances en ingénierie et les installations des universités sont en retard si on les compare à celles de l'industrie.

Les universités doivent également faire face au problème des ressources humaines destinées à l'enseignement et à la recherche. Le nombre d'enseignants et de conférenciers est relativement faible comparé à celui des étudiants.[6] D'autant plus que le nombre d'inscriptions des étudiants est en croissance. Entre 1995 et 2005, par exemple, le nombre d'étudiants a été multiplié par 4,43, passant de 297 900 à 1 319 754, tandis que le nombre d'enseignants n'a été multiplié que par 2,09, passant de 22 750 à 47 616.[7] Du fait de cette surcharge de travail d'enseignement, les équipes enseignantes universitaires n'ont tout simplement pas assez de temps pour se lancer dans des activités de R&D et/ou d'autres activités de formation. Le vieillissement des équipes est un autre problème, puisque la majorité des professeurs et des professeurs agrégés sont âgés de 55 ans ou plus, et leurs remplaçants ne sont pas assez

---

[6] Un professeur pour 30 étudiants en moyenne, alors que ce ratio est de 1 pour 15 dans d'autres pays.

[7] Des données statistiques de l'université de Tsinghua (Chine) montrent que celle-ci disposent de 45 académiciens, 929 professeurs et 1 230 professeurs agrégés pour 30 000 étudiants de premier cycle, 5 900 étudiants de deuxième cycle et 2 600 étudiants de troisième cycle. Ce qui crée un ratio de seulement 1 pour 9.

nombreux. Au cours des années précédentes, de nombreuses disciplines scientifiques et d'ingénierie n'ont pas réussi à attirer suffisamment d'étudiants, ce qui permet de prévoir une pénurie en termes de ressources humaines au sein du système universitaire. L'entrepreneuriat n'est pas une tradition au sein de l'enseignement supérieur. Aujourd'hui, les caractéristiques les plus avancées dans ce domaine se reflètent dans le désir des enseignants d'enseigner « en dehors de la classe » afin de compléter leurs revenus. Ce qui s'explique par le faible salaire de base des enseignants universitaires.

En termes d'infrastructure et des autres installations dédiées à l'enseignement et à la R&D, les récents investissements de rénovation ont eu tendance à être réservés aux universités les plus grandes. De nombreuses universités continuent d'utiliser des équipements datant du milieu des années 1960 ou des années 1970. Les bibliothèques de nombreuses universités sont petites et périmées, aussi bien en termes de qualité que de sujets abordés. Une grande partie des ouvrages sont toujours en russe et datent du milieu années 1970. La mise en réseau informatique avec la bibliothèque nationale est quasi inexistante, tout comme les investissements dans la mise en place de systèmes bibliothécaire et d'information centralisés. De plus, même lorsque les universités disposent de ressources en langue anglaise, celles-ci sont rarement utilisées du fait du faible niveau d'anglais des enseignants et/ou de leur charge de travail. Ce qui explique que les programmes sont souvent anciens, répétitifs, et manquent d'approches innovantes et de nouveaux savoirs. En, ce qui concerne la coopération internationale, les changements de la situation internationale complexifient la planification à long terme et entraînent l'adoption de solutions inadaptées de la part des partenaires, mettant le système universitaire dans une position difficile.

7.4 Le débat actuel au Vietnam

Comme le montre l'analyse ci-dessus, le rôle et la contribution du système universitaire dans le développement socioéconomique global du Vietnam paraissent parfois obscurs et aux contours incertains. D'un côté, il peut s'avérer productif et utile pour certains et, d'un autre côté, peut s'avérer de peu de valeur pour d'autres. Quant à la position du système universitaire au sein de la communauté d'innovation du Vietnam, elle a toujours été le sujet de débat houleux entre les universitaires, les politiciens, les entrepreneurs et le public en général.

Le premier sujet de divergence touche directement aux établissements de R&D. L'impact des activités de S&T sur le développement social et économique génère différents points de vue, qui s'expliquent en partie par les ressources limitées et dispersées. Un autre problème est posé par le conflit entre l'autonomie et le régime de commande comme principe de gouvernance des établissements et des universités de R&D. La concurrence pour obtenir des subventions de recherche et des activités rentables a également eu une énorme influence sur le processus. Plus récemment, le problème de la propriété intellectuelle des résultats de recherche a fait son entrée dans le discours. Nombreux sont ceux qui estiment que les créateurs d'innovation et les résultats de R&D devraient être mieux être protégés par la propriété intellectuelle,

7 Vietnam : débats en cours sur la transformation des établissements universitaires

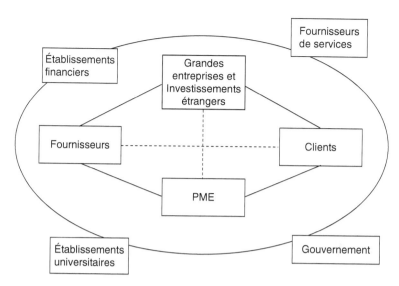

Schéma 7.1 Le système d'innovation au Vietnam

y compris les activités financées par les derniers publics.[8] Dans le double contexte de la marche vers une économie de marché et du besoin de réduction de la pauvreté globale, le problème consiste à trouver un équilibre entre les biens et services offerts au public (le plus souvent gratuitement et destinés à répondre aux besoins des pauvres et des défavorisés) et les biens et services privés distribués de manière commerciale. Un problème qui ne manque pas de déclencher de nouvelles discussions.

Comme nous l'avons évoqué dans les parties précédentes, les relations commerciales (y compris de concurrence) sont devenues le modèle dominant d'interaction en ce qui concerne l'innovation, une situation qui résulte directement des caractéristiques spécifiques du système d'innovation du Vietnam, c'est-à-dire un système passif et sous-développé. Le Schéma 7.1 ci-dessous montre la dynamique du système d'innovation du Vietnam et met en lumière le rôle dominant des interactions commerciales par rapport à toutes les autres formes d'interaction, les établissements universitaires semblant être totalement absents.

Les entreprises achètent des biens d'équipement et des matières premières auprès de leurs fournisseurs, et vendent ensuite leurs produits, ou les sous-traitent, à leurs clients, qui eux-mêmes se concurrencent les uns les autres. Pour les entreprises locales qui produisent des composants pour le compte de multinationales et/ou de grands importateurs, ces activités d'innovation sont très souvent définies par leurs clients. Les acheteurs les plus influents peuvent demander à leurs producteurs d'utiliser des biens d'équipement venant de fournisseurs fiables afin de garantir la qualité finale. Cela peut impliquer pour ces fournisseurs de biens d'équipement de les vendre à crédit, et/ou d'ouvrir leurs marchés, pour permettre aux entreprises d'entrer directement en relation avec leurs clients. Le cercle du Schéma 7.1 montre

---

[8] Ce qui explique les demandes pour des réglementations du genre « Loi Bayh-Dole ».

que les établissements financiers, les établissements universitaires, les institutions gouvernementales et les autres fournisseurs de service ne sont pas directement impliqués dans les processus d'innovation. Leur utilité en termes de soutien à l'innovation des entreprises varie selon les secteurs : sur le schéma, plus ils sont proches du centre, plus leurs interactions avec l'industrie sont fortes.

Récemment, les performances du secteur universitaire vietnamien ont été plusieurs fois critiquées (Hoang Tuy 2007; Pham Duy Hien 2006; Pham Duc Chinh 2006), même si l'on peut toutefois noter que ces mêmes critiques ont mis en avant quelques réussites, essentiellement dans les domaines de l'agriculture et de la santé publique. En ce qui concerne les activités de recherche, certains estiment que la recherche publique ne produit pas de résultats capables de répondre aux besoins de l'industrie. En ce qui concerne l'enseignement supérieur, certains critiques estiment que les diplômés sortant des universités ne disposent pas des qualités pratiques, organisationnelles et d'ingénierie requises. Ce qui forcent les diplômés, ou leurs employeurs, à investir beaucoup de temps et d'effort pour se former, afin d'améliorer leurs compétences. De manière générale, on reproche parfois aux établissements universitaires de ne pas apporter soutien actif aux innovations industrielles.

Le deuxième problème faisant l'objet d'un débat concerne plus directement les universités. On note par exemple des objectifs divergents entre les établissements et leurs équipes, concernant par exemple la génération de revenus (en brevetant ou en créant des entreprises autour des activités ayant une valeur commerciale) tout en en démontrant la valeur scientifique (par exemple grâce à des publications scientifiques). Il a été reproché à la mission d'enseignement des universités d'être trop centrée sur l'acquisition de diplôme plutôt que sur l'aide véritable à l'apprentissage (Vu Duc Nghieu 2005). L'enseignement est le plus souvent tourné vers la théorie, sans vraiment tenter de développer les compétences demandées par l'industrie pour répondre à ses besoins (Vu Cao Dam 2005). Le vieillissement des équipes enseignantes, ayant de plus des compétences dépassées et inefficaces, a également été identifié comme un autre problème sérieux. De manière générale, au sein des différentes sphères universitaires, ces débats sont considérés comme essentiels et une conséquence directe de l'accroissement de la taille du système universitaire, au détriment de sa qualité. Ces points de vue négatifs sont adoptés non seulement par les équipes enseignantes des universités nationales, mais aussi par certains décideurs et élus de l'Assemblée nationale.

Il faut noter toutefois que tout le monde ne souscrit pas aux arguments développés ci-dessus. Plusieurs groupes de travail nationaux ont débattu du rôle des établissements universitaires, sans pour autant avoir atteint un consensus général (Tran Ngoc Ca et Nguyen Ngoc Anh 2005). Les parties prenantes du débat sont diverses, impliquées dans les décisions politiques, tels le Conseil national pour les politiques de S&T, les ministères, les universités et les entreprises. Malgré tous ses défauts, certains estiment que les établissements universitaires jouent un rôle important pour répondre aux besoins émergents des entreprises, en créant eux-mêmes des entreprises très spécifiques. De plus l'enseignement, qui reste toute de même la mission principale des universités, est toujours considéré comme de bonne qualité, malgré les problèmes évoqués plus haut. Ce qui explique la vivacité du débat quantité contre qualité.

7 Vietnam : débats en cours sur la transformation des établissements universitaires

Pour aller plus loin dans l'exploration de ces problèmes, il est probablement utile de commencer par comprendre la nature de l'innovation dans le contexte du modèle d'innovation externe au pays. Le modèle d'innovation du Vietnam, pays en phase de transition et de développement, est assez différent de ce que l'on peut voir habituellement dans des pays plus avancés. Les innovations au sein des entreprises vietnamiennes sont en grande partie influencées par des facteurs externes et aussi par la fait qu'il n'existe que peu d'établissements dédiés au soutien à l'innovation. Voici résumées quelques caractéristiques du modèle d'innovation vietnamien :

- Tout d'abord, la majorité des entreprises vietnamiennes sont de petites tailles (y compris les entreprises publiques et étrangères) et ne touchent souvent que des marchés eux-mêmes de taille réduite, sous-développés et instables. Elles sont en concurrence pour trouver de la main d'œuvre peu coûteuse et accéder aux ressources naturelles (y compris les terres). Très peu d'entreprises tentent de se concurrencer en termes de nouvelles technologies ou de produits différenciés.
- De nombreuses entreprises (et notamment dans les secteurs exportateurs) fabriquent des composants, ou bien sous-traitent, pour les besoins d'entreprises étrangères et/ou de multinationales : leurs innovations ont dès lors tendance à n'être qu'incrémentales et définies par leurs clients étrangers.
- Les systèmes d'innovation, aussi bien au niveau national que sectoriel, sont faibles ; les ressources publiques pour la R&D et les autres soutiens à l'innovation sont limités. Les financements gouvernementaux de la R&D sont essentiellement attribués aux projets portés par les grands établissements de recherche publics, auxquels on n'a pas confié de mission ou qui ne disposent pas de mécanismes de services aux entreprises afin de les aider à résoudre leurs problèmes aussi spécifiques que diversifiés. Les budgets des gouvernements locaux destinés aux activités de S&T sont tout autant limités et, dans de nombreuses provinces, les budgets existants sont utilisés en interne, au sein des organismes existants des gouvernements locaux.
- Un marché de services techniques et d'innovations n'a pas encore été développé.
- Le savoir technique codifié commun vietnamien est pauvre et mal organisé, ce qui le rend difficile d'accès pour les entreprises.
- Le savoir en ingénierie est faible, surtout au sein des établissements universitaires.
- Les entreprises ou mêmes les établissements universitaires ne déploient que peu de ressources à la codification, à la généralisation et à l'affectation des savoirs techniques ; de grandes quantités de savoir qui pourraient pourtant être utiles, restent dès lors difficilement exploitables.
- L'environnement institutionnel manque de transparence, se révèle imprévisible et ne communiquent pas bien avec les différentes parties prenantes. Certaines agences publiques souffrent de corruption, qui augmente d'autant le coût des affaires. Cela pousse au développement d'activités économiques informelles, qui ne favorisent pas l'innovation.
- Le marché financier n'est pas assez développé (le marché d'action n'en est qu'à ses premiers pas et il y a un manque de mécanismes dédiées aux investisseurs en capital risque et/ou aux « investisseurs providentiels »), sans compter que le modèle informel des affaires ne sécurise pas les investissements dans des projets

innovants. Ce qui fait que de nombreux projets prometteurs ne trouvent tout simplement pas de financement.
- Le manque d'égalité des conditions de concurrence fait des activités de rente la priorité de nombreuses entreprises, au détriment de l'innovation.

Il faut ensuite considérer la problématique de la nature de l'innovation dans un contexte différent. Les innovations de l'économie vietnamienne, comme au sein de n'importe quel autre pays en cours de développement, sont différentes de celles des pays plus avancés. Après analyse des données provenant de différentes enquêtes et études de cas, quelques-unes des caractéristiques les plus distinctives des innovations au sein des entreprises vietnamiennes peuvent être résumées comme suit :

- Les innovations sont soit incrémentales, soit « nouvelles à l'entreprise ». Les premières sont souvent le résultat des efforts des entreprises tentant de résoudre des problèmes techniques spécifiques, émergeant habituellement de l'utilisation de systèmes de production importés, ou lorsque les entreprises essaient de produire de « nouveaux » produits en utilisant leurs lignes de production existantes. Les innovations « nouvelles à l'entreprise » sont habituellement le résultat d'acquisitions par les entreprises de tout ou partie d'un système de production destiné à produire de « nouveaux » produits.
- La percée technologique n'est en général pas le mécanisme principal d'innovation : les entreprises suivent plutôt un mécanisme de diffusion et/ou d'apprentissage technologique. L'acquisition de technologies intégrées à des biens d'équipement est une des caractéristiques principales de l'innovation. L'établissement de partenariats avec des réseaux de production internationaux ou avec des acteurs internationaux clés est un processus important de l'apprentissage technologique.
- De nombreuses entreprises sont obligées d'adopter une approche d'innovation plus « terre-à-terre », en demandant à leurs équipes internes de trouver des solutions par une méthode « d'essais-erreurs » souvent longue. La plupart des innovations sont le résultat d'une recherche informelle, en dehors des cadres appropriés que sont les standards, les contrôles qualité, la métrologie, les droits de propriété intellectuelle, le conseil légal et technique, les services d'information, etc., et sans suivi systématique des meilleures pratiques de gestion technologique. Les relations entre les entreprises, et notamment avec les entreprises étrangères, jouent un rôle important dans l'innovation des entreprises. Le savoir technologique codifié est sous-utilisé.

Un autre problème largement débattu concerne *la disparité entre l'industrie et les secteurs S&T*, du point de vue de la capacité des établissements universitaires à mener à bien des évolutions techniques. La question de savoir « Qui a les meilleures capacités, et pour qui ? » a été le sujet de nombreux ateliers et de nombreuses conférences, et a été aussi abordée par de nombreux médias (Tran Ngoc Ca et Nguyen Ngoc Anh 2005). Vu le type d'innovations décrites plus haut, il apparaît clairement que le secteur universitaire pourrait facilement soutenir l'innovation des entreprises de manière efficace. La raison qui explique qu'elles ne l'aient pas fait jusqu'à aujourd'hui tient aux limites de la mission des établissements universitaires et de

Tableau 7.5 Classement des services les plus désirés (par les entreprises) et des activités les plus efficaces (du point de vue des établissements universitaires), des entreprises et des établissements de recherche publics

Type de services	Classement des entreprises	Classement des établissements universitaires
Installation de nouvelles machines et de nouveaux équipements	2	10
Ingénierie industrielle	5	11
Maintenance et réparation des machines de production	3	9
Analyse et test des échantillons de produits ou de matériels	1	4
Formation technique	4	5
Modification du concept d'un produit ou de spécifications matérielles	8	7
Modification des machines de production	11	8
Fabrication de machines de production ou de composants	10	6
R&D industrielle	6	1
Information technologique	7	2
Conseil à l'achat de machines de production	9	3

leurs organismes de tutelle. Du fait de la disparité évidente entre l'industrie et les secteurs S&T au sujet de l'accompagnement de l'innovation, on peut facilement comprendre que de nombreuses entreprises préfèrent prendre en charge leurs propres programmes de recherche, en collaboration avec leurs partenaires d'affaire.

Comme la plupart des innovations identifiées au sein des entreprises vietnamiennes ne sont pas basées sur des avancées scientifiques, mais sont liées à la solution de problèmes, les entreprises partent du principe que les établissements universitaires peuvent les aider à résoudre leurs problèmes, via leurs capacités de savoir et/ ou leurs services techniques. Les établissements universitaires ne sont toutefois pas bien organisées et tout simplement incapables de fournir des solutions innovantes efficaces.

Le Tableau 7.5 montre le gouffre existant entre ce que les entreprises espèrent des établissements universitaires et ce que ces derniers estiment qu'ils peuvent, ou doivent, proposer aux entreprises. Alors que les entreprises placent en première position le service *d'analyse et de test* que pourraient leur apporter les établissements de recherche publics, ces derniers ne placent ce service qu'en quatrième position des services les plus importants. De la même manière, alors que les entreprises placent les activités d'« Installation de nouvelles machines et de nouveaux équipements » et de « Maintenance et réparation des machines de production » en deuxième et troisième position, elles ne sont classées que, respectivement, dixième et neuvième par les établissements universitaires. Le Tableau 7.5 montre également l'inverse. Alors que les établissements de recherche publics estiment que leur service le plus efficace est celui de « R&D industrielle » (première position), les entreprises ne le classent qu'en sixième position. De même, l' « information technologique » et le « conseil d'achat en machines de production » sont placés en deuxième et troisième position par les établissements universitaires, alors que les entreprises ne les classent respectivement qu'en septième et neuvième positions. Tout le monde ou presque est d'accord pour dire qu'une réforme des établissements universitaires est urgente, en gardant toutefois à l'esprit que ces changements doivent s'assurer de pouvoir mieux répondre aussi bien aux besoins de la croissance économique en général qu'à ceux apparus avec les innovations des entreprises locales en particulier.

Une enquête sur les activités d'innovation des entreprises permet de déterminer une liste des sujets que les entreprises aimeraient peut-être voir afin de mieux orienter le secteur universitaire. Du fait des caractéristiques spécifiques des innovations dans un pays en phase de transition et de développement, voici la liste de ce que les entreprises aimeraient voir :

- Un environnement d'affaire plus innovateur et plus accueillant, dans lequel les activités d'innovation seraient mieux soutenues.
- Un accès facilité aux informations détaillées liées aux activités d'innovation des entreprises. Ces informations devraient couvrir tous les aspects de ces activités, et pourraient être étendues pour inclure des informations liées aux marchés, aux matériaux, etc., plutôt que de rester concentré sur les informations techniques.
- Un accès facilité à l'ensemble du savoir technique disponible, déjà codifié et référencé dans les formes et les langues appropriées, en particulier le vietnamien.
- Une aide à la mise en place de relations avec les réseaux de production, aussi bien intérieurs qu'à l'international.
- Un accès à des technologies fiables et abordables, si possible sous la forme d'un ensemble cohérent de solutions, incluant de manière générale des biens d'équipement, un savoir-faire technologique, des formations, l'approvisionnement en matériaux clés et l'accès aux marchés.
- Un accès à une large gamme de services techniques, à un coût raisonnable.
- Une meilleure formation en gestion de la technologie.
- Un accès aux ressources financières appropriées.

Le débat a pris une nouvelle dimension dans le contexte de la croissance en faveur des plus pauvres et de la réalisation des Objectifs de développement du millénaire (*Millenium Development Goals*) au Vietnam. Afin de contribuer à l'apport de solutions à des problèmes dans des domaines tels que l'environnement, la réduction de la pauvreté, le développement rural et agricole, l'égalité homme/femme, la santé pour tous et l'éducation pour tous, on demande maintenant aux établissements universitaires de travailler plus de manière volontaire. Afin d'apporter des produits innovants gratuits, ou pratiquement gratuits, à ces groupes de bénéficiaires, il est nécessaire d'adopter un état d'esprit et un mécanisme de marché totalement différents. Toutes les organisations ne sont pas préparées à cette économie de marché. Des conflits potentiels existent lorsque les créateurs de savoir et les utilisateurs de savoir sont impliqués. Les parties prenantes non gouvernementales telles les ONG, les associations comme l'Union vietnamienne pour les S&T, le Syndicat des femmes, ou les Syndicats de travailleurs, peuvent et aimeraient avoir un poids plus important dans la création du modèle d'innovation. Il faut aussi noter que les entreprises du secteur privé ont tendance à simplement attendre et à continuer leurs opérations comme si de rien n'était, avec ou sans l'aide des établissements universitaires.

Ces discussions mènent au débat à propos du besoin d'un cadre institutionnel dédié à l'innovation. La *Loi Science et Technologie*[9] expose qu'il est nécessaire d'associer les sciences sociales, naturelles et d'ingénierie avec les lettres ; de combiner la R&D avec la formation et l'enseignement ; et de relier la R&D avec les affaires et la production, afin de développer un marché technologique dans le pays. Une autre *Loi sur l'Éducation* (dans son article 15) régule l'activité scientifique (au sein du système éducatif) et insiste sur le fait que les universités doivent assumer la responsabilité de coordonner leurs programmes avec la recherche et les transferts de technologie, afin de mieux répondre aux besoins du développement social et économique. Des documents d'orientation gouvernementale[10] indiquent également que les établissements universitaires doivent devenir des centres de R&D, de transferts de technologie et d'applications en production et en économique, afin de resserrer les liens entre les établissements de recherche et les universités, et de relier la R&D avec les activités de production. Des lois récentes sur les droits de propriété intellectuelle (adoptée en 2005) et les transferts de technologie (adoptée en 2006) ont largement contribué à clarifier le problème de la propriété intellectuelle des résultats de recherche et de leur commercialisation.

Pourtant, quelques-uns continuent à critiquer l'environnement politique global, estimant qu'il n'est pas capable de pousser à l'établissement des ces interactions. Il convient de noter que cet environnement politique pouvait être ajusté et adapté aux emplacements géographiques par leurs gouvernements respectifs. Cela pourrait être expliqué par l'impact des dotations socio-économiques spécifiques des villes et provinces concernées liées aux actions et performances des établissements universitaires. Mieux encore, le rôle de meneur des universités est important là où elles peuvent adopter une approche proactive dans la gestion des activités (Tran Ngoc Ca 2006).

De nombreuses actions politiques restent encore à améliorer afin de faciliter les relations entre les établissements universitaires et les entreprises. D'un point de vue général, tout le monde est d'accord pour dire que le système d'innovation du pays, dans lequel les établissements universitaires sont des acteurs clés, a besoin d'être remodelé, et que la recherche se doit d'être plus en phase avec le marché, répondant mieux aux besoins à la fois des entreprises individuelles et des secteurs industriels globalement.

7.5 Conclusions

Beaucoup d'efforts ont été consentis pour restructurer le système de production de savoir au Vietnam, qui avait été largement influencé par le modèle de l'ancienne Russie soviétique. La situation actuelle du système universitaire vietnamien montre que les établissements de R&D et les universités contribuent de manière significative au développement du pays. L'enseignement a été la mission principale des

---

[9] Adoptée par l'Assemblée nationale du Vietnam, adaptée par l'article 5, paragraphe 3 sur les Principes des activités de Science et Technologie.
[10] Résolution PartyPlenum II sur les objectifs de développement S&T jusqu'en 2010. Nhan Dan Newspaper.

universités, et cela continuera de l'être pour des années. Mais il y a encore des problèmes à résoudre : les conférenciers sous-payés, une infrastructure et des programmes insuffisants, et des capacités limitées d'accueil des futurs diplômés, pour n'en citer que quelques-uns. De plus, l'innovation semble être la plupart du temps négligée, à l'exception des universités principales qui aspirent à devenir des centres d'excellence régionaux.

Par conséquent, une réorientation du secteur universitaire est absolument nécessaire et une évolution majeure est prévue. Toutefois, les racines du problème sont à trouver au niveau des primes inappropriées au sein du système universitaire et du manque de mécanismes permettant de diagnostiquer les besoins d'innovation des entreprises. Les établissements universitaires ont besoin de se concentrer sur la recherche de solutions, une activité dans laquelle elles excellaient auparavant. Les établissements universitaires sont dorénavant plus autonomes, ce qui implique aussi plus de responsabilité. Il y a également un besoin d'amélioration des systèmes de primes afin qu'ils puissent vraiment accompagner ces activités.

Plusieurs recommandations politiques clés peuvent être proposées :

- Une vision à plus long terme et une approche plus stratégique devrait remplacer les objectifs actuels à court terme consistant à créer des revenus pouvant profiter au système universitaire.
- Pour dépasser la séparation de la recherche de l'enseignement au sein du système universitaire, il faut encourager la recherche innovante grâce à une plus grande autonomie et des systèmes de primes.
- L'investissement devrait plus se focaliser à éviter le gaspillage des ressources et la fragmentation.
- Les pratiques de l'université moderne et de gestion de la R&D tels que le contrôle par les pairs, les comités consultatifs et les évaluations basées sur les performances, devraient être appliquées sans exception.

Équilibrer les intérêts potentiellement conflictuels du développement de la commercialisation de la recherche, de l'enseignement et du service au public n'est pas une tâche facile pour les établissements universitaires, quelque soit l'état de l'économie. La création d'entreprises jouant le rôle de bras commercial ou de bureaux de transfert de technologie, et les bureaux de ventes de licences technologiques, sont autant d'activités dans lesquelles les universités pourraient s'impliquer. Un modèle d'universités privées construites comme des centres d'excellence,[11] avec des responsabilités sociales « d'entreprise », pourrait être une bonne option pour le pays. L'internationalisation du système universitaire (via l'introduction de nouvelles pratiques telles que des équipes plus internationales, des niveaux de salaires et des modes de gestion internationaux, des critères d'évaluation et une qualité d'enseignement, etc.) pourrait entraîner une plus grande compétition et une meilleure qualité.

---

[11] L'université chinoise de Tsinghua est considérée comme le modèle préféré du Vietnam.

En ce qui concerne l'encouragement des relations entre les établissements universitaires et les entreprises, il convient de faire attention à la fois à l'étendue des relations et aux mécanismes que l'on considère comme influents sur le volume de ces relations, ainsi que sur le mode relationnel influençant la profondeur de ces relations.

Tout nouveau mécanisme devrait être basé sur le principe global d'une évolution vers une économie de marché, macro-régulé par l'état. Cela sera sans aucun doute un processus à long terme, qui demandera de la détermination et des solutions souples capables de s'adapter aux circonstances spécifiques. Le développement d'un marché technologique est l'un des résultats clés de l'amélioration des relations avec l'industrie et peut être réussi grâce aux mesures suivantes :

- La création et l'amélioration du système légal à destination d'un marché technologique (y compris les règlementations sur les contrats scientifiques et technologiques).
- La promotion d'organismes nécessaires à la gestion des technologies tels que l'arbitrage, l'enregistrement des contrats, la gestion des transactions technologiques, etc.
- La création d'organismes en charge du marché et du courtage technologique, d'agents technologiques, et de centres d'emploi de main d'œuvre destinée aux activités scientifique et technologique.
- Le développement de nouvelles formes de transfert de technologie, de services technologiques, et de résolutions des problèmes techniques des contrats technologiques.

De plus, afin d'aider à résoudre le problème des relations inadéquates entre les établissements universitaires et les activités industrielles, il faudrait s'attaquer à plusieurs problèmes : les capacités des ressources humaines, les solutions de financement et les primes, l'organisation du système de R&D, les problèmes de droits de propriété intellectuelle, et l'évaluation des résultats de recherche. En même temps, un des problèmes clés consiste à améliorer la capacité d'innovation afin de répondre aux besoins d'innovation technologique des entreprises. En parallèle des deux domaines traditionnels de l'enseignement et de la recherche, une troisième mission, consistant à répondre aux besoins de la communauté, devrait être considérée comme appropriée dans le contexte actuel.

Les différences dans leurs propres capacités d'évaluation sont l'une des raisons qui expliquent les approches différentes et les attitudes de développement des relations entre les établissements de recherche et les entreprises. Lorsque les universités (comme la plupart des établissements de R&D) continuent de sous- (ou sur-) évaluer leurs propres capacités, on leur reprochera d'ignorer les visions des entreprises et de créer des difficultés à l'amélioration des relations avec les entreprises. Une manière d'aider la communauté de la recherche à mieux comprendre les besoins de l'industrie peut consister à faciliter le dialogue entre les établissements universitaires et les entreprises, pour faire correspondre leur besoin d'innovation et leurs actions.

Au sein de ce modèle politique global, des changements politiques spécifiques qui dépendent des conditions de chaque endroit concerné (les villes, les provinces), devraient jouer un rôle essentiel dans l'évolution des comportements au sein du monde universitaire afin qu'il se tourne plus résolument vers le monde professionnel et qu'il offre des modèles de production innovants, via leurs relations avec les entreprises et l'économie locale.

Cette discussion suggère le besoin d'une étude plus complète sur quelques-uns des problèmes spécifiques abordés ici, afin de mieux comprendre le système d'éducation universitaire et l'équilibre entre l'enseignement, la recherche et le service à la société. Cela démontre le besoin de réaliser des études de cas au sein d'une sélection d'universités afin de déterminer de quelle manière est mise en pratique cette troisième mission.

Bibliographie

Asia-Pacific productivity data and analysis (2003) Tokyo
Bezanson K, Tran Ngoc Ca, Oldham G (2000) A science, technology and industry strategy for Vietnam. UNDP/UNIDO, Hanoi
Hoang Tuy (2007) New year, old stories. Tia Sang. Journal of the Ministry of Science and Technology 3–4, février 2007
Klaus Meyer et al (2006) Doing business in Vietnam. Thunderbird International Business Review 48(2), mars–avril
Ministère de l'éducation et de la formation (MOEF) (2005) Data on education and training. Website: http://www.edu.vn/data/
MOST (2006) Vietnam's science and technology 2001–2005. S&T Publishing House
Nguyen Vo Hung, Nguyen Thanh Ha (2003). Survey on innovation activities of firms with domestic investment. Rapport du projet Improving the Technological Capability of Vietnamese Industries in the Transition to a Market Economy. NISTPASS-SIDA/SAREC
NISTPASS (1999) Technological capability of firms in economic sectors. Rapport final du Survey of six economic sectors, Hanoi
NISTPASS (2000) Research and postgraduate training. Report of RAPOGE Project, Hanoi
NISTPASS (2002) Survey of the supply capability of organizations in the technology infrastructure. Rapport final du Survey of R&D and technical service organizations, Hanoi
NISTPASS (2004) Reforms of R&D policy in the context of the transition to a market economy. Agriculture Publishing House, Hanoi
Pham Duc Chinh (2006) To reform more radically. Tia Sang. Journal of the Ministry of Science and Technology 24, décembre 2006
Pham Duy Hien (2006) When would Vietnamese science and education join WTO? Tia Sang. Journal of the Ministry of Science and Technology 22, novembre 2006
Science and Technology Law (2000) National Political Publishing House, Hanoi
Tran Ngoc Ca (2002) Learning technological capability for Vietnam's industrial upgrading: the challenges of globalization. The European Institute of Japanese Studies at the Stockholm School of Economics. Working Paper 165
Tran Ngoc Ca (2006) Universities as drivers of the urban economies in Asia. The case of Vietnam. Policy Research Working Paper. N° 3949. Banque Mondiale, Groupe de recherche sur le développement, juin 2006
Tran Ngoc Ca, Nguyen Ngoc Anh (2005) The role of R&D and training institutions in socio-economic development. Proceedings of the Workshop. National Council for S&T Policy and UniDev Project, Hanoi, décembre 2005
UNDP (2004a) Millennium development goals in Vietnam, Hanoi
UNDP (2004b) Human Development Report Statistics

UNIDO (1999) Vietnam Industrial Competitiveness Review. UNIDO/DSI Ministry of Planning and Investment, Hanoi

Vietnam Science and Technology (2002). Ministère de la science et des technologies, Hanoi

Vu Cao Dam (2005) Policy measures to enhance research capability in universities. Présenté au Workshop on Research and training policy in the transitional period of Vietnam. Université des sciences sociales et lettres, Hanoi, décembre 2005

Vu Duc Nghieu (2005) Policy reform for university science and education in Vietnam. Présenté au Workshop on Research and training policy in the transitional period of Vietnam. Université des sciences sociales et lettres, Hanoi, décembre 2005

Chapitre 8
Chine : défis de l'enseignement supérieur dans une économie en forte croissance

Wang Haiyan et Zhou Yuan

8.1 Introduction

L'expérience du vingtième siècle démontre aussi bien dans les pays développés que dans ceux en développement le rôle de l'enseignement dans le dynamisme de la croissance économique. Le vingt et unième siècle sera sans doute dominé par une économie du savoir, avec comme sources majeures de croissance économique la production, le traitement, la dissémination et l'application du savoir. L'enseignement jouera donc un rôle essentiel et visible dans la création et la dissémination du savoir, ainsi que dans le développement des ressources humaines.

La Chine est le pays le plus peuplé du monde. Avec la réforme du système d'enseignement, les universités sont devenues des acteurs clés du Système national d'innovation (SNI) chinois, et jouent un rôle nécessaire dans la formation des talents, la recherche scientifique, et le transfert des technologies.

Ce chapitre explore les rôles que jouent les universités dans le SNI chinois. La Sect. 8.2 décrit l'histoire du SNI chinois et le système universitaire. Les Sects. 8.3 et 8.4 étudient de plus près le SNI chinois et le système universitaire actuels. La Sect. 8.5 examine certains aspects des débats en cours autour du rôle des universités dans le SNI chinois, et la Sect. 8.6 en tire quelques conclusions.

W. Haiyan (✉) • Z. Yuan
Académie chinoise des sciences et technologie pour le développement (ACSTD),
Ministère de la science et de la technologie, Beijing, République populaire de Chine
Courriel : wanghy@casted.org.cn

8.2 Le système universitaire en Chine : une perspective historique

Depuis la fondation de la République Populaire de Chine en 1949, l'évolution du SNI chinois et de son système universitaire est passée par quatre phases.

8.2.1 Phase I : les années 1950 – le modèle soviétique

Après la Deuxième guerre mondiale et quatre années de guerre civile, le parti communiste chinois fonde la République Populaire de Chine en 1949. Suivant le modèle soviétique, la Chine adopte une économie planifiée ainsi qu'un système de commande centralisé, et l'économie entame sa reprise. Néanmoins, le SNI chinois reste isolé du monde occidental.

Pendant cette phase, les établissements de recherche sont au cœur du SNI. Sous l'influence de l'Union soviétique, le gouvernement communiste établit un système complexe autour des établissements de recherche, le plus important étant l'Académie chinoise des sciences (ACS). Le gouvernement prend en charge directement l'organisation et la mise en œuvre de nombreux plans et programmes relatifs à la science et la technologie (S&T), et gère les établissements de recherche en direct. Une grande partie de la recherche entreprise répond à des besoins militaires, et peu de résultats de recherche sont appliqués à la production industrielle. Les établissements de recherche, les universités et les entreprises étaient séparés les uns des autres, et les chercheurs ont peu de liens ou d'interactions avec l'industrie.

Pendant cette phase, les caractéristiques du SNI étaient les suivantes (Fig. 8.1) :

(a) Le gouvernement était l'unique soutien et contrôleur de la recherche.
(b) Les établissements de recherche, les universités et les entreprises étaient séparés les uns des autres.

De 1949 à 1952, le gouvernement communiste prend en charge les universités publiques créées par le gouvernement précédent, et transfère progressivement les universités privées vers le public. En 1952, le Ministère de l'éducation transforme le système universitaire et adopte le modèle soviétique. Suite à cette transformation, il y a essentiellement deux types d'universités : celles qui sont multidisciplinaires et celles qui sont spécialisées. Les universités multidisciplinaires ont pour mission de former les ressources humaines pour les établissements de recherches ainsi que les enseignants de l'éducation secondaire et supérieure. Les universités spécialisées ont pour mission de former du personnel S&T de haut niveau pour les entreprises. Par conséquent, il y a une augmentation importante du nombre d'étudiants en ingénierie et en pédagogie, et une chute considérable en lettres et sciences sociales.

Du fait de l'économie planifiée, le système d'enseignement supérieur chinois est centralisé et placé directement sous la responsabilité administrative du gouvernement, soit au niveau central soit au niveau local. L'inconvénient de ce système est le manque de souplesse et d'autonomie qui découle du contrôle gouvernemental et qui empêche les universités de donner un enseignement qui corresponde aux besoins de la société.

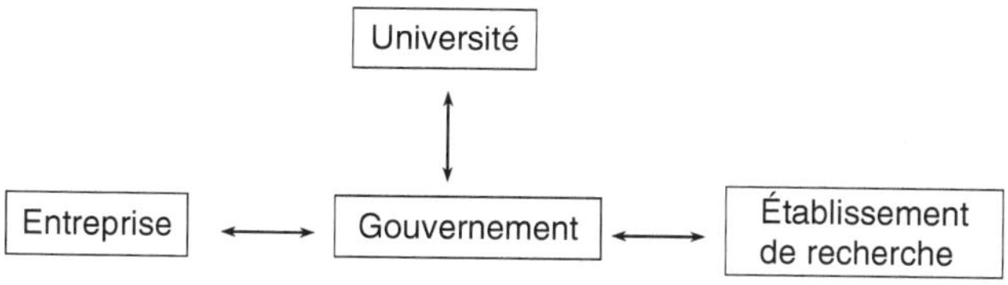

Fig. 8.1 SNI chinois dans les années 1950

La fonction de recherche des universités s'est affaiblie, du fait de la création d'un grand nombre d'établissements de recherche. Pendant cette phase, l'enseignement est l'unique mission des universités chinoises.

Le système universitaire chinois de cette période a les caractéristiques suivantes :

(a) Le système universitaire existe en parallèle du système de recherche.
(b) Les universités forment les ressources humaines destinées aux établissements de recherche et aux entreprises.
(c) Les universités ont un seul objectif et mission : l'enseignement.

8.2.2 Phase II : 1966–1978 – la révolution culturelle

La révolution culturelle démarre en 1966 et dure 10 ans. Pendant toute cette période, la nation entière est en butte à des mouvements politiques. Le développement de l'économie et du système S&T sont pratiquement à l'arrêt, avec pour résultat un isolement par rapport au monde extérieur plus grand encore. Le SNI et le système universitaire se trouvent dans un état de chaos et de vide.

Cette période voit la destruction totale du système universitaire centralisé établi pendant les années 1950. Les universités deviennent un outil du despotisme du prolétariat, sous le contrôle des soldats, des ouvriers et des étudiants, avec de nombreux enseignants mis en prison ou sous surveillance. Les universitaires n'enseignent plus et ne font plus de recherches, tandis que les étudiants n'étudient pas mais adhèrent à des mouvements politiques. La seule mission des universités est de promouvoir des personnes ayant des compétences politiques.

8.2.3 Phase III : 1978–1990 – les réformes économiques

En 1978, le nouveau dirigeant de la Chine, Deng Xiaoping, soutient les réformes économiques qui ont pour objectif de créer une économie orientée vers le marché. Pour la première fois, la Chine commence à mettre en œuvre une politique de « réforme et d'ouverture ». En 1985, l'état central pousse la réforme du système S&T plus loin, décentralise le contrôle fiscal et d'encadrement, redéfinit la notion de propriété publique et privée, et encourage de nouveaux liens entre la recherche et l'industrie.

Le SNI chinois entre alors dans une phase de transition : le gouvernement ne le dirige plus mais l'oriente. Les entreprises publiques démarrent une adaptation à la

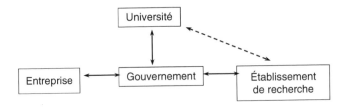

Fig. 8.2 Le SNI chinois du 1978 à 1990

concurrence de marché, et les entreprises privées prennent progressivement plus de place. Le gouvernement réforme le système financier et met fin au financement des établissements de recherche et des universités, les obligeant à trouver d'autres sources de revenus. Certains établissements de recherche mettent en place des formations de deuxième et de troisième cycle, et les universités lancent des projets de recherche. Néanmoins, le manque d'interaction entre les universités et les institutions de recherche persiste, et les entreprises restent pour la plupart séparées du système de recherche.

Pendant cette phase, le SNI se caractérise par (Fig. 8.2) :

(a) Une mutation de l'état dirigeant vers un état orientant.
(b) Les entreprises restent pour la plupart séparées des universités et des établissements de recherche.

En décembre 1977, le gouvernement chinois relance le système de concours d'entrée pour l'enseignement supérieur et met fin aux systèmes d'entrée par recommandation. Avec la réforme du système S&T à partir de 1985, la transformation de l'enseignement supérieur s'intensifie, avec pour objectif d'étendre l'autonomie des universités et de renforcer leurs interactions avec d'autres acteurs. Les politiques de l'enseignement se détachent de la fonction politique pour mettre l'accent sur une fonction économique.

Les universités ont deux missions : l'enseignement et la recherche. Au début de 1979, le gouvernement chinois décide que certaines universités clés doivent devenir des centres de recherche, un signe que la recherche devient formellement une mission des universités chinoises. Dans les années 1980, le nombre d'établissements de recherches créés par les universités augmente rapidement, et les résultats en R&D deviennent un indicateur majeur dans l'évaluation des universités.

Par ailleurs, depuis les années 1980, les universités peuvent coopérer avec les entreprises sans l'autorisation du gouvernement. Finalement, sans le soutien financier de l'état, plusieurs universités créent et gèrent des entreprises pour générer du profit.

Pendant cette phase, le système universitaire se caractérise par :

(a) L'enseignement et la recherche deviennent les deux missions principales des universités.
(b) Les universités constituent une partie du système de recherche.
(c) Des entreprises gérées par les universités voient le jour.

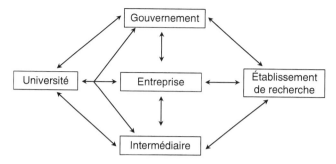

Fig. 8.3 Le SNI chinois dans les anneés 1990

8.2.4 Phase IV : les années 1990 – la montée d'une économie de marché

En 1992, le gouvernement chinois déclare formellement et clairement que l'objectif de la réforme économique est de développer une économie orientée vers le marché, dont la tâche principale est de promouvoir le développement économique. Plusieurs entreprises publiques deviennent progressivement des coentreprises, et le nombre d'entreprises privées augmente rapidement. La même année démarre le projet « coopération entreprise-université-établissement » qui encourage la coopération entre les entreprises, les universités et les établissements de recherche. Les entreprises jouent un rôle plus actif dans l'innovation technologique et deviennent le point central du SNI.

En rapport avec la réforme économique, le système S&T entreprend rapidement des réformes. En 1995, le gouvernement décide de mettre en œuvre la « Stratégie pour vitaliser la nation par la science et l'enseignement » (VNSE) prenant la forme de la Conférence nationale de science et technologie. En 1998, le Conseil d'état achève la réforme interne, avec pour résultat l'accélération de la réforme des établissements de recherche et du système universitaire. Certains établissements de recherche se transforment en entreprises, tandis que d'autres intègrent des entreprises existantes en guise d'unités de recherche internes.

Pendant cette phase, le SNI se caractérise par (Fig. 8.3) :

(a) Une réforme du système S&T exigeant que la recherche ait pour objectif le développement économique.
(b) Une interaction entre les entreprises, les universités et les établissements de recherche plus développée que jamais.
(c) Un SNI est plus ouvert.

Dans les années 1990, le système universitaire entame son « second ajustement » après le premier qui a eu lieu pendant les années 1950. Suivant le modèle en place aux États Unis et en Europe, qui met l'accent sur les universités multidisciplinaires, un grand nombre d'universités, séparées en unités distinctes pendant les années 1950, se sont mis à fusionner. Par exemple, l'Université de Hangzhou, l'Université agricole de Zhejiang et l'Université médicale de Zhejiang se sont rassemblées pour devenir l'Université de Zhejiang, la plus polyvalente des universités chinoises. Suite aux réformes initiées par le Conseil d'état en 1998, de nombreuses universités, auparavant gérées par le gouvernement central, ont été prises en charge par les gouvernements locaux. Le second ajustement a entraîné une réduction du nombre d'universités, tout en augmentant considérablement la taille moyenne des universités fusionnées.

Ce second ajustement a permis à la Chine d'établir un cadre dans lequel la plupart des universités se trouvent administrées par les gouvernements des provinces, leurs opérations étant conjointement gérées par les gouvernements locaux et central. On a donné aux provinces de plus grandes responsabilités et une autorité plus large, et profite des avantages d'avoir l'enseignement supérieur local sous la tutelle de leur planification unifiée. Ce nouveau système permet de résoudre des problèmes de segmentation et d'isolement, d'emploi et de gaspillage des ressources ; de faciliter les relations entre les institutions ; de soutenir les bonnes volontés du gouvernement local et des différentes sphères d'influence permettant de développer l'enseignement supérieur ; et de resserrer les liens entre les universités et le développement économique et social régional. Le gouvernement local bénéficie ainsi d'une influence profonde et stratégique sur le développement de l'enseignement supérieur en Chine (Zhou Ji 2002).

À partir du 1993, en plus de la réforme du système, le gouvernement adopte également une série de mesures qui ont pour but d'étendre les droits des universités : elles peuvent prendre des étudiants qui financent leurs propres études ; concevoir leurs propres programmes et supports d'enseignement ; entreprendre des projets de recherches en collaboration avec des entreprises ; désigner et congédier leur vice-président ; transférer des fonds gouvernementaux destinés à l'enseignement ; etc. Ces réformes ont pour résultat de permettre aux universités de s'orienter plus activement vers le marché, renforçant le lien entre les universités et la société.

La mission des universités change pour servir le développement économique et promouvoir l'avancement des S&T. Les universités chinoises sont de plus en plus nombreuses à créer leurs propres entreprises. D'un côté, ces entreprises gérées par les universités fournissent des financements dont les universités ont besoin, et de l'autre, elles contribuent au développement économique. Il y a de plus en plus de personnes qui reconnaissent aux universités un rôle de moteur de développement dans une société du savoir.

Pendant cette phase, le système universitaire se caractérise par :

(a) Une stratégie VNSE forçant les universités à servir le développement économique.
(b) Une coopération et un tissage de liens plus étroits entre les universités, les établissements de recherche et les entreprises.
(c) Des universités de plus en plus nombreuses à créer leurs propres entreprises.

8.3 Les caractéristiques du SNI chinois actuel

Dans une société du savoir, la génération, la diffusion et l'appropriation du savoir prennent une importance sans précédent. Le SNI devient très important, en tant que cadre conceptuel principal permettant d'analyser l'évolution technologique dans un pays. Il existe de nombreuses définitions du SNI ; cette étude suit la définition de Lundvall : « Un Système national d'innovation se constitue d'éléments et de relations qui interagissent dans la production, la dissémination et l'utilisation d'un savoir nouveau et utile pour l'économie » (Lundvall 1992).

Le SNI chinois est actuellement en cours d'évolution, passant d'un schéma de domination gouvernementale à un schéma nouveau dominé par le marché. Par une série de réformes, le système de recherche en Chine a évolué de manière importante : la fonction et le positionnement des anciens établissements de recherche ont changé ; la capacité de recherche et le statut des entreprises ont été mis en avant ; et les universités ont pris une place majeure dans le système de recherche chinois. Les entreprises, les établissements de recherche et les universités ont de multiples façons d'interagir. Par conséquent, un nouveau type de système de recherche, composé d'une multitude d'acteurs, a vu le jour en Chine.

Le gouvernement continue de soutenir la recherche de manière importante. Afin de faire face au défi mondial de la nouvelle révolution technologique et de la concurrence, l'État a mis en œuvre de nombreux programmes S&T relatifs aux technologies que les petites entreprises n'arrivaient pas à assumer, tel le Programme 863 qui a pour objectif d'améliorer la capacité d'innovation dans les secteurs high-tech, notamment les TIC, la biotechnologie, la technologie des matériaux de pointe, la technologie énergétique, etc. ; le Programme R&D des technologies clés, qui s'attaque aux problématiques S&T dans la construction économique nationale et dans le développement social ; et le Programme 973, qui cherche à renforcer la recherche fondamentale en accord avec les objectifs stratégiques nationaux (http://www.most.gov.cn).

L'État favorise également le développement des S&T par une restructuration de l'environnement dans lequel les industries S&T évoluent. Plusieurs programmes S&T ont changé d'orientation, mettant plus l'accent sur la mise en place d'un environnement propice que sur la mise en œuvre de projets, avec pour objectif d'augmenter les services techniques et les échanges, d'inciter le développement de petites et moyennes entreprises, de développer fortement les intermédiaires S&T, et de créer un environnement favorable à la commercialisation et l'industrialisation des résultats S&T. En parallèle, des efforts sont en cours pour promouvoir le commerce par la S&T, financer l'innovation des petites entreprises technologiques, et créer des centres de promotion de la productivité, des pôles S&T universitaires, et des pôles S&T agricoles.

Avec le soutien de l'État, les entreprises S&T jouent un rôle plus actif dans le SNI chinois actuel. Plusieurs entreprises ont créé leurs propres centres de R&D et ont amorcé une coopération avec les universités pour concevoir de nouveaux produits ou technologies. Le gouvernement a encouragé la création de liens plus

Tableau 8.1 DIRD/PIB en Chine (2002–2006)

	2002	2003	2004	2005	2006
DIRD (100 millions)	1 287,6	1 539,6	1 966,3	2 450,0	3 003,1
PIB (100 millions)	120 332,7	135 822,8	159 878,3	183 867,9	210 871,0
DIRD/PIB (%)	1,07	1,13	1,23	1,33	1,42

Source : Registre annuel des statistiques chinoises (2007)

importants entre les universités et les entreprises en favorisant les entreprises gérées par les universités, en créant des services fiscaux et juridiques pour la création d'entreprise par les enseignants ou les étudiants, en renforçant les lois relatives aux brevets, et en apportant son soutien à la création des pôles scientifiques universitaires.

Les caractéristiques du SNI chinois actuel sont les suivantes :

(a) Le gouvernement tente de construire un SNI plus efficace.
(b) Les entreprises sont en voie de devenir l'acteur le plus important du système, bien qu'elles ne le soient pas encore.
(c) Les liens entre les différents acteurs du SNI n'ont jamais été aussi étroits.

La section suivante brosse un portrait du SNI chinois par une présentation de la distribution des dépenses de R&D.

L'activité R&D constitue une part importante du SNI. La mise en œuvre de la Stratégie VNSE et la croissance économique ont eu pour résultat une augmentation rapide des dépenses intérieures brutes de R&D (DIRD) en Chine (Tableau 8.1). De 1998 à 2004, le taux moyen d'augmentation des DIRD en Chine était de 21,3%, et en 2006, ces dépenses ont atteint 300,3 milliards de yuans. Le pourcentage DIRD/PIB est passé de 0,70% en 1998 à 1,42% en 2006.

Le Tableau 8.2 montre les dépenses intérieures de R&D par type de recherche de 2003 à 2007. En 2007, les dépenses de R&D en recherche fondamentale (17,45 milliards de yuans), en recherche appliquée (49,29 milliards de yuans) et en développement expérimental (304,27 milliards de yuans) ont augmenté de 33,6%, 28,6% et 27,0%, respectivement, par rapport à l'année précédente. La recherche fondamentale représente 12,04% des dépenses de R&D, la recherche appliquée 0,81%, et le développement expérimental 29,02%. Si les dépenses en recherche fondamentale ont augmenté d'année en année, de 8,77 milliards de yuans en 2003 à 17,45 milliards de yuans en 2007, son pourcentage de la totalité des dépenses de R&D est resté faible, entre 5% et 6%. Ceci est en partie dû aux activités de recherche à court terme effectuées dans le cadre de la R&D et à la partie importante des dépenses de R&D de l'État consacrées au développement expérimental, qui peuvent avoir un impact négatif sur le développement de la recherche à long terme.

En 2007, les universités ont dépensé 31,47 milliards de yuans en R&D, une augmentation de 13,69% par rapport à l'année précédente. Les établissements de recherches indépendants ont dépensé 68,79 milliard de yuans, ou 25,65% de plus par rapport à l'année précédente. La proportion des dépenses de R&D par les universités, les établissements de recherche et les entreprises (en dépenses de R&D brutes)

Tableau 8.2 Dépenses intérieures de R&D par type de recherche (2003–2007)

	2003	%	2004	%	2005	%	2006	%	2007	%
Total	1 539,63		1 966,33		2 449,97		3 003,10		3 710,24	
Recherche fondamentale	87,65	5,69	117,18	5,96	131,21	5,36	155,76	5,19	174,52	4,70
Recherche appliquée	311,45	20,23	400,49	20,37	433,53	17,70	488,97	16,28	492,94	13,29
Développement expérimental	1 140,52	74,08	1 448,67	73,67	1 885,24	76,95	2 358,37	78,53	3 042,78	82,01

Unité : 100 millions de yuans
Source : Registre annuel chinois des statistiques en Science et Technologie (2008)

Tableau 8.3 Dépenses intérieures de R&D par exécutant (2003–2007)

	2003		2004		2005		2006		2007	
Total	1 539,6	%	1 966,3	%	2 450,0	%	3 003,1	%	3 710,2	%
Établissements de recherche indépendants	399,0	25,9	431,7	22,0	513,1	20,9	567,3	18,9	687,9	18,5
Entreprises (dont entreprises publiques) Grandes et moyennes	960,2	62,4	1 314,0	66,8	1 673,8	68,3	2 134,5	71,1	2 681,9	72,3
Établissements d'enseignement supérieur	162,3	10,5	200,9	10,2	242,3	9,9	276,8	9,2	314,7	8,5
Autres	18,1	1,2	19,7	1,0	20,8	0,9	24,5	0,8	25,7	0,7

Unité : 100 millions de yuans
Source : Registre annuel chinois des statistiques en science et technologie (2008)

Tableau 8.4 Dépenses intérieures de R&D par sources (2006–2007)

	2006		2007	
Total	3 003,1	%	3 710,2	%
État	742,1	24,71	913,5	24,62
Entreprises (dont entreprises publiques)	2 073,7	69,05	2 611,0	70,37
Investissement étranger	48,4	1,61	50,0	01,35
Autre	138,9	4,63	135,8	03,66

Unité : 100 millions de yuans
Source : Registre annuel chinois des statistiques en science et technologie (2007 et 2008)

fut, respectivement, de 8,5%, 18,5% et 72,3%. Les données du Tableau 8.3 montrent que les dépenses de R&D par les entreprises sont en constante évolution, et que les entreprises sont en train de devenir des acteurs clés dans les activités de R&D. En revanche, la part des activités R&D réalisées par les universités reste bien moins importante.

8.3.1 R&D publics

Les financements de R&D en Chine proviennent de l'État, des entreprises, d'investissements étrangers et d'autres sources. Le Tableau 8.4 montre les sources de financements de R&D en 2006 et 2007. Les entreprises sont devenues une source majeure de financement de la R&D en Chine, représentant plus de la moitié de tous les investissements en R&D.

Les financements de l'État sont également une source importante d'investissement en R&D en Chine, mais proportionnellement en baisse. En 2004, l'État a investi

Tableau 8.5 Dépenses intérieures de R&D par l'État (2006-2007)

	2006		2007	
Total	742,1	%	913,5	%
Établissements de recherche indépendants	481,2	64,84	592,9	64,90
Entreprises (dont entreprises publiques)	96,8	13,04	128,7	14,10
Grandes et moyennes	60,0		85,7	
Établissements d'enseignement supérieur	151,5	20,42	177,7	19,45
Autre	12,6	1,70	14,1	1,55

Unité : 100 millions de yuans
Source : Registre annuel chinois des statistiques en science et technologie (2007, 2008)

52,36 milliards de yuans en R&D, soit 26,6% du total des investissements. En raison du rôle d'orientation stratégique de l'État, ses investissements jouent un rôle important dans le développement des S&T.

Le Tableau 8.5 montre la distribution des fonds publics R&D en 2006 et 2007. Plus de 95% de tous les investissements de l'État en R&D étaient destinés au secteur de la R&D publique, dont les établissements de recherche et les universités. La partie allouée aux établissements de recherches dépasse les 64%, tandis que la partie allouée aux universités n'atteint qu'un peu plus de 19%. Cela s'explique principalement par l'influence du système scientifique soviétique traditionnel, qui n'attachait que peu d'importance aux activités de recherches dans les universités.

Il faut noter qu'il est impossible d'évaluer le pourcentage des investissements R&D publics allant aux entreprises publiques en raison de la classification complexe des entreprises chinoises. Néanmoins, ces entreprises représentent la majorité des grandes et moyennes entreprises en Chine, qui sont à l'origine de plus de la moitié des toutes les dépenses R&D des entreprises.

8.3.2 R&D industriels

La mise en œuvre de la politique de « réforme et d'ouverture » a mis la structure industrielle de la Chine dans un état de rajustement permanent. L'industrie agricole est passée de 28,21% du PIB en 1978 à 11,7% en 2006, tandis que la part des services a augmenté, passant de 23,9% à 39,4%. Pourtant, en termes relatifs le développement de l'industrie des services est plus lent (Tableau 8.6).

En 2003, l'effort moyen en R&D des industries secondaires chinoises était de 2%, bien plus bas que la moyenne des pays développés. Par conséquent, les critères de classement des industries de haute technologie sont également moins pointus en Chine que dans les pays développés. Les industries manufacturières de haute technologie en Chine incluent l'aérospatiale, l'électronique et les télécommunications, les instruments médicaux et métrologiques, les produits médicaux et pharmaceutiques, les ordinateurs et les machines de bureau. Le Tableau 8.7 montre l'intensité R&D de ces industries de haute technologie en 2003.

Tableau 8.6 Structure industrielle de la Chine en pourcentage du PIB (%)

	1978	1989	1997	2006
Industrie primaire	28,2	25,1	18,3	11,7
Industrie secondaire	47,9	42,8	47,5	48,9
Industrie tertiaire	23,9	32,1	34,2	39,4

Source : Registre annuel chinois des statistiques (2007)

Tableau 8.7 L'intensité R&D des industries high-tech en Chine (2003)

	Intensité R&D
Industrie aérospatiale	15,8%
Industrie électronique et télécommunications	5,4%
Industrie des instruments médicaux et métrologique	3%
Industrie des produits médicaux et pharmaceutique	2,7%
Industrie des ordinateurs et machines de bureau	2,5%

Source : Registre annuel chinois des statistiques concernant l'industrie de haute technologie (2005)

Tableau 8.8 Pourcentage des exportations pour les produits de haute technologie, manufacturières et primaires (2003–2007)

	2003	2004	2005	2006	2007
Produits manufacturiers	92,1	93,2	93,6	94,5	95,0
Dont produits de haute technologie	25,2	27,9	28,6	29,0	28,6
Produits primaires	7,9	6,8	6,4	5,5	5,0
Total	100	100	100	100	100

Source : Registre annuel chinois des statistiques en science et technologie (2008)

Durant les deux dernières décennies, la Chine est devenue le sixième pays le plus important en termes de commerce dans le monde. Si le pourcentage des produits de haute technologie exportés augmente, l'essentiel des exportations reste lié à des produits à fort taux de main-d'œuvre avec peu de valeur ajoutée, comme les textiles, les jouets, les vêtements, etc. (Tableau 8.8).

Le Tableau 8.9 montre le pourcentage des produits de haute technologie exportés et importés en 2007. Les données montrent que les exportations et importations chinoises se regroupent en trois industries : l'informatique, les télécommunications et l'électronique. Ces trois industries représentent 93,5% de la valeur totale des exportations et 81,9% de la valeur totale des importations en 2007.

8.3.3 R&D dans les universités

Les universités chinoises disposent de sources de financement multiples. Les fonds externes, notamment des entreprises, sont en augmentation. En 2007, le financement venant des entreprises était de 11,03 milliards de RMB, ce qui représente 35,05% de tout le financement R&D dans les universités, une augmentation de 9,0% par

Tableau 8.9 Pourcentage des produits de haute technologie exportés et importés (2007)

	Exportation (%)	Importation (%)
Ordinateurs et télécommunications	80,4	27,2
Science de vie	2,6	2,3
Électronique	13,1	54,7
Productique	1,4	8,0
Aérospatial et aéronautique	0,7	4,5
Électronique optique	1,0	1,4
Biotechnologie	0,1	0,1
Matériaux	0,6	1,8
Autres	0,1	0,1
Total	100	100

Source : Registre annuel chinois des statistiques en science et technologie (2008)

Tableau 8.10 Dépenses internes de R&D dans les établissements d'enseignement supérieur par source (2006–2007)

	2006 (100 millions de yuans)	%	2007 (100 millions de yuans)	%
Total	276,8	100	314,7	100
Financement de l'État	151,5	54,73	177,7	56,47
Financement des entreprises	101,2	36,56	110,3	35,05
Financement étranger	3,8	01,37	4,8	01,53
Autre financement	20,3	07,33	21,9	06,96

Source : Registre annuel chinois des statistiques en science et technologie (2008)

Tableau 8.11 Une comparaison des dépenses R&D des établissements de recherches et des établissements d'enseignement supérieur

	Établissements de recherche		Établissements d'enseignement supérieur	
Recherche fondamentale	74,7	10,9%	86,8	27,6%
Recherche appliquée	227,1	33,0%	161,8	51,4%
Développement expérimental	386	56,1%	66,1	21,0%

Unité : 100 millions de yuans
Source : Indicateur chinois en science et technologie (2008)

rapport à l'année précédente (Tableau 8.10). Comparées aux établissements de recherche, qui dépendent essentiellement d'un financement de l'État, les universités sont plus proches du marché, et les liens sont plus étroits entre les universités et les entreprises.

Si l'on compare les dépenses R&D des établissements de recherche à celles des universités, on constate que ces dernières mettent l'accent sur la recherche fondamentale et la recherche appliquée, tandis que les établissements de recherche mettent l'accent sur le développement expérimental (Tableau 8.11). Néanmoins, en termes absolus, les établissements de recherche restent plus impliqués dans la recherche fondamentale que les universités.

8.4 Les caractéristiques du système universitaire chinois actuel

L'expérience de la Chine en développement éducatif montre le rôle particulièrement stratégique que joue le système d'éducation pour réduire l'écart qu'existait entre la Chine et les pays développés. Le gouvernement chinois montre une très forte volonté à mettre en œuvre sa stratégie éducative – Vitaliser la nation par la science et l'éducation (Stratégie VNSE) – qui a pour objectif un développement constant de l'enseignement supérieur.

À la lumière des évolutions socioéconomiques, le gouvernement chinois a pris en 1999 une décision politique importante consistant à augmenter le nombre d'inscrits dans l'enseignement supérieur. Selon les chiffres officiels, la Chine comptait en 2006 3 543 établissement d'enseignement supérieur (EES) : 1 908 EES à vocation générale (EESG), dont 740 avec des programmes diplômant et 1 015 avec des formations professionnelles de niveau supérieur ; 413 EES pour adultes ; et 906 EES non-gouvernementaux (Tableau 8.12).

Selon la Classification internationale type de l'éducation (CITE), les universités chinoises se classent parmi les établissements d'enseignement supérieur général (EESG) ayant des programmes de niveau 6 et 5A. Pourtant, en Chine, de nombreux EESG offrent également des programmes de niveau 5B, et les chiffres officiels classent les organismes de formation professionnelle tertiaire parmi ces EESG. Ce qui explique le nombre plus élevé d'universités chinoises comptées par cette étude que le nombre retenu en suivant les critères du CITE.

Tableau 8.12 Nombre d'établissement d'enseignement supérieur (EES) en Chine (2006)

	Total	EES sous tutelle des ministères et agences de l'État	EES sous tutelle des autorités locales	Hors-État/ privé
Établissements avec de programmes de deuxième cycle	(795)	371	424	
EESG	(479)	98	381	
Établissement de recherche	(316)	273	43	
EESG	1 908	111	1 502	295
EES avec programmes diplômant	740	106	604	30
EES avec cycles courts	1 168	5	898	265
dont : formation professionnelle tertiaire	(1 015)	2	754	259
EES pour adultes	413	14	397	2
EES non-gouvernementaux	906			1 906

Note : Les données entre parenthèses ne comptent pas le nombre d'écoles
Source : Registre annuel chinois des statistiques sur l'éducation (2007)

Tableau 8.13 Le nombre de EESG et le nombre d'inscriptions (1987–2006)

	1987	1988	1989	1990	1991	1992	1993	1994	1995	1996
Établissements	1 063	1 075	1 075	1 075	1 075	1 053	1 065	1 080	1 054	1 032
Étudiants (par 10 000)	195,9	206,6	208,2	206,3	204,4	218,4	253,6	279,9	290,6	302,1

	1997	1998	1999	2000	2001	2002	2003	2004	2005	2006
Établissements	1 020	1 022	1 071	1 041	1 225	1 396	1 552	1 731	1 792	1 908
Étudiants (par 10 000)	317,4	340,9	413,4	556,1	719,1	903,4	1 108,6	1 333,5	1 561,8	1 738,8

Source : Registre annuel chinois des statistiques (2007)

Tableau 8.14 Données sur les étudiants inscrits aux EESG en Chine (2006)

	Diplômés	Entrants	Inscrits
En deuxième et troisième cycle	299 614	401 694	1 143 637
Doctorat	36 270	51 916	201 129
Maitrise	263 344	349 778	942 508
En premier cycle	6 242 307	7 570 326	24 090 504
Programmes généraux	2 670 834	3 641 829	12 470 248
Programmes courts	3 571 473	3 928 497	11 620 256

Source : Registre annuel chinois des statistiques sur l'éducation (2007)

8.4.1 Nombre d'étudiants

De 1985 à 2004, le nombre d'EES à vocation générale a augmenté de 1 016 à 1 731, et le nombre d'étudiants inscrits est passé de 1,7 millions à 13,3 millions. Le nombre total des étudiants inscrits dans le système chinois d'enseignement supérieur a atteint 23 million en 2005. Ce qui fait de lui le plus grand système d'enseignement supérieur du monde (Wang Libing 2006).

Il ressort du Tableau 8.13 que pendant les années 1990 le nombre d'EESG a varié entre 1 000 et 1 100, pour ensuite augmenter de manière très importante depuis 2000. Le nombre total des étudiants est en augmentation constante.

Le Tableau 8.14 montre le nombre de diplômés, d'entrants et d'inscrits dans les EESG en 2006. Cette année là, 7,6 millions de nouveaux étudiants se sont inscrits en premier cycle dans les EESG, portant le total des inscrits à 24,1 millions. Le nombre de personnes inscrites en deuxième et troisième cycles a atteint 1 143 637.

Le Tableau 8.15 montre une moyenne de 1,83 étudiant inscrit en EESG par 100 habitants en 2006, avec une moyenne de 0,5 diplômé.

Le Tableau 8.16 montre le nombre d'étudiants en EESG par domaine d'étude. La Chine a une proportion relativement réduite d'étudiants en sciences sociales et humaines, comparée aux pays développés. Néanmoins, la transformation de nombreuses universités spécialisées en universités multidisciplinaires ces dernières années a permis d'augmenter le nombre d'étudiants en sciences humaines et sociales ; en 2007, ils représentaient 49,3% des étudiants en premier cycle et 36,7% de ceux en

Tableau 8.15 Nombre moyen d'étudiants en EESG par 100 habitants (2006)

	2006
Population totale (100,00 personnes)	131 448
Nombre d'étudiants inscrits (100,00 personnes)	2 409,1
Pourcentage (%)	1,83
Nombre de diplômés (10 000 personnes)	624,2
Pourcentage (%)	0,5

Source : Registre annuel chinois des statistiques (2007), Registre annuel chinois des statistiques sur l'éducation (2007)

Tableau 8.16 Nombre total d'inscrits dans les EESG par domaine d'étude (2007)

		Total	Deuxième et troisième cycle 1 195 047		Premier cycle 18 848 954	
Sciences sociales et humaines	Philosophie		14 708	36,7%	7 637	49,3%
	Économie		56 738		971 043	
	Droit		80 311		703 132	
	Éducation		40 980		1 038 604	
	Lettres		93 935		2 895 580	
	Histoire		16 389		54 640	
	Militaire		704		/	
	Administration		135 028		3 614 531	
Science naturelle	Science		146 146	63,3%	1 105 990	50,7%
	Ingénierie		436 352		6 720 538	
	Agriculture		45 285		350 970	
	Médicine		128 471		1 386 289	

Unité : personnes
Source : Registre annuel chinois des statistiques en science et technologie (2008)

deuxième et troisième cycle. L'administration est un domaine d'étude émergeant en Chine et comprend la science et l'ingénierie de la gestion, la gestion, l'administration publique, l'économie et la gestion agricole, ainsi que la bibliothéconomie et les techniques de documentation. Si l'administration fut introduite en Chine en tant que domaine d'étude il y a à peine un peu plus d'une décennie, elle connait un véritable essor, et est rapidement devenue le sujet le plus étudié en sciences humaines et sociales. De 2001 à 2007, le pourcentage des diplômes de maitrise d'administration s'élevait à 13,04%, et de doctorat à 11,28%. Il y a aussi un nombre important d'étudiants qui reçoivent des maitrises et des doctorats en lettres, avec 6,18% et 8,04% respectivement de 2001 à 2007. Selon la classification utilisée par les universités chinoises, les études de lettres comprennent non seulement la littérature chinoise, mais également les langues et la littérature étrangère, le journalisme, la communication et l'art. Il y a beaucoup d'étudiants en langues étrangères, ce qui explique la proportion importante dans ce domaine.

Tableau 8.17 Nombre d'inscrits dans les EESG non-gouvernementaux (2006)

	Diplômés	Entrants	Inscrits
Programmes normaux	30 176	72 555	211 242
Programmes courts	337 244	527 097	1 419 419
Total	367 420	599 652	1 630 661

Unité : personnes
Source : Registre annuel chinois des statistiques sur l'éducation (2007)

8.4.2 EESG non-gouvernementaux

La Constitution de 1982 a créé une base législative pour l'existence d'EES privés en Chine, et en 1984, la première université non-gouvernementale – Haidian Day University – fut créée à Beijing. Néanmoins, dans les années 1980, l'environnement social n'était pas prêt, et les universités non-gouvernementales mirent du temps à se développer. Suite au discours sur l'ouverture de Deng Xiaoping en 1992, le nombre d'EES non-gouvernementaux a augmenté rapidement, passant de 450 en 1991 à 1219 en 1995. L'État a été obligé, en 1997 et 1998, de contrôler l'étendue de l'éducation supérieure non-gouvernementale (http://www.cuaa.net).

En 1999, l'État a officiellement autorisé la création d'EESG non-gouvernementaux, et la loi relative à leur création est adoptée en 2002. Récemment, le nombre d'EESG non-gouvernementaux a continué à augmenter. Dès 2006, la Chine comptait 906 EESG non-gouvernementaux, réunissant un total de 1 630 661 étudiants (Tableau 8.17).

Les programmes enseignés par les EESG non-gouvernementaux mettent l'accent essentiellement sur les sujets d'actualité, telles les langues étrangères, l'informatique, l'économie, la gestion, etc. Il n'y a aucun qui enseigne la philosophie, l'histoire ou les études militaires. La plupart ne font que peu de recherche.

8.4.3 Organismes de formation professionnelle tertiaire

En Chine, les organismes de formation professionnelle tertiaire sont en charge de la plus grande partie de l'enseignement des programmes de niveau 5B. En raison de leur grande diversité, il n'existe pas de données précises les concernant. Selon un article paru dans le quotidien Guang Ming, le nombre d'entrants dans les organismes de formation professionnelle tertiaire est passé de 0,54 million à 2 millions entre 1998 et 2003, et le nombre total des inscrits de 1,17 million à 4,8 millions. Soit, respectivement, 52,24% et 43,24% de tous les entrants et inscrits dans les EESG (Wu Qidi 2004). Néanmoins, certains organismes de formation professionnelle tertiaire n'ont pas réussi à déterminer leur orientation et leurs compétences d'enseignement sont insuffisantes. Par conséquent, leurs diplômés souffrent d'un manque de reconnaissance. Le taux d'emploi des diplômés de ces organismes était seulement de 55% en 2003.

Tableau 8.18 Les sources de financement des EESG (2006)

Total	25 502 370,8	%
Crédits publics pour l'éducation	10 908 368,7	43
Fonds d'organismes et de personnes pour le fonctionnement des établissements	1 801 315,4	7
Donations et collecte des fonds pour le fonctionnement des établissements	210 796,3	1
Frais de scolarités et autres frais	7 919 249,3	31
Autres financements	4 662 641,1	18

Unité : 10 000 yuans
Source : Registre annuel chinois des statisitiques (2007)

8.4.4 Sources de financement de l'éducation

Une réforme globale de l'éducation a permis de remplacer progressivement l'ancien système de financement de l'enseignement supérieur dépendant de l'État par un nouveau système capable de rassembler des fonds de sources diverses, l'État se réservant les responsabilités principales.

Aujourd'hui, les EESG disposent de plusieurs canaux de financement, comprenant les crédits publics pour l'éducation, des fonds venant d'organismes sociaux et des personnes, des donations et des collectes de fonds pour le fonctionnement des établissements, les frais de scolarité et d'autres frais, ainsi que d'autres fonds éducatifs. Le Tableau 8.18 montre les différentes sources de financement pour l'éducation dans les EESG en 2006. Les fonds publics sont les plus importants pour les EESG, et représentent presque la moitié du financement total. Le pourcentage représenté par les frais de scolarité et d'autres frais est en hausse, en voie de devenir une autre source importante de financement.

À partir de 1998, l'État a pris la décision de faire évoluer la proportion des dépenses pour l'éducation au niveau du gouvernement central, prévoyant une augmentation de 1% par an pendant 5 ans. À l'initiative de l'État, et avec son encouragement, les gouvernements locaux et divers secteurs sociaux augmentent activement leurs contributions financières à l'éducation. En 2001, les dépenses de l'éducation venant des finances nationales représentaient 3,19% du PIB global, en hausse par rapport à seulement 2,4% en 1997. De quoi un signe fort de soutien à la réforme nationale de l'éducation et à son développement (Zhou Ji 2002).

8.5 Quelques-uns des débats actuels sur le rôle des universités dans les SNI chinois

Aujourd'hui, les universités chinoises jouent un rôle actif dans le développement de la société. Les universités sont des centres d'éducation et de recherche, mais elles font aussi partie du SNI en tant qu'incubateurs d'entreprises et instigateurs relationnels.

Tableau 8.19 Nombre d'étudiants dans les programmes de formation à distance, formation hors temps du travail, formations courtes pour adultes gérés par des EESG

	Diplômés	Entrants	Inscrits
Formation à distance et hors temps du travail	1 175 243	1 409 868	3 937 877
Formations courtes pour adultes	335 632	267 384	673 012

Source : Registre annuel chinois des statistiques sur l'éducation (2007)

8.5.1 L'éducation : l'expansion et l'assurance qualité

L'enseignement est la mission la plus basique des universités, et ces dernières sont à la base de la formation et de l'éducation en Chine En plus de l'enseignement supérieur, les universités chinoises dispensent également de la formation continue supérieure à distance, de la formation hors temps du travail, des programmes de formation courte, etc. (Tableau 8.19).

Pourtant, avec l'expansion rapide des universités, la qualité de l'enseignement supérieur s'est dégradée depuis 1999. Une enquête réalisée dans la Province de Guangdong montre que seulement 2,7% des étudiants en premier cycle sont satisfaits de la qualité de l'éducation de l'université dans laquelle ils font leurs études, tandis que 77% sont insatisfaits. Une autre enquête auprès de 12 398 étudiants en premier cycle démontre que 79% des étudiants croient qu'ils ne peuvent pas acquérir des connaissances utiles dans les universités, 77% pensent que ce qu'ils ont appris n'est pas pertinent dans la pratique, et 80% sont insatisfaits des cours et de leurs contenus (Lin Jian 2001).

Depuis quelque temps, la société se préoccupe de la qualité de l'enseignement de deuxième et troisième cycles. Avec l'accroissement des universités, le nombre d'inscrits dans ces cycles a augmenté rapidement, allant de 65 000 en 2000 à 324 940 en 2005. Pourtant, le nombre de professeurs augmente plus lentement. De nombreux professeurs doivent superviser environ 10 étudiants en maîtrise ou doctorat, et certains s'occupent de plus de 30 étudiants. De nombreux étudiants se plaignent qu'ils ont peu d'occasions pour rencontrer leurs professeurs et qu'ils doivent se charger de tout, eux-mêmes. En parallèle, les professeurs se plaignent de la mauvaise qualité des étudiants en deuxième et troisième cycles. Une enquête faite par une équipe à l'Université de Beijing parmi plus de 1 000 professeurs dans 97 universités montre que 56,9% des professeurs en deuxième cycle et 47,8% de ceux en troisième cycle pensent que la qualité des étudiants est en baisse (Yan Weifang 2006).

De nombreux articles sur ce sujet décrivent la cause du déclin en qualité de l'éducation comme étant liée au système de gouvernance à un niveau macro, aux mesures juridique incomplètes, à la gestion interne des universités et facultés, aux capacités des enseignants, et au manque de cohérence du modèle d'évaluation de l'enseignement et de la gestion (Cheng Fangping 2006). Presque tout le monde admet que les préoccupations suscitées par la qualité de l'enseignement supérieur en Chine pourraient être une conséquence naturelle de son développement rapide.

Par conséquent, la question de savoir comment améliorer la qualité de l'enseignement supérieur reste un défi pour les universités chinoises. La Chine met en place un système d'homologation professionnelle. En 2002, le Ministère de l'éducation a introduit une nouvelle politique d'assurance qualité, qui devait mettre l'accent essentiellement sur l'évaluation de l'enseignement de premier cycle dans les EES sur la base des résultats utilisant une échelle à quatre niveaux : excellent, bien, assez bien ou échec. Selon les chiffres officiels, à la fin de 2004, 116 EES à travers la Chine ont été évalués suivant cette nouvelle échelle. En août 2004, une agence nationale parapublique d'assurance qualité – le Centre national d'évaluation de l'enseignement supérieur (NHEEC) – a été créée pour suivre la mise en œuvre de l'évaluation de l'enseignement supérieur dans le pays (Wang Li Bing 2006). Néanmoins, des efforts supplémentaires pour s'assurer du bon fonctionnement du système d'homologation sont plus pertinents et efficaces.

Le onzième plan quinquennal (2006–2010) sur l'éducation définit parmi ces objectifs celui d'« améliorer la qualité de l'enseignement ». En mai 2006, le Conseil d'état a limité le nombre d'inscriptions pour contrôler la croissance rapide du nombre d'étudiants, afin d'améliorer la qualité de l'enseignement. Pourtant, l'enseignement supérieur continuera son expansion en accord avec le développement national de manière plus rationnelle, stable et durable. La limitation a des avantages et des inconvénients pour la population. Les parents de candidats potentiels continuent à croire qu'une croissance continue du nombre d'inscriptions donnera une meilleure chance à leurs enfants, tandis que les étudiants en premier cycle s'inquiètent du fait que cette expansion puisse exercer une pression plus importante sur le marché du travail.

8.5.2 *La recherche : enseignement et recherche, recherche fondamentale, et recherche appliquée*

La recherche fait également partie des missions principales des universités. Aujourd'hui, la R&D qui entre et qui sort des universités chinoises montre que ces dernières jouent un rôle important dans les activités de R&D. Profitant entièrement de leur statut comme centre du savoir et du talent, les universités chinoises ont amélioré leur capacité de recherche et contribuent de manière significative à la construction économique du pays, ainsi qu'à son développement social.

Les données officielles sur la période 1996–2000 montrent que les universités chinoises se sont emparées de plus de 70% des projets de la Fondation de science naturelle, de plus de 30% du « Projet 863 » national, et de plus d'un tiers des Projets nationaux clés de recherche fondamentale. La Fondation nationale de sciences naturelles est la fondation de recherche par concours la plus normative et la plus équitable de Chine. On voit dans le Tableau 8.20 que les universités ont reçu plus de 70% du total des financements en 2007.

Le Tableau 8.21 montre les données concernant les projets R&D et les distinctions dans les EESG en 2006. Les EES principaux ont été responsables de quasiment la moitié de tous les projets R&D dans les universités, et ils deviennent un atout important dans le SNI chinois.

Tableau 8.20 Financement de projets validés par la Fondation nationale des sciences naturelles par secteur (2007)

	Universités	Établissements de recherche	Autre	Total
Programmes généraux	177 252	46 999	3 207	22 7457
Programmes en tête de classement	40 470	22 190	870	63 530
Programmes majeurs	–	–	–	–
Plans de recherche majeurs	13 228	9 210	140	22 578
Programmes avec financement conjoint	10 701	4 409	620	15 730
Projets de la Fondation national des sciences pour jeunes chercheurs éminents	24 060	11 220	–	35 280
Programmes du Fonds de recherche conjoint sur l'innovation	13 515	11 215	–	24 730
Fonds du président et des directeurs	3 410	1 016	354	4 780
Projets avec financement spécifique	3 114	1 434	160	4 708
Coopération et échanges internationaux	7 105	4 686	1 436	13 227
Total	361 085	128 077	7 921	497 083

Unité : 10 000 yuans
Source : Registre annuel chinois des statistiques en science et technologie (2008)

Tableau 8.21 Données sur les projets R&D et les distinctions des EESG (2006)

	Projets	Prix Total	National
EES principaux	140 918	2 575	197
EES niveau d'étude ordinaire	128 695	2 384	68
EES avec programmes courts	3 455	47	0
Total	273 068	5 006	265

Source : Registre annuel chinois des statistiques sur l'éducation (2007)

Le débat sur la relation entre l'enseignement et la recherche dure depuis plus de deux décennies, une conséquence du fait que la recherche est devenue une des missions importantes des universités dans les années 1980. Chacun s'accorde sur le fait que l'enseignement et la recherche dépendent l'un de l'autre et sont inséparables dans l'enseignement supérieur, et que la recherche est nécessaire pour mettre à jour et vérifier le savoir, ainsi que pour assurer une qualité d'enseignement. Et pourtant, la recherche peut avoir certaines influences négatives sur l'enseignement dans certaines universités. Dans beaucoup d'universités, l'évaluation du travail de l'enseignant met en lumière ses résultats de recherche, et par conséquent de plus en plus d'enseignants se consacrent à leurs travaux de recherche, aux dépens de l'enseignement, une cause indirecte de la baisse de qualité de l'enseignement. De plus, beaucoup d'enseignants font de la recherche de manière passive afin de remplir les exigences des universités, sans atteindre un niveau satisfaisant de qualité et d'efficacité. Par conséquent, trouver un équilibre entre l'enseignement et la recherche et une manière de rendre cette dernière plus efficace sont des défis importants pour beaucoup d'universités chinoises.

Du fait de la baisse des financements publics, les universités doivent chercher des fonds complémentaires pour leur recherche. Par conséquent, la recherche appliquée, qui produit des résultats rapidement, et donc assure des financements futurs, les attire plus que la recherche fondamentale qui a tendance à mettre plus longtemps à produire un retour. Pourtant, la recherche fondamentale apporte une contribution clé au développement des S&T. Bien que le soutien de l'État grandisse d'année en année, le choix reste difficile pour les universités.

8.5.3 Transfert de technologie : université et industrie

La littérature décrit en général, les activités relatives au transfert de technologie dans les universités comme « la troisième mission ». Il existe plusieurs formes de transfert de technologie dans les universités chinoises, dont notamment les publications, les conférences internationales, des projets de recherche communs, les licences, les entreprises gérées par les universités, etc. Les universités chinoises participent ainsi activement aux initiatives des entreprises qui ont pour objectif une mise à jour technologique, et à la construction de l'économie locale, où elles travaillent sur le transfert des résultats de R&D vers une mise en pratique productive et agissent comme un moteur indispensable dans l'innovation technologique du pays.

8.5.3.1 Publications et rencontres internationales

Les publications et les rencontres internationales sont des formes usuelles de transfert de technologie pour toute sorte d'université. Et pourtant, les participants sont pour l'essentiel des universitaires et non pas les usagers potentiels de la technologie, et pour cette raison, ils ne sont pas efficaces pour un transfert de technologie, mais sont des lieux propices à la communication pour les universitaires dans le même domaine. Le Tableau 8.22 présente des données sur les publications dans les EES chinois, et le Tableau 8.23 des données sur la recherche collaborative internationale réalisée par les EES principaux.

8.5.3.2 Recherche conjointe avec les entreprises

Du fait du système S&T traditionnel, les entreprises chinoises n'ont pas beaucoup de ressources à allouer à la R&D. Elles doivent donc se rapprocher des universités pour ce qui touche à la pratique technologique.

La recherche conjointe directe avec les entreprises a démarré en Chine pendant les années 1980. Les universités offrent non seulement la formation professionnelle aux salariés des entreprises, mais elles collaborent avec les entreprises au travers des projets de recherche qui ont pour objectif de résoudre des problèmes pratiques.

La mise en œuvre du projet de 1992 de « coopération entreprise-université-établissement » a renforcé la coopération entre les entreprises et les universités.

8 Chine : défis de l'enseignement supérieur dans une économie en forte croissance

Tableau 8.22 Nombre de publications par les EESG (2006)

	Monographies	Articles
EES principaux	3 375	307 767
EES de niveau d'étude ordinaire	6 051	287 177
EES avec programmes courts	1 051	15 718
Total	10 477	610 662

Source : Registre annuel chinois des statistiques sur l'éducation (2007)

Tableau 8.23 Communication internationale des EES principaux (2006)

	Personnes envoyées	Personnes reçues	
Recherche collaborative internationale	23 864	27 175	
	Participants (personnes)	Articles	Compte-rendus
Rencontres savants internationaux	98 888	58 513	8 567

Source : Données statistiques en science et technologie au sein des établissements d'enseignement supérieur (2007)

Les fonds venant des entreprises à destination des universités pour la R&D sont passés de 3,6 milliards de yuans en 1998 à 7,45 milliards de yuans en 2004. Actuellement, le transfert de technologie orienté vers les entreprises représente une source importante de financement de la R&D pour les universités.

Comme on a pu voir dans le Tableau 8.11, la recherche appliquée représente 54,2% de la recherche faite par les universités en 2004.

8.5.3.3 Les licences

Les Tableaux 8.24 et 8.25 montrent le nombre de brevets attribués et des contrats techniques dans les universités chinoises de 2003 à 2007. Si le nombre de brevets attribués aux universités augmente d'année en année, le nombre de contrats signés sur les marchés intérieurs techniques, pour lesquels les universités jouent le rôle de vendeur, n'augmentent pas au même rythme que les brevets. Ce qui reflète le faible taux de commercialisation des brevets dans les universités chinoises.

Le Tableau 8.26 montre les données de transfert de technologie pour les EES principaux en Chine. La technologie des EES principaux va, pour l'essentiel, vers les entreprises publiques.

8.5.3.4 Les entreprises universitaires

Avant d'entamer la discussion concernant les entreprises universitaires, il faut comprendre qu'elles sont très différentes des entreprises issues de l'essaimage aux États-Unis. Une entreprise issue de l'essaimage est, par définition, une entité d'origine universitaire qui devient une entité indépendante, tandis qu'une entreprise

Tableau 8.24 Brevets attribués aux universités (2003–2007)

	2003	2004	2005	2006	2007
Invention	7 704	9 683	14 643	17 312	23 001
Modèle d'utilité	2 375	2 844	3 843	4 376	6 377
Design	173	470	1 435	1 262	3 302
Total	10 252	12 997	19 921	22 950	32 680

Source : Registre annuel chinois des statistiques en science et technologie (2008)

Tableau 8.25 Contrats signés sur les marchés intérieurs techniques avec les universités comme vendeurs (2003–2007)

	2003	2004	2005	2006	2007
Total	267 997	264 638	267 997	205 845	220 868
Universités	37 974	39 289	37 974	18 401	26 963
%	14,2	14,8	14,2	8,94	12,2

Source : Registre annuel chinois des statistiques en science et technologie (2008)

Tableau 8.26 Données sur le transfert de technologie dans les EES principaux (2006)

	Entreprises publiques	Entreprises étrangères	Entreprises privées	Autre	Total
Contrats	1 757	199	1 240	835	4 031
%	43,59	4,94	30,76	20,71	100
Valeur (millier)	664 922	74 136	389 118	207 097	1 355 273
%	49,80	5,55	29,14	15,51	100

Source : Données statistiques en science et technologie au sein des établissements d'enseignement supérieur (2007)

universitaire est une entité économique qui reste dans la structure administrative de l'université.

La réforme du système S&T en 1985 a réduit de manière drastique les financements publics des universités. Par conséquent, beaucoup d'universités chinoises ont décidé de gérer leurs propres entreprises pour avoir un soutien financier et améliorer les conditions d'enseignement. Néanmoins, la quasi totalité des entreprises universitaires des années 1980 sont des entreprises commerciales, comme des imprimeries, des maisons d'édition et touchant certains services.

Dans les années 1990, de plus en plus d'universités tirent des bénéfices du marché à travers leurs propres entreprises. L'évolution majeure consiste en un choix par les universités d'établir des entreprises S&T et de se focaliser sur le développement et l'industrialisation S&T. Le développement des entreprises universitaires, et tout particulièrement des entreprises universitaire S&T, devient un critère d'évaluation important pour les universités. Les entreprises universitaires, avec le soutien de l'État, s'élargissent et se renforcent progressivement. Beaucoup d'entreprises universitaires ont pris un rôle principal dans l'industrie high-tech chinoise, comme Tongfang, Founder et Dongruan.

D'une part, il est clair que les universités obtiennent un soutien financier rapide à travers ces entreprises, et de l'autre, ces entreprises universitaires S&T favorisent

Tableau 8.27 Comparaison des données opérationnelles des entreprises universitaires en Chine (2000-2004)

Année	Nombre d'entreprises	Chiffre d'affaires (100 millions de yuans)	Bénéfices totaux (100 millions de yuans)	Profit net (100 millions de yuans)
2000	5 451	484,55	45,64	36,04
2001	5 039	602,98	48,17	35,32
2002	5 047	720,08	45,93	35,33
2003	4 839	826,67	42,98	27,95
2004	4 563	969,30	49,93	29,53

Source : Centre pour le développement des science et technologie, Ministère de l'éducation de la République populaire de Chine, Statistiques et rapport d'analyse sur les entreprises universitaires de Chine (2004)

Tableau 8.28 Comparaison des données opérationnelles des entreprises universitaires de haute technologie en Chine (2000-2004)

Année	Nombre d'entreprises	Chiffre d'affaires (100 millions de yuans)	Bénéfices totaux (100 millions de yuans)	Profit net (100 millions de yuans)
2000	2 097	368,12	35,43	28,03
2001	1 993	447,75	31,54	23,98
2002	2 216	539,08	25,37	18,63
2003	2 447	668,07	27,61	14,73
2004	2 355	806,78	40,98	23,86

Source : Centre pour le développement des science et technologie, Ministère de l'éducation de la République populaire de Chine, Statistiques et rapport d'analyse sur les entreprises universitaires de Chine (2004)

le transfert de technologie des universités vers la société, et donc contribuent de manière importante au développement économique. Toutefois, l'influence la plus importante pourrait être la reconnaissance grandissante du rôle que les universités jouent dans le développement d'une société du savoir.

Le Tableau 8.27 compare les données opérationnelles des entreprises universitaires en Chine de 2000 à 2004. En 2004, le pays comptait 4 563 entreprises universitaires, générant un chiffre d'affaires total de 96,9 milliards de yuans, en augmentation de 17,25% par rapport à l'année précédente.

Le Tableau 8.28 montre un comparatif des données opérationnelles des entreprises universitaires de haute technologie en Chine de 2000 à 2004. Le pays comptait 2 355 entreprises universitaires de haute technologie, avec un chiffre d'affaires de 80,7 milliards de yuans, soit 82,23% du chiffre d'affaires total de toutes les entreprises universitaires. Les bénéfices totaux ont atteint près de 4,1 milliards de yuans, et ont généré 2,4 milliards de yuans de profit net.

En 2001, le Conseil d'état a publié la « Circulaire sur l'expérience de standardisation de la gestion des entreprises universitaires au sein des universités de Beijing et de Tsinghua ». Le gouvernement commence à limiter les entreprises universitaires et à demander leur séparation des universités. Par conséquent, depuis 2001, le nombre total des entreprises universitaires est en baisse. Toutefois, le nombre d'entreprises universitaires S&T n'a pas diminué, en raison de leur contribution importante aux universités et à la société.

En Chine, les pôles S&T universitaires sont, dans certaines universités clés, un moyen important de transfert de technologie. En 1991, l'Université du Nord-est a fondé le premier Parc Universitaire S&T. L'Université de Beijing et de Tsinghua ont ensuite réussi à mettre en place leurs propres Parcs Universitaires S&T. Il existe aujourd'hui 50 Parcs Universitaires S&T nationaux en Chine. Selon des données incomplètes concernant 42 de ces pôles S&T, ils rassemblaient 5 037 entreprises en incubation et 1 256 entreprises établies. Les Parcs Universitaires S&T servent de plateau d'échange pour différentes ressources d'innovation et deviennent des incubateurs et des disséminateurs majeurs pour l'industrie de haute technologie en Chine.

Le développement rapide des entreprises universitaire est dû, en partie, à la faible capacité d'innovation de l'industrie chinoise. Le niveau technologique de la plus grande partie de l'industrie chinoise est plutôt bas. Ces entreprises évoluent dans une économie fortement basée sur la main d'œuvre et ne constituent pas encore une partie centrale du SNI chinois. Les universités profitent donc de leurs ressources S&T et s'appuient sur l'innovation pour développer de nouvelles industries et technologies.

Si les universités favorisent le transfert de technologie par la création de leurs propres entreprises, les disparités entre les universités et l'industrie persistent en raison d'un manque de liens entre l'industrie et le système universitaire, des différences culturelles, des différents systèmes de coopération et d'alignement des missions, et des responsabilités sociales différentes.

Faisant partie de la structure administrative des universités, les entreprises universitaires n'aident pas à différencier les domaines de la propriété et de la gestion, et le débat sur la mission de l'université a vu le jour à partir de 2000. De nombreuses voix s'élèvent pour protester contre ce qu'ils appellent un mouvement de transformation de l'université en entreprise, et la concurrence avec l'industrie de fait qu'augmenter la tension entre l'université et l'industrie, ce qui aura pour résultat de rendre plus difficile les transferts de technologie entre les deux. Certains proposent une augmentation des activités de conseil. Aux États-Unis, les activités de conseil constituent une forme importante d'interaction entre l'université et l'industrie, tandis qu'en Chine, seules quelques universités clés offrent des services de conseil à l'industrie. Ce manque de services de conseil a pour résultat une séparation entre l'enseignement et la recherche dans les universités et les pratiques industrielles. Trouver un moyen efficace de renforcer la coopération entre l'université et l'industrie est un défi urgent pour la Chine.

8.6 Conclusions

Le rôle de l'université dans le SNI n'est pas statique, mais évoluera dans le temps pour s'adapter aux changements de l'économie, de la société et du système S&T. L'évolution du SNI chinois et du système universitaire reflète le passage de l'ancien schéma dominé par l'État à un nouveau, dominé par le marché. Les universités chinoises ne sont pas seulement des centres d'enseignement et de recherche, mais ont également une troisième mission, qui est de contribuer au développement de la société.

Un SNI plus rationnel émerge en Chine dans lequel les universités, les établissements de recherche et les entreprises devraient jouer des rôles différents. Actuellement, en raison de la faible capacité d'innovation des entreprises chinoises, les universités chinoises endossent d'une certaine manière le rôle de l'industrie en tant qu'acteur de l'innovation dans le SNI. Toutefois, avec la hausse de la capacité d'innovation de l'industrie chinoise, le rôle joué par les entreprises universitaires diminuera, et les liens de coopération entre l'université et l'industrie seront plus étroits, avec le soutien de l'État.

La crise financière mondiale actuelle frappe l'économie chinoise de plein fouet. Toutefois, le système financier de la Chine fonctionne et la crise à laquelle la Chine doit faire face, déclenchée par la crise financière globale, est une crise de surproduction. Les petites et moyennes entreprises tournées vers l'exportation sont les plus touchées, surtout dans le sud-est de la Chine, où beaucoup d'entreprises manufacturières ont déposé le bilan. Les dirigeants chinois expriment leur inquiétude, et le premier ministre WenJiabao propose de faire face à cette crise en donnant une place à part entière au rôle des chercheurs scientifiques, des universités et des établissements de recherches en encourageant des scientifiques et les chercheurs à travailler avec les entreprises, à comprendre les besoins liés au commerce, et à aider les entreprises à dépasser leur difficultés.

Beaucoup d'autorités locales ont également entrepris des démarches actives pour faire en sorte que le personnel scientifique et technique puisse mieux servir les besoins des entreprises. Par exemple, le gouvernement de la province de Guangdong a mis en œuvre une action spéciale. La partie centrale de cette action tourne autour d'une collaboration entre le Ministère des science et technologie, le Ministère de l'éducation, et le gouvernement provincial de Guangdong dans une quête nationale pour des professeurs de très haute qualité d'universités ou d'établissements de recherches connus, afin de financer des travaux de recherches avec des entreprises et de fournir un soutien technique aux entreprises de Guangdong. Le premier groupe établi rassemble 157 professeurs, dont 155 universitaires. Cette démarche aide, sans aucun doute, les entreprises dans leurs problématiques techniques de production ; ce qui explique le bon accueil réservé par les entreprises à cette action publique. La mesure prévoit un deuxième groupe de 2 000 professeurs. D'autres provinces ont adopté des politiques similaires, afin de faciliter une coopération plus étroite entre les universités et les entreprises. Cette action opère un changement fondamental dans le rôle des universités au sein du système national d'innovation en Chine.

En renforçant la coopération entre la production, l'enseignement et la recherche scientifique, les universités chinoises accélèrent la conversion des résultats de recherches scientifique et technologique en produits. Toutefois, la mission la plus importante des universités reste l'éducation et la recherche, avant le transfert de technologie. Les défis que les universités chinoises doivent surmonter comprennent : maintenir la qualité d'enseignement malgré l'expansion du système universitaire, trouver un équilibre entre la recherche fondamentale et la recherche appliquée, et renforcer les liens entre les universités et le système industriel.

Le rôle des universités chinoises continuera à évoluer. En gardant un œil sur le futur et en se conformant aux nouvelles opportunités et défis, les universités chinoises portent une mission plus glorieuse et difficile, qui demandera des efforts supplémentaires de la part de la société entière.

Bibliographie

Center for Science and Technology Development (2004) Ministry of Education of the People's Republic of China: Statistics and Analysis Report on China's University-run Enterprises
Cheng Fangping (2006) A comparative study of the popularization of higher education in China
China Statistical Yearbook (2007).
China Statistics Yearbook on High Technology Industry (2008).
China Statistical Yearbook on Science and Technology (2008)
CUAA, Evaluation Report of Chinese Non-government Universities (2006) http://www.cuaa.net
Educational statistical yearbook of China (2007)
Lin Jian (2001) The analysis of total quality management on talent training in university, High Education Study
Lundvall B-A (1992) National systems of innovation: towards a theory of innovation and interactive learning. Pinter, London
Wang Libing (2006) Accreditation of higher education in China
Wu Qidi (2004) Developing the employment-oriented vocational education. Guang Ming Daily Newspaper 2004-4-1
Yan Weifang (2006) The report of education and human resource in China
Zhou Ji (2002) The reform & development of Chinese higher education at the turn of the century

Chapitre 9
Tanzanie : évolution du rôle des universités dans le développement économique

Burton L.M. Mwamila et Bitrina D. Diyamett

9.1 Introduction

La Tanzanie est l'un des pays les plus pauvres du monde, environ 50% de sa population vivant sous le seuil de pauvreté. Le pays est essentiellement agricole : à peu près 50% du Produit Intérieur Brut (PIB) est issu de l'agriculture, qui occupe plus de 80% de la population totale. Une autre part significative du PIB, environ 39,3%, provient du secteur tertiaire (services). Le secteur manufacturier, qui est le plus puissant moteur de changement structurel et de modernisation de l'économie, ne contribue au PIB qu'à hauteur de 7,6% et représente moins de 1% du total des exportations. La base technologique du secteur est très peu développée : aucune des entreprises ne possède de département de recherche et développement (R&D) et il n'existe que très peu d'interaction avec les organisations gouvernementales de R&D et les universités. Une étude menée auprès de 50 entreprises industrielles de Dar es Salaam choisies au hasard indique que seules deux d'entre elles ont des contacts, sous une forme ou une autre, avec les établissements universitaires et de R&D (Diyamett 2005). Selon Wangwe et al. (2003), les rares contacts entre l'industrie et les établissements universitaires et de R&D consistent en des actions de conseil, et concernent essentiellement les grandes entreprises (employant plus de 100 personnes). Pour sa part, le secteur agricole, considéré comme la colonne vertébrale de l'économie nationale, n'a connu qu'une croissance de 3% au cours de la dernière décennie. Cette croissance n'est pas considérée comme satisfaisante car elle ne parvient pas à améliorer le niveau de vie de la population rurale et elle perpétue la pauvreté chronique existant dans les communautés rurales. En dépit d'importantes ressources agraires inexploitées, l'agriculture de la Tanzanie reste une agriculture de subsistance : les petits exploitants cultivent 85% des terres arables sur des

---

B.L.M. Mwamila (✉) • B.D. Diyamett
College of Engineering and Technology, University of Dar es Salaam, Tanzania
Courriel : mwamila@udsm.ac.tz

parcelles de 0,2 à 2,0 hectares, avec une taille moyenne d'exploitation moyenne par habitant de seulement 0,2 ha par foyer. Le principal problème empêchant un accroissement et un meilleur usage des parcelles vient de la forte dépendance à la houe, qui limite évidemment la surface cultivable par une seule famille (Shetto 2005). Comme indiqué précédemment, la performance économique de la Tanzanie est loin d'être suffisante, même pour un développement socio-économique modéré. Cependant, certains signes montrent que le gouvernement fait, ou plutôt fera, des efforts pour redresser la situation, comme il est stipulé dans la Tanzania Development Vision 2025 (Vision 2025 pour le Développement de la Tanzanie). Comme l'indique l'une des déclarations principales de la Vision, « ... à cette date, l'économie sera passée d'une économie agricole à faible productivité à une économie agricole semi industrialisée, emmenée par des activités agricoles modernisées et très productives, intégrée et renforcée par des activités industrielles et de services – créant ainsi une fondation solide pour une économie compétitive et dynamique à forte productivité » (URT 2000).

Ce changement structurel de l'économie ne deviendra réalité qu'à la condition qu'un système national d'innovation (SNI) fort et performant soit mis en place, dans lequel l'université a un rôle majeur à jouer, non seulement en apportant ses connaissances pour aider l'innovation dans le secteur primaire, mais aussi et surtout en contribuant aux connaissances sur le fonctionnement des SNI afin de mettre en place des politiques adaptées. La Sect. 9.2 ci-après expose brièvement le SNI actuel de la Tanzanie dans le but d'établir le rôle que les universités peuvent jouer pour redresser la situation. La Sect. 9.3 est consacrée au véritable rôle de l'université dans les SNI, tandis que la Sect. 9.4 propose des études de cas spécifiques illustrant le rôle des universités dans le SNI tanzanien. La Sect. 9.5 présente le débat actuel concernant les établissements d'éducation supérieure. Enfin, la Sect. 9.6 établit des remarques conclusives tout en proposant des thématiques pour de futurs travaux.

9.2 Le Système national d'innovation (SNI) de la Tanzanie

L'état du SNI de la Tanzanie est en partie semblable à celui de l'économie nationale. Dans une large mesure, l'état des secteurs agricoles et secondaire démontre à quel point le SNI est sous-développé en Tanzanie. Le système est toutefois relativement bien développé en termes d'infrastructures de base, grâce par exemple à l'existence d'organismes ou de schéma directeur de politiques, mais très fragile en termes de liens qui sont les caractéristiques indispensables de tout système d'innovation. Les activités de R&D en Tanzanie remontent à 1892 lorsque l'administration coloniale allemande a mis en place le premier institut agricole à Amani dans les monts Usambara. À l'époque, les principaux objectifs de la recherche agricole consistaient à accompagner le développement de plantations produisant des cultures d'exportation (sisal, café, tabac, arachides, etc.) et appartenaient soit à des compagnies étrangères soit à des fermiers colons (Liwenga 1988). À la fin des années 1990, le système de R&D comptait alors 62 instituts et/ou centres de recherche répartis dans tout le pays et s'était diversifié pour couvrir des domaines tels que l'élevage et la sylviculture (28), l'industrie (4), le médical (11), la faune sauvage et la pêche (4). De plus, 5 universités et/ou établissements d'éducation supérieure avaient un département de R&D en activité (statistiques COSTECH). En termes de financement, le montant total dédié à la R&D est estimé à 0,1% du PIB, en baisse par rapport au 0,5% environ dépensé en 1984, et très loin de l'objectif gouvernemental de 1% du PIB. Il est à noter que la R&D est menée presque entièrement dans le secteur public (Wangwe et al. 2003). Les Tableaux 9.1 et 9.2 montrent les tendances de la concentration de la R&D et de la répartition des fonds par origine.

Comme le montre le Tableau 9.1, une grande partie des financements est destinée aux universités. En outre, la plupart des activités de R&D sont financées par des fonds étrangers, en majorité les partenaires du développement (Tableau 9.2). Comme indiqué précédemment, le principal point faible du système d'innovation de la Tanzanie est le manque d'interaction entre les organismes de R&D, y compris les universités, et le secteur de la production. Mises à part quelques initiatives isolées dans les universités et quelques organismes de R&D, les systèmes existent en général sous forme d'îlots isolés. Malgré cela, on constate tout de même des différences notables entre secteurs et sous-secteurs. Une étude portant sur trois secteurs, agriculture, industrie et santé, montre que c'est dans ce dernier secteur que les liens de coopération sont les plus développés, suivi par l'agriculture, et notamment le sous-secteur des cultures commerciales. Certaines cultures commerciales (café et thé) gèrent même leurs propres organismes privés de R&D. La pire situation est celle du secteur secondaire : il n'y a en réalité quasiment aucune relation entre la R&D et les industries en dehors de services de conseil auprès de quelques firmes (Wangwe et al. 2003). Les grandes industries ne sont pas intéressées par les produits de la R&D – la plupart affirme que les activités de R&D sont sans rapport avec les leurs puisque la plupart des actions innovantes sont de type « learning-by-doing and using » (apprendre en faisant et en utilisant). Pourtant quelques entreprises, spécifiquement des multinationales, utilisent quelques données émanant de la R&D dans leurs activités, mais elles proviennent de la R&D menée dans leur maison mère à l'étranger (Wangwe et Diyamett 1998). Les petites industries considèrent quant à elles les organismes de R&D comme des concurrents. La raison en est qu'avec l'apparition de la libéralisation économique et des coupes budgétaires du gouvernement, la plupart des organismes de R&D industriels doivent dorénavant s'occuper eux-mêmes de leur financement. Afin de survivre, ces organismes de R&D ont dû, d'une manière ou d'une autre, se transformer en petites entreprises de production. De plus, les petites et moyennes entreprises (PME) ont très peu de moyens financiers pour accéder aux produits des instituts de R&D (Wangwe et Diyamett 1998). Toutefois, comme il en sera question dans la Sect. 9.3, l'Université de Dar es Salaam (UDSM) a actuellement des programmes en cours pour soutenir le développement technologique des petites industries.

Dans les pays développés, les universités collaborent et mettent régulièrement en place des partenariats avec l'industrie dans le cadre de leurs fonctions de base. Ce n'est pas nécessairement le cas dans un pays pauvre et en voie de développement comme la Tanzanie. Peut-on dès lors parler de partenariat équilibré entre les universités et les petites entreprises qui leur ont demandé de l'aide, si ces entreprises ne

Tableau 9.1 Évolution du flux total de fonds vers les instituts de R&D publics, toutes origines confondues, par secteur, en milliards de shillings tanzaniens (TZS) actuels

	1995/1996	1996/1997	1997/1998	1998/1999	1999/2000	2000/2001	2001/2002	2002/2003	2003/2004	Total
Éducation supérieure	7,25	12,65	13,7	17,36	35,49	40,24	42,4	35,87	39,79	244,75
Établissements de R&D	15,51	5,85	7	7,88	10,63	14,89	17,88	19,43	24,5	123,57
Total	*22,76*	*18,5*	*20,7*	*25,24*	*46,12*	*55,13*	*60,28*	*55,3*	*64,29*	*368,32*
Enseignement supérieur en % du total	31,85	68,38	66,18	68,78	76,95	72,99	70,34	64,86	61,89	66,45

Source : Statistiques COSTECH (2005)

Tableau 9.2 Évolution des fonds vers les programmes de R&D au sein des établissements de R&D publics (en millions de TZS), par origine

	1995/1996	1996/1997	1997/1998	1998/1999	1999/2000	2000/2001	2001/2002	2002/2003	2003/2004	Total
Gouvernement	614	1 071	933	624	1 175	1 201	1 875	2 024	3 213	12 730
Généré en interne	319	304	642	396	2 000	5 874	6 906	8 168	4 559	29 168
Autres sources domestiques	12	116	100	181	192	368	556	1 342	899	3 766
Sources étrangères	2 802	3 602	3 749	4 450	5 573	9 051	7 869	4 713	5 447	47 256
Total	*3 747*	*5 093*	*5 424*	*5 651*	*8 940*	*16 494*	*17 206*	*16 247*	*14 118*	*92 920*
Gouvernement en % du total	16,39	21,03	17,20	11,04	13,14	7,28	10,90	12,46	22,76	13,70
Interne en % du total	8,51	5,97	11,84	7,01	22,37	35,61	40,14	50,27	32,29	31,39
Autres domestiques en % du total	0,32	2,28	1,84	3,20	2,15	2,23	3,23	8,26	6,37	4,05
Étranger en % du total	74,78	70,72	69,12	78,75	62,34	54,87	45,73	29,01	38,58	50,86

Source : Statistiques COSTECH (2005)

peuvent pas payer ces services de conseil ? Inversement, les scientifiques de ces universités seront-ils intéressés par le travail d'entreprises très peu développées technologiquement ? Ces questions sont essentielles au moment où nous nous lançons dans une période de collaboration durable et à long terme entre les universités et les petites industries. Selon des informations non confirmées, le défi à relever par les pays de l'Organisation pour la Coopération et le Développement Économique (OCDE) risque plus de provenir du fait que les universités tendent à moins se préoccuper de leurs rôles traditionnels pour se concentrer davantage aux besoins de l'industrie. Cela semble à l'opposé de la situation dans les pays pauvres en voie de développement, où les universités semblent être plus à l'aise dans leurs rôles traditionnels qu'à travailler pour l'industrie, ce qui est en grande partie dû à la dichotomie existant entre la science et la technologie (S&T).

9.3 Cartographie du système d'enseignement supérieur et de recherche en Tanzanie

Une condition préliminaire essentielle au progrès technologique d'un pays est de comprendre le plus tôt possible la nécessité d'un bon système éducatif. Actuellement, la majorité des tanzaniens ne reçoit aucune éducation ou alors seulement une éducation primaire. La plupart deviennent paysans, d'autres vendeurs ou colporteurs, tandis que certains tentent de trouver des postes d'opérateurs ou d'apprentis qualifiés dans des entreprises familiales. Très peu d'entre eux possèdent des compétences, des connaissances et une expertise et sont capables de contribuer de manière significative au développement national en tant qu'artisans, techniciens ou salariés.

Le système éducatif tanzanien comporte cinq niveaux distincts : école primaire, école secondaire (niveaux de base et avancé), enseignement technique et formation professionnelle, enseignement et formation tertiaire non universitaire, et enseignement universitaire. L'enseignement primaire et secondaire est régi par le Ministère de l'éducation et de la formation professionnelle (MEFP), alors que l'enseignement universitaire est régi par la Commission pour les universités de Tanzanie (CUT). Pour leur part, l'enseignement technique et la formation professionnelle sont régis par l'Autorité chargée de l'enseignement technique et de la formation professionnelle (AETFP), tandis que l'enseignement et la formation tertiaire non universitaire sont régis par le Conseil national pour l'enseignement technique (CNET). Alors que la CUT et le CNET sont des entités autonomes sous la tutelle du Ministère de l'enseignement supérieur, des sciences et de technologies (MESST), l'AETFP est sous la tutelle du MEFP. Cette situation révèle un grave problème pour le système éducatif tanzanien : sans Cadre national de qualifications (CNQ), les actions des diverses entités régulatrices ne sont pas coordonnées.

L'université, qu'elle soit spécialisée en S&T ou un autre sujet, est caractérisée par sa capacité à faire avancer les connaissances et à repousser les frontières du savoir. La formation universitaire transmet la connaissance et la compréhension des méthodes, principes et concepts, et met l'accent sur la recherche, notamment la recherche fondamentale et la pensée scientifique. L'université rassemble, condense, préserve et partage les connaissances ; à ce titre, elle est un partenaire important du gouvernement pour les appliquer à l'analyse objective des défis nationaux en termes de politiques, gouvernance, développement socio-économique, croissance durable, définition des priorités et séquençage des actions de développement, ainsi que pour fournir des préconisations et prédictions objectives.

Le système d'enseignement supérieur tanzanien, qui compte 11 universités publiques et 17 privées ainsi que des instituts techniques et d'autres établissements sous la tutelle d'autres ministères, recensait plus de 55 000 étudiants pour l'année universitaire 2005/2006 (MoHEST 2006), ce qui représente plus du double du chiffre de l'année 2001/2002. L'UDSM est de loin la plus grande et la plus ancienne, avec environ 15 000 étudiants (chiffre de juillet 2006). La deuxième plus importante en nombre d'inscrits est l'Université ouverte de Tanzanie (UOT), avec 9 232 étudiants. Cependant, le pourcentage de diplômés sortant de l'UOT n'atteint même pas les 50%. L'UDSM offre aussi la plus grande variété de formations du pays. L'évolution du nombre des inscriptions et de celui des enseignants est illustrée à la fin du chapitre. Depuis 2005, toutes les universités du pays, publiques ou privées, sont régies et réglementées par la nouvelle Loi sur les Universités (Loi No. 7 de 2005). Alors que les universités publiques sont principalement financées par le gouvernement, les universités privées appartiennent à des organismes privés (y compris des groupes religieux, voire des particuliers) qui les financent en utilisant les frais d'inscription et d'autres sources.

L'état encourage le secteur privé à contribuer à la revitalisation de l'enseignement universitaire par les moyens suivants :

- Ouvrir des universités de qualité proposant des cours répondant aux priorités sociales et économiques de la Tanzanie
- Financer la recherche et attribuer des contrats de conseil aux universités tanzaniennes
- Mettre en pratique une philanthropie d'entreprise ('corporate') attribuant des bourses d'études et finançant des chaires professorales
- Instaurer des programmes de prêts étudiants et des fonds de dotation pour l'éducation
- Construire, avec les universités locales, un partenariat de travail robuste et mutuellement soutenu par les deux parties

En 2004, le Parlement de la Tanzanie a promulgué la Loi sur les prêts pour les étudiants de l'enseignement supérieur, ce qui a permis l'établissement d'un Bureau des prêts pour les étudiants de l'enseignement supérieur (BPEES) dont l'objectif est d'attribuer des prêts aux étudiants inscrits dans des établissements publics et privés d'enseignement supérieur. Cette infrastructure a été mise en place pour permettre au gouvernement de mieux répartir les dépenses d'enseignement supérieur sans en refuser l'accès aux étudiants dont les parents et/ou tuteurs sont dans l'incapacité de la leur payer. Le BPEES attribue des prêts aux étudiants des établissements d'enseignement supérieur publics et privés ; les montants, variables, en sont déterminés par les établissements publics pour chaque étudiant souhaitant en bénéficier, moyennant justification des ressources.

9.3.1 L'Université de Dar es Salaam (UDSM)

Le Plan stratégique directeur (PSD) de l'UDSM a d'abord été conçu dans le cadre du Programme de transformation de l'UDSM-2000, et mis en œuvre via des Plans stratégiques quinquennaux reconductibles. Le CSP définit la mission de l'Université. En 2004/2005, le plan a été revu en profondeur pour donner naissance au PSD (2004–2013), qui est en cours de mise en œuvre dans le cadre du Plan stratégique quinquennal reconductible de l'UDSM pour les années 2005/2006–2009/2010 (UDSM 2005).

La vision actuelle de l'UDSM consiste à *devenir une université reconnue à l'échelle mondiale, réactive face aux besoins de développement nationaux, régionaux et mondiaux par son implication dans le développement et l'application dynamique des savoirs.* Sa mission : *la poursuite active de la recherche fondamentale et stratégique, de l'enseignement, de la formation et du service public visant à atteindre le développement socio-économique équitable et durable de la Tanzanie et du reste de l'Afrique.* Au cours des périodes 2005/2006 et 2009/2010, les activités de l'UDSM ont été guidées par le thème *Améliorer la qualité des résultats dans l'enseignement, la recherche et le service public.*

Le programme stratégique contient les objectifs suivants pour l'UDSM :

- Préserver, transmettre et améliorer les connaissances
- Stimuler et promouvoir les développements intellectuel, culturel et technologique
- Générer un sens de la responsabilité publique parmi les individus instruits et promouvoir le respect de l'apprentissage et la recherche de la vérité

Une importante particularité du Plan stratégique de l'UDSM est sa reconduction annuelle. Des sessions biannuelles pour suivre sa mise en application ont lieu en interne, à tous les niveaux de l'université ; les diverses unités rapportent les progrès effectués dans la mise en place de leurs programmes respectifs durant le semestre écoulé. De plus, des ateliers consultatifs regroupant plusieurs des parties prenantes (ministres du gouvernement, partenaires du développement, représentants du secteur privé et de l'industrie, etc.) se tiennent annuellement pour suivre les progrès et éliminer les problèmes liés à la mise en œuvre.

Le Programme de transformation de l'UDSM-2000, rendu opérationnel par le biais de plans quinquennaux reconductibles, a permis de transformer ce qui devenait une institution dénuée de vision en une institution dynamique, en tenant compte des critères africains. Parmi les réussites de la mise en application du Programme de transformation de l'UDSM-2000, on relève les points suivants :

- Augmentation du nombre d'inscrits : à peine 3 000 en 1994 contre 15 000 en 2005/2006.
- Amélioration de la proportion d'étudiantes parmi les élèves ingénieurs : de 3,5% en 1999 à 25% en 2007.
- Diversification des programmes d'études : seulement quatre programmes de 1er cycle pour les ingénieurs en 1999/2000, contre 15 aujourd'hui.

- Incorporation de l'ancienne Faculté d'ingénierie et de l'Institut pour l'innovation en production, ensuite regroupés en l'actuel Institut universitaire d'ingénierie et technologie), dans le cadre de la politique universitaire rassemblant les unités académiques en pôles. Cette politique est accompagnée d'une dévolution des pouvoirs à ces pôles pour en améliorer la gestion et faciliter l'utilisation optimale des ressources disponibles.
- Amélioration du cadre d'enseignement et d'apprentissage, permettant ainsi à l'UDSM d'atteindre le treizième rang des universités en Afrique, et la première place parmi celles situées au nord de la rivière Limpopo (Webmetrics International 2005).

9.4 Études de cas illustrant le rôle de l'université dans le SNI

9.4.1 L'Institut universitaire d'ingénierie et de technologie à l'Université de Dar es Salaam

9.4.1.1 Mise en place et objectifs

L'organisation de l'Institut universitaire d'ingénierie et de technologie (CoET) a été pensée pour être plus réactive aux besoins de la société tanzanienne et mieux la servir qu'auparavant grâce à ses trois piliers principaux : (1) les trois facultés rassemblées en une ; (2) le Centre de Développement et de Transfert de la Technologie (TDTC) ; et (3) le Bureau pour la Coopération Industrielle (BICO). Le TDTC et le BICO sont tous deux des unités virtuelles qui dépendent des effectifs fournis par les trois facultés, d'où la nécessité d'une coordination rapprochée de la part de ces trois piliers de l'institut. De plus, le BICO et le TDTC sont étroitement liés dans leur offre de services à la communauté puisque tous deux sont des unités de proximité.

En conformité avec l'organisation du CoET, les fonctions stratégiques des trois piliers du CoET ont été formulées de façon à aborder les questions stratégiques interdépendantes suivantes :

- Motiver et retenir le personnel du CoET pour garantir la continuité des actions menées à ce jour et le développement futur devant mener à la réalisation de ses vision et mission
- Stimuler et promouvoir davantage l'innovation et la compétitivité au sein des entreprises et fermes du pays
- Stimuler, catalyser et promouvoir une croissance durable et une réduction de la pauvreté à l'échelle nationale
- Améliorer le soutien aux entrepreneurs locaux dans leurs besoins en gestion de la technologie, innovation et création d'entreprises
- Mettre en place des groupes de réflexion pour orienter et diriger le développement durable national

Pour réaliser sa vision, le CoET a dû formuler clairement une direction stratégique à suivre. La même démarche a été entreprise en accord avec la stratégie de l'université, après une évaluation minutieuse de l'environnement externe. L'orientation stratégique se caractérise par des objectifs stratégiques spécifiques dans les domaines suivants : enseignement et apprentissage ; recherche et publications ; conseil et services au public ; organisation, gestion et culture ; optimisation de utilisation des ressources humaines et matérielles ; échanges au niveau national et international ; mobilisation et gestion des ressources financières ; marketing et relations publiques. Les objectifs de base du CoET sont triples :

- Fournir au pays un vivier d'ingénieurs de haut niveau qui deviendront les agents du développement et du changement, contribuant ainsi au développement national de l'infrastructure, de l'industrie et du commerce
- Procéder au développement de la recherche et de la technologie visant à une exploitation appropriée et une transformation locale des ressources naturelles de Tanzanie pour conduire, à terme, à l'innovation en produits techniques et en processus de production au sein de l'industrie locale
- Fournir des services professionnels d'experts, sous forme de conseil spécialisé et à haut niveau de connaissances, à l'industrie et aux organisations et établissements publics et privés, pour permettre d'appliquer les nouvelles découvertes au processus de développement national

La réussite de ces objectifs dépend de l'interaction synergique des trois piliers du CoET, c'est-à-dire les trois facultés, le TDTC et le BICO (Fig. 9.1).

9.4.1.2 Les Facultés

Les trois facultés du CoET, à savoir Bâtiment et travaux publics (CEBE), Ingénierie des systèmes informatiques et électriques (ECSE) et Ingénierie mécanique et chimique (MECHE) sont responsables de la recherche fondamentale et de l'enseignement universitaire des 12 départements universitaires. Tous les membres du personnel enseignant et la plupart du personnel technique dépendent des départements universitaires. Tous les laboratoires et la plupart des ateliers appartiennent aux départements qui enseignent. Les trois facultés sont donc les garants de la plupart des ressources technologiques et humaines disponibles au CoET.

Parmi les principaux résultats des facultés, on compte les diplômés du premier cycle, les diplômés des cycles supérieurs, les diplômés titulaires d'un master ou d'un doctorat. Les facultés, par le biais de leurs départements universitaires respectifs, sont donc les seules responsables de la réalisation du deuxième objectif de base mentionné ci-dessus. Les facultés sont également les seules responsables de la recherche jusqu'au moment où les branches de recherche concernées peuvent prendre en charge le développement technologique. Parallèlement, les publications concernant les travaux et les résultats de recherche sont les activités les plus naturelles de la recherche départementale.

Fig. 9.1 Interaction synergique des trois piliers : Facultés, TDTC et BICO

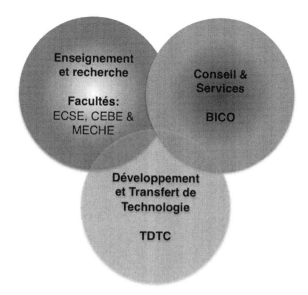

9.4.1.3 Le Centre de développement et de transfert de la technologie (CDTT)

La recherche, dans son sens le plus large, est la base du développement de toute société. Elle joue un rôle important dans l'avancement et la définition des connaissances et dans l'apport de solutions aux problèmes de la société, non seulement dans le contexte local mais également au niveau international. Si une société n'est pas à même de mener de la recherche dans un but de développement ou de gérer les changements technologiques, elle devient complètement dépendante du monde extérieur. Le développement en S&T est donc non seulement un important déterminant du niveau de développement d'un pays, mais améliore également la compétitivité internationale de ce dernier et sa place dans l'économie mondiale.

Certains milieux internationaux soutiennent vivement que la production, la dissémination et l'application des connaissances doivent devenir une fonction majeure des universités africaines de premier plan si le continent compte survivre et prospérer dans la société du savoir du vingt et unième siècle. On ne soulignera jamais assez l'importance économique actuelle de l'accès aux technologies modernes basées sur la recherche, ainsi que de la capacité à en bénéficier.

Les technologies basées sur la recherche peuvent à la fois être développées localement et orchestrées à distance. Dans le premier cas, un potentiel de recherche est nécessaire pour le développement de la technologie, et dans le second, la même capacité de recherche est utile pour bien choisir, adapter et faire progresser les technologies acquises à l'extérieur.

Le CoET est conscient de son rôle qui vise à atteindre un progrès socio-économique national via la juste sélection, adoption, adaptation et évolution de solutions technologiques ainsi que le développement de technologies appropriées et durables. L'idée est donc d'impliquer toutes les disciplines universitaires du CoET dans le développement de prototypes et le transfert de technologie. Le CDTT coordonne tous les développements de technologie (prototypes) effectués par les personnels du CoET, l'arbitrage des technologies concernées et les transferts vers l'industrie qui en découlent.

Une approche de l'innovation et du transfert de technologie arbitrée par des intermédiaires présente sans doute le potentiel de pouvoir augmenter de manière significative l'impact sur le développement socio-économique du pays. Après le développement d'une technologie autochtone, il est impératif d'absorber les technologies importées et de les adapter efficacement aux ressources et priorités nationales. Pour ce faire, le CoET doit faciliter l'échange des informations technologiques avec au moins quelques un des centres de transfert de technologie internationaux.

Le CDTT vise principalement à soutenir le développement des PME et les vies des citoyens moyens grâce au développement et à la dissémination de technologies ayant un intérêt direct pour la société tanzanienne.

9.4.1.4 Le BICO du CoET

Dans les années 1980, la faculté d'ingénierie (son nom à l'époque) était confrontée à de sérieux problèmes d'exode de son personnel à la recherche de meilleures situations, à une baisse de motivation de ses employés et à de vastes problèmes d'inefficacités. Pour essayer de redresser la situation, une étude critique de grande envergure a été menée en 1988/1989. Cette étude a révélé que, pour parvenir au niveau souhaité de rétention et de motivation du personnel, des stratégies devaient être élaborées et mises en application pour s'assurer que les membres du personnel retirent une juste satisfaction dans les domaines académique, professionnel et matériel. En conséquence, BICO fut établi en juillet 1990 pour traiter des aspects professionnel et matériel de la rétention de personnel et des mécanismes de motivation. Les objectifs spécifiques pour lesquels BICO a été établi et qui perdurent à ce jour sont les suivants :

(a) Améliorer la capacité du CoET à contribuer efficacement au développement industriel de la Tanzanie en mettant en place des cabinets de conseil, des services de professionnels experts et un programme d'avancement (ou de développement) professionnel pour les ingénieurs et techniciens
(b) Permettre au CoET de générer des fonds pour subventionner des bourses du gouvernement et d'autres donneurs pour répondre à ses besoins financiers
(c) Permettre au personnel du CoET de suppléer à leur revenu et réduire ainsi son taux d'exode
(d) Optimiser l'usage de l'expertise et des ressources du CoET pour résoudre les problèmes d'ingénierie sociétale et liés à la technologie
(e) Fournir les moyens à tous les personnels du CoET d'acquérir une expérience professionnelle qui sera transférée aux étudiants et améliorera ainsi le niveau de formation des diplômés

(f) Ouvrir les infrastructures de formation du CoET au grand public via des cours à court et moyen terme pour s'assurer que les ingénieurs restent en phase avec l'évolution rapide de la technologie
(g) Acquérir des connaissances sur les nouveaux développements et besoins du marché et ajuster le cursus en conséquence
(h) Fournir un soutien et une expertise technique aux opérations industrielles existantes et faciliter le développement de nouvelles industries
(i) Faciliter l'établissement et l'amélioration des contacts et relations entre le personnel du CoET et les industries
(j) Instaurer une plate-forme grâce à laquelle le personnel du CoET peut transférer ses connaissances et compétences vers l'industrie et la société

Dans un rapport majeur réalisé en 2003/2004, les indicateurs clés suivants ont démontré le grand succès de BICO :

- Fin de l'exode du personnel en quête de nouveaux horizons
- Augmentation significative des revenus des membres du personnel, leur permettant donc de pourvoir à leurs obligations sociales
- Participation de la plupart des personnels à des activités professionnelles dans le pays et à l'étranger
- Reconnaissance de BICO par l'industrie comme un partenaire vital pour traiter de problèmes complexes d'ingénierie professionnelle
- Reconnaissance de BICO par l'industrie et le grand public comme un établissement leur permettant de rester en phase avec les avancées technologiques

Le BICO est donc un pilier essentiel du CoET.

9.4.1.5 Les systèmes d'innovation et l'initiative des pôles innovants

Les innovations, qu'elles prennent la forme de nouveaux produits, services ou processus, ou leurs améliorations, sont la base d'une croissance durable et de la prospérité dans une société du savoir. Les facteurs fondamentaux nécessaires au développement d'innovations incluent les compétences, l'échange des connaissances et les opportunités pour des apprentissages mutuels dans le cadre des interactions entre l'industrie, les institutions de recherche et les entités politiques. La recherche produit de nouvelles connaissances qui, afin de promouvoir la croissance, doivent être traduites en innovations produisant de nouveaux et/ou meilleurs produits, services et processus pour lesquels il existe une demande bien établie.

Les entreprises qui fonctionnent de façon rapprochée avec d'autres entreprises du même domaine et des établissements associés sont souvent plus innovantes et parviennent donc mieux à augmenter leur productivité que des entreprises fonctionnant isolément. Le concept des pôles innovants est donc un outil approprié et bien rôdé pour analyser la dynamique industrielle et les initiatives de politiques favorisant les innovations, la croissance et le développement économique. Le défi représenté par la mise en place de pôles innovants consiste à organiser et gérer au mieux ces clusters afin d'exploiter leur potentiel au maximum. Des initiatives relatives à des pôles innovants sont actuellement en cours de lancement dans presque toutes les régions du monde. Une bonne compréhension du concept et des caractéristiques essentielles des systèmes d'innovation et des pôles innovants ainsi que les facteurs critiques pour les construire et les améliorer sont des conditions préalables importantes pour l'Afrique si elle veut intégrer cette mouvance mondiale.

Prenant en compte les faits mentionnés ci-dessus, les facultés d'ingénierie de trois universités d'Afrique de l'Est (Faculté d'ingénierie à l'Université Eduardo Mondlane, Faculté de technologie à l'Université de Makerere et le CoET à l'UDSM) ont déjà organisé deux conférences régionales sur les systèmes d'innovation et pôles innovants en Afrique. La première conférence régionale, en février 2004, avait pour but de faire connaître aux participants africains les concepts de systèmes d'innovation et de pôles innovants, de leur présenter les systèmes d'innovation et pôles innovants les plus modernes ainsi que leur efficacité pour stimuler le développement industriel et socio-économique en Afrique. De plus, la conférence donnait l'occasion aux participants de présenter leurs idées sur ce qui pourrait être adopté et adapté afin d'accélérer la croissance industrielle et économique en Afrique. La seconde, en mars 2005, s'est appuyée sur les réussites de la première et a confirmé l'importance pour l'Afrique de rejoindre les autres régions du monde et d'adopter les pôles innovants.

L'un des aboutissements importants de la première conférence a été l'adoption d'un plan d'action pour promouvoir le développement des systèmes d'innovation et des pôles innovants pour accélérer la croissance industrielle et économique en Afrique. La conférence a aussi permis une prise de conscience accrue, parmi les différents acteurs, de problèmes concernant les systèmes d'innovation et les pôles innovants ainsi que leur gestion.

Après la première conférence régionale, chaque pays participant a organisé un atelier national pour les parties prenantes pour échanger sur les questions pertinentes au niveau national en amont de la seconde conférence régionale en Ouganda en mars 2005. L'une des résolutions clés de la seconde conférence régionale a été d'initier et de conduire la mise en place d'un Programme pour les systèmes d'innovation et les pôles en Afrique de l'Est (ISCP-EA). Le CoET a été chargé de préparer la proposition de l'ISCP-EA et de contacter les partenaires du développement pour un éventuel soutien financier. Le but du programme était de stimuler et faciliter le développement des systèmes d'innovation et des pôles innovants en Afrique de l'Est, réussite duquel mènerait à davantage d'innovation parmi les entreprises et les fermes, à une compétitivité et une coopération accrues entre les entreprises et fermes au sein de mêmes pôles et secteurs, et au développement d'un esprit compétitif chez les africains de l'est en général et dans les entreprises en particulier. L'Agence suédoise de coopération internationale au développement (Asdi), qui a été la première à répondre à la proposition présentée, a proposé de commencer en finançant une mise en route de initiatives de pôles pilotes à petit budget. Une formation d'une semaine pour les facilitateurs des initiatives a été menée en septembre 2005 pour la Tanzanie et l'Ouganda, et en juin 2006 pour le Mozambique.

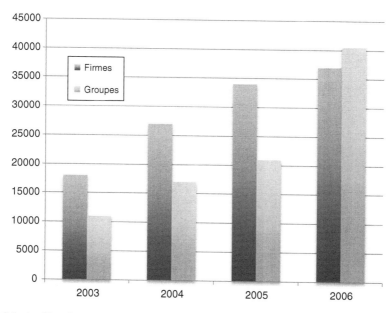

Fig. 9.2 Amélioration de la productivité attribuable à l'instauration de pôles : Initiative du pôle métallurgique de Morogoro en Tanzanie

Huit et sept initiatives, respectivement, ont été sélectionnées et lancées en Tanzanie et Ouganda en février 2006. Les activités initiales des pôles pilotes incluent :

- Mobilisation des personnels et ressources au sein du pôle et analyse des activités des membres
- Préparation du terrain pour les activités à court terme et facilitation de leur mise en place
- Identification et facilitation de la mise en place des activités stratégiques de long terme

L'ISCP-EA est supervisé par des Comités directeurs nationaux constitués de membres issus du monde universitaire, d'autres établissements de R&D, du gouvernement, de l'industrie et des entreprises, d'organisations non gouvernementales (ONG) et de partenaires du développement.

Dans les trois cas, les universités sont à la fois responsables de l'accueil et de la coordination des sections nationales du programme. Le CoET est le coordinateur pour l'Afrique de l'Est.

Une enquête de performance de l'ISCP-EA a révélé que, grâce à davantage de confiance entre les entreprises du pôle et à une « coopération dans la concurrence » (*'coopetition'*), la productivité et la qualité des produits ont été améliorées. Le Pôles métallurgique de Morogoro a fait part d'une amélioration de la productivité supérieure à 250% pour les groupements de producteurs d'étain, comme le montre la Fig. 9.2 (Chisawillo 2006).

9.4.1.6 Collaboration avec le Tanzania Gatsby Trust

Fondé en 1992, le Tanzania Gatsby Trust (TGT) est une organisation non gouvernementale (ONG) qui soutient les PME et cherche à réduire la pauvreté en Tanzanie en fournissant des crédits, des formations en marketing de développement et en transfert de technologie. Le TGT reçoit des fonds du Gatsby Charitable Foundation et du Ashden Trust basés au Royaume-Uni. Le CoET et le TGT ont commencé à collaborer dans le domaine du développement et transfert de technologie (DTT) en 2001 et ont signé un protocole d'entente cette même année. Les objectifs spécifiques de la collaboration CoET–TGT sont les suivants :

- Aider les PME pour qu'elles accèdent aux diverses technologies développées ou orchestrées par le CoET
- Offrir une assistance à un groupe d'étudiants du CoET triés sur le volet pour développer des projets de fin d'études ayant un rapport direct avec les PME retenues
- Faciliter le développement de plans d'affaires pour des PME spécifiques en utilisant des membres des unités universitaires indiquées précédemment
- Mener de la recherche & développement sur de nouveaux prototypes pour les PME

À ce jour, les activités suivantes ont été entreprises dans le cadre de la collaboration CoET–TGT :

(a) *Projets de fin d'études ayant un rapport avec les PME.* Jusqu'à présent, 55 projets au total ont été réalisés : 10 en 2002 et 15 chaque année depuis 2003. En 2002, tous les projets concernaient le domaine agro-alimentaire. Mais à partir de 2003, l'éventail s'est élargi pour couvrir d'autres disciplines tout en mettant l'accent sur une collaboration encore plus soutenue avec les PME.

(b) *Étude nationale sur le statut et les besoins des PME en Tanzanie.* Les performances des PME du pays sont insuffisantes et la plupart des entreprises connaissent des difficultés financières. Cependant les problèmes spécifiques auxquels ces PME sont confrontées, et les moyens pour les résoudre, ne sont pas précisément connus. Une étude a donc été menée sur les PME pour fournir les informations nécessaires. Le CoET, avec le soutien du TGT, s'en est chargé et suffisamment d'informations ont maintenant été obtenues pour envisager des solutions aux problèmes observés. L'étude a aussi fourni des données sur la distribution sectorielle des PME dans le pays, ce qui facilitera le lancement de clubs de PME et le développement de clusters innovants.

(c) *Établissement d'un Programme national d'incubateur de PME basé sur la technologie.* L'incubation et la médiation technologie/entreprises comptent parmi les stratégies les plus efficaces pour le transfert de technologie et donc pour mettre en pratique les résultats de la recherche. Le programme collaboratif CoET–TGT compte l'incubation technologique parmi les domaines à aborder. La Carnegie Corporation of New York finance également une partie du projet. Les activités d'incubateur technologique du CoET sont menées dans les trois

localités de Kibaha, Morogoro et Lushoto qui ont démontré un potentiel intéressant, notamment une bonne réactivité de la part des acteurs locaux. Des équipes ont été formées et assignées à chacune de ces localités qui sont également dotées d'un coordinateur local.
(d) *Mise en place de clubs de PME ('Gatsby Clubs')*. Le projet TGT–CoET peut, entre autres, apporter des services aux PME par le biais de l'incubation décrite précédemment. Cependant, le nombre de PME ayant besoin de services est élevé, et le processus pour établir des incubateurs est long. De plus, même lorsque les incubateurs deviennent opérationnels, seules quelques PME peuvent en profiter. Une autre possibilité consiste à établir des clubs de PME qui peuvent acheminer toutes sortes de services et d'assistance. La mise en place de clubs de PME facilitera également le réseautage ainsi que la dissémination et l'acquisition de diverses innovations technologiques répondant à la demande des PME.
(e) *Étude de faisabilité sur les abris/logements* dans les régions de Zanzibar, Rukwa et Mtwara et construction de maisons à Zanzibar.

9.4.2 La Faculté des sciences à l'Université de Dar es Salaam

Tout comme le CoET, la Faculté des sciences s'est aussi engagée dans des programmes ou activités de recherche ayant un intérêt et un impact directs pour la société. Le cas de la recherche sur les champignons, un des secteurs en croissance en Tanzanie, est instructif. La faculté, en collaboration avec des fermiers, a pu identifier les variétés de champignons qui peuvent être utilisées à des fins médicinales ou autres. Toutefois, une grande partie de la recherche de la faculté a eu tendance à favoriser une approche technologique ou scientifique, plutôt qu'une approche motivée par la demande, pour produire des connaissances extrêmement utiles au secteur de la santé tanzanienne, mais dont très peu sont sorties des laboratoires.

Pendant plus de deux décennies, la Faculté des sciences à l'UDSM a été activement impliquée dans la recherche sur les plantes endémiques à la Tanzanie qui présentent des composés chimiques ayant un potentiel médicinal. De nombreuses découvertes scientifiques ont été faites à partir de cette recherche, notamment celle spécialisée sur des biomolécules aux propriétés antipaludéennes. Parmi quelques-unes de ces découvertes, on compte des composés antipaludiques et trypanocides (capables de tuer les parasites qui causent la maladie du sommeil) (Joseph et Nkunya 2002). Assurément, ces résultats de recherche sont très pertinents dans le cas d'un pays comme la Tanzanie, durement frappé par les maladies. Cependant, rien, ou très peu, n'a franchi les portes des laboratoires. Les raisons en sont nombreuses, mais la plus évidente est le manque flagrant d'hommes d'affaires et d'entrepreneurs visionnaires qui pourraient transformer ces découvertes en produits pharmaceutiques viables ; en d'autres termes, la capacité d'investissement dans les produits pharmaceutiques est presque négligeable. Un pays tel que la Tanzanie a donc besoin d'entreprises essaimées (« spin-off »), directement dirigées par des chercheurs, sans que cela puisse être considéré comme étant la panacée pour le développement de nouvelles entreprises basées sur la technologie. L'expérience à l'étranger (dans le cas présent, les pays développés) a montré qu'il n'existe pas de moyen de contourner les règles du jeu. Le développement demande en général une forte dose de ténacité, de travail et de courage ! En termes de durée, la constitution d'une entreprise industrielle de haute technologie exige au moins plusieurs décennies et nécessite plusieurs conditions : une base de recherche bien implantée, des personnels qualifiés (une force de travail bien formée), des entrepreneurs visionnaires et une communauté de dirigeants d'entreprises de haute technologie, et des capitaux « intelligents » (ITAC 2002, cité dans Diyamett 2004).

9.5 Débat actuel

Le débat actuel sur les universités en Tanzanie tourne surtout autour des questions majeures suivantes : financement et capacité financière, accessibilité, sexospécificité, qualité, et déclin de l'intérêt des étudiants pour les cursus scientifiques et d'ingénierie. Les deux premiers points sont abordés brièvement dans les sous-parties suivantes.

9.5.1 Financement et accessibilité financière

Le financement et l'accessibilité financière de l'enseignement universitaire sont deux thèmes prioritaires du débat public en Tanzanie. Le problème semble provenir du fait que l'enseignement était gratuit en Tanzanie jusqu'avant la fin des années 1980. Cependant, avec l'accroissement de la population et du nombre d'étudiants diplômés de l'enseignement secondaire, offrir un enseignement gratuit de qualité est devenu une charge pour le gouvernement, d'où l'introduction du partage des coûts. De toute évidence, le coût ne peut pas être supporté par les familles, comme indiqué précédemment, puisque la plupart des tanzaniens sont pauvres. Cependant, avec l'apparition d'universités privées, les parents aisés paient maintenant pour l'éducation postsecondaire de leurs enfants. Cela est également le cas pour les étudiants des universités publiques sous parrainage privé. Mais cette évolution a elle aussi engendré des débats, et une partie des tanzaniens commence à se plaindre que seuls les enfants des familles les plus riches ont accès à l'université, ce qui est injuste, non seulement pour les enfants des familles pauvres, mais aussi pour le pays, puisqu'alors certains cerveaux brillants risquent d'être délaissés.

En 2004, le gouvernement a promulgué une loi établissant le BPEES, chargé de gérer le programme de prêts étudiants, dans le but principal de faciliter l'accès à l'éducation supérieure des étudiants dont les parents n'ont pas les moyens de payer. Dans ce programme, tous les étudiants du supérieur, y compris ceux des universités privées, ont droit à ce prêt. Mais étant donné le faible montant du prêt, seule une petite proportion des étudiants le reçoit. Selon la politique de ce programme, seuls ceux qui obtiennent de très bons résultats à leurs examens avancés peuvent y prétendre. Alors que les filles peuvent obtenir des niveaux « Divisions I et II » dans les examens nationaux de type « Form VI », seuls les garçons qui obtiennent « Division I » y ont accès. Là aussi cette pratique provoque des débats ; une majorité se montre favorable à ce que tous les étudiants autorisés à intégrer l'université reçoivent ces prêts. Mais d'où viendra l'argent ? Plusieurs propositions ont été faites. L'une est la contribution du secteur privé. Selon Mawenya (2002), à condition de recevoir des incitations bien ciblées, le secteur industriel privé tanzanien peut apporter un soutien significatif au financement de l'enseignement supérieur. Mawenya affirme que pour y parvenir, les établissements de l'enseignement supérieur devront jouer serré. Ils doivent créer les conditions et mécanismes qui donneront envie au secteur privé de se lancer en affaires avec eux. Étant donné les remarques présentées plus haut, le chemin est encore long. En bref, la question du financement de l'enseignement supérieur en Tanzanie n'est pas simplement un vaste problème, c'est aussi une crise !

9.5.2 *Accessibilité*

L'accessibilité à l'éducation supérieure a été, et demeure, un problème très sérieux en Tanzanie. Seulement 1 à 3% d'une classe d'âge accède à une éducation tertiaire, et l'accès à l'université concerne moins de 1% de cette frange. Le gouvernement avait mis en place le Programme 2002–2007 de développement de l'enseignement primaire (PDEP) dans le but d'améliorer l'accès à l'enseignement secondaire. C'est également dans le but d'améliorer l'accès à l'enseignement supérieur que le gouvernement a instauré le Programme 2004–2009 de développement de l'enseignement secondaire (PDES). De la réussite des PEDP et SEDP dépendra le vivier d'étudiants nécessaires pour remplir les places vacantes créées par les 27 universités du pays, améliorant ainsi l'accès à l'enseignement supérieur.

9.6 Conclusions et évolution de la recherche

Comme il a été montré dans ce chapitre, la Tanzanie reste un pays pauvre et non industrialisé, fortement dépendant de l'agriculture, elle-même très sous-développée. Malgré quelques exemples isolés intéressants, le système S&T dans son ensemble n'est pas optimisé pour influencer l'innovation dans les entreprises et les fermes ; surtout, les relations sont très fragiles entre les organismes de R&D et le secteur secondaire, notamment le secteur manufacturier. La plus grande partie de la recherche effectuée, notamment dans les facultés de sciences, n'est pas mise en pratique. Pour ces facultés et collèges qui entretiennent une forme de lien, comme le CoET en termes de conseil et le programme des PME, la question la plus importante à soulever est l'équilibre entre leurs rôles traditionnels et ces nouveaux rôles émergents en réponse aux besoins de la société. C'est d'autant plus important qu'il existe un véritable clivage entre la science et la technologie actuellement utilisées dans des pays comme la Tanzanie. Alors que la science est mondiale, la technologie est locale, et malheureusement très peu développée. À cet égard, les universités

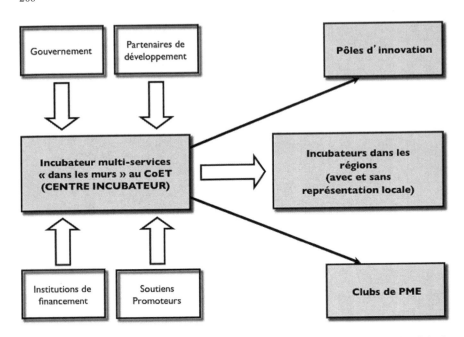

Fig. 9.3 Projet de centre incubateur et ses liens avec les stations incubateur virtuelles, les clubs de PME et les pôles

semblent avoir deux options : faire de la science de « haut niveau » juste pour le principe, ou adopter une stratégie de développement scientifique plus « basique » qui peut résoudre les problèmes réels et actuels du secteur secondaire. Autrement dit, la science de « haut niveau » peut-elle résoudre les problèmes de la technologie « basique » ?

Les questions soulevées ci-dessus sont significatives et ne peuvent être correctement traitées qu'en étudiant les établissements d'enseignement supérieur en termes d'évolution de leurs rôles, et en observant comment ils abordent les questions liées à la production et au transfert des connaissances pour un développement socio-économique. Dans un premier temps, l'étude peut inclure uniquement des universités techniques comme l'Universitaire agricole de Sokoine (SUA), des instituts universitaires comme l'Institut universitaire d'études architecturales et foncières (UCLAS), l'Institut universitaire des sciences de la santé de l'Université de Muhimbili, et le CoET. Le CoET a déjà décidé d'adopter le modèle ci-dessous pour augmenter son impact sur la société, par le biais d'un centre incubateur établi non loin de ses propres infrastructures (Fig. 9.3). Le centre est conçu pour faciliter l'essaimage technologique ainsi que les services aux PME jeunes pousses. De plus, il devrait servir les incubateurs régionaux, les clubs de PME et les pôles dont la mise en route est encouragée par le CoET.

Mise à part l'étude des relations entre universités et secteur secondaire, il est également important d'observer la relation entre les universités et les organismes de R&D. Il n'existe pas actuellement de démarcation claire entre le rôle de l'université et celui des organismes de R&D en ce qui concerne la recherche. Selon des informations non officielles, certains organismes de R&D, notamment dans le domaine de l'agriculture, se plaignent que les universités s'orientent maintenant vers la recherche appliquée, qui est censée être leur domaine, plutôt que la recherche fondamentale. Cette tendance semble avoir été influencée par les bailleurs de fonds des R&D. La plupart des bailleurs se tournent actuellement vers le financement de recherches plutôt orientées vers l'application. Mais pour établir des faits concrets sur le rôle des universités et des établissements de R&D en Tanzanie, une étude approfondie doit être menée qui devra aussi se pencher sur la façon dont l'ensemble de la société perçoit le rôle des universités et celui de la R&D.

Bibliographie

Chisawillo P (2006) Facilitating Metalworks Cluster, Proceedings of the 3rd regional conference on innovation systems and innovative clusters in Africa, Dar es Salaam, ISBN:9987-9074-4-X, pp 174–187

Commission européenne Proposed guidelines for collecting and interpreting technological data – OSLO MANUAL. Organisation de coopération et de développement économiques (OCDE)

COSTECH (2005) A report on the survey of R&D funds flow in the Tanzanian government R&D institutions. Dar es Salaam

Diyamett BD (2004) The concept of technological innovation: theoretical overview and some practical implication for Africa. Dans : Mwamila BLM, Trojer L, Diyamett B, Temu A (dirs) Innovation systems and innovative clusters in Africa. Actes d'une conférence régionale, Bagamoyo, Tanzanie

Diyamett BD (2005) A mini-study to test tools developed for innovation indicators and surveys for the Tanzanian manufacturing sector. UNESCO, Nairobi

Joseph CC, Nkunya MHH (2002) Natural products as potential environmentally friendly pesticides, Actes, International science symposium on environment, Faculté de science, Université de Dar es Salaam, Septembre

Liwenga JM (1988) History of agricultural research in Tanzania. Dans : Ter JM, Mattee AZ (dirs) Actes d'un Atelier sur la science et les agriculteurs en Tanzanie. Université d'agriculture de Sokoine (SUA), Morogoro, Tanzanie

Mawenya AS (2002) Private sector participation in financing of higher education. Dans : Mwamila BLM, Omari I, Mbuya E (dirs) Financing of higher education in Eastern and Southern Africa: diversifying revenue and expanding accessibility – Proceedings of a workshop. Dar es Salaam, Tanzanie

MoHEST (2006) Basic statistics on higher education, science and technology, 2001/2002-2005/2006, Dar es Salaam University Press

Shetto RM (2005) Agricultural mechanization in Tanzania. Présenté au 3rd Annual Engineers' Day 2005, Dar es Salaam, Tanzanie

UDSM (2005) Five year rolling strategic plan 2005/2006–2009/2010. The Institute of Kiswahili Research, Dar es Salaam

URT (2000) National development vision; Vision 2025

Wangwe SM, Diyamett B (1998) Cooperation between R&D institutions and enterprises: the case of United Republic of Tanzania. Dans : atas XI -New approaches to science and technology cooperation and capacity building. Nations unis, New York et Genève

Wangwe SM, Diyamett BD, Komba A (2003) Trends in R&D activities in Tanzania: funding sources, institutional arrangements and relevance. Research on Knowledge Systems (RoKS), CRDI

Webmetrics International (2005) http://www.universitymetrics.com

Chapitre 10
Afrique du Sud: réforme de l'enseignement supérieur et transformation du système national d'innovation

Rasigan Maharajh, Enver Motala, et Mario Scerri

10.1 Introduction

Le monde entier considérait l'Afrique du Sud sous l'apartheid comme un pays paria, notamment après que les Nations Unies aient qualifié son régime institutionnel de « crime contre l'humanité ». Beaucoup de chercheurs, de commentateurs et d'observateurs voyaient dans l'apartheid un état tout simplement irrationnel dont le dysfonctionnement le rendait à la fois instable et insupportable (Alexander 1979). Sa capacité à se maintenir était largement basée sur la violence organisée et la force d'intimidation de son dispositif militaire dirigé contre la majorité des citoyens. De plus, cette intimidation était perpétrée avec le soutien et la complicité d'une petite minorité qui bénéficiait directement du système. L'apartheid en tant qu'organisation raciste légalisée excluait la majorité des Sud-Africains des instances politiques générales et d'une réelle participation dans les institutions de l'État, et limitait leur capacité à accéder à de nombreux droits économiques et sociaux. Durant une large part de son existence, l'apartheid était ouvertement ou secrètement soutenu par un certain nombre de pays occidentaux, principalement pour la position stratégique de l'Afrique du Sud durant la confrontation idéologique entre l'URSS et les nations capitalistes occidentales (la guerre froide). Mais, finalement, la condamnation de l'apartheid devint quasi universelle et s'amplifia jusqu'à mettre en route une campagne internationale très efficace pour isoler le régime sud-africain. L'effondrement de l'Union Soviétique et la fin de la guerre froide dissipèrent le dernier soutien ouvert des pays de l'Ouest envers le régime de l'apartheid et précipitèrent sa chute finale (Davies 2007).

L'état de l'apartheid, qui se développa à partir d'une longue période de colonialisme externe et d'une période de ségrégation intensive – depuis la formation de

---

R. Maharajh (✉) • E. Motala • M. Scerri
Institut pour la recherche économique sur l'innovation,
Université technologique de Tshwane, Tshwane, Afrique du sud
Courriel: maharajhr@tut.ac.za

l'Union d'Afrique du Sud en 1910 jusqu'à l'élection du Parti National en 1948, devint le pays le plus puissant du continent africain en termes de production et distribution de biens et services (Mamdani 1996). Il donna naissance à une modernisation de l'économie, dans laquelle l'émergence et l'établissement d'une classe ouvrière dépouillèrent simultanément la paysannerie en place de tout accès aux droits fonciers (Beinart et Delius 1986). Il accéléra l'urbanisation et implanta des réseaux de transports et de technologies de l'information et de la communication (TIC) sophistiqués, ainsi qu'un secteur financier *compétitif* au niveau mondial, tous caractéristiques d'un état industriel moderne. Il donna naissance à des sous-systèmes de production dans l'agriculture, les transports, le commerce, la banque et les secteurs secondaires et miniers. Ses capacités dans le secteur minier devaient d'ailleurs très rapidement excéder celles de la plupart de ses concurrents mondiaux, et l'Afrique du Sud devint ainsi le plus gros producteur de plusieurs des minéraux et minerais les plus recherchés sur le marché mondial.

Cet état coercitif, qui évolua depuis la conquête coloniale jusqu'à la période de gouvernements autonomes[1] et du système de l'apartheid, jeta les bases de l'évolution et de la structure finale du capitalisme sud-africain. Le capitalisme d'Afrique du Sud prit une forme particulière durant cette période, principalement caractérisé par son exploitation d'une force de travail noire bon marché, par le contrôle rapproché des droits politiques et autres des Noirs en général, et par des lois draconiennes limitant nombre de libertés pour la majorité des habitants du pays. L'État sud-africain développa un système de formation et d'éducation différentié selon des critères raciaux qui allait devenir l'une des principales caractéristiques du système national d'innovation (SNI) hérité par le premier gouvernement démocratique. Malgré sa puissance considérable, l'état de l'apartheid ne pouvaient aller au bout de ses desseins car ses objectifs et approches pour le développement ne se traduisaient pas facilement par des stratégies et actions de développement. Cette situation était en grande partie due aux contradictions fondamentales dans la forme prise par le capitalisme sous l'apartheid et les contraintes que ces contradictions plaçaient sur la mutation d'une économie essentiellement basée sur les ressources vers un système d'innovation industrialisé, puis postindustriel.

Le capitalisme sud-africain, comme le capitalisme partout ailleurs mais aussi précisément à cause de ses formes violemment racistes sous l'apartheid, stimula l'émergence de plusieurs fronts d'opposition (Clarke 1977, 1991; Holloway et Picciotto 1978; Mandel 1980). Ceux-ci incluaient les syndicats, les organisations

---

[1] « L'auto-gouvernement » ou la période de, dans le cas de l'Afrique du Sud, était un cas unique au sein de l'Empire Britannique en ce qu'il reflétait un nouveau statut des colons blancs* avec la confirmation de la privation des droits civiques pour une large majorité de la population. Les caractéristiques uniques de ce système de dominance et d'assujettissement ont donné lieu à des locutions telles que « colonialisme interne, » « colonialisme d'un certain type, » et « capitalisme racial. »
*Note sur la nomenclature raciste : dans ce chapitre, les termes « Blancs » et « Noirs » sont utilisés comme des indicateurs d'ethnicité sans connotation péjorative. « Blancs » fait référence aux groupes ethniques d'origine européenne, et « Noirs » aux groupes ethniques autochtones ainsi qu'aux personnes originaires de certaines régions d'Asie du Sud Est et celles d'ascendance mélangée, aussi appelés « colored. » Une discussion plus détaillée est à lire dans Maharajh et Pogue (2009).

politiques et plusieurs autres mouvements sociaux qui poussèrent la société civile à contester l'économie politique d'oppression. Des organisations d'étudiants, des mouvements féministes, des groupements paysans, des associations locales civiques ou confessionnelles, groupes culturels et autres unions populaires apparurent pour soutenir tout un ensemble de causes et de revendications. Tous n'étaient pas ouvertement politiques, mais tous avaient invariablement des récriminations envers la politique de l'état et ses formes écrasantes de contrôle racial et anti pauvre sur la vie civile. Ces diverses organisations finirent par combiner leurs différences afin de donner l'élan nécessaire pour renverser le régime de l'apartheid depuis la base (Buhlungu et al. 2007).

La conceptualisation du rôle de l'enseignement supérieur (ES) et de la science, technologie et innovation (STI) au sein du/des mouvement(s) de libération n'allait guère au-delà des notions de système « démocratique » non entaché de pratiques racistes, patriarcales et injustes. Des questions plus pointues sur la place de l'enseignement et de la science dans l'économie politique de l'Afrique du Sud étaient beaucoup moins fondamentales dans le débat pour vaincre l'apartheid. Cependant, ces questions trouvaient un écho dans les luttes relatives à « l'éducation des travailleurs », qui donnèrent lieu à des développements importants sur la relation de l'éducation et de la science *avec* la production et le contrôle des travailleurs, la reconnaissance d'un apprentissage antérieur et tout au long de la vie, d'une formation continue pour les adultes et d'une éducation « politique ». Ces développements étaient d'ailleurs le précurseur direct du développement de la « stratégie de formation » postapartheid.

Ce chapitre ne cherche pas à fournir une vision excessivement théorisée ou « critique » de l'ES et du système d'innovation, qu'elle soit historique ou actuelle. Nous avons plutôt essayé de donner une vision d'ensemble de l'interrelation systémique de l'ES et du système d'innovation et de leur évolution au cours des deux derniers siècles. Dans la première section de ce chapitre, nous soulignons les origines historiques des établissements d'enseignement supérieur (EES) d'Afrique du Sud et des SNI. La deuxième section examine les diverses stratégies élaborées pour « la reconstruction et le développement » qui ont caractérisé l'Afrique du Sud postapartheid. La troisième section présente les caractéristiques contemporaines de l'ES et du système d'innovation. La conclusion explore quelques-uns des défis émergents et durables auxquels sont confrontés les systèmes d'innovation et d'ES du pays.

10.2 Origines historiques de l'enseignement supérieur et du système national d'innovation sud-africains

L'adoption de l'approche du SNI pour analyser des systèmes dynamiques met en avant le besoin de comprendre les spécificités des systèmes spécifiques et de se plonger dans leur histoire afin de saisir ces spécificités. L'historiographie est rarement avérée et son importance provient de la divergence des points analytiques de départ pour les approches contradictoires permettant de comprendre les SNI spécifiques.

Dans le cas de l'apartheid et des étapes qui l'ont précédé, les deux principaux points contradictoires viennent des historiens en économie libérale d'un côté, et les révisionnistes Marxistes de l'autre. Les premiers considèrent la « question nationale » comme étant d'abord la question raciale; ils insistent sur la nature raciste du processus d'assujettissement et sur les formes racistes de contrôle exercées sur la vie des gens et sur l'allocation de ressources publiques et privées (Lipton 1986). Pour ce camp-là, le racisme était une aberration empêchant la rationalité d'une allocation de ressources fondée sur le marché, qui aurait évité toute entrave au fonctionnement du marché comme le faisaient les lois raciales. Les historiens Marxistes, de leur côté, se sont concentrés sur la nature capitaliste et fondée sur l'exploitation des individus du système de l'apartheid, sur le processus d'accumulation du capital et sur sa relation avec la structure et la fonction de l'état (Davies et al. 1976; Dennis et Fine 1985; Greenberg 1980; Helliker 1987; Kaplan 1977; Legassick 1973, 1974a, 1974b, 1975, 1976; Morris 1977; Williams 1975; Wolpe 1972, 1974, 1980, 1988). La lutte entre capital et travail, les revendications contradictoires des différents intérêts de classes (et des « fractures » au sein même de celles-ci), la forme spécifique de l'extraction de la plus-value, les « mécanismes coercitifs » utilisés dans la régulation du travail en général et le système de travail migrant intégré dans les circonscriptions régionales comptaient parmi les préoccupations spécifiques de cette vision (Clark 1986).

Mais en général, rares étaient les analystes, surtout dans les années 1980, qui contestaient la nature profondément relationnelle de ces catégories (« race » et « classe ») à des fins analytiques. La théorie et la stratégie étaient utilisées pour analyser la façon dont l'état était conceptualisé, par exemple en relation avec la question de « race », avec des implications directes sur la façon de mener la lutte pour la libération. Ainsi, de profondes différences existaient entre l'approche adoptée par le Mouvement de la conscience noire, par le Congrès national africain (ANCS associé à la théorie du « colonialisme d'un certain type ») ou parmi les leaders du mouvement ouvrier naissant et d'autres regroupements politiques de gauche, largement associés à la tradition du *Trotskisme* en Afrique du Sud. Au-delà des tendances des divers participants au débat, ce dernier a indéniablement fourni une vision de « l'économie politique » de l'état sud-africain beaucoup plus rigoureuse, orientée contextuellement et cohérente et a certainement influencé toute une série d'analyses disciplinaires sur la nature de l'apartheid, en particulier dans les domaines politique, sociologique, économique et historique. Il est toutefois reconnu qu'une lacune restait à combler dans l'analyse de l'apartheid et la formulation d'une stratégie de libération relative aux problèmes de genre. Ce sujet n'était pas aussi développé que les questions de classe et de race et, mis à part quelques écrits, il existe très peu d'analyses détaillées. Comme l'a montré Bozzoli (1983), notre compréhension de la société sud-africaine s'est radicalement modifiée et approfondie au cours de la dernière décennie, mais la révision radicale de l'histoire, de la sociologie et de la politique sud-africaine n'a pas, loin s'en faut, été mêlée à des réinterprétations féministes de la sagesse populaire.

L'évolution du secteur de l'ES en Afrique du Sud, depuis ses origines pendant le colonialisme jusqu'à l'avènement de la démocratie, montre deux caractéristiques durables. La première est qu'il a été guidé et influencé par les besoins changeants de l'économie sud-africaine et du SNI associé. La seconde a été sa nature durablement et strictement basée sur l'exclusion raciale. Durant toute cette période, les EES étaient des instruments clés pour s'acquitter des exigences en compétences de haut niveau du SNI. Cependant, il convient de noter que le système d'innovation « local » en Afrique du Sud était relativement peu développé comparé aux autres sous-systèmes de l'Empire Britannique, notamment le complexe système indien. Alors que le système de production local gagnait en sophistication et complexité, il en allait de même pour les besoins en compétences et pour le secteur de l'ES qui devait y pourvoir. Jusqu'au début du vingtième siècle, le modèle de croissance du secteur de l'ES était en grande partie lié au développement du secteur primaire, notamment le domaine minier et l'agriculture. L'industrialisation rapide de l'entre-deux-guerres, surtout lorsque combinée à des politiques économiques ouvertement intervention-nistes, a fortement motivé l'accélération du développement du secteur de l'ES sur un front plus large, de même que l'expansion des agences du SNI.

De son origine jusqu'aux premières élections démocratiques en 1994, l'ES en Afrique du Sud était strictement ségrégué selon des critères raciaux et basé sur une entrée privilégiée pour les Blancs (Kellaway 1984). Au dix-neuvième siècle, cette situation n'était pas très éloignée de ce qui se pratiquait dans le reste de l'Empire Britannique, mais elle devint une contradiction de plus en plus gênante lors du développement rapide de l'économie industrielle pendant la période de l'autogouvernement sud-africain jusqu'à 1948. Cette contradiction provenait de la croissance des besoins en compétences dans une économie en voie de modernisa-tion face aux contraintes rigides d'une politique raciste de l'ES qui excluait de fait une grande majorité de la population. Avec l'arrivée de l'apartheid et l'enracinement de cette stratégie particulière basée sur des critères raciaux pour doter l'ES, le sys-tème d'innovation sud-africain a dû s'adapter pour pouvoir mieux répondre à une demande en compétences élargie. De 1948 jusqu'à la fin de l'apartheid, l'évolution du système de l'ES a contribué à mettre celle du SNI sur une trajectoire devenue, avec la post colonisation en toile de fond, progressivement antimoderne (Scerri 2009). Ce processus était dû à la nature de l'essor industriel suite à l'afflux de la science et de la technologie pendant la guerre, un changement structurel qui a pro-gressivement placé les compétences de la main d'œuvre et les divers aspects du développement des ressources humaines au cœur du développement économique. Les pays « sous-développés » qui ont mis l'éducation et la formation du plus grand nombre au sommet de leurs priorités sont ceux qui ont réussi après-guerre. La logique fondamentale de l'apartheid, en excluant de semblables possibilités d'évolution, relégua le développement de l'économie sud-africaine sur une trajec-toire qui divergeait considérablement du reste des économies en voie de modernisa-tion rapide dont l'accélération était soutenue par le rôle de plus en plus central joué par les compétences humaines dans le développement économique.

L'origine du système universitaire sud-africain remonte à l'établissement du South African College au Cap, ouvert en 1829 pour remédier aux frais élevés d'envoi d'étudiants sud-africains à l'étranger. Initialement, cette faculté comptait 115 étudi-ants qui étaient préparés aux examens de l'Université de Londres au Royaume-Uni. Dans les années 1870, d'autres facultés du même type furent établies pour répondre à la demande croissante en niveaux d'enseignement au delà de la scolarité de base. Beaucoup de ces établissements virent leur réputation et renommée grandir avec le temps, bien que tous ne continuèrent pas à dispenser un enseignement de niveau universitaire; nombre d'entre eux se spécialisèrent simplement dans l'enseignement secondaire. En 1873, le gouvernement du Cap de l'époque vota la Loi d'incorporation des universités, et l'Université du Cap de Bonne Esperance naquit, basée sur le modèle de l'Université de Londres. Elle proposait des examens dans de nombreux domaines, y compris le droit, les arts, la théologie et l'agriculture, et des certificats en ingénierie civile, en musique ainsi que d'autres parcours. Le nombre de facultés augmenta fortement entre 1874 et 1916, et plusieurs « facultés universitaires » furent créées, dont les South African College, Stellenbosch College et Rhodes University College.

En 1896, une École des mines fut établie à Kimberley mais, pour des raisons qui allaient devenir évidentes, elle fut transférée en 1903 vers la métropole en plein essor de Johannesburg dans le Witwatersrand et renommée l'Institut universitaire du Transvaal. En 1910, elle devint l'École sud-africaine des mines & des technologies alors qu'au même moment, l'Institut universitaire du Transvaal réapparaissait à Pretoria. L'Institut universitaire du Natal fut établi en 1909. Entre 1918 et 1951, six des sept instituts universitaires devinrent des universités à part entière et l'enseignement universitaire connut alors une période de croissance rapide. L'Université du Cap fut établie en tant qu'université à part entière en avril 1918 (Phillips 1993) et celle de Witwatersrand fut détachée de l'École sud-africaine des mines & des technologies en 1921. Le Parlement établit l'Institut universitaire de Potchefstroom, une branche de l'Université d'Afrique du Sud (UNISA) qui avait été établie plus tôt, en 1916. L'Université de Pretoria fut fondée en 1930 et celle du Natal en 1950. Des développements semblables eurent lieu dans d'autres provinces de ce qui était alors l'Union d'Afrique du Sud.

À noter que le South African Native College fut établi dès 1916 à partir de l'Institut missionnaire de Lovedale dans la ville de Fort Hare dans la région de l'Eastern Cape de l'Union. Fondé sur les principes du christianisme, il était exclusivement réservé aux étudiants noirs et devint l'Université de Fort Hare en 1952. Un nombre limité d'étudiants noirs était autorisé dans les universités du Cap, du Witwatersrand et du Natal, mais une ségrégation stricte était en vigueur dans tous les établissements concernant le logement, le sport, les activités sociales et même, dans le cas de l'Université du Natal, le cursus universitaire. Une école de médecine fut établie pour les « non Blancs » pour la première fois dans l'Université du Natal en 1950. La mise en place de l'apartheid enracinait dans le droit une politique globale de l'enseignement basée sur l'exclusion et la ségrégation raciale. Cependant, durant toute cette période, une résistance considérable existait envers les politiques racistes et d'exclusion des gouvernements successifs d'avant l'apartheid; d'ailleurs, certains au sein même des gouvernements dénonçaient ces politiques, notamment à la fin des années 1930 et au début des années 1940 (Scerri 2009).

À partir de 1955, le gouvernement de l'apartheid commença la planification basée sur son concept de différence raciale et ethnique d'universités pour les « non

Blancs », d'après la vision d'un Comité Spécial du gouvernement pour qui « beaucoup d'Africains éduqués ne servent pas leurs communautés car ils ont été éduqués à la mode européenne; ce sont des individus sous-développés qui n'ont pas encore acquis le sens des responsabilités, l'initiative ou les connaissances nécessaires pour fonder et contrôler leurs propres universités. Si le gouvernement de l'Union de l'Afrique du Sud est sérieux au sujet du développement réel des Bantous, alors établir leur propres instituts universitaires devient un impératif » (Behr et Macmillan 1971: 238–239). En conséquence, une loi dénommée Loi pour l'extension de l'enseignement universitaire, un véritable euphémisme, fut votée en 1959. Grâce à cette loi, divers établissements définis sur des critères raciaux furent créés en 1960 et 1961. Ces EES étaient sous le contrôle de ministères de l'enseignement définis sur des bases raciales comme le Ministère pour l'enseignement Bantou. Ces ministères prirent le contrôle des questions ayant trait à l'admission des étudiants dans les divers types d'universités établies, notamment dans le but d'empêcher les Noirs d'accéder aux établissements « blancs », et de strictement diriger les étudiants vers des institutions définies selon les catégories raciales particulières établies par le gouvernement (Beale 1994).[2]

Le nombre total d'étudiants inscrits dans ces nouveaux collèges universitaires pour les Noirs était environ de 642 en 1960, et de 3 774 en 1969. En 1968, 49 604 étudiants blancs fréquentaient des universités résidentielles, UNISA exclus.[3] Des disparités de financement et autres affectaient ces établissements. Il convient aussi de noter que la formation et certification des enseignants et infirmières avaient eu lieu en dehors de ces universités, dans des instituts spécialisés, ségrégués selon les normes de l'apartheid.

10.3 Enseignement supérieur et système national d'innovation après l'apartheid

L'élection du premier gouvernement démocratique d'Afrique du Sud donna le signal d'une réforme radicale du système éducatif dans le pays. Le contexte pour ses interventions et réformes politiques était façonné non seulement par l'héritage de l'apartheid mais aussi par l'empreinte constitutionnelle visant à transformer le système social dans son ensemble pour pouvoir améliorer les possibilités d'une justice sociale, des droits de l'homme et de la démocratie. Ces objectifs devaient être poursuivis dans le contexte d'un environnement mondial en pleine mutation dans lequel de nouveaux procédés dans les domaines du commerce, de la finance, des systèmes

---

[2] Pour des politiques similaires affectant le Technikons (le secteur de l'enseignement supérieur technique sous l'apartheid), voir Bot (1988) et Pittendrich (1986).

[3] Ibid.: 240 et 244. Parmi ces étudiants blancs, près de 15 000 étaient inscrits en sciences sociales et humaines; 7 100 en « sciences pures »; 8 300 en commerce et administration publique; 5 300 en ingénierie et 1 300 en droit.

d'information à l'évolution rapide et d'autres technologies exigeaient de la part des états nationaux une adaptation et des aménagements continus. L'ES en Afrique du Sud était aussi obligé de composer avec les effets de la standardisation et commercialisation des services éducatifs au niveau mondial (Burbules et Torres 2000; Delanty 2001; Mittelman et Othman 2001; Muller et Subotzky 2001; Altbach 2001; Hill 2004; Levidow 2002).

Sous la présidence de Nelson Mandela, toute une série de nouvelles politiques et législations établirent un programme de transformation. Cette législation et les politiques y afférant concernaient tous les niveaux d'enseignement, depuis la petite enfance jusqu'à l'âge adulte et de la maternelle jusqu'à l'ES. Le Livre blanc 3 (WP3) de 1997, publié par le gouvernement, traite spécifiquement de l'ES (Département de l'Enseignement 1997). Sa mission, qui consiste à redresser les inégalités qui étaient devenues un composant systémique et paralysant du système d'innovation sud-africain, y est clairement expliquée. Le Livre blanc expose les grandes lignes pour changer le système de l'ES et stipule que l'ES doit être planifié, administré et financé comme un seul système national coordonné. Il était nécessaire de traiter « ... la fragmentation, l'inégalité et l'inefficience qui sont l'héritage du passé, et de créer une société apprenante qui libère les énergies créatives et intellectuelles de tous dans le but d'atteindre les objectifs de la reconstruction et du développement » (WP3, Avant-propos).

Le WP3 a clairement placé les objectifs de l'ES dans le contexte de la transformation sociale et du Programme de reconstruction et de développement) du gouvernement:

- Répondre aux aspirations et besoins d'apprentissage des individus par le développement de leurs capacités intellectuelles et aptitudes tout au long de la vie. L'ES permet aux individus d'utiliser au mieux leurs talents et les opportunités offertes par la société pour se réaliser. L'ES est donc un moyen clé pour donner des chances de réussite et pour parvenir à la distribution équitable des opportunités et la réussite parmi les citoyens sud-africains.
- S'occuper des besoins de développement de la société et, dans une société emmenée par le savoir et dépendante du savoir, fournir le marché du travail en compétences et expertises de haut niveau et toujours adaptées, nécessaires à la croissance et prospérité d'une économie moderne.
- Contribuer à la socialisation de citoyens éclairés, responsables et capables de critique constructive. L'ES encourage le développement d'une capacité de réflexion et d'une volonté de réévaluer et renouveler les idées, les politiques et les pratiques dominantes, basé sur un engagement pour le bien commun.
- Participer à la création, au partage et à l'évaluation des connaissances. L'ES soutient la poursuite des études universitaires et du questionnement intellectuel dans tous les domaines de la connaissance par le biais de la recherche, de l'apprentissage et de l'enseignement.

Le WP3 a analysé les « défis », la « vision » et les « objectifs » du système de l'ES et confirmé que ses « buts » font partie du processus élargi de transition de l'Afrique du Sud, y compris « la démocratisation politique, la reconstruction et le développement économique et les politiques sociales de redistribution visant à l'égalité ». De plus, ces défis doivent toujours être considérés dans le contexte des développements mondiaux et leurs effets sur l'Afrique du Sud. Le Loi sur l'enseignement supérieur de 1997 a donné une autorité législative aux intentions du WP3. Plus important encore, il a officiellement stipulé l'établissement, la gouvernance, le financement et les fusions des EES publics. La loi a aussi établi le Conseil pour l'enseignement supérieur (CHE) et son sous-comité permanent, le Comité pour la qualité de l'enseignement supérieur (HEQC).

L'état du secteur de l'ES était toujours celui hérité de l'apartheid avec ses systèmes de ségrégation, duplication, stratification et gaspillage. Même si la ségrégation raciale avait bien évidemment disparue, la structure du secteur de l'ES était encore fondamentalement marquée par son histoire. En 2000, le CHE a donc mis en place une Équipe de travail « Dimension & Structure », dont les membres viennent du monde professionnel, des affaires, universitaires et des technikons, ainsi que du Département de l'enseignement et du CHE, pour aborder le problème. Les propositions faites par ce groupe sont documentées dans le rapport du CHE de juin 2000 intitulé *Towards a New Higher Education Landscape: Meeting the Equity, Quality et Social Imperatives of Afrique du Sud in the 21st Century* (*Vers un nouveau panorama de l'enseignement supérieur: satisfaire les impératifs d'égalité, de qualité et sociaux de l'Afrique du Sud au XXIe siècle*).

Les propositions avancées sont, d'une part, le résultat de plusieurs faiblesses issues de la fragmentation et des inégalités du système de l'ES en Afrique du Sud; d'autre part, elles reconnaissent qu'à moins de traiter ces faiblesses, le secteur de l'ES ne sera pas en mesure de relever les défis du vingt et unième siècle. Le rapport soutient que le pays fait face à un défi d'une extrême importance en démontrant que les bénéfices de l'organisation de l'ES sont liés aux demandes de développement démocratique et socio-économique. La réconfiguration de l'ES doit être envisagée comme faisant partie du processus de construction d'un système d'apprentissage continu tout au long de la vie qui regroupe les écoles, la formation continue, l'ES, l'apprentissage au travail et les formes d'apprentissage non formelles. Un tel système doit s'attacher à constamment élargir l'accès à des opportunités d'apprentissage dans toute une gamme de programmes et de points d'entrée, de façon à former une base solide pour une justice sociale et une revitalisation économique (CHE 2000).

Le rapport défend également la « cause de l'enseignement supérieur en Afrique du Sud » et traite des « objectifs, principes et valeurs » qu'il considère comme nécessaires pour répondre aux défis du système. Il atteste que tous les EES sont le produit de la ségrégation et de l'apartheid, de « l'imagination géopolitique des planificateurs de l'apartheid ». Il examine les questions de la « qualité » et du « niveau », de « l'excellence », « l'efficience » et « l'efficacité » et commente les « mécanismes et instruments stratégiques et politiques préconisés dans le Livre blanc » concernant les objectifs du système de l'ES. Une partie importante du rapport défend la « cause de la différentiation et la diversité » dans le paysage de l'ES pour répondre aux défis de grande envergure auxquels le système dans son ensemble doit faire face. Le rapport fournit aussi une liste de recommandations sur la « structure » et la « dimension » du système de l'ES (CHE 2000).

Le Plan national de 2001 pour l'enseignement supérieur (NPHE) réaffirme les orientations du Livre blanc et définit le cadre et les mécanismes pour mettre en place et réaliser les objectifs de la politique du Livre blanc (Département de l'Enseignement 2001). Ce document est essentiel car il signale pour la première fois les mesures concrètes que le Ministère de l'enseignement doit prendre pour parvenir à réconfigurer le système de l'ES. La même année, le Groupe de travail national (NWG) est mis en place pour donner son avis sur les solutions les mieux adaptées pour restructurer l'offre de l'ES sur une base régionale par le développement de nouvelles formes institutionnelles et organisationnelles, y compris des fusions institutionnelles et la rationalisation du développement et de la distribution du programme. Le NWG a présenté son rapport en décembre 2001.

En résumé, le rapport du NWG émet des recommandations sur les « solutions adaptées pour consolider l'offre de l'ES sur une base régionale par l'établissement de nouvelles formes institutionnelles et organisationnelles, y compris la réduction du nombre d'établissements d'enseignement supérieur » (NWG 2001). Le point de départ de ses recommandations reprend le concept « d'adaptation à l'objectif » du NPHE. Après avoir examiné ce document ad hoc sur cette question et d'autres, et après consultations, les auteurs du rapport établissent un nombre de « grands axes pour cadrer son travail, formuler ses recommandations et développer un ensemble coordonné d'indicateurs de performance et de repères liés » (NWG 2001).

Les recommandations sont doubles: la première a trait aux questions générales partagées par toutes les régions, comme la collaboration régionale, la vision que les universités et technikons doivent continuer à fonctionner en tant que EES avec des programmes et axes de mission distincts; les établissements « polyvalents », les secteurs des instituts universitaires et de l'enseignement à distance et les campus « satellites ». La seconde traite des propositions et recommandations pour la consolidation de l'offre de l'ES sur une base régionale par l'établissement de nouvelles formes institutionnelles et organisationnelles, y compris la réduction du nombre d'EES de 36 à 21 par le biais de fusions et d'incorporations.

Le NWG expose que la mise en place de ses recommandations résulterait dans la restructuration fondamentale du système de l'ES et transformerait l'édifice de l'apartheid du système de l'ES pour jeter les bases d'un système de l'ES qui soit cohérent avec la vision, les valeurs et les principes d'une jeune organisation démocratique.

En juin 2002, le Ministère de l'enseignement a publié un ensemble de propositions pour la transformation et restructuration du système de l'ES basé sur les

Tableau 10.1 Panorama de l'enseignement supérieur public en Afrique du Sud (2009)

Universités traditionnelles	Universités polyvalentes	Universités technologiques	Instituts nationaux
Diplômes universitaires à dominante théorique, 2e et 3e cycles universitaires et capacité de recherche 1. Université du Cap 2. Université de Fort Hare 3. Université du Free State 4. Université du KwaZulu-Natal 5. Université du Limpopo 6. Université North-West 7. Université de Pretoria 8. Université de Rhodes 9. Université de Stellenbosch 10. Université du Western Cape 11. Université du Witwatersrand	Enseignement mixte universitaire et formation professionnelle 1. Université de Johannesburg 2. Université Métropolitaine Nelson Mandela 3. Université d'Afrique du Sud 4. Université de Venda pour la Science & la Technologie 5. Université Walter Sisulu pour la Technologie et la Science 6. Université du Zululand	Qualifications professionnelles, 2e et 3e cycles universitaires et capacité de recherche 1. Université Technologique de la Péninsule du Cap 2. Université Centrale de Technologie 3. Université de Technologie de Durban 4. Université de Technologie de Mangosuthu 5. Université de Technologie de Tshwane 6. Université de Technologie du Vaal	Incubateurs et mécanisme de coordination 1. Institut d'Enseignement Supérieur de Mpumalanga 2. Institut d'Enseignement Supérieur du Northern Cape

conseils du NWG. Ces propositions sont présentées dans la Government Gazette Notice N° 23549, intitulée: *Transformation and Restructuring: A New Institutional Landscape for Higher Education (Transformation et Restructuration : un nouveau paysage institutionnel pour l'enseignement supérieur* / Département de l'Enseignement 2002). Les propositions, qui ont été approuvées par le Cabinet, permettraient le regroupement des EES de 35 à 23 au moyen de fusions de deux EES publics ou plus en des établissements uniques, ainsi que par l'intégration de subdivisions/campus d'EES existants avec d'autres EES. Au total, il devait y avoir dix fusions et dix intégrations de subdivisions/campus. Parmi ces campus qui devaient faire l'objet d'intégration, cinq devaient l'être dans des établissements qui fusionnent et les cinq autres dans des établissements ne fusionnant pas (Tableau 10.1). Plusieurs de ces fusions/intégrations ont eu lieu comme prévu alors que d'autres ont été retardées pour des raisons politiques ou de contraintes de capacité.

10.4 Caractéristiques du secteur de l'enseignement supérieur et du système d'innovation

En 2005, le nombre total d'étudiants inscrits dans des EES publics était de 737 472 (Tableau 10.2). Parmi eux, la majorité (482 595) étaient des étudiants « présentiels »,[4] et 252 877 des étudiants à distance, dont 207 293 étaient inscrits dans un seul et même établissement, UNISA. Les étudiants noirs représentaient respectivement 74% et 76% des populations d'étudiants « contact » et « à distance ». Les étudiantes représentaient 53% et 57% de ces catégories, et la répartition des étudiants entre science, ingénierie et technologie (SIT),[5] commerce, et sciences humaines était de 29%, 29%, et 42%. La capacité d'accueil des établissements était variable: de presque 49 000 étudiants « contact » à l'Université de Technologie de Tshwane à 6 045 à l'Université de Rhodes.

Le Tableau 10.3 montre la distribution des étudiants par domaines d'études les plus importants. Les chiffres pour les SIT sont de 211 069 étudiants inscrits (28,6%), alors que le commerce et management en affichent 214 509 (29,1%), l'éducation 107 503 (14,6%), et toutes les autres sciences humaines 204 391 (27,7%).

En ce qui concerne les qualifications formelles, la grande majorité des étudiants (440 680) poursuivait des qualifications de premier cycle en 3 ans. Les diplômes professionnels de premier cycle concernaient 161 392 étudiants. Le nombre des étudiants en master et doctorat était de 44 533 et 9 434, respectivement. Un total de 115 589 étudiants, y compris ceux en année de master, poursuivait un diplôme de

Tableau 10.2 Synthèse de l'enseignement supérieur sud-africain

	2005	2007
Nombre d'étudiants inscrits	737 472	761 087
Présentiels	482 595	474 606
Distance	254 877	286 481
Étudiants noirs en % du total		
Présentiels	74	74
Distance	76	79
Étudiantes en % du total		
Présentielles	53	53
Distance	57	59
Proportion d'étudiants présentiels et distance dans les principaux domaines d'étude		
SIT	29	28
Commerce	29	30
Sciences Humaines	42	42

Source: HEMIS Database

---

[4] Étudiants suivant essentiellement des cours en mode présentiel.

[5] Diplômes en science, ingénierie et technologie. Les sciences incluent les sciences de la santé, de la vie, la physique, l'informatique et les mathématiques.

Tableau 10.3 Principal domaine d'études et effectif par qualification

	2005	2007
Principal domaine d'études	737 472	760 009
Sciences, Ingénierie et technologie	211 073	214 341
Commerce et gestion	214 510	228 735
Éducation	107 505	106 330
Sciences humaines et sociales	204 391	310 603
Qualifications formelles	737 472	761 087
Étudiants occasionnels	19 271	26 696
Diplômes de 1er cycle en 3 ans	440 680	254 789
Diplômes professionnels de 1er cycle	161 932	370 200
Diplômes de 2e et 3e cycle, avant le Master	61 622	59 179
Masters	44 533	41 172
Doctorats	9 434	10 204

Source: HEMIS Database

Tableau 10.4 Diplômés de l'enseignement supérieur public par principal domaine d'études et qualification

	2005	2007
Principal domaine d'études	120 053	126 887
Sciences, Ingénierie et technologie	33 554	36 637
Commerce et gestion	28 127	31 040
Éducation	29 090	28 332
Sciences humaines et sociales	29 292	30 814
Qualifications formelles	120 063	127 154
Diplômes de 1er cycle en trois ans	63 702	43 418
Diplômes professionnels de 1er cycle	23 950	52 388
Diplômes de 2e et 3e cycle, avant le Master	23 204	22 190
Masters	8 018	7 829
Doctorats	1 198	1 329

Source: HEMIS Database

deuxième ou troisième cycle, ce qui représente environ 15,6% de la population étudiante. Quelque 59,9% étaient au niveau du premier cycle en 3 ans.

Parmi les étudiants présentiels et à distance inscrits, les étudiants noirs africains représentaient respectivement 60% et 62%, alors que pour les étudiants blancs ces chiffres étaient de 26% et 24%. La répartition entre étudiantes et étudiants présentiels et distance était de 53% et 47% (présentiel) et 57% et 43% (distance). Au total, il y avait 54,5% d'étudiantes et 45,5% d'étudiants.

Le nombre de diplômés par principal domaine d'études était réparti comme suit: SIT: 33 561; commerce et management: 28 126; éducation: 29 086; sciences humaines: 29 290, pour un total de 120 053 étudiants. Les qualifications formelles étaient concentrées dans des diplômes de premier cycle en 3 ans (63 702), tandis que les masters et doctorats représentaient respectivement 8 018 et 1 189. On comptait 23 950 qualifications de premier cycle professionnel et 23 204 de deuxième cycle avant le master (Tableau 10.4).

Tableau 10.5 Personnel permanent de l'enseignement supérieur public

	2005	2007
Personnel permanent total		
Personnel enseignant et de recherche	15 315	15 589
Personnel administratif	21 375	22 224
Personnel de service	6 646	5 904
Pourcentage total de personnel noir		
Personnel enseignant et de recherche	37	39
Personnel administratif	56	59
Personnel de service	97	97
Pourcentage total de personnel féminin		
Personnel enseignant et de recherche	42	43
Personnel administratif	60	61
Personnel de service	39	40

Source: HEMIS Database

Les diplômes de premier cycle représentaient 15%, les masters 18% et les doctorats 13% du nombre total de diplômes dans le secteur de l'ES public en Afrique du Sud. Ces taux sont notablement en deçà des repères de 75% établis dans le NPHE concernant les taux de réussite d'une classe d'étudiants. Les chiffres montrent que seuls 25% des étudiants présentiels et 15% des étudiants distance atteignaient ces repères pour les études de premier cycle, et seulement 20% et 15% y parvenaient pour les études de deuxième et troisième cycle.

Le Tableau 10.5 montre le haut niveau d'inégalité de l'emploi dans l'ES public en 2005. Seulement 36,8% des postes de personnels universitaires permanents étaient occupés par des noirs, tandis que les femmes représentaient 41,5% de ce même groupe. Les femmes étaient également très représentées dans les fonctions administratives (60,2%).

Dans l'ensemble, on peut dire que des progrès ont été faits dans le système de l'ES en Afrique du Sud depuis 1994 (CHE 2004), comme par exemple:

- L'augmentation des inscriptions d'étudiants (dans tous les groupes raciaux spécifiés et par genre) en nombre et en termes d'équivalent temps plein (ETC); les taux de participation des étudiants ont augmenté de 14% à 18%.
- L'augmentation proportionnelle significative dans les domaines d'études des SIT, répondant aux objectifs du NPHE.
- La légère augmentation du nombre d'inscrits en deuxième et troisième cycles par rapport à l'effectif total.
- L'amélioration remarquable du nombre de diplômés au fil des années: +24% en 2002 par rapport aux chiffres de 1995.
- Augmentation significative (53 000) du nombre d'étudiants étrangers suivant actuellement des études en Afrique du Sud. Ces étudiants viennent en grande majorité de la région de la Communauté de Développement de l'Afrique Australe (SADC).

La plupart des observateurs du système de l'ES en Afrique du Sud considèrent l'assurance qualité comme le troisième des leviers essentiels pour sa transformation. La loi 101 de 1997 sur l'enseignement supérieur a également instauré le Conseil pour l'enseignement supérieur. L'article 7 de cette loi traitait spécifiquement du « comité permanent » du CHE, le HEQC, dont la fonction est de « promouvoir et garantir la qualité du CHE selon les termes de cette loi ». De nombreuses fonctions ont été attribuées au HEQC, parmi lesquelles la promotion de la qualité, l'audit des mécanismes d'assurance qualité, l'accréditation des programmes, la dissémination de l'information, ainsi que d'autres tâches qui lui ont été « conférées » ou « déléguées ».

Selon le HEQC, son cadre et ses critères pour l'assurance qualité sont basés sur:

- L'adaptation à l'objectif basée sur des buts, priorités et cibles nationaux
- L'adaptation à l'objectif en relation avec la mission spécifiée dans un cadre national comprenant la différentiation et diversité
- La valeur économique jugée d'après la gamme complète des objectifs de l'ES énoncés dans le Livre blanc
- La transformation visant à améliorer les capacités des apprenants à se développer personnellement, ainsi qu'à répondre aux exigences de croissance du développement social et économique et de l'emploi[6]

Depuis la mise en place du HEQC en 2001, son mandat a été résolument avancé. Il a entrepris un large éventail de tâches relatives à la promotion de la qualité, au développement de la capacité, et à la mise en œuvre de systèmes d'audit et d'accréditation. Il a également incorporé des développements de systèmes d'assurance qualité au niveau international tout en s'assurant que ceux-ci ont une pertinence et une intégrité contextuelle et qu'ils permettent une comparabilité significative et l'adoption des bonnes pratiques issues d'autres systèmes d'ES.

En dépit du scepticisme initial de certains à propos de son travail « évaluatif », la plupart des analystes et observateurs sérieux considèrent le travail du HEQC comme ayant un impact significatif sur l'amélioration de sa capacité à rendre compte du système de l'ES public (et privé) à la société civile. Son travail a soulevé toute une série de questions extrêmement importantes sur l'ES.

Ces questions ont considérablement élargi les discussions sur les façons de conceptualiser la « qualité » dans une société en transition de l'apartheid à la démocratie, ou sur la relation entre qualité et changement institutionnel. Plus récemment, le HEQC a conduit une discussion sur la relation entre qualité, justice sociale et transformation sociale. D'autres questions ont également été soulevées. Il s'est donné les moyens de réfléchir de manière autocritique aux objectifs et à la nature de son travail, son impact, sa crédibilité publique, la transparence de ses processus et son « indépendance », la relation entre assurance qualité et le planning et financement de l'enseignement supérieur. Il a aussi ouvert des débats sur des thèmes plus exploratoires tels que des questions sur le concept « d'intérêt général », des discussions sur

---

[6] Voir Document fondateur de l'HEQC (janvier 2001) sur http://heqc-online.che.ac.za.

la notion « d'engagement » entre la société et les EES, sur « l'engagement communautaire » comme mandat de l'ES, sur la relation entre « responsabilité » et « l'autonomie universitaire », sur le rôle pertinent de l'État dans la promotion du concept d'assurance qualité et autres questions de même nature (du Toit 2007; Jonathon 2006). Plus remarquable encore, le HEQC a aussi été mis à contribution pour apporter une assistance à des établissements hors Afrique du Sud (Lange 2003; Singh 2003)[7]. Au moment de rédiger cette étude, nombre d'audits institutionnels et d'évaluations des programmes ont été complétés; ceux-ci ont été reçus avec beaucoup d'attention de la part du public et ont généré d'importants débats et discussions sur le système de l'ES dans le contexte de l'intégration de la SADC.

10.5 Le système d'innovation sud-africain

L'Afrique du Sud a adopté une approche de système d'innovation pour transformer les ressources publiques pour la recherche, le développement, la science et la technologie. Cette perspective a été adoptée dans le Livre blanc de la science et la technologie en 1996 (Département de Science et Technologie 1996). En plus des 23 établissements publics d'ES, des activités de recherche et développement ont aussi lieu dans les Instituts de recherche publics (PRI), plus connus localement sous le nom de Conseils pour la science. Collectivement, ils regroupent une portion significative de l'élément institutionnel S&T formel du SNI. Le Livre blanc de la science et la technologie a souligné l'engagement du gouvernement sud-africain pour les S&T et indiqué un large ensemble d'objectifs que le SNI doit atteindre:

- Stimuler la compétitivité et la création d'emplois
- Améliorer la qualité de la vie
- Promouvoir les ressources humaines
- Développer un environnement durable
- Promouvoir une société de l'information

Un large part de ce Livre blanc concerne les principales agences de performance du NSI, les Conseils pour la science. Il est à remarquer que seuls trois de ces PRI dépendent directement du Département de science et technologie alors que les autres continuent de dépendre de leur ministères sectoriels respectifs. Le Tableau 10.6 fournit un instantané des actuels Conseils pour la Science.

La mise en place du cadre du SNI comme outil d'organisation clé pour gérer la transition a généré nombre d'interventions institutionnelles et sectorielles, dont l'établissement d'une agence exécutive unique pour le gouvernement d'Afrique du Sud: le Département de science et technologie.[8]

---

[7] Voir les diverses publications de CHE ainsi que Singh et Lange (2007).
[8] www.dst.gov.za.

Tableau 10.6 Établissements publics de recherche en Afrique du Sud (2009)

Nom	Acronyme	Compétences de base
Agricultural Research Council	ARC	Promouvoir l'agriculture et les secteurs associés par la recherche, le développement et le transfert de technologie
Africa Institute of South Africa	AIS	Club de réflexion et organisme de recherche axé sur l'Afrique: dissémination de la recherche, publications et une base de données de grande envergure
Council for Geosciences	CGS	Centre de recherches géologiques, géophysiques et paléontologiques fournissant des informations géologiques au gouvernement et au public
Council for Mineral Technology	Mintek	Aide l'industrie minière à fonctionner plus efficacement en développant et mettant à disposition les technologies les plus adaptées et au meilleur coût
Human Sciences Research Council	HSRC	Participe à la résolution de problèmes et améliore la prise de décisions grâce à une recherche d'excellence en sciences humaines et sociales
Medical Research Council	MRC	Améliore l'état de la santé publique et la qualité de vie de la nation grâce à une recherche d'excellente qualité et pertinente dans le domaine de la santé visant à promouvoir l'égalité et le développement
National Research Foundation	NRF	Agence pour l'investissement dans la connaissance et l'innovation dans toutes les disciplines des sciences naturelles et de l'ingénierie, ainsi que les sciences sociales et humaines
Standards Afrique du Sud	STANZA	Anciennement nommé le SA Bureau of Standards, STANZA établit les normes pour améliorer la compétitivité de l'Afrique du Sud et pose les bases de la protection, santé et sécurité des consommateurs et des problèmes environnementaux. Il est chargé du développement et de la publication des normes pour les produits et services

La large panoplie d'instruments nouveaux regroupe les stratégies, programmes et projets qui, collectivement, visent à améliorer la qualité de vie de tous les Sud-Africains en améliorant la performance compétitive des entreprises (publiques et privées). Cette panoplie inclut l'Audit national de recherche et technologie (1997), la Revue des établissements de Science & Technologie en Afrique du Sud (1998), la Prévoyance nationale pour la Recherche et Technologie (1999), le Rapport NACI/NSTF: croissance & innovation (2000), la Stratégie nationale pour la biotechnologie (2001), la Stratégie nationale pour le Développement de la Recherche & Technologie (2002), la Stratégie pour la technologie industrielle avancée (2003), la Stratégie pour la connaissance autochtone (2005), les Incitations fiscales pour la R&D (2006) et le Plan décennal récemment publié: Innovation pour une économie basée sur la connaissance (2007) (Département de Science et Technologie 2000, 2006, 2007).

Le Conseil pour la recherche scientifique et industrielle (CSIR) est de loin le leader en termes de recherche et développement en Afrique du Sud dans le secteur public. Constitué par une loi parlementaire en 1945, il a existé sous forme d'une agence du Département du commerce et de l'industrie jusqu'en 2005.[9]

Des données récentes confirment que le CSIR est bien l'un des organismes chefs de file en termes de recherche scientifique et technologique, de développement et d'implémentation en Afrique (Kahn et Blankley 2006: 270). À l'origine, il était conçu comme une nécessité pour répondre aux problèmes de « famine, logement et santé » du pays dans la période d'après-guerre (Scerri 2009). Basé à Tshwane, il est également représenté par des antennes régionales dans la plupart des neuf provinces de l'Afrique du Sud. Il conduit des recherches, innovations technologiques et développements industriels et scientifiques planifiés et multidisciplinaires pour améliorer la qualité de vie des Sud-Africains. Il s'engage à soutenir l'innovation en Afrique du Sud pour améliorer la compétitivité nationale dans l'économie globale. Des services et solutions en S&T sont apportés en soutien aux diverses parties prenantes. Il est chargé d'identifier les situations dans lesquelles de nouvelles technologies peuvent être développées en avance et exploitées par les secteurs public et privé pour en retirer un bénéfice commercial et social. Tandis que sa subvention parlementaire représente environ 40% de son revenu total, le CSIR génère également des revenus de ses contrats de recherches, royalties, licences et dividendes de ses propriétés intellectuelles et autres opérations commerciales. Sa subvention parlementaire est utilisée pour conduire une recherche « précompétitive » ayant peu de chances d'être financée par des fonds privés, et pour la formation de jeunes chercheurs.

Le Département de science et technologie pilote actuellement l'offre du pays pour accueillir le projet de radiotélescope SKA (Square Kilometre Array), dont le coût est estimé à 1,5 milliard de US$ et qui, en cas de succès, deviendrait l'une des plus grandes infrastructures de ce type au monde. Cette installation serait essentiellement basée dans la province du Northern Cape. À proximité du SKA vient s'ajouter le Southern African Large Telescope (SALT / Grand Télescope d'Afrique australe) lancé récemment, qui est le plus grand télescope optique de l'hémisphère sud et le plus grand d'Afrique. D'autres initiatives transversales ont aussi été lancées comme le Fonds pour l'innovation, les Centres d'excellence et les programmes de Chaires de recherche. Le département reconnaît que « l'éducation d'une nouvelle génération de scientifiques et de techniciens compétents est au cœur de ces défis. Trop peu d'étudiants entrent actuellement dans les programmes scientifiques ou d'ingénierie de l'enseignement supérieur. De plus, une toute petite proportion de ces étudiants de premier cycle poursuit des recherches de deuxième cycle dans la même voie. […] Nous devons trouver des solutions innovantes pour aller puiser dans nos ressources

---

[9] Le mandat du CSIR est stipulé dans la loi sur le Conseil pour la recherche scientifique (Loi 46 de 1988, amendée par la loi 71 de 1990), article 3: Raisons d'être du CSIR: « Les raisons d'être du CSIR sont, en s'appuyant sur une recherche et innovation technologique planifiée et surtout multidisciplinaire, d'encourager, dans l'intérêt national et dans les domaines prioritaires selon lui, le développement industriel et scientifique, seul ou en coopération avec les acteurs principaux des secteurs public ou privé, pour ainsi contribuer à l'amélioration de la qualité de vie des habitants de la République, et de remplir toutes autres fonctions qui peuvent lui être assignées dans le cadre de cette loi » (Gouvernement d'Afrique du Sud, 1990).

existantes (dans les universités et conseils pour la science) et nous efforcer d'augmenter ces chiffres » (Département de science et technologie 1996).

En réponse à un débat faisan suite à son discours sur l'État de la Nation lors de la session d'ouverture du Parlement en 2002, l'ancien Président Thabo Mbeki a remercié les membres du Parlement « d'avoir soulevé la question importante de la science et de la technologie et de sa pertinence dans le combat pour le développement et pour repousser les frontières de la pauvreté et du sous-développement ». Il a également engagé le gouvernement à « entreprendre une revue détaillée de ce secteur important pour s'assurer que nous donnons la place et les ressources nécessaires à la science et technologie, à la recherche et au développement en tant que levier principal dans le processus de modernisation de notre pays et de création d'une vie meilleure pour tous ».[10] Cette déclaration a renforcé le sentiment que, même si la capacité du progrès technologique et de l'innovation à améliorer les conditions d'existence des gens était assimilée, celle des institutions à apporter ce bien public restait à prouver. Dans la section suivante, nous examinons quelques-unes des tendances au sein du SNI de l'Afrique du Sud.

Selon Kahn et Blankley (2007), les principaux établissements professionnels de R&D au sein du SNI sud-africain sont les universités de recherche (six d'entre eux), quelques agences gouvernementales de recherche et des musées, les conseils pour la science et quelques entreprises. Selon eux, la part mondiale de l'Afrique du Sud dans les exportations technologiques « semble raconter une histoire décourageante ». Par exemple, la part de la technologie de pointe n'était pas supérieure à 0,07 en 2002 tandis que ce taux n'était que de 0,30 pour la technologie de base. Cependant, les dix premières exportations manufacturées sont de technologie moyenne, ce qui suggère une « histoire de croissance guidée par l'exportation ». Kahn et Blankley remarquent également que, plus important que les classements de 2002, le changement dans le classement indique un glissement vers « les armes et munitions, les composants électroniques, les raffineries/synthétiseurs de pétrole, les moteurs et turbines, et les récepteurs télévision et radio ».[11] Ces secteurs présentaient les plus hautes augmentations.

Les auteurs reconnaissent les difficultés à mesurer la R&D. Les mesures de R&D, réalisées selon les principes du Manuel de Frascati de l'OCDE (Blankley et al. 2006), ne sont pas adaptées pour capter les difficultés à mesurer précisément les activités d'innovation. Comme ils le démontrent notamment, elles font peu référence à la « mesure de la R&D dans le secteur des services » (Blankley et al. 2006: 275).[12] En utilisant la Méthodologie Frascati,[13] on calcule les dépenses brutes en recherche et développement en tant que pourcentage du PIB (GERD); le résultat

---

[10] Déclaration faite lors de la conclusion du débat sur le discours de l'État de la Nation devant l'Assemblée Nationale (14 février 2002).

[11] Blankley et Kahn (2005: 273–274).

[12] Les auteurs illustrent ce fait en se référant à des exemples précis.

[13] « Méthodologie Frascati » dans: OCDE, 2002, Manuel de Frascati: Méthode type proposée pour les enquêtes sur la recherche et le développement expérimental, OCDE Paris.

Tableau 10.7 Évolutions historiques en dépenses de R&D

Année	Dépenses en R&D (en millions de Rands)	R&D en pourcentage du PIB
1966/1967	37	0,40
1969/1970	59	0,50
1971/1972	75	0,53
1973/1974	94	0,47
1975/1976	142	0,54
1977/1978	225	0,65
1979/1980	310	0,64
1981/1982	497	0,74
1983/1984	769	0,82
1985/1986	1 077	0,84
1987/1988	1 329	0,76
1989/1990	1 775	0,71
1991/1992	2 786	0,84
1993/1994	2 594	0,61
1997/1998	4 103	0,60
2001/2002	7 488	0,73
2003/2004	10 082	0,80
2004/2005	12 010	0,86
2005/2006	14 149	0,92
2006/2007	16 521	0,95

Source: Blankley et Kahn (2005)

ainsi généré indique, pour la période 1983–2003, un niveau médian de dépenses en R&D à 0,76%, avec une amélioration à 0,86% en 2003 (Blankley et al. 2006: 278). L'Afrique du Sud n'aurait donc pas encore atteint la cible de 1% visée par le gouvernement (Tableau 10.7).

La distribution sectorielle de R&D montre que les entreprises et la recherche à but non lucratif représentent 57,4% des dépenses de R&D, le gouvernement et les conseils de science 22%, et l'ES 20,6%, respectivement, pour un montant total de dépenses de 10,081 milliards de Rands en 2003/2004.[14]

En 2003/2004, les domaines majeurs de l'investissement en R&D étaient les sciences de l'ingénierie (24,8%), les sciences naturelles (21,9%), les sciences médicales et de la santé (13,5%), alors que les sciences sociales et humaines ne comptaient que pour 11,8% des dépenses totales. Il est intéressant de noter que les dépenses en sciences appliquées et en ingénierie ont augmenté de 10% au cours de la décennie. Le nombre de brevets sud-africains, accordés aux États-Unis, a augmenté de 89 en 1993 à 112 en 2003[15]. Ces données suggèrent aussi une légère augmentation en chiffres agrégats de « chercheurs équivalent temps plein » entre 1992 et 2004, de 9 454 à 10 127. Ces statistiques tendent à confirmer l'idée que l'Afrique du Sud est en train de devenir victime à la fois de son propre manquement à produire des étudiants suffisamment préparés pour l'entrée à l'université et de la mobilité croissante de ses chercheurs.

---

[14] Kahn et Blankley. Mis à jour par les auteurs.
[15] Ibid.: 280.

La dépense sud-africaine en R&D a augmenté de façon continue durant les trois dernières décennies. Suite à des révisions faites par l'agence statistique nationale concernant l'estimation du PIB, les chiffres du GERD ont été revus à la baisse. Selon ces statistiques, l'Afrique du Sud n'est pas encore parvenue à atteindre son engagement officiel portant sur un investissement de 1% du PIB pour la R&D (Tableau 10.7). Cependant, ces agrégats masquent des disparités intra nationales. La province du Gauteng, où sont basés la majorité des Conseils pour la science, d'importants sièges de sociétés et presque six universités, a largement dépassé son objectif aux dépens du reste du pays.

La concentration par secteur, comme c'est généralement le cas en Afrique du Sud, dépend largement de la voie choisie et de la transformation post apartheid, et reste surtout influencée par l'accumulation historique. Il n'est donc pas surprenant que cinq universités (du Cap, du Natal, de Pretoria, de Stellenbosch et de Witwatersrand) représentaient 61% des dépenses de R&D en 1991–1992 dans l'ES. En 2001–2002, ces cinq universités, quoique toujours dominantes, avaient perdu 4% pour ne plus représenter que 57% du total.[16]

10.6 Conclusions: les défis durables de l'ES et du SNI en Afrique du Sud

L'état de l'apartheid a engendré une histoire riche en analyses et débats. Ces documents sont instructifs pour réfléchir à l'état post apartheid contemporain et à leurs différences. En effet, la nature même de l'analyse de l'état sous l'apartheid suggère à quel point une analyse contemporaine peut être différente, quels doivent en être les éléments clés, et comment les objectifs divergents de l'état passé et actuel (et ses similarités) peuvent influencer l'analyse.

Aujourd'hui, les développements doivent être compris à la fois contextuellement et historiquement, dans la mesure où les sociétés sont toujours aux prises avec l'histoire et ses prolongements tenaces (comme dans le cas des questions ayant trait à la distribution sociale du pouvoir), en prenant en compte les répercussions de l'apartheid et les conséquences de la Charte des droits incluse dans la constitution post apartheid. La contestation se poursuit dans la période post apartheid même si les formes de cette contestation sont très différentes de celles qui existaient sous l'apartheid. L'intérêt suscité par la démocratisation de l'état provient de sa puissance considérable à organiser et utiliser les ressources potentielles à sa disposition pour faciliter des approches spécifiques du développement social, économique, politique et culturel. Les classes et les acteurs sociaux continueront donc à maintenir une perspective critique sur le rôle de l'état et ses actions pour établir ses mécanismes, lois et politiques règlementaires.

---

[16] Ibid.: 155.

Un exemple de la contestation actuelle concerne la dispute naissante entre le capital et les travailleurs sur les questions de « flexibilité » du marché du travail (et des niveaux de chômage), de différences de politiques sociales comme les désaccords sur la tarification des médicaments et les traitements médicaux, les frais de scolarité, les services sociaux et du logement, le rôle du secteur de l'enseignement et des autorités chargées de la formation, le ciblage de l'inflation et la politique monétaire, le rôle de la banque centrale, la « décentralisation » des prises de décisions, la nouvelle toponymie des villes et localités, la politique d'émancipation économique des Noirs, etc. Des concepts comme « la transformation », « l'innovation », « le développement », « l'émancipation », « l'état », « les marchés » et autres font tout à fait partie de cette contestation.

Une grande part de cette contestation dans la période post apartheid doit son origine à l'approche du planning macroéconomique formellement adopté en 1996, à l'époque de la publication du Livre blanc de la science et technologie. L'avant-projet initial du planning macroéconomique, ultérieurement remplacé, était Keynésien et son champ d'action est brièvement résumé dans Maharajh (2005a, b): « En ce qui concerne la politique économique, la formation d'un Groupe de recherche macroéconomique (MERG) par le Congrès national africain en 1991 a été essentielle pour rassembler ceux qui étaient ouverts à la thèse de la croissance par la redistribution. Le rapport du MERG publié en 1993 poussait pour une restructuration radicale de l'économie, notamment par le biais d'interventions du marché du travail dans l'enseignement, la formation et le développement de compétences, tout en augmentant les salaires. Ce rapport exposait dans les grandes lignes un programme cohérent d'intervention de l'état avec une supervision renforcée de la régulation, taxation et compétitivité. Le rapport du MERG argumentait aussi en faveur de la création de conseils de surveillance tripartites pour les grandes sociétés ».

Mais cette vision a finalement été supplantée par l'approche néolibérale intégrée au programme Croissance, Emploi et Redistribution (GEAR) de 1996 qui a pris l'ascendant pour deux raisons. Tout d'abord, l'état des ressources fiscales publiques, sérieusement compromis par les dépenses excessives du régime de l'apartheid durant ses dernières années, provoquait une certaine inquiétude. De ce point de vue, on pouvait craindre qu'un programme Keynésien augmente encore la pression sur les dépenses publiques. La seconde raison venait de la nécessité de suivre la direction fournie par la Banque Mondiale et le Fonds Monétaire International pour une approche des politiques fiscales et autres résolument déterminée à établir l'hégémonie mondiale des idéologies néolibérales (Hill 2004). L'adoption de cette approche sur le planning des STI eu pour conséquence la divergence paradigmatique entre le Livre blanc de la science et technologie et le programme macroéconomique dont il faisait partie. Cette divergence a sérieusement entravé la mise en place d'une politique intégrée visant à traiter les carences reconnues du SNI. Cependant, la désillusion grandissante envers la performance macroéconomique du programme GEAR en particulier, et envers l'idéologie néolibérale en général, a beaucoup altéré la situation de la politique d'innovation au sein du cadre des politiques dans leur ensemble.

Certains désaccords au sujet du cadre idéologique guidant les politiques d'état dans la période post apartheid ne sont toujours pas résolus. Bien que les luttes entre

« capital » et « travail », qui étaient si fondamentales pour analyser la période de l'apartheid, ne prédominent peut-être plus autant, les contradictions entre les intérêts qu'ils représentaient demeurent, même si elles ne s'expriment plus sous la forme d'un contrôle législatif ou de fortes limitations sur l'organisation qui existaient sous l'apartheid. Ces contradictions restent toutefois gênantes dans le sens où les phénomènes d'inégalité sociale, de chômage, de mauvaise santé et le manque d'enseignement de qualité pour les pauvres restent omniprésents et envahissants.

À l'heure actuelle, ces contradictions sont aggravées par la façon dont l'état démocratique interprète son rôle face au pouvoir du « marché ». On pourrait soutenir que, maintenant plus que par le passé, la toute-puissante mainmise du « marché » est un facteur important dans l'évolution de l'état post apartheid, qui doit être beaucoup mieux appréhendé. Étant donné la crise mondiale du capitalisme aujourd'hui, il devient difficile d'évaluer le comportement de l'état en dehors d'une telle relation parce que les marchés imposent leur « volonté » particulière (même si ce n'est pas sans entraves) sur le comportement de l'état, sur ses mécanismes régulateurs et imposent des limites à l'état dans son rôle de médiateur. Cette situation apparaît très clairement dans les politiques publiques ayant trait aux stratégies financières, de croissance et industrielles, aux stratégies macroéconomique et de financement, aux politiques d'aide sociale, de santé, de l'enseignement et autres et dans ses approches de toute une série d'activités gouvernementales dans le cadre de ses activités de financement, de planning et d'administration. Comme le soutiennent Dreze et Sen, la participation est importante pour les opportunités économiques et sociales; ceux pour qui les opportunités de transaction des marchés devraient être ouvertes plutôt que restreintes ont de bonnes raisons de prendre en compte non seulement la liberté des riches de participer dans les activités de marché, mais aussi la possibilité pour les pauvres de se joindre au marché et à ce qu'il peut offrir (Dreze et Sen 2002).

Avec un œil critique, Dreze et Sen rapprochent les questions de marché à l'importance de la « participation » puisqu'elle est liée à des institutions comme le marché, le système judiciaire, les services publics et les partis politiques. Ils nous rappellent l'interdépendance entre état, marchés et opinion publique et que ces liens doivent être vus dans le contexte d'un cadre élargi et non pas comme une « simple formule utilisée par les différentes parties dans les débats contemporains ». Comme Sen l'a soutenu précédemment, on peut difficilement imaginer qu'un processus de développement substantiel puisse fonctionner sans une utilisation significative des marchés, même si cela ne doit pas empêcher le rôle du soutien social, de la régulation publique ou de l'habilité politique quand ceux-ci peuvent enrichir – plutôt que paupériser – les vies humaines (Sen 1999). L'approche utilisée ici offre une perspective plus large et plus inclusive des marchés que celle fréquemment invoquée soit pour défendre, soit pour condamner, les mécanismes du marché.

Le Secrétaire général du Congrès des syndicats d'Afrique du Sud (COSATU), dans son rapport politique à la dixième conférence nationale, a d'ailleurs évalué ainsi la transition générale vers une exception post apartheid: « La croyance aveugle dans les forces du marché, y compris celles du marché en vigueur sous l'apartheid, a non seulement creusé les inégalités du passé, mais les a élargies. Une élite noire a émergé et, avec sa contrepartie blanche, a récolté la plupart des bénéfices de la démocratie alors que les contradictions fondamentales de la nation, de classe et de genre restent fermement ancrées dans l'Afrique du Sud de l'après apartheid. Les Blancs continuent de monopoliser les positions d'influence et le pouvoir, notamment dans le secteur privé. La persistance des inégalités systémiques soutient avec force l'argument d'une révolution démocratique nationale menée par la classe ouvrière. La classe ouvrière doit rassembler la plus grande partie de la société sud-africaine pour avancer au delà du néo-colonialisme vers une société véritablement démocratique, non sexiste et non raciale » (COSATU 2009).

L'analyse des politiques peut difficilement ignorer l'impact des régimes politiques mondiaux et la (ou les) conditionnalité(s) qu'ils imposent sur des états apparemment souverains. De plus, dans les pays en voie de développement, l'emprise extraordinaire du commerce, de la dette et même d'une aide inique, fragilise toute notion de souveraineté (et d'état souverain), étant donné le relatif manque de pouvoir de ces états face aux marchés militants et à des régimes irresponsables et soumis à des marchés d'acheteurs. Par conséquent, toute analyse sérieuse des politiques sociales de l'état doit inclure les effets de tels régimes sur les possibilités de développement national. Ces limitations critiquées sont fortement contrastées en Afrique du Sud, alors même que le pays semble être aux prises avec un transfert interne du pouvoir.

Tandis qu'un ancien mouvement de libération national, l'ANC, a successivement gouverné l'Afrique du Sud post apartheid, puis été réélu à une large majorité en 2009, un ensemble de résolutions progressistes prises lors de sa 52e conférence à Polokwane en 2007 semble suggérer une rupture par rapport aux 15 années précédentes. L'ascendance des partenaires de l'alliance du parti au pouvoir dans le parti communiste sud-africain (SACP) et le COSATU annonce une période intéressante. Le Ministre de l'enseignement supérieur et de la formation et celui de la science et technologie viennent tous deux de l'ANC. Le premier est aussi l'actuel Secrétaire général du SACP. En plus de pousser ces cadres à réaliser les principales aspirations de l'ANC, ces nouveaux déploiements offriront aussi de nouvelles opportunités pour faire avancer des idées plus radicales. Ces changements guideront et influenceront aussi le calendrier pour réformer davantage le secteur de l'ES et ainsi amplifier la transformation du SNI de l'Afrique du Sud. Les résultats de cette coévolution au sein d'une conjoncture de radicalisation offrent de nouvelles possibilités de va-et-vient dans la poursuite de l'amélioration de la qualité de la vie pour tous les Sud-Africains grâce au retour d'un engagement plus participatif avec les parties prenantes et acteurs principaux.

Bibliographie

Alexander N [No Sizwe] (1979) One Azania, one nation. Zed Press, Londres

Altbach P G (2001) Why higher education is not a global commodity. Chronicle of Higher Education 11 mai

Beale MA (1994) Apartheid and university education, 1948–1959, Thèse présentée à l'Université de Witwatersrand pour une matîrise, Johannesburg

Behr AL, Macmillan R G (1971) Education in South Africa. van Schaik, Tshwane

Beinart W, Delius P (1986) Putting a plough to the ground: accumulation and dispossession in rural South Africa 1850–1930. Ravan Press, Johannesburg

Blankley W, Kahn M (2005) The history of research and experimental development measurement in South Africa: some current perspectives. South African Journal of Science 101:151–156, mars/avril

Blankley W, Scerri M, Molotja N, Saloojee I (2006) Measuring innovation in OECD and non-OECD countries: selected seminar papers. HSRC Press, Tshwane

Bot M (1988) Training on separate tracks. South African Institute for Race Relations, Johannesburg

Bozzoli B (1983) Marxism, feminism and South African studies. Journal of Southern African Studies 9:139–171, avril

Buhlungu S, Daniel J, Southall R, Lutchman J (2007) State of the nation, South Africa 2005–2006. HSRC Press, Tshwane

Burbules N, Torres C A (2000) Globalisation and education: critical perspectives. Routledge, New York

CHE (2000) Toward a new higher education landscape: meeting the equity, quality and social development imperatives of South Africa in the twenty-first century, Rapport du Conseil d'enseignement supérieur, Tshwane

CHE (2004) Higher education in the first decade of democracy, Conseil d'enseignment supérieur, Tshwane

CHE (2005) Toward a framework for quality promotion and capacity development in South African higher education, Étude pour le QPCD Framework, Document de discussion du Conseil d'enseignement supérieur, Tshwane, decembre

Clarke S (1977) Marxism, sociology and Poulantzas' theory of the state. Capital and Class 1(2):1–31

Clarke S. (1978) Capital, fractions of capital and the state: neo-Marxist analysis of the South African state. Capital and Class 5:32–77

Clarke S (1991) The state debate. Macmillan, Londres

COSATU (2009) Political report to the tenth COSATU National Congress: consolidating working class power in defence of decent work and for socialism, Congress of South African Trade Unions, Midrand

Davies JE (2007) Constructive engagement? Chester Crocker and American policy in South Africa, Namibia and Angola 1981–1988. Ohio University Press, Athens

Davies R, Kaplan D, Morris M, O'Meara D (1976) Class struggle and the periodisation of the state in South Africa. Review of African Political Economy 3(7):4–30

Delanty G (2001) Challenging knowledge: the university in the knowledge society. SRHE et Open University Press, Buckingham

Dennis D, Fine R (1985) Political strategies and the state, some historical observations. Journal of Southern Studies 12(1):25–48, octobre

Département de l'éducation (1997) A programme for the transformation of higher education. Education White Paper 3, Government Gazette No. 18207, Government Printers, Tshwane

Département de l'éducation (2001) National plan for higher education. Government Printers, Tshwane

Département de l'éducation (2002) Transformation and restructuring: a new institutional landscape for higher education. Government Gazette No. 23549, Government Printers, Tshwane

Département de la science et la technologie (1996) White paper on science and technology: preparing for the 21st century. Government Printers, Tshwane

Département de la science et la technologie (2000) National research and development strategy. Government Printers, Tshwane

Département de la science et la technologie (2006) Annual report of the Department of Science and Technology, Public Finance Management Act. Government Printers, Tshwane

Département de la science et la technologie (2007) Innovation toward a knowledge-based economy: ten-year plan for South Africa (2008–2018). Government Printers, Tshwane

Dreze J, Sen A (2002) India: development and participation. Oxford University Press, New Delhi
du Toit A (2007) Autonomy as a social compact, Research Report, HEIAAF, N° 4, février, Tshwane
Governement d'Afrique du Sud (1990) Scientific Research Council Act, Act 46 of 1988, as Amended by Act 71 of 1990. Government Printers, Tshwane
Greenberg S (1980) Race and state in capitalist development. Ravan Press, Johannesburg
Helliker KD (1987) South African Marxist state theory – a critical overview, papier présenté au 18ᵉ congrès annuel de l'ASISA, L'Université du Western Cape, juin
Hill D (2004) Educational perversion and global neo-liberalism: a Marxist critique. Cultural Logic: An Electronic Journal of Marxist Theory and Practice, http://clogic.eserver.org/2004/hill.html
Holloway J, Picciotto S (1978) State and capital, a Marxist debate. Edward Arnold, Londres
Jonathan R (2006) Academic freedom, institutional autonomy and public accountability: a framework for analysis of the "state sector" in a democratic South Africa, Rapport d'étude, HEIAAF Série N° 1, novembre, Tshwane
Kahn M, Blankley W (2007) The state of research and experimental development: moving to a higher gear. Dans: Buhlungu S et al. (dirs) State of the nation, South Africa 2005–2006. HSRC Press, Tshwane
Kaplan D (1977) Capitalist development in South Africa: class conflict and the state. Dans: Adler T (dir) Perspectives on South Africa: a collection of working papers. African Studies Institute, University of Witwatersrand, Johannesburg
Kellaway P (1984) Apartheid and education: the education of Black South Africans. Ravan Press, Johannesburg
Lange L (2003) Critical reflections on the notion of engagement. Conseil sur l'enseignement supérieur, Tshwane
Legassick M (1973) The making of South African "Native Policy" 1903–1923: the origins of segregation, Institute of Commonwealth Studies, Londres, Mimeo
Legassick M (1974a) Capital accumulation and violence. Economy and Society 2(3):253–291
Legassick M (1974b) Legislation, ideology and economy in post-1948 South Africa. Journal of Southern African Studies 1(1):5–35
Legassick M (1975) South Africa; forced labour, industrialisation and racial differentiation. Dans: Harris R (dir) The Political Economy of Africa. Schenkman, Boston
Legassick M (1976) Race, industrialisation and social change in South Africa: the case of R.F.A. Hoernle. African Affairs 75: 224–239
Levidow L (2002) Marketising higher education: neoliberal strategies and counter-strategies. The Commoner 3, janvier, accessible sur http://www.commoner.org.uk/03levidow.pdf
Lipton M (1986) Capitalism and apartheid: South Africa, 1910–1986. Rowman and Allanheld, New Jersey
Maharajh R (2005a) In my view: South Africa needs to move forward on the basis of Broad National Dialogue. Dans : Innovations, un supplément au Financial Mail, Johannesburg
Maharajh R (2005b) Science, technology and innovation policy in South Africa: 1994–2004, document de travail non-publié, IERI, Tshwane
Maharajh R, Pogue T (2009) Transforming South Africa's national system of innovation for accelerated and shared growth and development, BRICS Project Report, International Development Research Centre
Mamdani M (1996) Citizen and subject: contemporary Africa and the legacy of late colonialism. Princeton University Press, Princeton
Mandel E (1980) The Marxist theory of the state. Pathfinder Press, New York
Mittelman JH, Othman N (2001) Capturing globalisation. Routledge, New York
Morris M (1977) Capitalism and apartheid: a critique of some current conceptions of cheap labour power. Dans : Adler T (dir) Perspectives on South Africa. African Studies Institute, Wits, University Press, Johannesburg
Muller J, Subotzky G (2001) What knowledge is needed in the new millennium. Organisation 8(2):163–182

NWG (2001) The restructuring of the higher education system in South Africa: Report of the National Working Group to the Minister of Education. Government Gazette No. 23549, Government Printers, Tshwane

OCDE (2007) Review of South Africa's innovation policy. Directorate for Science, Technology and Industry, Committee for Scientific and Technological Policy, DSTI/STP (2007)12, Organisation de la coopération et le développement économiques, Paris

Phillips H (1993) The University of Cape Town: the formative years: 1918–1948. UCT Press, Cape Town

Pittendrich A (1986) The Technikons in South Africa, Thèse de docteur en philosophie, Département de l'éducation, Université de Natal, Durban

Scerri M (2009) The evolution of the South African system of innovation since 1916. Cambridge Scholars Publishing, Royaume Uni

Sen A (1999) Development as freedom. Oxford University Press, Oxford

Singh M (2003) Universities and society: whose terms of engagement? Conseil sur l'enseignement supérieur, Tshwane

Singh M, Lange L (2007) Exploring the surfaces and depths of quality assurance. Perspectives in Education 25(3):197–206, septembre

Wolpe H (1972) Capitalism and cheap labour power in South Africa: from segregation to apartheid. Economy and Society 1(4): 425–456

Wolpe H (1974) The theory of internal colonialism: the South African case. Institute of Commonwealth Studies Seminar Papers, 5, Londres.

Wolpe H (1980) Toward an analysis of the South African state. International Journal of the Sociology of Law 8(4):399–421, novembre

Wolpe H (1988) Race, class and the apartheid state. James Currey, Londres

Source première des données

Département de l'éducation (2009) Higher Education Management and Information System Database, http://www.education.gov.za/dynamic/dynamic.aspx?pageid=326&dirid=14

Chapitre 11
Lettonie : repositionner les établissements universitaires dans un pays en voie de rattrapage

Anda Adamsone-Fiskovica, Janis Kristapsons, Erika Tjunina, et Inga Ulnicane-Ozolina

11.1 Introduction : le contexte letton

La Lettonie est un petit pays de 2,3 millions d'habitants, situé dans le Nord-est de l'Europe, sur la côte est de la mer Baltique. C'est un pays en voie de rattrapage économique qui a subi une transformation politique et économique radicale pendant les années 1990, passant d'un régime autoritaire communiste et d'une économie socialiste planifiée à un mode gouvernemental démocratique multipartis et à une économie libérale de marché. En 1991, la Lettonie s'est détachée de l'Union des Républiques Socialistes Soviétiques (URSS) et a retrouvé son indépendance politique, ce qui impliquait également de couper pratiquement tous liens économiques avec les structures de l'ex-économie soviétique, dont l'économie lettone était profondément dépendante pendant les 50 dernières années.

Comme d'autres pays post-communistes d'Europe centrale et de l'est (ECE), la Lettonie a d'abord mis en place une politique économique néolibérale, mettant l'accent sur les privatisations, la dérégulation et la libéralisation (JIRD 2002). La fin de l'économie socialiste planifiée a discrédité l'ingérence de l'état dans le développement économique, menant à une nouvelle conviction générale faisant de la libéralisation des forces de marché le moteur de la prospérité économique. Cette attitude elle-même a commencé à changer lorsqu'il devenait évident que les seules forces de marché ne permettaient pas l'éclosion d'une économie du savoir. De plus, pendant les dernières années, l'intégration à l'Union européenne (UE)[1] a également poussé à

---

[1] La Lettonie est devenue membre de l'UE le 1er mai 1994.

A. Adamsone-Fiskovica (✉) • J. Kristapsons • E. Tjunina • I. Ulnicane-Ozolina
Centre pour les études scientifiques et technologiques,
Académie lettone des sciences, Riga, Lettonie
Courriel : anda@lza.lv

un rôle plus actif de l'état, l'allocation des fonds pré structurels et structurels[2] de l'UE étant basée sur un rôle proactif de l'état dans le développement économique, au travers du développement d'infrastructures et de ressources humaines, ainsi que de l'accompagnement des activités entrepreneuriales, incluant la recherche, le développement technologique et l'innovation (RDTI).

Durant les premières années de transition, l'économie Lettone a d'abord dû faire face à une profonde récession, avant de se rétablir. Depuis la deuxième moitié des années 1990, la croissance de l'économie lettone est en croissance régulière. Sur la période 2005–2007, la croissance annuelle du PIB est de 11% en moyenne (Ministère de l'économie 2008 : 9). La croissance économique touche tous les secteurs, mais tout particulièrement la construction, le commerce, les hôtels-restaurants, l'industrie manufacturière, et les transports et communications. Bien que la Lettonie soit en plein rattrapage, elle est toujours pour le moment un des pays les plus pauvres de l'UE. (Bien qu'en 1997, son PIB par habitant en termes de Standards de pouvoir d'achat (SPP) n'atteignait que 35% de la moyenne des 27 pays membres (UE-27, source Eurostat), il atteignait déjà 58% en 2007.) De même, la productivité de travail par employé, comparée à la moyenne des UE-27, est passée de 36% en 1997 à 54% en 2007. Le taux de chômage a baissé continuellement, passant de 14,4% en 1998 à 6% en 2007, l'amenant en dessous de la moyenne des UE-27 (7%). Ces dernières années, la Lettonie a subi un des plus fort taux d'inflation au sein de l'UE (10% en 2007).

L'économie nationale est dominée par le secteur des services, les services comptant pour 74,7% du PIB (par valeur ajoutée) en 2007 (Ministère de l'économie 2008 : 23). Les principaux secteurs de service sont les services commerciaux (27,8% du PIB en valeur ajoutée), le commerce, les hôtels-restaurants (22,2%), les services publics (13,8%), et les transports et communications (10,8%). Le secteur industriel est relativement petit et en décroissance. En 2007, l'industrie manufacturière représentait 11% du PIB en valeur ajoutée, contre 14% en 2000. Les secteurs primaires (agriculture et pisciculture) représentaient 3,6% du PIB.

La structure de l'économie en termes d'emploi est très différente de la structure de valeur, du fait des énormes disparités entre les niveaux de productivité des différents secteurs. En proportion des effectifs, les principaux secteurs en 2007 étaient le commerce et les hôtels-restaurants (19,8%), les services publics (18,6%) et l'industrie manufacturière (14,9%). D'un point de vue général, l'activité économique de la population (participation au marché du travail) lettone est proche de la moyenne de l'UE, l'activité économique des femmes ayant même déjà dépassé les indicateurs de l'UE.

La structure d'exportation de la Lettonie est dominée par les secteurs peu ou moyennement technologiques. En 2007, le bois et les produits à base de bois représentaient 22,5% des exportations de matières premières, les métaux et produits métalliques 14,6%, l'agriculture et les produits alimentaires 14,4%, les machines 11%, et les plastiques et produits de l'industrie pharmaceutique 10,4%. En 2006, les

---

[2] Les fonds pré structurels (pour les pays candidats) et structurels (pour les pays membres) sont des fonds alloués par l'Union Européenne et permettant aux gouvernements nationaux de mettre en place des assistances financières pour résoudre des problèmes économiques et sociaux structurels.

Tableau 11.1 Tableau de bord européen sur l'innovation 2008 – sélection d'indicateurs

Indicateur	UE-27	Lettonie
Nouveaux diplômés en Science et Ingénierie et en Sciences économiques et lettres pour 1 000 habitants, âgés de 20 à 29 ans	40,3	56,4
Diplômés de troisième cycle pour 1 000 habitants âgés de 25 à 64 ans	23,5	22,6
Participation à des formations tout au long de la vie pour 1 000 habitants âgés de 25 à 64 ans	9,7	7,1
Niveau d'éducation des jeunes (pourcentage de la population âgée de 20 à 24 ans ayant au moins atteint le niveau secondaire)	78,1	80,2
Dépenses publiques en R&D (% du PIB)	0,65	0,42
Dépenses privées en R&D (% du PIB)	1,17	0,21
Dépenses en Technologies de l'information (% du PIB)	2,7	2,3
Emploi dans des services à forte utilisation de savoir (% de la main d'œuvre totale)	14,51	10,57
Exportations de produits manufacturés de moyenne et haute technologie (% des exportations totales)	48,1	23,8
Emploi dans l'industrie de moyenne et haute technologie (% de la main d'œuvre totale)	6,69	1,88
Brevets déposés à l'OEB par million d'habitants	105,7	5,7
Marques communautaires par million d'habitants	124,6	23,7
Concepts communautaires par million d'habitants	121,8	21,0

Source : Communautés européennes (2009) Tableau de bord européen de l'innovation 2008 (basé sur les données 2005 et 2007)

produits de haute technologie ne représentaient que 4% des produits manufacturés exportés, bien en-deçà de la moyenne des UE-27 de 17%. En 2007, 40% des exportations étaient destinées à l'UE-15 (Europe de l'ouest), 30% à la Lituanie et à l'Estonie, 15% aux pays indépendants du Commonwealth, et 15% aux autres pays. Les exportations comme les importations ont augmenté, mais la balance commerciale extérieure reste négative.

Comme dans d'autres pays de l'ECE, l'investissement étranger direct (IED) joue un rôle important dans l'économie lettone. En 2006, les produits et services produits par des entreprises utilisant des capitaux étrangers représentaient 54,4% du PIB, 55,4% des exportations lettones et employaient 12,5% de la main d'œuvre (Ministère de l'économie 2008 : 55). À l'entrée de la Lettonie dans l'UE, l'IED a considérablement augmenté, les investissements provenant en majorité des pays membres, les plus gros investisseurs étant la Suède, l'Estonie, l'Allemagne et le Danemark. Les secteurs bénéficiant le plus de l'IED sont les services financiers et commerciaux, tandis que les industries alimentaire et du bois sont les secteurs manufacturiers ayant attiré le plus d'investissements étrangers.

L'économie lettone est majoritairement constituée de petites et moyennes entreprises (PME). En 2007, elles représentaient plus de 99% des entreprises économiquement actives. Selon le Tableau de bord européen de l'innovation (TBEI) 2008 (EC 2009), la Lettonie est en retard en termes d'innovation. Le TBEI 2008 classe la Lettonie 26e des UE-27 (uniquement suivie par la Bulgarie). Comparée à sa performance moyenne, la main d'œuvre est un des points forts de la Lettonie, tandis que les dépôts de brevets, la fabrication de produits de moyenne ou haute technologie et les exportations sont autant de points faibles (Tableau 11.1).

Le faible niveau d'investissement en R&D est l'un des principaux obstacles au développement de la recherche et de l'innovation en Lettonie. Selon Eurostat, la dépense intérieure brute en R&D (DIRD) de la Lettonie ne représentait que 0,59% du PIB en 2007, contre environ trois fois plus en moyenne pour les UE-27, à 1,85%. Bien que la DIRD ait augmenté depuis 2005, alors qu'elle stagnait auparavant aux alentours de 0,4%, elle reste assez basse comparée à celle des autres pays membres, notamment si l'on considère les dépenses privées en R&D (Tableau 11.1).

11.2 La position des établissements universitaires au sein du système national d'innovation letton

11.2.1 Évolution du système national d'innovation letton

Le système national d'innovation (SNI) Letton est toujours en cours de création, avec un regain d'activité depuis la fin des années 1990. La Lettonie a hérité d'un système de Science & Technologie (SS&T) de la période socialiste, partageant beaucoup de points communs avec d'autres pays communistes et notamment avec d'autres républiques de l'Union soviétique (Meske 2004 ; Hirschhausen et Bitzer 2000 ; Etzkowitz 2000 ; Radosevic 1999 ; Meske et al. 1998 ; Balazs et al. 1995).

Le SS&T socialiste a évolué dans un cadre hiérarchiquement structuré et mené par la politique, basé sur un modèle d'innovation linéaire reflétant la séparation institutionnelle de la R&D, dans laquelle l'innovation était séparée de la production et du marché. Pendant l'ère socialiste, les activités de R&D étaient organisées en trois secteurs distincts et étanches l'un par rapport à l'autre : les instituts, les universités et l'industrie. Les universités étaient essentiellement en charge de l'enseignement, tandis que la recherche fondamentale était du ressort des instituts scientifiques, et que la recherche appliquée était réservée aux établissements industriels et aux bureaux d'études spécialisés. La production était séparée de la recherche et de l'enseignement, et n'était que du seul ressort de l'industrie qui, de son côté, n'avait aucune relation avec la recherche, ne disposant d'aucune activité de R&D en interne. Il n'y avait jamais aucune remontée d'information de la part des utilisateurs finals et les fortes barrières administratives entre les différentes branches industrielles ont freiné la diffusion et le transfert de technologie. Sous le régime socialiste, le réseautage était essentiellement géré par les pouvoirs publics, et les relations entre les utilisateurs intérieurs et les producteurs étaient peu développées, tout comme celles entre les vendeurs intérieurs et étrangers. Ces divisions ont été complètement transformées après la chute du système socialiste. Il n'en reste pas moins que le manque d'interactions et la fragmentation des relations continuent à être un des principaux obstacles à la mise en place d'un modèle d'innovation interactif efficace. Bien que les contacts formels aient été complétés par des liens informels, ces derniers se sont souvent rompus ou ont tout simplement disparu pendant le processus de réforme.

L'évolution brutale vécue par les pays postsocialistes est considérée comme un changement de trajectoire technologique ou un changement de paradigme dans le domaine des sciences et technologie, du fait des différences marquées aussi bien au niveau de la perception de l'innovation en tant que telle et des interactions entre acteurs et de la division des rôles – passant d'une approche descendante à une approche montante. Alors que l'ancien SS&T socialiste était caractérisé par le rôle prépondérant joué par l'état, le financement entièrement assuré par le gouvernement, et des décisions essentiellement prises sur des bases politiques plutôt que monétaires, le système d'innovation postsocialiste émergeant implique des prises d'initiative privées, un mode de fonctionnement basé sur le marché et des contraintes financières. Bien sûr, cette évolution majeure et le passage à une économie du savoir a besoin de temps, car les pays postsocialistes ne disposaient pas de préconditions dont profitaient naturellement les démocraties développées. Bien que l'héritage de la période socialiste ait laissé à la Lettonie de bonnes compétences dans certains domaines de la science fondamentale, il est également responsable de défis majeurs gênant la mise en place d'un SNI, comme par exemple la réorientation des capacités militaires de R&D vers des secteurs civils, des coupes considérables dans les dépenses publiques de R&D qui ont dû être remplacées par des financements privés et l'intégration des universités avec les établissements de recherche.

Globalement, après avoir retrouvé son indépendance, la Lettonie a adopté une approche révolutionnaire et radicale pour la réforme de son système de R&D (Kristapsons et al. 2003 : 39–40). En 1989–1990, un nouveau système de financement et de gestion de la science a été mis en place en Lettonie dans lequel le financement direct des établissements scientifiques (le financement institutionnel) a été remplacé par un système de financement compétitif par projet. Une somme spécifique du budget de la Lettonie était allouée aux projets de recherche fondamentale, aux recherches liées aux demandes du marché, et à la recherche commissionnée par les ministères. Le Conseil scientifique répartissait les financements réservés aux projets au travers de différentes commissions sectorielles pour chaque domaine scientifique. Avec ce nouveau système, les établissements de recherche, en tant qu'organismes, ne recevaient aucun fonds directement issus du budget de l'état. Les ressources nécessaires à la maintenance générale des établissements passent en frais généraux (en déduisant un certain pourcentage de chaque dotation). Le système a pourtant été remanié en 2005 et a réintroduit les financements institutionnels, en compléments des financements compétitifs par projet.

En ce qui concerne le rapprochement des universités et des établissements de recherche, la majeure partie des anciens instituts académiques lettons a été intégrée aux universités en 1997. Les instituts restant sont alors devenus publics ou instituts d'état, ou alors ont été transformés en centres scientifiques indépendants (Kristapsons et al. 2003). La réorganisation des établissements de recherche d'état a été achevée en 2006. Vingt établissements de recherche ont ainsi été intégrés à des universités, avec comme objectif principal de moderniser et de renforcer les capacités de recherche de celles-ci, ainsi que la qualité des programmes d'enseignement (Ministère de l'éducation et des sciences [MES] 2005 : 21–22). Cette intégration des établissements de recherche impliquait qu'ils participassent à tous les niveaux de l'enseignement supérieur : participation des chercheurs aux compétitions pour obtenir des postes universitaires, réorganisations et réévaluation des critères d'accréditation des programmes d'enseignement.

11.2.2 Caractéristiques et évaluation du nouveau système émergent

Dans ce contexte de transformation systémique et de développement d'un système d'innovation efficace, le rôle de la politique d'état et gouvernementale est particulièrement important en Lettonie, aussi bien en ce qui concerne la science en particulier que l'innovation en général. Le Ministère de l'éducation et des sciences (avec une division des sciences, des technologies et des innovations depuis 2006) et le Ministère de l'économie (avec une division Innovation depuis 2003), sont deux organismes publics majeurs impliqués dans le SNI. Plus récemment, le Ministère du développement régional et les gouvernements locaux jouent également un rôle proactif. Cela dit, la coordination des actions de ces différents organismes reste encore insuffisante et fragmentée, aucun organisme de plus haut niveau n'étant responsable des problématiques de R&D (Adamsone-Fiskovica et al. 2008 : 9–10).

Le secteur privé est essentiellement composé de PME, avec un nombre relativement faible de grandes entreprises. Ce secteur relativement neuf, dont la formation remonte essentiellement à la transition des années 1990, est jusqu'à présent l'exemple même de l'une des faiblesses majeures du SNI, du fait de ses faibles capacités d'innovation, notamment de la part des PME (Watkins et Agapitova 2004). L'étude Communauté Innovation a montré que seuls 16,2% des entreprises lettones avaient mené des activités innovantes entre 2004 et 2006, montrant même une tendance à la baisse puisque la proportion était de 18,6% pour la période 2001–2003 et de 17,5% entre 2002 et 2004 (Bureau central des statistiques [BCS] 2008 : 7). Avec 84%, la Lettonie détenait le record des entreprises non-innovantes de l'UE au sein de laquelle, en moyenne, 45% des entreprises sont classées comme innovantes. En 2006, deux tiers (76%) des dépenses totales d'innovation des entreprises lettones ont été réservés à l'acquisition de machines et d'équipement, tandis que 5,5% environ seulement ont été réservés à la R&D. Selon l'étude de 2004 du RIS sur les stratégies de promotion des entreprises du savoir en Lettonie, les faibles capacités d'innovation de ces entreprises s'expliquaient par le manque d'éléments tels que des compétences de base en gestion, une connaissance même superficielle des obstacles internes à la croissance, de connaissance des ressources disponibles de soutien à l'innovation, et de relations avec des partenaires extérieurs (RIS Lettonie 2004 : 9–15). Les entreprises innovantes, pour leur part, signalent les coûts trop élevés de l'innovation, le manque de ressources au sein des entreprises ou des groupes, ainsi qu'à l'extérieur, la domination du marché par les entreprises établies depuis longtemps, et le manque de personnel qualifié, comme les principaux facteurs (mentionnés par plus de 20% des entreprises consultées) ralentissant l'innovation (BCS 2008 : 19–20).

Les organismes de soutien de l'innovation et des affaires font partie d'un dispositif de plus en plus important au sein du SNI letton, notamment via le nombre grandissant de parc industriels, de technopoles, de fonds de capital-risque, d'entreprises de conseil, et de différents autres intermédiaires. Pour la plupart, ils sont les représentants d'un phénomène relativement nouveau en Lettonie, qui devrait renforcer le secteur de l'entreprise en aidant les entreprises déjà établies et en encourageant la création de jeunes pousses et de nouvelles entreprises technologiques. Cela dit, les fournisseurs de services d'innovation ont été plus réactifs que proactifs, manquant de spécialisation et d'engagement novateur, et se sont souvent montrés incapables de rendre des services adaptés à chaque situation, notamment du fait de l'isolement du secteur au sein du soutien à l'innovation (RIS Lettonie 2004 : 13). Selon l'étude RIS, peu de PME en 2004 étaient informées des programmes de soutien financier disponibles, et elles étaient encore moins nombreuses à en profiter (RIS Lettonie 2004 : 14). L'étude met également en relief le manque d'outils financiers appropriés pour soutenir une croissance basée sur l'innovation ainsi que le manque de compétences des financiers et du marché de capital risque, lui-même sous-développé. Depuis, des développements notables ont eu lieu dans ce domaine, notamment sous l'influence de mesures d'accompagnement lancées sous l'égide des Fonds structurels européens, disponibles depuis 2004-2005, et des campagnes d'information pour les faire connaître. Plusieurs nouveaux bureaux de transfert de technologie et entreprises de capital risque ont pu être créées grâce à ces mesures. Il reste maintenant à les rendre totalement opérationnelles et efficaces, afin qu'elles puissent répondre précisément aux besoins de leur clientèle.

Enfin, dernier point mais non des moindres, les établissements universitaires regroupant les établissements d'enseignement supérieur (EES) et les établissements de recherche, sont un élément essentiel, notamment du fait de leur responsabilité de formation du capital humain et de création de savoir. Le rôle dans le SNI devient même de plus en plus important, maintenant qu'est assimilé le besoin de passer d'une fonction purement éducative des EES à un rôle intégrant la recherche ainsi que l'entrepreneuriat, rapprochant ainsi les différentes sphères et créant les liens nécessaires avec toutes les autres pièces du puzzle, notamment avec l'industrie (Adamsone-Fiskovica et al. 2009b). Les défis auxquels a dû faire face le système d'enseignement supérieur letton ces dix dernières années touchaient différents domaines et soulevaient différentes questions : sa capacité à accompagner le développement du pays, la qualité de l'enseignement, l'organisation des établissements, la capacité à créer et diffuser des innovations, le besoin de mettre en place des mécanismes de financement, et l'amélioration nécessaire de la gouvernance et de la coordination (Brunner 2003). C'est pourquoi le système d'enseignement supérieur letton a évolué rapidement et en profondeur, parvenant à se réformer et à se moderniser de manière significative, malgré une recherche appliquée peu orientée vers les besoins, les faibles compétences en termes de transfert technologique des établissements de R&D, et le manque de motivation et de cultures entrepreneuriales (Watkins et Agapitova 2004 ; RIS Lettonie 2004 : 11-12), autant de domaines devenus d'actualité du fait de la volonté d'extension des missions des EES. La difficulté d'instaurer des liens solides entre les établissements de R&D et les entreprises vient aussi des relations asymétriques entre les compétences parfois très pointues du secteur scientifique, d'un côté, et la faiblesse des capacités d'innovation des entreprises, de l'autre. De la même manière que dans d'autres pays au niveau de développement économique moyen, dont les entreprises travaillent majoritairement dans des domaines de production de biens et services moins complexes et dont les capacités d'intégration de la R&D sont faibles ou inexistantes, la formation de diplômés hautement qualifiés est le principal lien entre l'enseignement supérieur et les secteurs professionnels (Göransson et al. 2009 : 159).

11.2.3 Développements politiques

Après les évolutions majeures du système politique et économique du début des années 1990, les bases d'une nouvelle politique de la recherche ont été posées avec l'adoption de la *Loi sur les activités de recherche* en 1992, qui renouvelait le statut de chercheur et la structure de financement et de gouvernance de la science en Lettonie. À son tour la *Loi sur les établissements d'enseignement supérieur* réglementant les statuts, les droits et les responsabilités des EES, des étudiants et du Conseil de l'enseignement supérieur, a été adoptée en 1995. La communauté scientifique et les administrateurs de politiques de recherche ont ensuite rédigé plusieurs propositions de politiques stratégiques au sujet des problématiques de R&D, aucune n'étant parvenue à obtenir un soutien politique. Ainsi, le *Guide pour le développement de l'enseignement supérieur, des sciences et des technologies pour la période 2002–2010* – un document proposant une stratégie dont l'objectif était d'améliorer l'enseignement supérieur, les sciences et les technologies comme fondation du développement à long terme de la société civile, de l'économie et de la culture – a été pris en considération par le Conseil des ministres, mais n'a pas été adopté. L'une des principales tâches à réaliser selon le Guide consistait à renforcer la prépondérance du rôle des universités dans le développement de l'enseignement supérieur et des sciences en faisant des universités les principaux centres scientifiques de Lettonie, unifiant les activités de recherche de haut niveau avec un enseignement universitaire de haut niveau et des études professionnelles dans un grand nombre de domaines.

Le manque de considération pour les problématiques de recherche et d'innovation des années 1990 est également visible dans les déclarations des différents gouvernements lettons, définissant les objectifs principaux et les activités du Conseil des ministres. Dans les déclarations de cette période au sujet des RDTI, deux problématiques principales sont mentionnées : la nécessité d'intégrer la science à l'enseignement supérieur tout d'abord, et le besoin de définir des priorités claires pour la science ensuite. De temps en temps, d'autres problématiques liées à la science et à l'innovation sont apparues de manière fragmentaire dans le discours politique, par exemple pour promouvoir le développement d'une industrie fondée sur la science, pour arrêter la fuite des cerveaux ou pour augmenter le budget de la R&D. Mais, en réalité, très peu de mesures ont été adoptées pour traiter ces problèmes pendant cette période.

Au tournant du siècle, la Lettonie a vu se développer une *politique de l'innovation* plus commerciale. Le processus a commencé par un petit comité sur la politique de l'innovation qui s'est réuni pour développer les premiers documents sur ce sujet. Le Conseil des ministres a approuvé le *Projet National de politique de l'innovation* en 2001 et le *Programme national sur l'innovation pour la période 2003–2006* (PNI) en 2003. Le PNI était le document de base de la politique d'innovation du moment, avec, en parallèle, des plans d'actions annuels définis pour le mettre en place. En plus des objectifs à long et moyen terme, les buts à court terme du programme étaient liés à la coordination et à l'amélioration du système d'innovation, encourageant la pratique du savoir par les entreprises, ainsi qu'un développement réussi de l'éducation, des sciences, de la recherche et des innovations. Parmi les autres documents de base de définition des politiques de R&D et d'innovation, il faut aussi mentionner la *Stratégie économique lettone à long terme* adoptée en 2001, qui décrit les grandes lignes du modèle de développement d'une économie basée sur le savoir en Lettonie. Le besoin de passer d'une économie basée sur le travail à une économie basée sur le savoir était également souligné par la *Stratégie économique unique de la Lettonie*, adoptée en 2004.

La période la plus récente (2005–2007) a été marquée par une intensification plus grande encore de l'orientation stratégique des politiques, avec une priorité plus grande donnée aux problématiques liées aux S&T dans les déclarations des Conseils des ministres, et la publication de quatre documents cadres supplémentaires touchant à la R&D : le *Programme national de Lisbonne de la Lettonie pour la période 2005–2008* (2005), le *Plan national de développement de la Lettonie pour la période 2007–2013* (2006), le *Programme pour la promotion de la compétitivité et de l'innovation en entreprise pour la période 2007–2013* (2007), et *Cadre de référence stratégique national de la Lettonie pour la période 2007–2013* (2007), accompagnés des programmes opérationnels « Ressources humaines et emploi » et « Entrepreneuriat et innovation ». Ces documents sont probablement le fruit de l'entrée de la Lettonie dans l'UE, ce qui a entraîné son engagement à respecter les buts communs de l'UE (avec par exemple la Stratégie Lisbonne[3]) et a clairement défini l'orientation stratégique nécessaire à la maîtrise des Fonds structurels européens.

Ces documents mettent en relief les principales directions prises par les politiques économiques pour stimuler la production de savoir et l'innovation, ainsi que pour améliorer l'éducation et les compétences. Les mesures les plus concrètes concernent le renouvellement et le développement du potentiel intellectuel dans le

---

[3] La stratégie Lisbonne, que l'on appelle aussi l'agenda Lisbonne ou le processus Lisbonne, est un plan d'action et de développement de l'Union Européenne. Il a été lancé par le Conseil européen à Lisbonne en mars 2000. L'Europe se fixait alors pour elle-même comme nouvel objectif stratégique pour les dix ans à venir de devenir l'économie du savoir la plus dynamique et la plus compétitive du monde, capable de mettre en place une croissance économique durable, de créer de meilleurs emplois et en plus grand nombre, et d'atteindre une meilleure cohésion sociale à l'horizon 2010. Cette stratégie a été relancée en 2005 sous le nom de « Programme Communautaire de Lisbonne », se recentrant sur la croissance et l'emploi. Chaque état membre devait alors élaborer son plan de réforme nationale avec ces objectifs en ligne de mire.

domaine scientifique, la modernisation de son infrastructure et l'encouragement aux transferts de technologie et de savoir vers la production, faisant ainsi correspondre l'organisation du système éducatif aux besoins du marché du travail, améliorant la qualité, la maîtrise des coûts et l'accessibilité à l'enseignement de tous niveaux, etc. De nombreux documents insistent également sur l'importance du renforcement du rôle prépondérant des EES dans le développement des sciences et de la recherche. De même, ces documents créent un objectif de développement économique, d'accroissement des capacités et de l'efficacité du SNI, et d'augmentation de la compétitivité et de la productivité de l'industrie nationale via la production de biens à forte valeur ajoutée. Ces objectifs ne pourront être atteints que grâce à une meilleure coopération entre l'éducation et la recherche, à des transferts de technologies et à des processus de commercialisation. Cette période a également vu des changements au niveau de la demande de savoir, avec la définition de priorités de recherche et l'élaboration de programmes publics de recherche dans chacun des domaines scientifiques identifiés, entièrement financés par le budget de l'état.

La même période a également été marquée par l'adoption d'une nouvelle base légale pour les politiques de recherche, fournie par la nouvelle *Loi sur l'activité de recherche* (2005) qui remplaçait celle de 1992. Entre autres choses, cette loi inclut un article sur les activités de recherche au sein des EES, définit l'unification de la science avec l'enseignement supérieur, les droits, la responsabilité, l'indépendance et la liberté des établissements, les garanties sociales et professionnelles des chercheurs, les compétences, et les obligations des établissements publics en termes d'activités de recherche. L'un des points clés de cette loi est d'envisager une augmentation substantielle des financements publics destinés à la recherche et la création de financements institutionnels pour la recherche universitaire. Pour aller plus loin, le Ministère de l'éducation et des sciences a élaboré à la mi-2005, un nouveau projet de *Loi sur l'enseignement supérieur* qui met l'accent sur la régulation des processus, les procédures et les résultats, plutôt que sur la structure organisationnelle des EES. Cette loi est cependant en cours d'examen public depuis près de 4 ans. L'adoption perpétuellement retardée du *Guide pour le développement des sciences et des technologies pour la période 2009–2013* est un autre exemple de débat au long cours en Lettonie : le projet initial date lui aussi de 2005. Malgré un contexte plutôt progressiste en termes de projets politiques, ces deux cas démontrent qu'il reste encore des étapes à franchir avant de pouvoir mettre tout le monde d'accord, de pouvoir mettre le nouveau cadre de travail en place et suivre l'objectif fixé.

11.3 Cartographie du système universitaire en Lettonie

11.3.1 Rappel historique

Le développement et les traditions du système universitaire letton ont grandement été influencés par l'histoire complexe du pays et les différentes périodes et régimes qu'il a traversés : allemand, polonais, suédois et russe. Les écoles proposant un enseignement en langue lettone ont commencé à se développer sous la Réforme, pendant la deuxième moitié du seizième siècle, au moment où les S'T en provenance d'Europe de l'est commençaient également à être introduites en Lettonie, telle qu'on les définit aujourd'hui (Stradins 1982). La systématisation de la recherche a débuté à la fin du dix-huitième siècle et le système éducatif s'est rapidement développé au cours du dix-neuvième siècle et, particulièrement pendant les années du Réveil économique letton de la deuxième moitié du siècle, marquant l'émergence d'une nouvelle classe d'intellectuels lettons. Le 18 novembre 1918, date de la formation d'un état Letton indépendant, la nouvelle nation a gagné le droit de mettre en place un système éducatif en letton, pour toutes les formes d'enseignement. La modernisation globale de l'Europe de l'est et de l'empire russe a permis de donner l'impulsion nécessaire à la fondation de l'école polytechnique de Riga en 1862, créant ainsi la première université polytechnique de l'empire russe. L'accession à l'indépendance a permis de créer, en 1919, l'Université de Lettonie – la première université générale du nouvel état. Parallèlement à l'ingénierie, à l'agriculture et à la chimie, l'Université de Lettonie a également mené des recherches en lettres, en sciences naturelles, en médecine et en sciences sociales. En 1939, un autre EES a été créé à Jelgava – l'Académie de l'agriculture, tandis que les premières étapes vers la création d'une Académie des sciences lettone étaient franchies.

La deuxième Guerre mondiale, l'occupation et l'annexion par l'URSS, sans oublier les déportations, ont porté un coup quasi fatal à l'activité scientifique florissante de la Lettonie (Stradins 1998). 60% des chercheurs présents avant la guerre sont passés à l'ouest, la plupart du temps pour y continuer leur recherche. Après la deuxième guerre mondiale, la science lettone n'était plus qu'un élément constitutif plus ou moins anonyme de la « science soviétique », au sein de l'URSS. La recherche universitaire a quasiment disparu, mais une Académie de sciences des RSS lettones a été créée en 1946. Avec ses 15 établissements principaux, cette académie a mené d'importants travaux de recherche en physique (en magnétohydrodynamique et en physique des solides), en astronomie, en mécanique des matériaux composites, en informatique, en chimie (chimie médicale, chimie des composés hétérocycliques, chimie du bois, chimie des plasma à basse température et électrochimie), en hydrobiologie, en virologie et en biologie moléculaire.

Dans le système soviétique de R&D, la recherche académique était délibérément séparée de la recherche universitaire alors que, jusqu'en 1946, les universités faisaient partie des contributeurs essentiels à la science des pays baltes (Kristapsons et al. 2003 : 52–55). La création des académies de sciences soviétiques a détruit le système de recherche historique, concentrant la recherche dans des établissements spécialisés et réduisant la mission des universités au seul enseignement. En 1990, la Lettonie comptait 33 établissements de recherche spécialisés, travaillant sans aucun contact avec les EES (MES 2005 : 21). Cet isolement ne permettait pas de tisser des liens solides entre la recherche et l'enseignement supérieur. La recherche employait à ce moment-là 30 000 personnes (dont 12 000 chercheurs, plus de la moitié desquels avaient un niveau doctorat). Malgré la reconnaissance internationale obtenue dans plusieurs domaines des sciences exactes et naturelles, et malgré aussi l'émergence de jeunes et brillants chercheurs, le développement scientifique du pays n'en était pas moins biaisé et totalement au service des besoins d'une grande puissance, plutôt qu'à ceux d'une petite nation (Stradins 2000). Le pays avait aussi totalement perdu le contact avec l'ouest.

À partir du début des années 1990, l'Académie des sciences lettone s'est transformée en un rassemblement de membres individuels, suivant le modèle ouest-européen, élisant un grand nombre de nouveaux membres des chercheurs du pays mais aussi à l'étranger. Dans la plupart des cas, les anciens établissements de recherche ont rejoint l'Université de Lettonie, où ils ont pu continuer leurs travaux dans de nouvelles conditions. Lorsque la Lettonie a regagné son indépendance en 1991, les directions et le champ d'action de la science ont évolué, tout comme les priorités de recherche (Stradins 2000). À la création du Conseil scientifique letton, l'évaluation des recherches était basée sur la compétition interne – pratique habituelle de la recherche et de l'évaluation de la productivité des chercheurs. En 1992, le Conseil danois de la recherche a mené une étude internationale incluant la science lettone. Celle-ci y obtenait une appréciation positive grâce au niveau déjà atteint et l'étude faisait quelques propositions de restructuration de la recherche. En 1997, une étude de la structure de gestion de la R&D lettone, pour le compte de la Commission européenne, a montré que l'appauvrissement de la R&D lettone a mené à une réduction des capacités pratiques de la recherche scientifique en Lettonie, comme dans d'autres pays de l'ECE. La science lettone semble toutefois avoir survécu, en étant capable de se repositionner après la période difficile de transformation, obtenant des résultats notables dans un certain nombre de domaines de recherche.

11.3.2   Le système actuel d'éducation et de recherche

Bien que la volonté de séparer strictement l'éducation de la recherche ne soit plus à l'ordre du jour, ce chapitre aborde les deux systèmes séparément, car leur intégration est encore en cours de réalisation.

11.3.2.1   Les caractéristiques de l'enseignement supérieur letton

En 2007, la Lettonie avait accrédité 34 EES, la plupart faisant partie du système public (5 universités publiques et 14 universités spécialisées publiques), les autres ayant été fondés par d'autres organismes ou par d'autres individus privés (MES 2008b : 8–9). À ces EES s'ajoutent 23 grandes écoles (18 publiques et 8 privées). Bien que le nombre d'EES publics soit passé de 10 à 19 entre 1990 et 2007, la croissance des EES privés a été encore plus rapide, leur nombre passant de 2 à 15. Grâce à ces chiffres, la Lettonie fait mieux que de nombreux autres pays européens, aussi bien en nombre d'EES par million d'habitants qu'en nombre d'étudiants pour 10 000 habitants (552 en 2007, à comparer à la moyenne de 379 en 2006 des UE-27).

Le nombre d'étudiants en Lettonie a été au moins multiplié par trois entre 1991 et 2007/2008 (Fig. 11.1). Ces étudiants sont toutefois inégalement répartis entre le

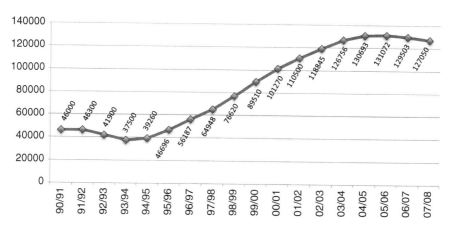

Fig. 11.1 Nombre d'étudiants au sein des EES et des universités en Lettonie (sur la période 1990/1991–2007/2008) (*Source* : Ministère de l'éducation et des sciences (2008b : 57))

privé et le public. Les deux plus grands EES publics, l'Université de Lettonie et l'Université Technique de Riga, rassemblaient respectivement 23 801 (20,7%) et 16 879 (14,7%) étudiants en 2007/2008, alors qu'environ la moitié des EES (14 au total) n'en comptaient que moins de 1 000 (MES 2008b : 59–60). Ce qui implique également que les ressources et les activités de recherche sont essentiellement menées au sein des plus grands EES, tandis que les autres sont soit très spécialisés soit concentrés sur l'enseignement.

Auers et al. (2007 : 478–479) citent trois raisons principales expliquant l'expansion rapide du secteur de l'enseignement supérieur (aussi bien en nombre d'établissements qu'en nombre d'étudiants) après 1991. La première est la croissance de la demande de nouvelles qualifications, de savoir et de compétences nécessaires à la transformation politique et économique. Des programmes d'enseignement dans de nouvelles disciplines ont été lancés, des cursus de maîtrise ont été introduits et les personnes ayant suivi le système éducatif socialiste se sont inscrites dans des EES pour obtenir de nouvelles qualifications. La deuxième, ce sont les réformes du système d'enseignement supérieur qui ont permis la création d'établissements privés d'enseignement de troisième cycle, directement concurrents du secteur public. La troisième est la Loi sur les établissements d'enseignement supérieur (1995) qui obligeait les EES financés par l'état à enseigner en langue lettone, faisant ainsi des EES privés les seuls endroits où les enseignants russes pouvaient enseigner dans leur langue.[4]

---

[4]La distribution ethnique de la population lettonne est la suivante : lettons – 59,2%, russes – 28%, biélorusses – 3,6%, ukrainiens – 2,5%, polonais – 2,3%, lituaniens – 1,3%, juifs – 0,4% et autres nationalités – 2,7%.

Il faut également noter que les EES sont d'un certain point de vue obligés d'accueillir plus d'étudiants que le nombre optimal permettant d'assurer la qualité de l'enseignement et de développer des activités de recherche : il leur faut en effet boucler leur budget et celui-ci dépend en grande partie des frais de scolarité (Muiznieks 2005 : 114–115). Cela s'explique en grande partie par le fait que l'enseignement supérieur en Lettonie n'est que partiellement subventionné par l'état, car les financements publics couvrant à la fois les frais d'entrée et les dépenses mensuelles ne sont attribués, au mérite, qu'à un quart de tous les étudiants des universités publiques (25,0% en 2007/2008). Le reste des étudiants, c'est-à-dire n'ayant pas atteint le niveau requis, et ceux du privé, doivent s'acquitter des frais de scolarité. Depuis la loi sur l'éducation de 1991 qui a créé les frais de scolarité, la part des étudiants payants a rapidement augmenté pour passer de 32% en 1995 à 57% en 1998 (Kasa 2008 : 89–90).[5]

Un système d'aide financière a été créé par la suite sous la forme de prêts couvrant les frais quotidiens des étudiants depuis 1997, et de prêts couvrant également les frais de scolarité depuis 1999 (Kasa 2008 : 90). En 2001, le système de prêt étudiant a été réformé,[6] demandant aux étudiants emprunteurs d'être cautionnés par un cosignataire financièrement indépendant, des possessions immobilières ou bien des valeurs financières (Kasa 2008 : 90–91).[7] Les villes ont la responsabilité d'assurer l'accès à l'enseignement supérieur aux étudiants aux revenus les plus faibles (Kasa 2008), tandis qu'un grand nombre d'étudiants se prennent eux-mêmes en charge en ayant un emploi en plus de leurs études à plein temps (Auers et al. 2007).[8]

En ce qui concerne la répartition des étudiants par discipline, une petite partie d'entre eux seulement sont inscrits en ingénierie, en mathématiques et en science naturelles, tandis qu'un étudiant sur deux est inscrit en sciences sociales (Fig. 11.2). Cette division thématique n'a que peu évolué au cours de la dernière décennie – selon Eurostat, le nombre de diplômés en S'T (pour 1 000 habitants âgés de 20 à 29 ans)

---

[5] En 2007/2008, la part des étudiants des EES financés par les ressources publiques n'était que de 25%, contre 75% financés par des ressources privées (CSB 2009 : 7).

[6] Les réformes ont permis aux banques commerciales de proposer des prêts aux étudiants, tout en permettant au gouvernement de continuer à proposer des emprunts à taux d'intérêt subventionnés, des délais de grâce, des possibilités d'effacement de dettes, et à assumer le rôle de second garant dans la limite de 90% du montant du prêt (Kasa 2008 : 90–91).

[7] Les réformes ont permis aux banques commerciales de proposer des prêts aux étudiants, tout en permettant au gouvernement de continuer à proposer des emprunts à taux d'intérêt subventionnés, des délais de grâce, des possibilités d'effacement de dettes, et à assumer le rôle de second garant dans la limite de 90% du montant du prêt (Kasa 2008 : 90–91).

[8] Il est difficile d'obtenir des données fiables sur la proportion exacte des étudiants ayant un emploi en même temps. Auers et al. (2007 : 482–483) ont déterminé que 44% de leur échantillon d'étudiants en sciences sociales avaient un emploi. Cela dit, leur étude ayant été menée uniquement juste avant ou juste après les cours obligatoires, ils ont admis qu'il était possible que les étudiants ayant un emploi soient sous-représentés, sachant qu'ils risquaient d'être moins présents. Auers et al. (2007 : 481) mentionnent aussi les résultats de l'étude menée par l'Association des étudiants lettons, indiquant que 54% des étudiants avaient également un emploi. Et quasiment tous les étudiants de troisième cycle travaillent pour payer leurs études.

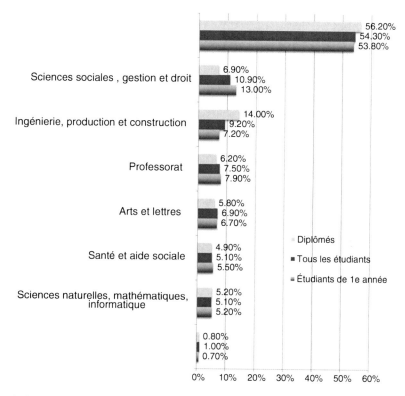

Fig. 11.2 Répartition des étudiants par groupes thématiques d'enseignement en 2007/2008 (*Source* : Ministère de l'éducation et des sciences (2008b : 108))

n'a que peu augmenté, pour passer de 6,1 en 1998 à 9,2 en 2007 (à comparer à la moyenne de 13,4 des UE-27), et ce malgré l'augmentation substantielle du nombre de places d'étudiants subventionnées par l'état depuis environ 2005.

Les femmes sont les plus nombreuses et représentaient 63% des étudiants en 2008/2009 dans les universités lettones, et 71,6% des diplômés (CSB 2009 : 2). En termes de groupes thématiques d'enseignement supérieur, les étudiantes sont majoritaires dans les cursus de santé et d'aide sociale (86%), de professorat (85%), suivis des arts et lettres (78%), des sciences sociales, de gestion et de droit (68%), mais sont sous-représentées en ingénierie, en production et en construction (20%) et en sciences naturelles, en mathématiques et en informatique (32%). En ce qui concerne l'équipe enseignante des EES, elle était formée de femmes à 54% en 2007/2008, cette proportion se réduisant petit à petit à mesure que l'on monte dans les niveaux de responsabilité : 46% des professeurs agrégés sont des femmes et seulement 29% sont professeurs titulaires (MES 2008b : 123).Cela dit, lorsque l'on compare la Lettonie aux autres pays, la représentation des femmes au sein de la science lettone reste l'une des plus élevées d'Europe (voir aussi Adamsone-Fiskovica et al. 2009a : 37–38).

Tableau 11.2 Les établissements de R&D lettons et leurs équipes (2000, 2007)

	Nombre d'établissements		Personnels de R&D (FTE)	
	2000	2007	2000	2007
Enseignement supérieur	49	47	2 156	3 016
Secteur public	31	22	662	744
Secteur privé[a]	193	403	996	463
Total	273	472	3 814	4 223

Source : Bureau central des statistiques de Lettonie (2006: 27–28) et Bureau central des statistiques de Lettonie (2008: 34)
[a] Y compris le secteur à but non lucratif

Deux des cinq universités publiques sont situées en dehors de la capitale, et plusieurs autres EES majeurs sont situés dans les centres régionaux de la Lettonie. La majorité des étudiants inscrits dans ces EES sont originaires de la même région – la possibilité de se qualifier dans sa région de résidence est le principal avantage du nombre grandissant d'EES régionaux, réduisant d'autant la fuite des générations vers la capitale et les disparités régionales globales. Grâce à leurs frais de scolarité plus faibles et à une offre de cursus plutôt large, les EES régionaux occupent une place de plus en plus importante sur le marché de l'éducation.

11.3.2.2 Performance de la recherche

Bien que la proportion d'établissements de R&D au sein du secteur économique (unités de R&D dans les entreprises), *la recherche* en Lettonie est aujourd'hui essentiellement menée par les établissements scientifiques et les EES (comptant aussi les établissements de R&D sous la surveillance des EES). La majorité des équipes de R&D sont employées par l'enseignement supérieur (71%) et le gouvernement (18%), et 11% seulement par le secteur économique (Tableau 11.2). L'Université de Lettonie, la plus grande et la plus ancienne des universités du pays, héberge la plupart des établissements scientifiques (y compris neuf agences, sept établissements de recherche et quatre facultés). Parallèlement à l'Université de Lettonie, le pays compte 15 établissements de recherche universitaire hébergés par d'autres universités (EES publics et privés) et 12 établissements de recherche publique indépendants, directement sous la surveillance du Ministère de l'éducation et des sciences ou de leurs branches de tutelle.

Les performances de recherche des établissements universitaires peuvent en partie être évaluées grâce à des indicateurs productifs comme, par exemple, les publications internationales ou les brevets. Dans ces domaines, la Lettonie est toujours un pays en voie de rattrapage. Bien que les universités et les établissements de recherches soient responsables de la majeure partie des publications indexées en Lettonie (Kristapsons et al. 2004), le bilan global des publications reste très bas si on le compare ou non à celui d'autres pays européens. Les trois pays baltes utilisent souvent un système d'évaluation identique. Selon les données rassemblées par le Web de la Science, les trois pays baltes atteignaient des performances quantitatives

Tableau 11.3 Publications des chercheurs lettons inclus à la base Scopus

	1997	2003	2004	2005	2006	2007
Nombre de publications	400	347	381	442	407	457
Pourcentage de publications co-signées avec des pairs étrangers	49	59	62	63	61	54

Source : SCImago (2007)

à peu près égales en 1990 (250 publications indexées par an). Mais en 2007, la situation était bien plus disparate : 1 000 publications pour la Lituanie, 800 pour l'Estonie et seulement 350 pour la Lettonie. Le chiffre de 150 publications par million d'habitants et par an produites par la Lettonie est resté à peu près stable depuis 2001, à comparer à la moyenne de l'UE de 650, alors qu'il a progressé aussi bien en Estonie qu'en Lituanie. Selon les informations compilées par l'autre base de données SCImago, le nombre de publications réalisées par les chercheurs lettons n'a connu aucune augmentation majeure en 1997 et 2007, même si l'on a pu noter un léger mieux en termes de collaborations internationales (Tableau 11.3). Pour l'instant, le nombre de brevets obtenus par la Lettonie est également négligeable : 6 brevets auprès de l'OEB par million d'habitants et par an, contre 125 en moyenne au sein de l'UE-27 (EIS, 2008).

En termes de ressources humaines, la Lettonie comptait 3,8 chercheurs par milliers d'employés en 2007, à comparer à la moyenne des UE-27 de 5,4. On comptait également 3 603 titulaires d'un doctorat, dont 19% étaient âgés de 65 à 69 ans et 35% de 55 à 64 ans (CSB). Le petit nombre de chercheurs, et leur vieillissement, posent un véritable défi quant au maintien de la masse critique de la base R&D. Leur nombre s'est réduit de manière substantielle depuis 1990, parallèlement à une augmentation de leur âge moyen et à un manque de jeunes chercheurs, notamment dans les domaines des sciences naturelles et de l'ingénierie. Bien que le nombre de chercheurs équivalent plein temps ait augmenté de 10% entre 2000 et 2007 (essentiellement au sein des établissements universitaires), leur nombre reste insuffisant pour assurer un développement à long terme et accéléré des capacités de recherche du pays.

Le nombre de nouveaux doctorats attribués entre 2005 et 2007 n'a atteint que 121 par an en moyenne (Tableau 11.4), alors que l'objectif du Ministère de l'éducation et des sciences est d'atteindre 425 nouveaux doctorats par an (MES 2009), afin d'assurer cette masse critique. Bien que les étudiants tous niveaux confondus soient relativement nombreux, les doctorants de 2007/2008 ne représentaient que 1,6% du total. Les diplômés des cursus de maîtrise et de doctorat ne représentaient respectivement que 11 et 0,6% du total des diplômés de l'année 2007/2008 (MES 2008b : 5).

Selon l'étude NORBAL sur les diplômes de doctorats attribués par les pays baltes et nordiques en 2005, environ 2/5 du nombre total des doctorats ont été attribués en Suède, 1/5 en Finlande et 1/8 en Norvège, tandis que la part combinée des pays baltes ne représente qu'1/10 du total. De plus, entre 1997 et 2005, le nombre de doctorats attribués en pourcentage de la population a augmenté dans tous les pays,

Tableau 11.4 Doctorats attribués en Lettonie (1995–2007)

	1995	1996	1997	1998	1999	2000	2001	2002	2003	2004	2005	2006	2007
Attributions de doctorats													
Total	67	93	118	174	122	21	48	52	80	79	112	93	158
Dont à des femmes	25	38	46	73	53	11	28	33	46	49	63	48	95
Âge moyen des diplômés à l'obtention													
Total	41	42	40	39	38	35	35	38	36	36,5	37,4	36,5	37,3
Pourcentage des femmes	39	39	40	39	37	38	37	37	36	37,6	38	37,8	39,5

Source : NORBAL
[a]La chute considérable du nombre de doctorats attribués après 1999 a d'abord été le résultat de changements d'organisation et d'encadrement, et plus tard des conditions plus strictes exigées des candidats lors du passage d'un système à deux niveaux vers un système à niveau unique

à l'exception de la Lettonie. En 2007, le nombre de doctorats par million d'habitants en Lettonie était le plus bas des 8 pays (Gunnes 2009). Toutefois, les nouveaux programmes de motivation et les financements supplémentaires alloués aux cursus de 3e cycle par les Fonds structurels européens devraient favoriser l'augmentation du nombre de doctorats attribués dans les années qui viennent. Bien que l'âge moyen des étudiants parvenant à ce stade des études soit relativement élevé dans tous ces pays, il a légèrement baissé en Lettonie durant la dernière décennie, si on le compare à la situation du milieu des années 1990. De plus, il faut noter que dans les pays baltes, y compris en Lettonie, la représentation féminine est restée de haut niveau pendant toute cette période, avec une augmentation plus marquée dans les pays nordiques pour ce qui concerne les niveaux moins élevés.

À la suite de son indépendance retrouvée et de son intégration à l'UE, la Lettonie est de plus en plus présente à l'international, et notamment grâce à son éducation et à sa recherche. La Lettonie a signé plusieurs conventions internationales (Lisbonne 1997 ; Salamanque 2001) et déclarations (Sorbonne 1998 ; Bologne 1999), ainsi qu'un ensemble d'accords intergouvernementaux concernant des programmes de coopération éducatifs et de R&D avec des pays aussi bien européens que non-européens. La communauté scientifique lettone participe activement à plusieurs projets internationaux, y compris ceux faisant partie des programmes cadres européens. Les chercheurs des grandes universités et de leurs établissements affiliés se sont démenés pour se porter candidats au cinquième programme cadre obtenant satisfaction dans 25 à 30% des cas (Bundula et Jansons, 2005). Au total, 1 027 dossiers de candidatures impliquant des chercheurs lettons ont été déposés auprès du FP6, dont 21% ont reçu un financement par la Commission européenne (MES, 2008a). Ces résultats ont placé la Lettonie parmi les meilleurs des nouveaux pays membres, mais sans toutefois lui permettre de rattraper le niveau des pays historiques de l'UE. Le grand pourcentage de publications de chercheurs lettons cosignées par des pairs d'autres pays est un autre indicateur de l'internationalisation de la Lettonie. Sur une période de 7 ans (de 1997 à 2003), les chercheurs lettons ont signé des publications en collaboration avec des chercheurs de près de 60 pays différents, dont la majorité venait d'Allemagne, de Suède, de Russie et des États-Unis.

11.4 Le débat en cours

Les récents débats au sein du Parlement, des différents forums d'entreprise et de la communauté universitaire se sont concentrés sur les problèmes dans les domaines suivants, en relation avec le développement scientifique et technologique du pays, et qui ont une influence importante sur l'avenir et les prochaines activités des établissements universitaires en Lettonie :

- Allocation et distribution des financements publics de la R&D
- Promotion des investissements du secteur privé et de son implication dans les activités de R&D
- Définition des domaines prioritaires de recherche
- Protection de la propriété intellectuelle et commercialisation des résultats de recherche
- Intégration des universités et des établissements de recherche

Bien que ces problèmes spécifiques soient essentiellement abordés au sein de la communauté R&D, certaines d'entre elles ont également attiré l'attention des médias grand public et de l'opinion publique en général. Les débats populaires se sont plus généralement concentrés sur le défi du développement d'une économie du savoir, dans laquelle la recherche, l'éducation et l'innovation sont des éléments déterminants de la compétitivité.

11.4.1 Assurer le financement public de la R&D

Au cours des 15 dernières années, la recherche de financement a été l'une des problématiques les plus persistantes en Lettonie. Pratiquement rien n'a changé dans ce domaine jusqu'en 2005, la partie du budget de l'état allouée aux activités de recherche étant restée très faible. La *Loi sur les activités de recherche* de 2005 a marqué un certain tournant puisqu'elle envisageait notamment que « le Conseil des ministres, au moment de la soumission de la loi budgétaire annuelle au Parlement, augmente annuellement le financement de la recherche d'au moins 0,15% du PIB jusqu'à ce que le financement public des activités de recherche atteigne au moins 1% du PIB ».[9] Le Parlement a adopté cette loi à l'unanimité, une des rares fois où le gouvernement et les partis d'opposition sont tombés d'accord au sein du Parlement.

Ces développements s'expliquent en grande partie par les processus d'intégration à l'UE qui ont permis d'alerter les décideurs nationaux sur un grand nombre de problématiques liées aux engagements à répondre aux objectifs européens, dont la

---

[9] À la suite de l'exemple de la Finlande des années 1980, la communauté scientifique de Lettonie a poussé à une augmentation de 0,1% pendant plusieurs années, tandis que le financement actuel se base sur des calculs plus récents du Ministère de l'éducation et des sciences afin d'atteindre 1% en 2010.

R&D n'est pas l'un des moindres. Cette détermination a notamment pris corps lorsque le Président a formé une Commission d'analyse stratégique dont le but est de déterminer les scénarios possibles du développement national. Une entité similaire (la sous-commission pour de Développement futur) a été formée au sein du Parlement. Le Ministre des sciences et de l'éducation de l'époque a joué un rôle important en encourageant activement l'intérêt pour les sciences (se différenciant ainsi de ministres précédents qui considéraient que leur tâche principale était de s'occuper des problèmes d'éducation). De la même manière, ne suivant ainsi pas l'exemple du Conseil des ministres précédent, le gouvernement de l'époque s'était fait obligation de respecter ses promesses malgré les doutes émis par certains concernant la capacité du système d'éducation et de recherche letton, qui avait lui-même un grand nombre de problèmes à résoudre, à absorber une telle somme d'argent. On a donc attendu de la communauté scientifique qu'elle fournisse des preuves de ses résultats, et pas seulement sous la forme de l'augmentation du nombre de ses étudiants et de l'acquisition de ses nouveaux équipements, pour justifier cet engagement et ces investissements (Ekmanis 2005).

C'est en 2006 que la nouvelle Loi sur les activités de recherche a réellement commencé à fonctionner à plein, et le Conseil des ministres a adopté plusieurs nouvelles règlementations, règles et directives dans le cadre de cette loi. En parallèle, les financements publics ont augmenté selon la règle des 0,15% du PIB, qui incluait l'augmentation du financement de la science au sein des EES et des programmes de recherche publics, ainsi qu'une réintroduction partielle des financements institutionnels. La préoccupation majeure du financement a peu à peu laissé place à un débat sur la meilleure façon d'utiliser ce nouvel influx financier, afin d'assurer un retour sur investissement maximum (Ekmanis 2007). À la fin 2007, toutefois, l'augmentation budgétaire annuelle allouée à la R&D, telle qu'elle avait été fixée par la loi, était déjà remise en cause par certaines entités gouvernementales pour des raisons de restrictions budgétaires, dans un contexte de forte inflation. En parallèle, les fréquents changements de gouvernement ont également jeté le doute sur la capacité des entités gouvernementales à poursuivre les engagements pris les années précédentes (Ekmanis 2007).

11.4.2 Encourager les financements privés de la R&D

Malgré les développements politiques depuis 2005 et l'engagement des pouvoirs publics lettons à atteindre l'objectif Lisbonne concernant la dépense publique en R&D (c'est-à-dire 1% du PIB en 2010), l'augmentation annuelle des financements publics, même si elle était réellement mise en œuvre, ne suffirait pas à résoudre le problème global de financement de la R&D (la stratégie Lisbonne envisage qu'en 2010 la part privée du financement de la R&D atteigne 2% du PIB). Pourtant, comme le mentionne l'étude commanditée par le Ministère de l'économie en 2005, le faible financement public et le système en place de financement de la recherche n'encouragent pas les investissements privés dans ce domaine (Bilinskis et al. 2005).

Afin de faciliter l'investissement privé en R&D, le gouvernement a non seulement envisagé de soutenir les établissements de recherche publics, mais aussi d'encourager les établissements universitaires et les chercheurs à développer des technologies en coopération avec le secteur privé.

En 2005, la Confédération des industriels donnait deux raisons principales aux faibles relations unissant, jusque là, les chercheurs et les entrepreneurs. D'un côté, les entrepreneurs ayant exprimé un intérêt pour l'innovation étaient peu nombreux, tout comme ceux qui avaient investi dans des activités innovantes. De l'autre, du fait du manque de ressources, les sciences techniques n'avaient pas la capacité de répondre aux demandes spécifiques en nouvelles technologies. Le groupe de travail sur l'Éducation, les Sciences, le Développement technologique et l'Innovation, sous l'égide de la Commission d'analyse stratégique, a montré qu'au cours des premières années, il serait impossible de financer les deux tiers de l'augmentation du financement de la R&D via le secteur privé du fait des problèmes persistants de coopération entre les chercheurs lettons et les entreprises locales, de la faible activité d'innovation, du faible intérêt et des faibles capacités de financement des entreprises (Grens 2005). Certains économistes (Gulans 2005) ont émis des doutes sur l'existence même d'entreprises lettones qui, aujourd'hui, seraient en demande du savoir et de l'expertise des chercheurs lettons, du fait du la grande proportion d'entreprises étrangères sur le territoire. Ces entreprises considèrent aujourd'hui la Lettonie comme un site de production plutôt que comme un territoire stratégique de développement technologique, et il y a donc peu de chance qu'elles financent la R&D de l'industrie lettone.

Certaines initiatives ont commencé à émerger sur la base de ces débats. Ainsi, le budget national 2006 allouait trois millions de Lats[10] au Ministère de l'économie pour mettre en place des programmes de compétitivité et d'innovation. Afin de faciliter la mise en application des résultats de recherche par le secteur privé, le Ministère a décidé d'allouer ces fonds à la création et à l'exploitation de bureaux de transfert de technologie ; au financement de projets communs de recherche appliquée entre des chercheurs et des entrepreneurs ; et à un programme d'incubateur d'innovation. Certains ont également suggéré de revoir la politique fiscale afin que les co-financements privés des programmes et projets publics puissent être inclus dans les justifications de frais (Grens 2007), et aussi de revoir les déductions concernant les produits d'exportation de haute technologie, et l'unification de l'imposition sur les revenus pour tous les types d'activité. Certains ont estimé que le problème lié à l'implication des entreprises privées nationales dans la recherche – aussi bien appliquée que technologique – devrait être conjointement traité par le Ministère de l'économie, le Ministère de l'éducation et des sciences et par les chercheurs (Ekmanis 2007). Le problème de l'implication du secteur privé n'a pas encore été résolu, mais l'évolution des discussions a permis de lancer l'évaluation de ces problématiques, la définition des axes prioritaires, et aussi de comprendre le besoin prégnant de changer l'état d'esprit des parties présentes.

---

[10] 1 LVL = 1,423 EUR = 1,721 USD (taux de change au 31 janvier 2006).

11.4.3 Identification des domaines de recherche prioritaires

La sélection des domaines de recherche prioritaires a également déclenché de vives discussions au sein de la communauté universitaire lettone. Bien qu'un décret de 1997 ait défini les domaines de recherche prioritaires pouvant recevoir des financements publics supplémentaires via des programmes de recherche d'état, il a fallu attendre près de dix ans avant que les premiers financements à cet effet soient distribués.[11] Le choix de ces domaines prioritaires a été justifié par les faibles ressources dont disposait le gouvernement letton, empêchant le développement de projets scientifiques de grande envergure et de lancer la recherche appliquée dans tous les domaines. Ce manque de ressources impliquait donc de limiter le nombre de technologies de base pouvant recevoir des fonds publics réservés à l'éducation, à la recherche scientifique et à l'innovation (Grens 2005).

Traditionnellement, le Ministère de l'éducation et des sciences en collaboration avec un petit groupe de chercheurs, préparait un projet de décret sur les domaines de recherche prioritaires, pour lequel la communauté scientifique n'avait pas de voix au chapitre. Mais, depuis 2005, les discussions se sont élargies, notamment du fait des financements publics supplémentaires alloués aux établissements universitaires. Le sujet de discussion principal était centré sur l'évolution de la répartition des fonds entre les différentes branches de recherche, cette répartition datant de 1990–1991 et n'ayant fait l'objet d'aucune modification significative depuis. Bien que certains aient poussé à une évolution équilibrée ouvrant au développement de nouveaux sous-domaines de recherche, d'autres au contraire, ont insisté sur le besoin de développement équilibré des domaines de recherche ayant une tradition et des chercheurs déjà bien établis. Certains ont même émis un avis radical en indiquant que la définition de domaines prioritaires n'était pas nécessaire. Cette dernière prise de position reposait sur l'hypothèse que la Lettonie serait, de toute façon, incapable de produire du savoir de pointe, même en se choisissant des domaines prioritaires, le risque que d'autres pays la dépassent étant très élevé. Cela n'a pas empêché les priorités actuelles d'être définies sur la base de l'héritage historique et des besoins et perspectives de recherche dans les domaines scientifiques respectifs (voir aussi Kristapsons et al. 2009 : 22–25). La définition des neuf priorités actuelles a également été largement influencée par l'expression des besoins des ministères dans leurs domaines respectifs.

Le problème des domaines prioritaires a également été lié au développement de la recherche dans les régions. Les activités scientifiques étant aujourd'hui largement concentrées dans la capitale, il est apparu important d'adopter une politique de développement scientifique dans les régions. Une des solutions consiste à affecter

---

[11] Le 30 mai 2006, le Conseil des ministres a approuvé neuf thématiques prioritaires liées au financement de la recherche fondamentale et appliquée pour la période 2006–2009 : l'agrobiotechnologie, la biomédecine et les produits pharmaceutiques, l'énergie, les technologies de l'information, les études lettones, les sciences des matériaux, la sylviculture, la santé et les sciences environnementales.

des coefficients régionaux à la distribution des financements, permettant ainsi de développer l'infrastructure requise, d'augmenter le niveau des salaires et rendre d'autant plus attractif le travail dans les technopoles régionales.

11.4.4 Protection et commercialisation de la propriété intellectuelle

La protection de la propriété intellectuelle, liée à la commercialisation des résultats de recherche, est un problème fondamental. Alors que dans les années 1980, dans le cadre de l'économie socialiste soviétique, la Lettonie brevetait jusqu'à 1 000 inventions par an, faisant ainsi la démonstration du potentiel d'innovation du pays, la situation actuelle est radicalement différente et la Lettonie ne dépose plus que 100 à 150 demandes de brevets par an (Kristapsons et al. 2004). Aujourd'hui, les chercheurs lettons ne déposent des demandes de brevets que pour une partie de leurs inventions. À l'inverse, celles-ci sont souvent vendues à des partenaires étrangers, simplement en tant que savoir-faire. Dans la plupart des cas, une entreprise étrangère fait part de son intérêt, se charge de toutes les démarches de dépôt de brevet et, du coup, devient propriétaire de l'invention concernée. Comme le montre le projet de *Guide pour les stratégies de développement et d'innovation scientifique et technologique*, le manque d'expérience et de ressources des chercheurs lettons dans le domaine de la protection de leurs droits de propriété intellectuelle aussi bien en Europe que dans le monde, menace sérieusement le développement économique attendu des investissements en R&D (Grens 2005). De plus, dans beaucoup de cas, les chercheurs lettons et les inventeurs n'ont pas les moyens financiers de se payer un brevet, ce qui fait que de nombreuses inventions ne sont même pas brevetées en Lettonie. L'inefficacité de la commercialisation des résultats de recherche et le manque d'activité dans ce domaine sont également liés à la mauvaise rémunération des équipes à l'origine de ces valeurs intellectuelles (Université de Lettonie 2004).

Pour les chercheurs, les dépôts de brevets à l'étranger devraient être financièrement aidés par l'état, qui devrait également faire des efforts pour motiver les chercheurs à développer des solutions brevetables. Mais les opinions divergent à ce sujet. Ainsi, la stratégie de développement de l'Université de Lettonie envisage la création et la mise en pratique de la propriété intellectuelle comme l'une des tâches normales de son équipe universitaire, ce qui permet de lui octroyer une partie des revenus générés par l'exploitation de cette propriété intellectuelle en cas de succès commercial. Il apparaît que cette méthode est adaptée lorsque la pratique de dépôts de brevets est bien développée et encadrée, ce qui n'est pas le cas lorsque l'on en est encore à un pré-stade de développement. Certains estiment également qu'un inventeur devrait recevoir au moins 50% des revenus provenant de l'exploitation de sa propriété intellectuelle. Plusieurs chercheurs ont estimé qu'il était important de montrer le potentiel de croissance de la recherche appliquée : lorsqu'elle est financièrement rentable, le gain financier peut rejoindre le projet sans besoin de procédures administratives complexes.

L'une des initiatives gouvernementales dans ce domaine a pris la forme, dès la fin 2005, d'une aide financière publique à la mise en place de bureaux de transferts de technologie au sein des établissements universitaires, qu'ils soient de recherche ou non. Cette initiative permettait de mettre en place un système de services scientifiques à destination des entreprises, ainsi qu'une formation de spécialistes en ingénierie, et servait de plus à encourager la commercialisation (et la protection) des résultats de recherche. En parallèle, le gouvernement a mis en place le Conseil de la propriété intellectuelle, affilié à l'Office des brevets de la république lettone, et chargé de la coordination et de la promotion des droits de la propriété intellectuelle dans le pays.

11.4.5 Définition du statut et du rôle des établissements de recherche

Les discussions au sein des communautés scientifique et universitaire de ces dernières années se sont concentrées sur le statut et le rôle des établissements de recherche dans le système de R&D letton. Les directeurs de ces établissements, les représentants du Ministère de l'éducation et des sciences, de l'Académie des sciences, des conseils d'université et des commissions spéciales, les syndicats de chercheurs et de travailleurs, etc. se sont souvent rencontrés à ce sujet. Les débats ont très souvent tourné autour des sujets conflictuels suivants :

- L'intention des universités d'intégrer officiellement les établissements qui étaient jusque-là légalement indépendants, s'appropriant ainsi un fort potentiel de recherche supplémentaire, pour devenir une université de recherche (sur le modèle étranger)
- L'intention des établissements de conserver leur indépendance légale et, ce faisant, de rester maître du choix de leurs projets de recherche et de la gestion de leurs ressources financières
- Les considérations subjectives des directeurs des établissements et des responsables de recherche liées à leur désir de ne pas perdre leur statut administratif

Les universités et les établissements de recherche adoptent des approches conceptuelles assez différentes pour traiter ces problématiques organisationnelles, car le concept de séparation de la recherche et de l'université, caractéristique du siècle dernier, est encore très présent dans l'esprit aussi bien du grand public que de la presse. Bien que cette séparation n'ait pas été aussi tranchée en Lettonie que dans beaucoup d'autres pays de l'ancienne Union soviétique, on estime toujours que l'université doit se concentrer exclusivement sur sa mission d'enseignement, laissant la recherche scientifique aux établissements contrôlés par l'Académie des sciences (Kristapsons et al. 2003). La stratégie de développement de l'Université de Lettonie (2004) reconnaît que l'Université est encore bâtie sur la séparation entre l'enseignement et la recherche – une tendance atypique comparée à la situation des universités européennes. Ce document-cadre envisag de promouvoir aussi bien l'existence d'établissements de recherche en parallèle des universités que leur intégration au sein même de la structure organisationnelle des universités. Selon ce concept, les établissements de recherche qui ne font pas partie de la structure de base de l'université, collabore avec celle-ci et peuvent se prévaloir de son nom par accord contractuel. Le projet de Stratégie de développement de la science lettone (Grens 2005) a également inclus une déclaration envisageant l'intégration des établissements de recherche au sein des universités ayant des activités similaires, tout en assurant la position, la structure organisationnelle et l'autonomie des établissements au sein de la constitution universitaire, suivant ainsi la ligne édictée par la nouvelle Loi sur les activités de recherche.

Les conflits liés aux relations entre les universités et les établissements n'ont pas été résolus au cours des 15 ans qui ont suivi les réformes de financement et de gestion du système scientifique de 1990. Depuis que les financements sont distribués par le Conseil scientifique, en fonction du niveau de performance des travaux de recherche (il est en général plus élevé au sein des établissements), les universités n'ont reçu qu'une part relativement faible de ces ressources financières. Aujourd'hui, la plus grande part des financements publics de la recherche, en constante augmentation, est allouée au développement scientifique des universités, cette distribution ne s'appuyant plus sur le système d'expertise du Conseil scientifique. L'influence scientifique des universités s'en trouve dès lors renforcée, parallèlement à une diminution du rôle du Conseil scientifique élu par les chercheurs, ce qui est souvent considéré comme un exemple important de démocratie dans la gestion du domaine scientifique parmi les pays de l'Europe de l'est.

L'évolution du mécanisme de distribution des financements de la science a fait apparaître une particularité unique. Alors que toutes les ressources publiques destinées à la science étaient auparavant distribuées via un concours de projets dans lequel les universités et les établissements n'avaient pratiquement aucun rôle, la majeure partie des financements publics du nouveau système passe directement par les établissements universitaires, avec une partie réservée aux projets de recherche appliquée.

11.5 Conclusions

D'un point de vue global, le rôle et les fonctions des établissements universitaires en Lettonie ont considérablement évolué depuis la transition d'un système S'T de type soviétique vers un SNI, bien que de nombreux problèmes restent encore à résoudre. Le SNI en cours de création en Lettonie doit évoluer et les établissements universitaires doivent s'adapter au contexte du pays nouvellement membre de l'UE, dont l'objectif est de rattraper les pays développés. Malgré les forts taux de croissance économique de la période 2005–2007, le développement économique à long terme doit faire face à de nombreux défis dont, notamment, un secteur privé faible, des disparités régionales, un déficit de la balance extérieure, une industrie peu développée dominée par des secteurs aux niveaux technologiques faibles ou moyens, etc.

Toutefois, les récentes décisions politiques choisissant de baser la compétitivité du pays sur la valeur liée à l'éducation et à la science plutôt que sur la main d'œuvre bon marché, marque un tournant décisif du développement de la Lettonie. Le modèle choisi de développement basé sur le savoir fait de l'éducation, de la science, du développement technologique et de l'innovation les briques de base d'un développement réussi et durable du pays.

Les principaux défis auquel doit faire face le système global de création de savoir en Lettonie sont liés au niveau de dépenses en R&D et notamment à la proportion de financement apportée par le secteur privé. Bien que des progrès significatifs aient été réalisés dans ce domaine grâce à l'adoption d'une nouvelle norme législative assurant une augmentation annuelle des financements publics, parallèlement à l'allocation de fonds supplémentaires en provenance de l'état et des fonds structurels de l'UE au travers de différents programmes d'accompagnement publics, les financements complémentaires provenant du secteur privés se font toujours autant attendre. Cet état de fait est en grande partie dû au manque d'implication du secteur privé dans les activités d'innovation et au manque de développement de modèles de collaboration entre les partenaires potentiels du secteur privé et des sphères universitaires. Bien que les projets d'orientation politiques insistent de plus en plus sur le besoin de coopération entre la recherche et le secteur privé dans le domaine de développement de nouvelles technologies, il reste encore à trouver des mesures d'application efficaces. Le manque de relation et de coopération s'observe également au sein même des partenaires du SNI, parmi lesquels on compte plusieurs entités gouvernementales et non gouvernementales.

Plus spécifiquement, les principaux défis auxquels doivent se confronter les établissements universitaires en Lettonie sont liés à l'intégration des activités entrepreneuriales et scientifiques, menant au développement global d'une culture entrepreneuriale au sein de la communauté des chercheurs et à la création d'une nouvelle compétence de transfert et de commercialisation du savoir produit. Un autre problème tient à l'intégration actuellement non satisfaisante de l'enseignement et de la recherche, essentiellement symbolisée par les relations problématiques entre les EES et les établissements de recherche, même si l'on peut déceler une tendance évidente au développement d'universités de recherche en Lettonie. Et, finalement, il faut également noter le besoin d'une meilleure intégration à la Recherche européenne en particulier et à la communauté de recherche internationale en général. De plus, le développement futur est aujourd'hui menacé par le vieillissement drastique des équipes universitaires actuelles, insuffisamment remplacées par une nouvelle génération trop peu nombreuse, et par la fuite continuelle des cerveaux liée au départ à l'étranger des meilleurs chercheurs.

D'un point de vue global, la science en Lettonie semble être entrée dans une nouvelle phase de développement en 2005–2007, marquée par l'adoption de la nouvelle Loi sur les activités de recherche, l'augmentation du financement de la recherche et l'évolution des priorités d'allocation de ces ressources, par la mise en place de nouvelles conditions de recherche et l'adoption de nouvelles directions organisationnelles de la science. Le système universitaire a reçu la majeure partie des financements supplémentaires afin de soutenir l'objectif d'unification des activités d'enseignement et de recherche. De leur côté, les établissements publics de recherche indépendants obtiennent des financements supplémentaires via le système de programmes de recherche publics dont l'objectif est d'améliorer de manière générale la compétitivité de la science lettone et, ce faisant, de contribuer à la compétitivité globale de l'économie nationale et au progrès de la société.

Bibliographie

Adamsone-Fiskovica A, Kristapsons J, Ulnicane-Ozolina I (2008) INNO-policy trendchart – policy trends and appraisal report: Latvia. Commission européenne, Direction générale des entreprises

Adamsone-Fiskovica A, Kristapsons J, Lulle A (2009a) Erawatch analytical country report 2009: Latvia. Analysis of policy mixes to foster R&D investment and to contribute to the ERA. Commission européenne, Direction générale de la recherche

Adamsone-Fiskovica A, Kristapsons J, Tjunina E, Ulnicane-Ozolina I (2009b) Moving beyond teaching and research: economic and social tasks of universities in Latvia. Science and Public Policy 36(2):133–137, mars

Auers D, Rostoks T, Smith K (2007) Flipping burgers or flipping pages? Student employment and academic attainment in post-Soviet Latvia. Communist and Post-Communist Studies 40:477–491

Balazs K, Faulkner W, Schimank U (dirs) (1995) The research system in post-communist Central and Eastern Europe. Social Studies of Science 25(4), EASST numéro spéciale

Bilinskis I, Ekmanis J, Jansons J, Borzovs J, Cvetkova I, Aispurs V, Elerts M, Avotins V, Tjuina E (2005) Recommendations for funding research activity through the attraction of private sector investments (in Latvian). Ministère de l'économie, Riga

Brunner JJ (2003) Latvia higher education: changing conditions, problems, challenges and policy options. The World Bank Europe and Central Asia Human Development

Bundule M, Jansons J (2005) « Coopération scientifique internationale ». Dans : Building knowledge society, Elmars Grens (dir) Commission d'analyse stratégique. Zinatne, Riga, pp 70–92 (en Letton)

Bureau central des statistiques de Lettonie (2006) Research and development, and innovation statistics. Statistical Data Collection, Riga

Bureau central des statistiques de Lettonie (2008) Research and development, and innovation statistics. Statistical Data Collection, Riga

Bureau central des statistiques de Lettonie (2009) Etablissements d'enseignment en Lettonie au début de l'année scolaire 2008/2009. Bulletin, Riga (en Letton)

Communautés européennes (2009) European innovation scoreboard 2008. Comparative analysis of innovation performance. PRO INNO Europe paper N°10. Belgique : Commission européenne, DG enterprises et industries

Danish Research Councils (1992) Latvian research: an international evaluation. Danish Research Councils, Copenhague

Ekmanis J (2005) Current trends of science development in Latvia. Toward building a knowledge-based society. Proceedings of the Strategic Analysis Commission 2(3):30–39, Zinatne Publishers, Riga (En Letton)

Ekmanis J (2007) Opening speech of the president of the academy of sciences at the general meeting of the academy on 22 November, 2007. Dans : Yearbook 2006/2007 of the Latvian Academy of Sciences. Zinatne Publishers, Riga, pp 177–179

Etzkowitz H (2000) Technology transfer and the East European transition. Science and Public Policy 27(4):230–234

Göransson B, Naharajh R, Schmoch U (2009) New activities of universities in transfer and extension: multiple requirements and manifold solutions. Science and Public Policy 36(2):157–164

Grens E (2005) Construire une société de savoir. Proceedings of the Strategic Analysis Commission 2(3):7–11. Zinatne Publishers, Riga (en Letton)

Grens E (2007) Science, recherche et innovation : faire avancer le développement letton. Proceedings of the Strategic Analysis Commission 3(14):7–9. Zinatne Publishers, Riga (en Letton)

Gulans P (2005) Présentation à l'assemblé générale de l'Académie des sciences, le 14 avril, 2005. Zinatnes Vestnesis, Avril (en Letton)

Gunnes H (2009) NORBAL – statistics on awarded doctoral degrees and doctoral students in the Nordic and Baltic Countries: main findings – 2007. NIFU STEP

Hirschhausen C von, Bitzer J (dirs) (2000) The globalisation of industry and innovation in Eastern Europe: from post-socialist restructuring to international competitiveness. Edward Elgar, Grande Bretagne

JIRD (Journal of International Relations and Development) (2002) Numéro spéciale : In Search of growth strategies: innovation policy in EU accession countries, 5(4)

Kasa R (2008) Aspects of fiscal federalism in higher education cost sharing in Latvia. Peabody Journal of Education 83(1):86–100

Kristapsons J, Martinson H, Dagyte I (2003) Baltic R&D systems in transition: experiences and future prospects. Zinatne, Riga

Kristapsons J, Tjunina E, Adamsone-Fiskovica A (2004) Publications scientifiques, indices de citation et activités de brevetage en Lettonie. Centre pour les études scientifiques et technologiques, Riga (en Letton)

Kristapsons J, Adamsone-Fiskovica A, Ulnicane-Ozolina I (2009) ERAWATCH country report 2008 – an assessment of research system and policies: Latvia. JRC Scientific and Technical Reports, Commission européenne, Direction générale pour la recherche

Meske W (dir) (2004) From system transformation to European integration: science and technology in central and Eastern Europe at the beginning of the 21st century. LIT Verlag, Münster

Meske W, Mosoni-Fried J, Etzkowitz H, Nesvetailov G (dirs) (1998) Transforming science and technology systems – the endless transition? NATO Science Series 4: Science and Technology Policy, vol 23. IOS Press, Amsterdam

Ministère de l'économie (2008) Economic development in Latvia. Decembre, Riga

Ministère de l'éducation et des sciences (2005) R&D in Latvia, 3ᵉ édition revisée. Ministère de l'éducation et la science, Riga

Ministère de l'éducation et des sciences (2008a) Latvia in EC 6th framework programme 2002–2006. Ministère de l'éducation et la science, Riga

Ministère de l'éducation et des sciences (2008b) Rapport sur l'enseignement supérieur en Lettonie en 2007 (chiffres, faits, tendances). Ministère de l'éducation et la science, Riga (en Letton)

Ministère de l'éducation et des sciences (2009) Draft guidelines for development of science and technology for 2009–2013. Ministère de l'éducation et la science, Riga

Muiznieks I (2005) L'avenir des universités et des activités scientifiques. Dans : Elmars Grens (dir) Building knowledge society. Strategic Analysis Commission, Zinatne, Riga, pp 93–120 (en Letton)

Radosevic S (1999) Transformation of science and technology systems into systems of innovation in Central and Eastern Europe: the emerging patterns and determinants. Structural Change and Economic Dynamics 10:277–320

RIS Latvia (2004) The Latvian innovation system: strategy and action plan 2005–2010. Disponible à: http://www.innovation.lv/ris/Latv/Dokum/RIS_Strategy_Latvia.pdf

SCImago (2007) SJR – SCImago journal & country rank. Disponible à: http://www.scimagojr.com (Accès le 19 août 2009)

Stradins J (1982) Brève histoire de la science en Lettonie. Zinatne, Riga (en Letton)

Stradins J (1998) Académie de science de Lettonie – origines, histoire et transformation. Zinatne, Riga (en Letton)

Stradins J (2000) Science in Latvia – trends, topics, traditions. Dans : Kauranen P (dir) Yearbook 1999. Finnish Academy of Science and Letters, Helsinki, pp 63–73

Université de Lettonie (2004) Stratégie de développement de l'Université de Lettonie. Riga. Disponible à: http://www.lu.lv/dokumenti/resursi/attistibas-strategija.doc (en Letton)

Watkins A, Agapitova N (2004) Creating a 21st century national innovation system for a 21st century Latvian economy. Policy Research Working Paper WPS3457. Banque Mondiale, Washington D.C.

Chapitre 12
Russie : universités dans le cadre de la réforme du système national d'innovation

Leonid Gokhberg, Tatiana Kuznetsova, et Stanislav Zaichenko

12.1 Introduction au contexte russe

Le concept de Systèmes nationaux d'innovation (SNI), mis au point initialement par Freeman (1987, 1995), Lundvall (1992) et Nelson (1993), s'avère utile pour faire des analyses aux niveaux national, régional et sectoriel, et aussi pour élaborer des politiques qui favorisent la science et la technologie (S&T). Cette approche apporte une contribution importante et dévoile le rôle majeur que joue le contexte institutionnel national dans la croissance économique basée sur l'innovation et l'enseignement.

La Russie jette les bases d'une R&D de haute qualité dès l'ère Tsariste (Gokhberg et al. 1997). Pendant cette période, les activités de recherche ont lieu non seulement à l'Académie des sciences, mais aussi dans les universités éminentes et dans les laboratoires militaires. Plus tard, après la révolution communiste de 1917, le modèle S&T institutionnel « soviétique » est mis en place. Ce modèle redistribue les capacités de recherche dans les différents secteurs selon leur activité centrale : les activités de recherche se trouvent concentrées, pour l'essentiel, à l'Académie des sciences et dans les établissements de R&D sectoriels, tandis que les établissements d'enseignement supérieur (EES) se focalisent sur la mise en œuvre de programmes d'enseignement et de formation à grande échelle.

Le système de R&D post-soviétique doit faire face à de nouveaux défis qui vont bouleverser le secteur de la R&D : le besoin de s'adapter à des relations au marché nouvellement établies, une réduction importante des crédits publics, et une demande de R&D en baisse de la part des ministères et des entreprises. En parallèle, le système S&T a retenu plusieurs caractéristiques de l'ancien système soviétique. Par conséquent, ce sont les établissements de recherche indépendants des universités et des entreprises industrielles qui dominent les activités R&D nationales.

L. Gokhberg (✉) • T. Kuznetsova • S. Zaichenko
École supérieure d'économie, Moscou, Fédération de Russie
Courriel : lgokhberg@hse.ru

Les études du SNI se focalisent pour l'essentiel sur la contribution des universités à l'innovation et à la croissance économique (Bartzokas 2000). Les analyses montrent les liens systémiques forts entre l'impact intellectuel des EES et l'innovation technologique (Patel 1998). En Europe et aux États-Unis, les universités sont traditionnellement vues comme les établissements clés pour la création du savoir, la construction des compétences, la R&D, et l'excellence en innovation. Aujourd'hui, les universitaires russes semblent suivre ce même schéma (Gokhberg et al. 2008 ; Yudkevich 2007).

Traditionnellement, les EES russes ont une place marginale dans le paysage de la R&D, dans un contexte d'économie de marché mature. Leur rôle essentiel est toujours considéré selon un mode linéaire comme étant celui de fournir l'enseignement et la formation, donnant une moindre priorité à la recherche, à quelques exceptions près dans les universités d'élite.

Ce chapitre inclut une exploration contemporaine des S&T et des activités d'innovation dans les universités russes et des politiques nationales correspondantes dans le cadre d'un SNI en transformation.

12.2 La place des établissements universitaires dans le systeme d'innovation russe

Le SNI russe a comme caractéristique clé de se concentrer pour l'essentiel sur la recherche plutôt que sur l'innovation (Gokhberg 2003a, b). Ce qui reflète en grande partie une structure institutionnelle spécifique qui a pris le parti des établissements de recherche indépendants séparés aussi bien de l'éducation que de l'industrie (Fig. 12.1).

Les établissements de recherches indépendants, en parallèle d'organismes spécialisés en conception, représentent 64% de toutes les unités qui font de la R&D (Tableau 12.1), comptant pour, respectivement, 78% et 64% du personnel et des dépenses.

La part des autres établissements de R&D représentée par les EES et les entreprises industrielles n'est que de, respectivement, 14% et 6%. Cela s'explique notamment par le nombre croissant d'établissements de recherche (jusqu'en 2002), le résultat de la distribution en plus petits établissements dans les années 1990 de grands établissements qui agissaient sous l'égide des anciens ministères industriels et de l'Académie des sciences. Les nouvelles entités ont préservé leur statut public. La séparation des universités russes du secteur scientifique résulte également du manque de financements pour la recherche, tandis que multiples EES privés se sont organisés pour répondre à la demande croissante des étudiants pour des programmes universitaires sans orientation vers la recherche. Seulement 44% des EES ont actuellement des activités de R&D (Tableau 12.2).

L'autre facteur qui impacte le SNI russe est le spectre d'action, toujours très étendu, de la recherche héritée de l'ancienne URSS et établie dans un contexte d'autarcie politique et économique de longue durée. Pendant 70 ans, la communauté nationale des S&T se limitait à répondre aux demandes internes pour renforcer la

12 Russie : universités dans le cadre de la reforme du système national d'innovation

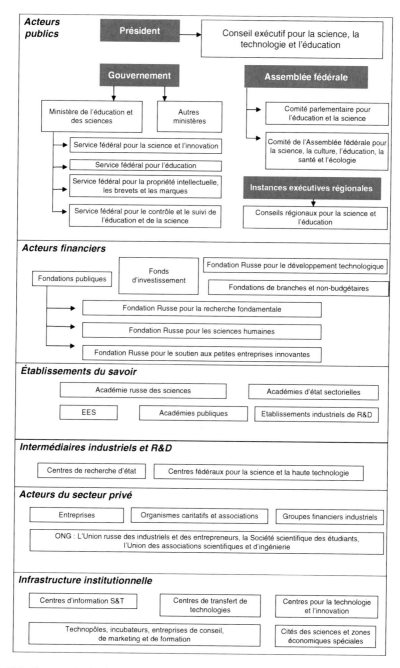

Fig. 12.1 Structure institutionnelle de la S&T russe

défense, augmenter la croissance économique et améliorer le bien-être social. En appliquant cette stratégie, le secteur des S&T soviétique incluait la quasi totalité des domaines de recherche. L'État multipliait le nombre d'unités de R&D pour

Tableau 12.1 Établissements de R&D en Russie par type

	1990	1995	2000	2001	2002	2003	2004	2005	2006	2007	2008
Total	4 646	4 059	4 099	4 037	3 906	3 797	3 656	3 566	3 622	3 957	3 666
Établissements de recherche	1 762	2 284	2 686	2 676	2 630	2 564	2 464	2 115	2 049	2 036	1 926
Organismes spécialisés en conception	937	548	318	289	257	228	194	489	482	497	418
Organismes spécialisés en projets de construction et exploration	593	207	85	81	76	68	63	61	58	49	42
Entreprises expérimentales	28	23	33	31	34	28	31	30	49	60	58
Établissements d'enseignement supérieur	453	395	390	388	390	393	402	406	417	500	503
Entreprises industrielles	449	325	284	288	255	248	244	231	255	265	239
Autre	424	277	303	284	264	268	258	234	312	550	480

Sources : Gokhberg 2003b ; Indicateurs scientifiques 2009 ; Science. Innovation. Information Society 2009

Tableau 12.2 Établissements d'enseignement supérieur

	1990	1995	2000	2001	2002	2003	2004	2005	2006	2007	2008
Total	514	762	965	1 088	1 039	1 046	1 071	1 068	1 090	1 108	1 134
EES qui fournissent R&D	453	395	390	388	390	393	402	406	417	500	503
EES qui fournissent R&D, %	88,1	51,8	40,4	35,7	37,5	37,6	37,5	38,0	38,3	45,1	44,4

Sources : Éducation au sein de la Fédération russe 2007 ; Indicateurs scientifiques 2009 ; Science. Innovation. Information Society 2009

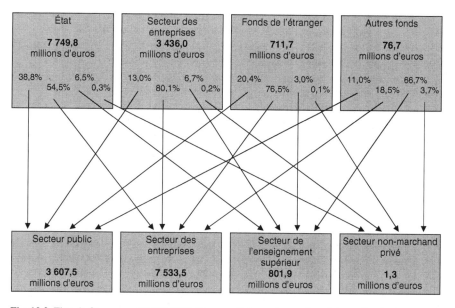

Fig. 12.2 Flux de financement R&D, 2008 (*Source* : Science. Innovation. Information Society 2009)

développer de nouveaux domaines scientifiques. Toutefois, ce système mettait l'accent essentiellement sur les domaines qui répondaient aux demandes militaires, aux critères de prestige politiques, ainsi qu'aux besoins de l'industrie lourde. Ces domaines comprenaient la physique, la chimie, les sciences de la terre et de l'espace, et l'ingénierie.

La Figure 12.2 montre les flux principaux de financement de la R&D en Russie. Les sommes globales ont doublé en termes réels pendant la période 1995–2008, mais le pourcentage du PIB reste bas, à seulement 1,03% (1,05% en 2000). En même temps, les indicateurs de résultats continuent leur déclin. La Russie est passée au onzième rang mondial en nombre d'articles scientifiques publiés dans des journaux SCI (2,4% du total mondial), alors qu'elle occupait le septième rang en 1995 et le troisième en 1980 (pour l'URSS). Les exportations de technologies représentaient 833,2 millions de dollars US en 2008, à comparer, par exemple, au

1,6 milliards de dollars US pour la Hongrie, et bien plus encore dans les économies des pays de l'Organisation pour la coopération et le développement économique (l'OCDE).

Les relations entre les établissements ont peu de chance d'être efficaces et restent un point faible du SNI russe. Elles conservent une « orientation verticale » comme dans l'ancien système centralisé, et reflètent une pratique paternaliste de la R&D gérée par l'état. Celui-ci reste le premier partenaire des établissements du SNI, et le principal sponsor de la R&D. Il couvre 65% de toutes les dépenses en R&D, adoptant ainsi un système de R&D plutôt centralisé. Cette tendance ne suit pas celles des principales économies de marché où les gouvernements participent proportionnellement moins au financement de la R&D : 28,4% en Allemagne, 32,8% dans le Royaume uni, 23,0% en Corée, et 16,8% au Japon (Indicateurs scientifiques 2009).

Une telle situation crée peu de motivation pour une coopération horizontale entre les établissements du SNI en Russie. Dans les EES, 62,4% des dépenses de R&D sont financées par des fonds publics et seulement 28,6% par le secteur privé. Pour l'Académie russe des sciences, ces pourcentages sont de 83,6% et 12,1%, respectivement. Les pôles industriels innovants se focalisent autour de trois secteurs : l'ingénierie civil, les produits chimiques et l'alimentation. Ces domaines couvrent 70% de toutes les entreprises innovantes, et leur niveau d'activité d'innovation est deux fois plus élevé que la moyenne dans l'industrie (Indicateurs d'innovation 2009). Toutefois, le comportement des entreprises innovantes stagne. Entre 1992 et 2008, le niveau d'activité d'innovation a diminué de 16,3% à 9,6%. Pour la même période, dans les États Membres de l'UE, cet indicateur a varié entre 27% (la Grèce) et 75% (l'Irlande).

Les chocs engendrés par la transition politique, sociale et économique des années 1990 ont eu un impact fort sur les SNI russe. Il faut donc surmonter plusieurs obstacles indépendants afin de pouvoir introduire et développer des éléments et mécanismes SNI performants et compétitifs, y compris les activités R&D dans les universités. En ce qui concerne la discussion de ce chapitre, il est important de regarder de plus près le principaux obstacles spécifiques : une législation et un règlementation inflexibles, une baisse des ressources humaines scientifiques dans les EES, et des carrières universitaires de moins en moins attrayantes.

Les obstacles législatifs à la R&D universitaire atteignent un niveau critique à la fin des années 1990. La législation budgétaire, fiscale et relative à la propriété mène à de nombreuses restrictions. En premier lieu, les formes légales que peuvent prendre les établissements de recherche deviennent trop étroites pour une économie de marché. En réalité, les universités, ainsi que les établissements de recherche, sont considérés comme des entités financées par les fonds de l'état avec des procédures de financement très strictes. Il y avait très peu de manières légales permettant de chercher des financements en provenance d'autres sources en complément des crédits alloués. Dans beaucoup de cas, la réattribution des crédits entre les différents postes de coûts est limitée. Ainsi, il est interdit pour un établissement de recherche de réattribuer des crédits pour des activités d'enseignement et, de même, les EES ne peuvent pas utiliser leurs crédits alloués à l'enseignement pour des activités de R&D. Le même problème existe pour l'utilisation des locaux. De plus, la législation existante ne définit aucune forme légale permettant un rapprochement des activités d'enseignement et de R&D (bien qu'elle n'interdise pas la création de formes d'intégration). En deuxième lieu, il faut mentionner la limitation légale stricte imposée aux activités d'enseignement réalisées par des établissements qui n'ont pas pour vocation l'enseignement, ce qui rend relativement complexe la création d'unités d'enseignement par les établissements de R&D et inversement.

Les chocs de la transition ont aussi eu un impact sur les ressources humaines en S&T. Aujourd'hui, 1,27% de la population active en Russie travaille dans la R&D (environ la moitié – 0,66% – sont des chercheurs). Cette proportion est relativement élevée par rapport à d'autres pays : en France et au Japon, le pourcentage est similaire et proche de 1,4%, en Allemagne 1,2% et au Canada 1,1%, etc. (Indicateurs scientifiques 2009). Dans le contexte de la diminution générale du personnel R&D de 58% à partir du 1990, l'Académie des sciences en a perdu moins qu'un quart (24%). Le secteur de l'enseignement supérieur a enregistré la plus forte baisse d'emplois de R&D par rapport à d'autres secteurs de performances – 71% (La R&D dans le secteur de l'éducation supérieure 2005 ; Indicateurs scientifiques 2009). Aujourd'hui, ce secteur représente 5,4% de la totalité du personnel R&D.

Au total, 26,9% de la population active en Russie est diplômée des universités (23,3% au Canada, 20,8% au Royaume Uni, 18,1% en Finlande et 14,8% en Allemagne ; Indicateurs de l'éducation 2008). Ces chiffres montrent un potentiel important en ressources humaines. Toutefois, les ressources financières investies dans les activités liées au savoir ne sont pas suffisantes par rapport à leur échelle : par exemple, le rapport dépenses-personnel R&D en Russie est très bas – seulement 21 000 dollars US en 2005. Dans le secteur de l'enseignement supérieur, cette somme tourne autour de 14 000 dollars US (Indicateurs scientifiques 2009). Elle est bien en dessous du niveau atteint par d'autres pays : au Canada ces chiffres atteignent 122 900 et 173 800 dollars US ; en Corée 146 900 et 114 600 dollars US ; en Espagne 76 000 et 70 200 dollars US (Indicateurs scientifiques 2009)[1].

L'Institut pour les études statistiques et l'économie du savoir de l'École supérieure d'économie réalise des études régulières sur la sensibilisation des populations à la science, la technologie et l'innovation (Gokhberg et Shuvalova 2004). Les résultats montrent que les universités et les établissements de R&D doivent faire face à un déclin de prestige. Actuellement, seules 7% des personnes interrogées pensent qu'une carrière scientifique est prometteuse, et 10% croient que ce métier est prestigieux. Un tiers des personnes interrogées estiment que les connaissances scientifiques ne sont pas importantes dans leur vie quotidienne. À titre de comparaison, aux États-Unis et en Chine, cette idée n'est partagée que par, respectivement, 15% et 17% des personnes interrogées (Eurobaromètre 224, 2005 ; Bureau scientifique national 2006).

Les tendances détaillées ci-dessus sont le reflet d'obstacles qui se trouvent sur la voie du rapprochement des activités de recherche et d'enseignement. Les limitations législatives décrites empêchent la réattribution des crédits et des biens entre les activités d'enseignement et de recherche, l'association des fonctions

---

[1] Calculs utilisant une parité de pouvoir d'achat du PIB.

d'enseignement et de R&D dans une seule entité financée par des crédits publics, et l'obtention de financements supplémentaires d'autre sources. Il s'agit d'un élément critique pour le système d'innovation russe car les établissements financés par les crédits publics, dont les EES et les établissements de recherche, y jouent un rôle dominant. Par conséquent, malgré un potentiel élevé de ressources humaines en S&T, le financement de la R&D par salarié est en baisse, et les chercheurs quittent les EES pour des emplois plus rémunérateurs. Avec les métiers scientifiques moins attractifs, à la longue, autant la quantité que la qualité du personnel R&D risque de chuter de manière importante. Cette situation devient d'autant plus alarmante lorsque l'on prend en compte des obstacles interdépendants extérieurs liés à des domaines institutionnelles en dehors du S&T et l'éducation, notamment, des stratégies économiques « basées sur le pétrole » et le peu de demande en innovation qui en découle, les défauts du systèmes des droits de propriété intellectuels, etc.

12.3 Cartographie du système d'enseignement supérieur en Russie

Le secteur de l'enseignement supérieur en Russie comprend non seulement des EES (dont les universités), mais aussi certains centres de recherche, des organismes spécialisés en projets de constructions et d'exploration, des entreprises expérimentales, et autres. Les EES dominent (83,4%) par rapport au reste du système R&D (Tableau 12.1). Pendant la période 1995–2008, le nombre d'EES a augmenté de 762 à 1 134 (pour la plupart privés : de 193 à 474). Dans la même période, le nombre de EES en charge de R&D a peu évolué (Tableau 12.3).

Si l'on compare avec les économies des pays de l'OCDE, les dépenses intérieures brutes en R&D du secteur de l'enseignement supérieur (DIRDES) sont relativement faibles en Russie (Fig. 12.3). Toutefois, le DIRDES par chercheur a triplé en 10 ans (le personnel R&D dans les EES russe a chuté de 16%). Le faible rapport DIRDES/PIB s'explique par le peu de poids qu'il a dans les dépenses intérieures brutes de R&D (DIRD) (voir ci-dessous).

Tableau 12.3 Organismes en charge de R&D dans le secteur de l'enseignement supérieur

	1995	2000	2001	2002	2003	2004	2005	2006	2007	2008
Total	511	526	529	531	526	533	539	540	616	603
EES et autres universités	395	390	388	390	393	402	406	417	500	503
Centres de R&D	88	107	111	113	108	106	109	106	95	80
Organismes spécialisés en projets de construction et exploration	18	19	19	17	17	17	17	14	12	11
Entreprises expérimentales	1	2	1	2	–	1	–	–	1	1
Autre	9	8	10	9	8	7	7	3	8	8

Sources : Indicateurs scientifiques 2009 ; Science. Innovation. Information Society 2009

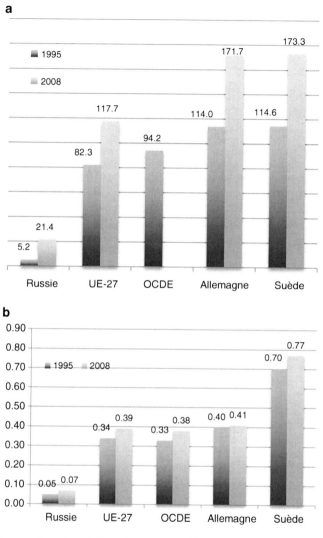

Fig. 12.3 Dépenses du secteur de l'enseignement supérieur sur des indicateurs R&D (*Sources* : OCDE 2008 ; HSE Institute for Statistical Studies and Economics of Knowledge)

Bien que la situation ne soit pas sans difficultés pour la R&D universitaire en Russie, il y a des raisons de croire à un développement possible. Ainsi, les données montrent que le secteur de l'enseignement supérieur russe maintient un potentiel considérable pour la R&D et l'innovation. Actuellement, les EES fournissent un cinquième des technologies, pour l'essentiel nouvelles, créées dans le pays, bien que les dépenses de R&D dans ce secteur n'atteignent que 6% du total national (Tableau 12.4). De plus, 28,6% de ces financements dans les EES viennent du

Tableau 12.4 Performance R&D de l'Académie des Sciences et des universités russes: 2008

	Financement R&D, %	Financement R&D hors crédits publics par rouble de crédits publics pour R&D	Nouvelles technologies créées %
Total	100	0,55	100
Établissements d'enseignement supérieur	5,9	0,57	18,7
Académie russe des sciences	13,0	0,14	4,0

Source : EES Institut des études statistiques et de l'économie du savoir

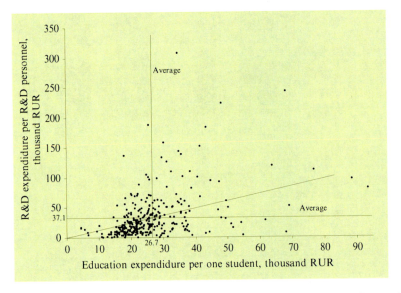

Fig. 12.4 Distribution des dépenses de R&D et d'éducation dans les EES: 2005 (*Source* : EES Institut des études statistiques et de l'économie du savoir)

secteur privé. Pendant la période 2002–2005, les EES ont multiplié leur activité de dépôt de brevets par 1,4 (avec une augmentation de 20% pour les demandes de brevet par des résidents). Ces faits mettent en évidence le potentiel d'innovation encore important qui existe au sein des universités russes.

Aujourd'hui, dans certaines universités russes, la R&D est déjà à parité avec les activités d'enseignement. Par conséquent, elles ont déjà trouvé un équilibre entre la R&D et l'éducation (Fig. 12.4). On peut aussi noter que le rapport moyen entre la R&D et l'éducation, en fonction des dépenses annuelles, est de 37:27 milliers de roubles russes (RUR), ce qui signifie qu'en moyenne, le niveau d'activités en R&D excède celui de l'éducation.

La nouvelle loi sur le rapprochement de la science et l'éducation (Loi fédérale de 2007) a été votée à la fin 2007 pour promouvoir les S&T et les activités d'innovation dans les universités et établir des liens plus étroits entre les EES et les établissements de recherche. La nouvelle loi officialise les modèles existants d'intégration, et fournit un cadre pour des formes efficaces d'activités, notamment en fournissant une série des règlementations indispensables. Ces règlements devraient permettre d'éviter les obstacles institutionnels importants décrits ci-dessus. Malheureusement, les débats autour de la loi ont duré 4 ans. La difficulté essentielle était d'arriver à un compromis satisfaisant pour le gouvernement, les universités et le secteur des établissements de recherche. Et le résultat est une version finale de la loi qui ne satisfait aucun de ces trois acteurs. Elle permet seulement de répondre à certains des problèmes évidents d'intégration, mais il faudrait d'autres amendements pour rendre le rapprochement entre la science et l'éducation non seulement possible, mais aussi efficace.

Une autre dimension importante de la politique de rapprochement est le soutien apporté aux meilleurs « EES d'innovation » ou « universités de recherche ». Le Projet prioritaire national « éducation » comprend des actions politiques spécifiques dans ce sens. Un des éléments importants de ce projet – « Mesures de soutien pour les établissements d'enseignement supérieur qui mettent en œuvre des programmes d'enseignement innovants » – cible la distribution de subventions concurrentielles destinées au développement d'innovations dans les universités, y compris pour le développement des ressources humaines, de projets de R&D et d'innovation uniques, l'amélioration de l'infrastructure liée à l'innovation, l'achat des équipements de recherche, etc. (Déclaration gouvernementale 2006). La compétition de 2006 a récompensé 57 gagnants. Chacun a reçu un financement variant de 200 millions à 1 milliard de RUR, selon la portée du projet. Pour les gagnants, les dépenses moyennes de R&D était de 123 300 RUR par membre du personnel R&D et enseignant, mais avec un très grand écart les sommes minimum et maximum (respectivement 1 100 et 586 600 RUR). Ce qui explique que seule une partie des universités récompensées ont réellement pu développer une activité d'innovation à une grande échelle. Il faut toutefois noter qu'il s'agissait de la première tentative du gouvernement pour mettre en place un soutien spécifique des universités de recherche en tant que « centres d'excellence ». Le défi principal actuel est de poursuivre cette approche de manière régulière, auquel cas, elle pourrait servir de moteur puissant, tout comme les « blocks grants » du Royaume Uni ou du Japon.

Il faut aussi mentionner un programme prometteur pour le développement de ressources humaines dans les EES à destination de la R&D et de l'innovation. Le Programme fédéral « Les ressources humaines en science et éducation pour une Russie innovante » était mis en place pour la période 2009–2013 (Commissions présidentielles 2006). Ce programme a pour objectif de fournir un soutien institutionnel pour un développement efficace des ressources humaines dans le domaine des S&T et de l'innovation. Pour y arriver, il est nécessaire d'attirer et d'impliquer des jeunes talents et des professionnels ayant un haut niveau de compétence dans les projets S&T et d'innovation, et de réunir des savants performants et compétitifs dans les meilleurs universités et établissements de R&D. Le programme comprend plusieurs actions et instruments : les centres d'excellence pour la science et l'éducation, un système de subventions pour des jeunes scientifiques et enseignants prometteurs, des mesures spécifiques pour attirer les jeunes scientifiques et enseignants étrangers, des subventions pour le développement d'infrastructure d'innovation, etc.

Aujourd'hui, il est relativement difficile de développer des programmes universitaires innovants et d'intégrer science et éducation dans le cadre légal dépassé « d'établissement financé par des crédits publics », ce qui est le cas typique des universités publiques. Il existe un nouveau modèle plus souple d'« établissement autonome » (EA) (Loi fédérale du 03 novembre 2006). À la différence des établissements existants financés par des crédits publics, les nouvelles structures ne recevront pas un financement par subvention institutionnelle fixe, mais par des sources différentes (y compris l'État), ce qui augmentera leur responsabilité par rapport aux résultats attendus. Il reste, dans le même temps, des entités appartenant à l'État. Les EA auront une certaine autonomie et indépendance pour attirer (et dépenser) des financements de sources non-gouvernementales, y compris des emprunts et des investissements. Ce qui leur permettra de se développer de manière plus diversifiée que les établissements « traditionnels ».

Les perspectives pour la transition des établissements de R&D appartenant à l'État vers cette nouvelle forme sont présentées dans la stratégie pour la science et les innovations (Commission interdépartementale sur la politique de R&D et d'innovation, 15 février 2006). Sur une période relativement courte, au moins 250 établissements de R&D et EES devraient passer à ce nouveau statut. Ce qui parait assez compliqué, vu la courte période dédiée à la transformation institutionnelle. Les débats sur ce sujet ont duré 2 ans, mais il reste encore beaucoup de questions et d'incertitudes. Les premiers établissements financés par des crédits publics à se transformer en EA auraient dû être opérationnels à la fin de 2008. Dès 2009, il était prévu que les EA représentent environ 12% de tous les établissements R&D publics, et dès 2010, cette proportion aurait dû atteindre 22%. Malheureusement, à la fin de 2009, il n'y avait aucun EA S&T créé, à cause de graves défauts dans la réglementation actuelle des EA.

12.4 Le débat russe aujourd'hui

Depuis le milieu des années 1990, la baisse en compétitivité de l'enseignement supérieur en Russie est un sujet brûlant. Selon l'enquête PISA, la Russie est au 28e rang en qualité d'éducation primaire – entre la Turquie et l'Uruguay (OCDE 2007), tandis qu'au sein de l'index de compétitivité pour l'enseignement supérieur (World Economic Forum), la Russie se trouve à la 45e position. Pendant la période 1996–2006, le pourcentage d'enseignants impliqués en R&D dans les universités a baissé de 38% à 16%. Aujourd'hui, le pourcentage total des programmes d'université fondés sur de la R&D interne ne dépasse pas 20%. En 2006, seulement 8% de la population adulte considéraient l'enseignement comme un métier de prestige (Shuvalova 2007). Ce chiffre atteint 10% pour les métiers scientifiques.

Examen d'État unifié. Depuis 2001, cette forme d'examen final est un des sujets concernant le milieu de l'enseignement supérieur le plus discuté. Au départ, cet examen fut proposé comme une expérimentation (Déclaration gouvernementale 16 février 2001) d'un mécanisme plus clair et performant pour marquer l'obtention du diplôme secondaire et, en même temps, l'inscription dans les EES. En 2005, l'examen d'État unifié est devenu obligatoire. Il s'agit essentiellement de garantir l'égalité des chances pour les étudiants sans distinction de leur lieu de résidence ni de l'école dont ils sont diplômés. Toutefois, cette forme d'examen est considérée comme trop formelle et trop unifiée pour bien refléter toutes les compétences et répondre aux critères d'inscriptions des différents EES. Par conséquent, l'usage pratique de l'examen est modifié et ajusté régulièrement.

Financement pour l'enseignement supérieur. Pendant la période 1991–2006, le nombre d'étudiants a été multiplié par plus de 2,5. En même temps, le budget pour l'enseignement supérieur (en prix réels) n'a pas dépassé de plus d'une fois et demie sa valeur de 1991. Le manque de financement a amené une baisse non seulement en moyens par étudiant, mais aussi en salaires des enseignants et en biens réels des EES. Dans les enquêtes d'opinion publique de 2006, 79% des personnes interrogées estimaient que l'État devrait augmenter considérablement son soutien aux universités (Shuvalova 2007).

L'écart entre la structure des diplômes universitaires et les demandes des employeurs. Les évolutions considérables de la structure professionnelle des programmes ces 10 à 15 dernières années, ne répondent toujours pas à la demande du marché de travail. Environ 26% de la population active en Russie détient un diplôme d'enseignement supérieur, mais seulement 20% à 50% des diplômés de EES arrivent à trouver du travail dans leur spécialisation (selon le profil de l'EES) (L'éducation au sein de la Fédération russe 2007).

Programmes des universités innovantes (UI). Ce point, décrit ci-dessus, a un lien étroit avec le précédent. Le nouveau modèle institutionnel qui va se mettre en place dans le secteur d'enseignement supérieur russe propose une solution. Ce modèle se construira autour d'universités de recherche, remarquables pour leurs programmes d'enseignement de pointe et innovants. Ces universités auront une fonction d'intégration de la science et l'éducation. En 2008, deux UI ont été créées. En 2009, d'autres UI ont vu le jour, y compris l'École supérieure d'économie – Université d'état.

Le rapprochement de la science et l'éducation. Selon les prévisions des experts (Kuzminov et Frumin 2008), les crédits publics pour la R&D dans les EES devraient augmenter, pour atteindre 25% des crédits alloués pour l'enseignement d'ici 2015, puis 35% en 2020. Après les premiers résultats du Programme d'éducation, le projet est de sélectionner et de développer des universités de recherche de manière régulière (il devrait y avoir au moins 12 EES de cette sorte dès 2010, et plus de 20 d'ici 2020. En plus d'un surplus de financement pour des activités d'R&D et d'éducation (surtout pour les programmes de doctorat), ces établissements auront plus d'autonomie dans la gestion de leurs activités et la réattribution de leurs crédits.

EA. Cette nouvelle forme d'établissement, décrite ci-dessus, fait aussi partie des sujets très discutés ces dernières années. Les détracteurs de la nouvelle loi montrent du doigt les difficultés pour évaluer les biens des EA et les risques potentiels liés à des scissions. Cette critique a pour base l'expérience négative vécue au moment de la privatisation dans le secteur des sciences (au début des réformes russes dans les années 1990). En ce qui concerne les EA, le point clé est l'intention d'augmenter la productivité dans le secteur R&D public, et de répondre à la demande de l'État et de la société pour des produits R&D plus performants. Il existent néanmoins encore des limitations sur leur activité, ce qui les rend peu attirant pour les créanciers et les investisseurs. L'État refuse de rembourser les dettes des EA et limite considérablement les opérations basées sur leurs actifs. Ce qui entraîne l'apparition de nouveaux défis pour les ministères et les agences publiques : définir clairement les objectifs, les fonctions, les biens et les moyens financiers de ces nouvelles structures.

12.5 Conclusions

L'analyse présentée dans ce chapitre dépeint un SNI russe sous-développé et inefficace, ce qui était plutôt prévisible vu la crise profonde de transitions vécue dans les années 1990. Beaucoup d'autre pays évoluant d'un système planifié vers une économie de marché ont dû faire face à des problèmes similaires. Mais, il est plutôt difficile d'imaginer que la phase de transition puisse durer 17 ans, sans quelques améliorations radicales des performances, et ce malgré un soutien financier en progression. Le SNI russe a un potentiel de développement important mais, aujourd'hui, l'économie nationale se focalise sur les ressources naturelles plutôt que sur l'innovation. Le manque de demande pour l'innovation gèlera le SNI jusqu'à une baisse des prix mondiaux des ressources naturelles ou jusqu'à ce que le SNI perde son potentiel de manière irréversible. Mais il existe des mécanismes suffisamment puissants pour donner une impulsion forte au système d'innovation. Comme indiqué plus haut, le rapprochement de la science et l'éducation en fait partie.

Cette vue d'ensemble montre que, en raison d'un système de facteurs indépendants qui l'empêche, l'activité de l'innovation dans les universités russes est loin d'être optimale. Certains de ces facteurs découlent des obstacles qui empêchent le rapprochement des activités de science et d'éducation, tandis que d'autres sont en lien avec les défauts du SNI russe dans sa globalité. Certains facteurs ont pour origine des ruptures structurelles bien au delà de la portée des S&T et de l'éducation. Certains faits et chiffres fournissent les preuves que le secteur de l'enseignement supérieur russe a un potentiel élevé pour l'innovation et qu'il est temps de le maintenir et de le renforcer. Plusieurs actions gouvernementales dans ce sens ont été lancées récemment ou vont être lancées dans les années à venir. Toutes les actions décrites ci-dessus devraient stimuler de manière importante la R&D et l'innovation dans les EES russes et avoir un impact considérable sur le SNI russe et la croissance économique. Il est capital que certaines des actions politiques en lien avec le SNI soient étroitement coordonnées les unes avec les autres. Y faillir dans un contexte d'une demande en R&D plutôt basse, pourrait saper le développement des S&T et des activités d'innovation dans les EES.

Bibliographie

Bartzokas A (2000) The policy relevance of the national systems of innovation approach, UNU/INTECH Discussion Paper 2003

Indicateurs d'innovation (2008) Data book. State University – Higher School of Economics, Moscow (en russe)

L'éducation au sein de la Fédération russe (2007) Data Book. State University – Higher School of Economics, Moscow (en russe)

Eurobarometer 224 (2005) Europeans, science and technology. Office for Official Publications of the European Communities, Luxembourg

Loi fédérale (03.11.2006) On autonomous institutions. N° 174-FZ

Loi fédérale (01.12.2007) On changes to the selected legal statements of the Russian Federation concerning the integration of education and science. N° 308-F

Freeman C (1987) Technology policy and economic performance: lessons from Japan. Francis Pinter, London

Freeman C (1995) The national system of innovation in historical perspective. Cambridge Journal of Economics, 19(1):5–25. Février, numéro spécial sur la technologie et l'innovation

Gokhberg L (2003a) Russia: a new innovation system for the new economy. Rapport pour une présentation au First Globelics Conference Innovation Systems and Development Strategies for the Third Millennium, Rio de Janeiro, novembre 2–6

Gokhberg L (2003b) Statistics of science. TEIS, Moscow (en russe)

Gokhberg L, Shuvalova O (2004) Russian public opinion of the knowledge economy: science, innovation, information technology and education as drivers of economic growth and quality of life. The British Council

Gokhberg L, Peck M, Gács J (dir) (1997) Russian applied research and development: its problems and its promise. Austria: International Institute for Applied Systems Analysis, Luxembourg

Gokhberg L, Kitova G, Kuznetsova T (2008) Strategy of integration processes in science and education. Issues of Economics, N° 6

Déclaration gouvernementale (16.02.2001) On organisation of experimental introduction of the unified state examinations. N° 119

Déclaration gouvernementale (14.02.2006) On the government support measures for the education institutions implementing innovation education programmes. N° 89

Indicateurs d'innovation (2009). Data book. State University – Higher School of Economics, Moscow (en russe)

Commission interdépartementale sur la politique de R&D et d'innovation(15.02.2006) R&D and Innovation Development Strategy in the Russian Federation until 2015

Kuzminov Y, Frumin I (2008) Education in Russia – 2020: a model of the education system for the knowledge-based economy. Rapport pour le IX International Conference Modernisation of the Economy and Globalisation – , SU-HSE, Moscow, 1–3 avril 2008 (en russe)

Lundvall B.-A (dir) (1992) National systems of innovation. Towards a theory of innovation and interactive learning. Pinter, London

Bureau scientifique national (2006) Science and engineering indicators. US Government Printing Office, Washington

Nelson RR (Ed.) (1993) National innovation systems. A comparative analysis. Oxford University Press, New York

OCDE (2007) PISA 2006 Science competencies for tomorrow's world. Paris

OCDE (2008) Main science and technology indicators. Vol. 1. Paris

Patel P (1998) Indicators for Systems of Innovation and System Interactions TSER-IDEA project, N° 11

President Commissions to the Government of the Russian Federation (04.08.2006), N° Pr-1321

La R&D dans le secteur de l'éducation supérieure (2005) Data book. State University – Higher School of Economics, Moscow (en russe)

Indicateurs scientifiques (2009) Data book. State University – Higher School of Economics, Moscow (en russe)

Science. Innovation. Information Society (2009) Data book. State University – Higher School of Economics, Moscow (en russe)

Shuvalova O (2007) The image of science: public opinion on the scientific activities results, Foresight 2(2):50–59 (en russe)

Yudkevich M (2007) Activity of universities and scientists: economic grounds and academic explanations // Economy of a university: institutes and organisations. State University – Higher School of Economics, Moscow, pp 48–77 (en russe)

Chapitre 13
Allemagne : rôle des universités dans l'économie d'apprentissage

Ulrich Schmoch

13.1 Introduction au contexte allemand

L'origine de l'Allemagne en tant que nation remonte au huitième siècle. À l'origine, le terme « allemand » faisait uniquement référence à la langue parlée à l'est du royaume de Franconie. Depuis, l'Allemagne a connu différentes formes, royaume à certaines époques et empire à d'autres. Dans toutes ces structures politiques, l'Allemagne était composée de plusieurs petits états dont le haut degré d'autonomie a posé les bases du puissant système fédéral qui caractérise la situation politique actuelle. La Prusse devint une puissance centrale dominante au dix-huitième siècle et établit un royaume allemand stable (Deutsches Reich) au cours de la période 1871–1918. Sa position prépondérante eut beaucoup d'impact sur l'orientation politique et culturelle de l'Allemagne en général.

Au cours du dix-neuvième siècle une période de très forte croissance industrielle et économique entraîna un renforcement considérable du système d'éducation et des sciences[1]. En 1914, la Première Guerre mondiale mit fin à cette période extrêmement prospère. En 1918, le Reich allemand laissa place à la République de Weimar, caractérisée par une très forte instabilité politique. La crise économique permanente, cause majeure de cette situation instable, favorisa l'ascension d'Hitler et l'instauration du national-socialisme (nazisme). Le propos de ce chapitre n'est pas d'aborder tous les problèmes désastreux liés à ce régime, mais pour traiter le développement de la science en Allemagne il convient de mentionner de manière explicite l'expulsion des intellectuels et scientifiques renommés.

La Seconde Guerre mondiale déclenchée par Hitler entraîna la destruction massive de nombreuses entreprises industrielles, provoquant d'énormes problèmes

---

[1] Pour une description détaillée de cette période, voir Keck (1993).

U. Schmoch (✉)
Institut Fraunhofer de recherche sur les systèmes et l'innovation, Karlsruhe, Allemagne
Courriel : ulrich.schmoch@isi.fraunhofer.de

économiques. Elle eut également pour conséquence la division de l'Allemagne: d'un côté, la République fédérale d'Allemagne (Allemagne de l'Ouest) sous l'influence des pays alliés de l'ouest (France, Royaume-Uni et États-Unis), et de l'autre, la République démocratique allemande (Allemagne de l'Est) sous l'égide de l'URSS. L'Allemagne de l'Ouest rejoignit l'alliance occidentale en adhérant à l'OTAN en 1955, puis surtout en entrant au sein de la Communauté économique européenne en 1957, devenue plus tard l'Union européenne.

En Allemagne de l'Ouest, les années soixante se caractérisent par une croissance économique très forte, le « miracle économique », qui fait de l'Allemagne la plus grande puissance économique européenne. L'événement politique le plus marquant après la Seconde Guerre mondiale est la réunification de l'Allemagne en 1990. Cette agrandissement du territoire allemand et de sa population renforce encore davantage son poids économique et politique. En 1991, l'Allemagne de l'Ouest, Berlin Ouest inclus, comptait 64,5 millions d'habitants et l'Allemagne de l'Est, avec Berlin Est, 15,8 millions. La population est-allemande ne représentait donc que 19,7% du total, mais les coûts de l'intégration économique et sociale de l'Allemagne de l'Est se révélèrent exorbitants. Aujourd'hui encore les flux financiers de l'Allemagne de l'Ouest vers l'Allemagne de l'Est restent considérables. L'équilibre social et économique entre l'Est et l'Ouest n'a toujours pas été atteint et nécessitera encore au moins une décennie.

Cependant, la réunification de l'Allemagne n'est pas la seule cause des problèmes économiques du pays: les premiers signes de stagnation avaient déjà commencé à se manifester dans les années 1980. Plusieurs indicateurs économiques font apparaître ces problèmes, notamment ceux qui traitent de l'augmentation du chômage. D'après les longues séries chronologiques dont on dispose depuis le début des années 1950, le nombre de chômeurs après la Seconde Guerre mondiale s'élevait à environ deux millions et diminua régulièrement jusqu'à atteindre le très bas niveau de 150 000 chômeurs au milieu des années 1960. À la fin des années 1980, ce chiffre augmenta à nouveau pour atteindre environ deux millions de chômeurs. Après la réunification, le nombre de chômeurs augmenta pour atteindre jusqu'à 4,5 millions en 2004, et même jusqu'à cinq millions récemment. Même en mettant de côté les lacunes méthodologiques d'interprétation des données du chômage, les problèmes économiques de l'Allemagne apparaissent de manière flagrante au cours de ces dernières années. Les principales raisons de cette situation sont:

- La réunification de l'Allemagne en 1990
- Les défis de la mondialisation, en particulier la délocalisation des industries à basse technologie vers les pays à bas salaires
- L'évolution insuffisante de l'industrie allemande vers les technologies de pointe
- La rigidité du marché du travail allemand
- La crise du système de protection sociale

L'industrie allemande est traditionnellement tournée vers le génie mécanique et la chimie des matériaux de base, qui peuvent tous deux être qualifiés de technologies de haut niveau. En revanche, l'industrie allemande ne privilégie pas particulièrement la microélectronique, les technologies de l'information, la chimie fine ou la biotechnologie, qui sont des technologies de pointe.[2] La comparaison avec d'autres pays industrialisés montre que ceux qui se focalisent davantage sur les technologies de pointe réussissent mieux sur le marché mondial. Par conséquent, l'Allemagne doit se tourner vers d'autres secteurs industriels afin de maintenir sa compétitivité. Actuellement, le secteur qui se consacre le plus à la recherche et développement (R&D) est l'industrie automobile: ce secteur se focalise de plus en plus sur les technologies de pointe, comme par exemple l'électronique automobile ou les matériaux de pointe.

En général, l'économie allemande peut être qualifiée de capitaliste mais pendant la période prospère des années 1960, le concept d'économie sociale de marché fut introduit, caractérisé par une très forte protection sociale en matière de chômage, santé et pensions de retraite. Ce concept, qui implique un niveau élevé de protection et d'aide sociales,[3] est toujours d'actualité, bien que son assise financière soit érodée par le nombre croissant de chômeurs et de retraités, conjugué à une baisse du nombre de travailleurs qui financent le système de protection sociale. La crise de ce système étant largement liée à l'ensemble des problèmes économiques, il semble qu'elle soit avant tout une conséquence plutôt qu'une cause de la crise économique. Une autre raison de la crise du système de protection sociale provient du faible taux de natalité, ainsi que du déséquilibre croissant entre le nombre de jeunes et de personnes âgées.

En dépit de ces problèmes économiques indéniables, il convient de préciser que la puissance économique de l'Allemagne reste toutefois considérable. En 2002, elle comptait 82,5 millions d'habitants et son produit intérieur brut s'élevait à 1 984 milliards de dollars. L'Allemagne est donc le pays le plus important économiquement et le plus peuplé de l'Union européenne. En résumé, au cours des deux dernières décennies, l'économie de l'Allemagne a été moins dynamique que celles d'autres pays, comme le montre le taux de croissance moyen modéré du produit intérieur brut qui s'élevait à 1,6% entre 1990 et 2002 (Albrecht et al. 2004). Sa position relative s'est donc affaiblie par rapport aux autres pays industrialisés, mais l'Allemagne reste l'une des économies mondiales les plus puissantes, au cinquième rang derrière les États-Unis, la République populaire de Chine, le Japon et l'Inde.[4] La position de l'Inde et de la Chine devant l'Allemagne est non seulement un phénomène nouveau et un défi majeur, mais elle offre aussi une grande opportunité à l'économie allemande qui privilégie particulièrement les exportations.

13.2 La place des établissements d'enseignement supérieur dans le système national d'innovation allemand

Ainsi qu'exposé dans la Sect. 13.1, la situation allemande se caractérise par une croissance économique soutenue depuis les années 1960. Simultanément, on observe également une hausse considérable des budgets de R&D des entreprises,

---

[2] Pour les définitions de technologie de haut niveau et de pointe, voir Legler et al. (2006: 7).
[3] Ainsi qu'un niveau de criminalité relativement bas.
[4] Calculé en parités de pouvoir d'achat (http://de.wikipedia.org).

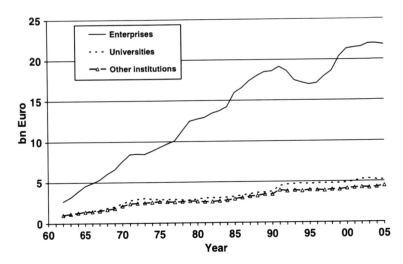

Fig. 13.1 Dépenses de R&D des principaux secteurs organisationnels en Allemagne (en chiffres absolus) (*Source* : BMBF (2000, 2004, 2006, 2008), BMFT (1993), calculs de l'auteur)

universités et autres instituts de recherche (Fig. 13.1). La Fig. 13.1 représentant essentiellement les entreprises, la situation des universités est illustrée séparément dans la Fig. 13.2 qui met en évidence l'augmentation régulière de leur budget de R&D.[5] La hausse très nette entre 1991 et 1992 est frappante: jusqu'en 1991, seules les universités d'Allemagne de l'Ouest étaient prises en compte alors que celles de l'Allemagne de l'Est ne sont incluses qu'à partir de 1992, après la réunification.

L'impact de la réunification allemande sur les universités est moins important qu'on ne le pense souvent. La proportion des Allemands de l'Est au début des années 1990 se situait aux alentours de 20% et celle des étudiants est-allemands était seulement d'environ 10% (IW 2006). En 1991, la part des publications scientifiques provenant d'Allemagne de l'Est était d'environ 12%, avec une baisse à 9% en 1993 et une hausse à 18% en 2001 (Legler et al. 2004). L'activité universitaire en termes d'enseignement et de recherche dans les nouveaux États de l'Est était donc modérée au moment de la réunification et a considérablement progressé depuis. En ce qui concerne la qualité de la recherche scientifique, la réunification allemande a entraîné une baisse incontestable du nombre de citations allemandes (Schmoch 2005). Cette situation est en partie liée au faible impact scientifique des publications est-allemandes, mais surtout à leur orientation insuffisante vers les publications de l'Ouest. Entre temps, les taux de citation de 1990 ont été de nouveau atteints. L'ensemble des efforts fournis pour intégrer les universités est-allemandes a été considérable, mais le mécanisme mis en place pour augmenter le nombre d'étudiants et améliorer la quantité et la qualité de la production scientifique a abouti avec succès.

---

[5] Une légère diminution due à la réduction du financement externe par l'industrie est constatée uniquement pour la dernière année.

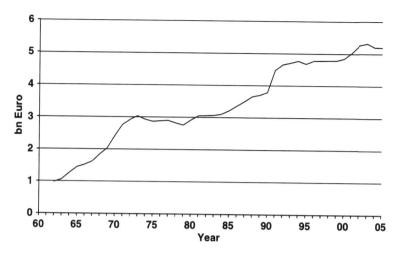

Fig. 13.2 Dépenses de R&D des universités allemandes (en chiffres absolus) (*Sources* : BMBF (2000, 2004, 2006, 2008), BMFT (1993), calculs de l'auteur)

L'objectif général, qui visait à l'égalité des structures de l'Ouest et de l'Est, a été largement atteint dans le domaine des sciences.

Quant à la contribution des universités à l'économie allemande, elle consiste principalement à fournir une main d'œuvre compétente. Ainsi, dans les années 1960 et 1970, la place de l'enseignement était beaucoup plus significative que celle de la recherche sur le plan de la croissance économique. Avec l'essor de l'économie à forte concentration de savoir, illustré par l'importance grandissante de la R&D, la contribution de la recherche universitaire à la performance économique devient primordiale. Néanmoins l'enseignement reste l'élément essentiel, en particulier en sciences naturelles et sciences de l'ingénieur (Salter and Martin 2001). Le système universitaire allemand revêt de multiples aspects et se compose de plusieurs catégories d'établissements d'enseignement supérieur. Les universités traditionnelles représentent l'une de ces grandes catégories; elles offrent un large éventail de disciplines et regroupent environ 100 établissements, dont 35 avec leurs propres cliniques (Tableau 13.1). Toutefois, l'existence de ces installations médicales n'est généralement pas considérée comme la plus importante contribution des universités à la société puisque de nombreux autres établissements publics et privés possèdent également des cliniques. La première contribution universitaire au secteur médical concerne le développement et l'utilisation de traitements médicaux innovants.

Dix-sept universités possèdent des départements d'ingénierie. À l'origine, ces universités, parfois appelées universités techniques, étaient de véritables écoles d'ingénierie de haut niveau qui, en intégrant de plus en plus de disciplines, ont obtenu le statut d'université. Mais, dans la plupart des cas, leurs départements d'ingénierie restent prépondérants. Ayant obtenu le droit de délivrer des doctorats en ingénierie dès 1899, ces universités techniques furent donc reconnues comme établissements d'enseignement supérieur (Manegold 1978).

Tableau 13.1 Nombre d'établissements d'enseignement supérieur en Allemagne, par catégorie

Établissement	Nombre
Universités	100
Avec cliniques	35
Avec dépts d'ingénierie	17
Écoles supérieures de pédagogie	6
Facultés de théologie	16
Écoles d'art	52
Instituts universitaires de technologie	168
Écoles des sciences administratives	29
Total	371

Source: Hochschulrektorenkonferenz (HRK)

Parmi les 100 universités, 13 d'entre elles sont gérées par des organismes privés: elles n'ont toutefois qu'un rôle mineur puisqu'elles ne concernent que 0,54% du total des étudiants et ne s'investissent pas dans la recherche. La plupart des universités privées se concentrent sur quelques disciplines, notamment l'économie. Le faible nombre d'universités privées est lié à la politique publique qui s'attache à fournir une éducation universitaire de très bonne qualité sans frais de scolarité. Face à la pénurie croissante d'argent public, plusieurs états fédéraux vont instaurer des frais de scolarité, qui resteront toutefois modérés par rapport à ceux des universités privées.

En plus des universités, les établissements d'enseignement supérieur en Allemagne comptent 6 écoles supérieures de pédagogie, 16 facultés de théologie avec organismes paroissiaux, 52 écoles d'art et 29 écoles de sciences administratives. Les 168 écoles polytechniques, parfois appelées instituts universitaires de technologie, universités polytechniques ou universités de sciences appliquées,[6] font partie des acteurs importants au vu de leur contribution aux besoins économiques de la société. Par rapport aux universités traditionnelles, leurs cursus sont moins théoriques et plus orientés vers les sciences appliquées. La durée moyenne des études dans un institut universitaire de technologie est de 3 ans, contre 5 à 6 ans en université. Le nombre d'étudiants des instituts universitaires de technologie publics représente environ un tiers des étudiants inscrits à l'université traditionnelle. Les instituts universitaires de technologie sont fortement axés sur l'enseignement; leur contribution à la recherche est minime.

Pour mieux apprécier la taille du système de l'enseignement supérieur allemand, il convient de regarder plus en détail le nombre d'étudiants. En 2004, les établissements universitaires allemands comptaient 1,9 million d'inscrits, dont 1,4 million dans les universités. Par rapport à la population, cela représente donc 23,8 étudiants pour 1 000 habitants, dont 16,6 dans les universités et 7,2 dans d'autres établissements. En moyenne, les universités comptent environ 13 700 étudiants et les autres établissements environ 2 200.

---

[6] En allemand: *Fachhochschulen*.

Fig. 13.3 Dépenses pour la recherche des universités allemandes, par discipline, 2006 (*Source* : StaBu Fachserie 11 Reihe 4 3 2 (2009))

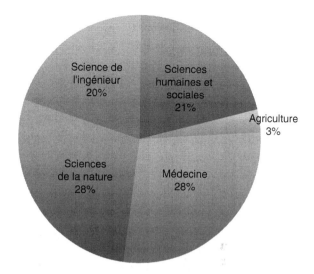

Depuis le début des années 1970, d'énormes efforts ont été réalisés afin d'augmenter le nombre d'étudiants. En 1970, 410 000 étudiants étaient inscrits dans les universités, et 1 188 000 en 1990. En 20 ans, leur nombre a donc été multiplié par 2,9. En 2000, ce nombre était légèrement plus élevé (1 311 000), mais cette différence est principalement due à l'apport de l'Allemagne de l'Est. En 2004, quelque 220 000 étudiants ont réussi leurs examens finaux: environ 98 000 ont obtenu un diplôme universitaire ou un master et 23 000 un doctorat.

La structure actuelle de la recherche dans les universités traditionnelles se caractérise par une proportion importante de disciplines ayant des applications technologiques, en particulier les sciences de la nature et de l'ingénieur, la médecine et, dans une moindre mesure, l'agriculture (Fig. 13.3).[7]

Toutefois, la proportion des sciences humaines et sociales, qui s'élève à environ 20%, est assez élevée par rapport aux autres pays industrialisés.

Dans le panorama allemand de la recherche, les universités ne sont qu'un élément parmi un large éventail d'organismes de recherche publics et d'entreprises industrielles privées. L'augmentation considérable des budgets de R&D des universités depuis les années 1960 se retrouve également dans les autres établissements de recherche (Fig. 13.1). La très forte croissance de la R&D dans les entreprises est particulièrement frappante mais une large part de leurs activités a trait au développement expérimental. Néanmoins, les entreprises représentent le plus grand secteur organisationnel de la recherche. Tenant compte de l'importance grandissante des technologies basées sur les connaissances, les entreprises allemandes, en s'engageant largement dans la production de savoir et en développant une très grande capacité d'absorption, sont devenues des partenaires privilégiés des universités.

---

[7] En Allemagne de l'Ouest (IW 2006).

Parmi les établissements de recherche avec des organismes publics, les universités ne sont qu'un élément parmi de nombreux autres instituts de recherche. Les plus importants d'entre eux sont les Centres Helmholtz, la Société Max Planck et la Société Fraunhofer (Fig. 13.4). L'ensemble des organismes publics non universitaires représente environ 80% de la recherche. Il existe donc une véritable compétition au sein du secteur public de la recherche entre les universités et les établissements non universitaires (Heinze et Kuhlmann 2006). La forte proportion de ces derniers est due là aussi à la division du travail entre gouvernement central et états fédéraux. D'un côté, les états fédéraux sont chargés du financement de base des universités; le gouvernement central quant à lui s'efforce d'augmenter sa crédibilité en matière de recherche en subventionnant les établissements non universitaires. Par conséquent, ces derniers sont principalement financés par le gouvernement central.

En matière d'orientation générale, les instituts Max Planck sont engagés dans la recherche fondamentale d'excellence et dépendent essentiellement de financements institutionnels.[8] Les domaines de prédilection des instituts Max Planck sont la physique, la biologie et la chimie mais ils réservent également une part non négligeable aux sciences humaines et sociales. D'une manière générale, la mission des instituts Max Planck est de mener des recherches de pointe dans des domaines importants ou stratégiques de la science en s'appuyant sur le personnel et l'équipement nécessaires ; de percer rapidement dans des domaines émergents, en particulier ceux qui sont très spécialisés ou pas suffisamment approfondis par les universités ; et de mener des recherches qui nécessitent des équipements imposants ou spéciaux ou qui sont trop coûteuses pour les universités. Certains éminents chercheurs de Max Planck enseignent également à mi-temps dans les universités, mais les instituts Max Planck se concentrent principalement sur la recherche. Grâce à cette orientation générale, ces instituts sont plus performants que les universités, par exemple en termes de publications par chercheur. D'ailleurs, la plupart des Prix Nobel allemands est issue de ces instituts, un indicateur incontestable de leur excellente performance.

Bien que les instituts Max Planck se concentrent sur la recherche fondamentale, les résultats de leurs activités, notamment dans les domaines de la chimie ou de la biotechnologie, trouvent de plus en plus d'applications industrielles. La Société Max Planck a donc créé un bureau spécifiquement chargé d'établir les demandes de brevets liés aux inventions de ses chercheurs et notamment de trouver des partenaires de licence ad hoc. Fondée en 1970, la société Garching Innovation, chargée de l'octroi des brevets et licences, est considérée en Allemagne comme la société la plus compétente pour le transfert des résultats de la recherche publique vers des partenaires privés. Récemment, Garching Innovation s'est également engagée à soutenir la création de jeunes entreprises.

---

[8] La description suivante des établissements non universitaires allemands se base largement sur Encarnação et al. (1997: 302ff).

13 Allemagne : rôle des universités dans l'économie d'apprentissage

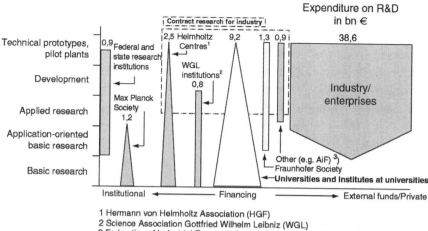

Fig. 13.4 Panorama de la recherche en Allemagne, 2005 (*Source* : Fraunhofer ISI, BMBF (2008))

La Société Fraunhofer se dédie quant à elle à la recherche appliquée et est principalement financée par des fonds externes, en particulier provenant d'entreprises industrielles. Sa mission diverge nettement de celle de la Société Max Planck. La Société Fraunhofer a été fondée en 1949 mais n'a acquis son rôle actuel qu'à partir de 1973. La décision de renforcer la Société Fraunhofer doit être vue dans le contexte des discussions intenses de l'époque à propos de l'écart technologique entre l'Europe et les États-Unis, et dans le cadre de la mise en place par le gouvernement fédéral allemand d'une politique technologique plus active (Schimank 1990).

Presque tous les 58 instituts Fraunhofer sont spécialisés dans un domaine technique particulier: technologies de l'information et de la communication, sciences de la vie, micro-électronique, technologie de surface et photonique, technologie de la production et des matériaux. Le principal mécanisme de transfert des résultats de la recherche de Fraunhofer vers l'industrie est la recherche sous contrat, qui représente environ 40% de ses activités. Cependant, le modèle Fraunhofer ne pourrait exister de façon isolée. Ses activités de recherche sont étroitement liées à celles d'autres établissements de recherche, en particulier les universités. La principale caractéristique de cette relation est que le directeur d'un institut Fraunhofer occupe également une chaire de professeur à l'université. Le directeur de Fraunhofer peut ainsi mener à bien la recherche fondamentale financée par les fonds institutionnels de l'université où il est en contact étroit avec les autres chercheurs universitaires. Dans le même temps, l'université se familiarise avec les besoins de la recherche appliquée puisque le directeur de Fraunhofer est membre de la faculté et peut directement en influencer la politique de recherche. Autre élément notable de cette étroite relation avec les universités, les instituts Fraunhofer ont un accès direct aux étudiants qualifiés.

Par rapport au nombre de ses chercheurs, le taux de publication de Fraunhofer est faible comparé à celui des chercheurs de Max Planck, alors que le nombre de ses demandes de brevets est élevé. Encore une fois, cette structure reflète le caractère divergent des missions de Fraunhofer et de Max Planck. Ces dernières années, le soutien aux jeunes entreprises créées par d'anciens chercheurs de Fraunhofer est devenu un mécanisme de transfert de technologie de plus en plus important, ainsi que l'octroi de licence pour des demandes de brevets de Fraunhofer et le savoir-faire en matière de logiciels.

Les premiers centres Helmholtz furent créés à la fin des années 1950, lorsque les forces alliées autorisèrent l'Allemagne à se lancer dans la recherche nucléaire. À cette époque, ils étaient appelés « grands centres de recherche » (*Grossforschungseinrichtungen*). Suivant le modèle des laboratoires nationaux américains et britanniques, tous les centres Helmholtz travaillèrent au départ dans différents domaines de la recherche nucléaire civile. Depuis la fin des années 1960, d'autres domaines de recherche se sont ajoutés, comme l'aéronautique, l'informatique et la biotechnologie. L'axe de recherche des centres Helmholtz ne peut être qualifié en tant que recherche fondamentale ou appliquée. Leurs activités regroupent à la fois de la recherche fondamentale nécessitant d'imposantes installations; de grands projets et programmes d'intérêt public requérant d'énormes ressources financières, techniques et scientifiques interdisciplinaires ainsi que de grandes capacités de gestion; et des développements technologiques à long terme, dont la production préindustrielle.

La recherche sur le nucléaire civil ayant été abandonnée dans les années 1980, seule une faible partie des activités de Helmholtz reste encore liée à ce domaine. La mission de la Helmholtz Association n'est donc pas aussi clairement définie que celles de la Max Planck Society et de la Fraunhofer Society. Dernièrement, une évolution vers une plus grande spécialisation en recherche fondamentale a été observée, mais le débat sur le rôle des centres Helmholtz au sein du paysage allemand de la recherche reste toujours d'actualité.

Les universités doivent donc définir leur rôle spécifique dans ce nouveau panorama de la recherche en tenant compte de ce contexte institutionnel. Leur principale mission reste la formation d'étudiants hautement qualifiés et la conduite de la recherche fondamentale mais, depuis peu, le transfert de technologie est venu s'ajouter comme troisième mission dans la loi-cadre de l'université (*Hochschulrahmengesetz*).

13.3 Cartographie du système universitaire en Allemagne

Les racines historiques du système universitaire actuel en Allemagne remontent à 1809–1810, lorsque fut créée l'Université de Berlin, alors située en Prusse. Étant donné le rôle proéminent de la Prusse dans la fondation de l'Allemagne, comme décrit dans la Sect. 13.1, l'Université de Berlin est devenue un paradigme pour l'ensemble des universités allemandes. Le modèle de l'Université de Berlin a été pensé par des philosophes idéalistes allemands, en particulier Wilhelm Von Humboldt. Elle est d'ailleurs souvent appelée Université Humboldt (Keck 1993:

108). « L'ordre classique du savoir », selon l'idéal d'Humboldt, consiste en quatre éléments de la « constitution de la science », qui peuvent se caractériser par une dissociation institutionnelle de la science en quatre grandes séparations:

« Séparation de la connaissance et de la propriété
Séparation des idées et des intérêts
Séparation de la théorie et de la pratique
Séparation de la science et de l'état » (Spinner 1994: 87ff).[9]

Ces séparations ont été introduites pour permettre aux universités de mener des activités de recherche indépendantes sans subir l'influence du gouvernement ou des entreprises privées. Ce concept a nettement poussé les universités vers la production de savoir pur et donc vers la recherche fondamentale. Le concept d'Humboldt était révolutionnaire dans le contexte d'une époque caractérisée par un gouvernement central puissant qui tentait d'exercer un contrôle quasi total. Cette orientation générale des universités en Allemagne a persisté jusqu'aux années 1960, puis s'est en partie atténuée en raison de l'importance grandissante des technologies basées sur le savoir. Ce changement est représenté par la position des universités dans la description du panorama allemand de la recherche à la Fig. 13.4. La position centrale des universités sur le diagramme indique que leurs activités ne dépendent plus exclusivement du financement institutionnel.[10]

Par ailleurs, la recherche universitaire continue à se concentrer sur la recherche fondamentale pure et sur la recherche fondamentale orientée vers l'application, mais elle inclut également des activités associées de recherche appliquée et même de développement. Il y a 10 ans, les universités se situaient plus à gauche sur le diagramme car elles étaient alors davantage spécialisées en recherche fondamentale.

Dans le système de financement de la recherche publique en Allemagne, les états fédéraux (Länder) procurent un financement de base aux universités qui l'utilisent à la fois pour l'enseignement et la recherche, sans séparation budgétaire claire. Jusqu'à présent, la plupart des universités ne disposaient pas de système comptable qui permettait de distinguer précisément les activités recevant ce financement de base. Par conséquent, toutes les statistiques disponibles sur la recherche universitaire sont basées sur des estimations.[11]

Malgré ces réserves, il est possible de faire quelques observations sur la structure des universités allemandes. Les dépenses totales des établissements d'enseignement supérieur pour l'enseignement et la recherche sont estimées à environ 20,2 milliards d'Euros en 2002. Environ 44% de ces dépenses, soit à peu près 9 milliards d'Euros, ont été investis dans la recherche et le développement. Le financement externe joue un rôle important dans le budget des universités, où il est principalement utilisé pour

---

[9] Traduit en anglais par l'auteur.
[10] La nouvelle structure de financement est expliquée ci-dessous.
[11] De plus, les statistiques des universités ne sont pas disponibles pour ces dernières années et proviennent de sources différentes, pas toujours cohérentes.

les activités de R&D. Sa proportion a considérablement augmenté depuis le début des années 1980 et plus particulièrement au cours des années 1990. Le niveau du financement de base a diminué en chiffres absolus au cours de la dernière décennie, notamment depuis environ 1997. Dans les « anciens » états de l'ouest, le financement de base a même commencé à stagner dès 1996. Dans ce contexte, la hausse du budget total de R&D, décrite à la Fig. 13.2, est due à l'élargissement du financement externe. La proportion de ce financement dans le budget total de R&D est passée de 22% en 1980 à 38% en 2004 (Fig. 13.5) et doit maintenant s'élever à plus de 40%. Ce pourcentage est une valeur moyenne pour toutes les disciplines, de sorte que pour certaines d'entre elles, comme les sciences de la nature et de l'ingénierie, il se situe nettement au-dessus de 50% (Haug and Hetmeier 2003: 56ff). Les activités de R&D de nombreuses disciplines sont donc lourdement tributaires du financement externe.

Selon les statistiques sur les sources du financement externe (fonds gérés par des tiers), la plus grande partie provient de l'Association pour la recherche allemande (DFG) (Fig. 13.6). La DFG est une agence gouvernementale dont le but principal est de soutenir la recherche universitaire et notamment la recherche fondamentale. Dernièrement, de plus en plus de projets de recherche financés par la DFG sont tournés vers l'application. Le gouvernement fédéral, la plupart du temps représenté par le Ministère de l'éducation et de la recherche (BMBF), est en troisième position du financement externe des universités. Alors que les projets financés par la DFG peuvent être suggérés directement par les professeurs, les projets du BMBF sont en général assujettis à des programmes particuliers et la plupart d'entre eux sont liés à la recherche collaborative avec les entreprises industrielles (*Verbundforschung*), une activité introduite en 1984. Les projets du BMBF sont en général assez orientés vers l'application mais ils incluent parfois aussi des projets de recherche fondamentale.

La contribution des entreprises au financement externe de la recherche universitaire arrive en seconde position, quasiment au même niveau que celle de la DFG. La proportion du financement de la Commission européenne reste modeste par rapport au budget total de la recherche mais elle a une importance non négligeable dans certains domaines comme la micro-électronique, la biotechnologie ou la science des matériaux. La tendance générale est à la hausse concernant la proportion du financement par les entreprises et la Commission européenne. Le financement externe par des fondations provient principalement de la fondation Volkswagenstiftun, qui soutient surtout la recherche fondamentale dans la même optique que la DFG.

Avec la part grandissante du financement externe des universités, la recherche s'organise sous forme de projets ayant un délai précis et des livrables bien définis. Dans le cas de projets pour le compte du BMBF, d'entreprises ou de la Commission européenne, l'orientation vers l'application prend plus d'importance et les universités ne sont plus libres de choisir leurs sujets de recherche. Leur seule alternative est de participer, ou pas, à de tels projets mais vu la diminution du financement de base, elles se doivent de prendre part à ces projets dans une certaine mesure. L'idéal d'Humboldt – la séparation explicite des idées et des intérêts, de la théorie et de la pratique, de la science et de l'état – n'est donc que partiellement mis en pratique.

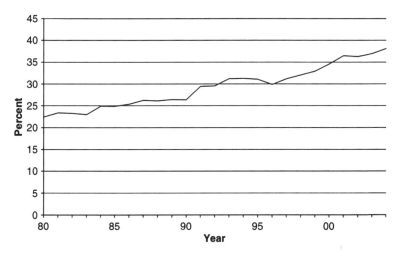

Fig. 13.5 Part du financement externe dans le budget de R&D des universités (données prévisionnelles pour 2004) (*Sources* : BMBF (2006), BMFT (1993), HRK (1996), WR (1993, 2000b, 2002), Encarnação et al. (1997))

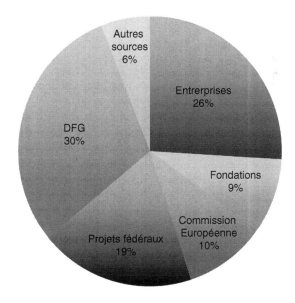

Fig. 13.6 Sources de financement externe des universités allemandes, 2006 (*Source* : StaBu (2009))

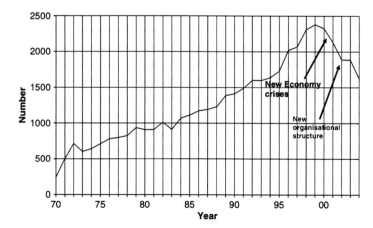

Fig. 13.7 Demandes de brevets des universités allemandes auprès du German Patent and Trademark Office (Office allemand des brevets et des marques, DPMA) (*Source* : Base de données PATDPA (STN), calculs de Fraunhofer ISI)

Cette dépendance croissante de financements externes entraîne une concurrence entre les universités qui est devenue une caractéristique majeure de la situation actuelle.

La performance des universités est de plus en plus souvent évaluée en fonction de leur contribution à la technologie, une exigence qui se reflète de façon flagrante dans la hausse régulière du nombre de brevets qu'elles déposent (Fig. 13.7). La baisse substantielle des demandes de brevets en 2001 est liée à la crise de la Nouvelle Économie, en particulier dans les secteurs de haute technologie, alors que celle de 2002 est due à une nouvelle structure organisationnelle des centres de transfert des universités. Malgré une nouvelle baisse en 2004, les demandes de brevets des universités ne manqueront pas d'augmenter de nouveau dans les prochaines années suite à une modification de la nouvelle structure organisationnelle.

La façon d'aborder les questions de propriété intellectuelle dans les universités a évolué suite à une modification législative. Depuis la fin des années 1950, les professeurs avaient la possibilité d'exploiter les inventions réalisées dans le contexte de leur recherche universitaire pour leur propre bénéfice. Au contraire, les inventeurs dans les entreprises privées devaient communiquer leurs inventions à leur employeur qui décidait alors de les exploiter ou non et de déposer une demande de brevet. Le règlement spécifique aux professeurs d'université avait été élaboré selon l'idée que le nombre d'inventions issues de l'université étant négligeable, il n'était pas utile de créer une structure organisationnelle dédiée. Cependant, le nombre de demandes de brevets provenant des universités ayant dépassé les 2 000 demandes par an, une nouvelle réglementation est devenue indispensable. Par conséquent les professeurs, dont le « privilège » a été aboli début 2002, doivent à présent déclarer leurs inventions aux universités comme dans les entreprises privées. Mais les demandes de brevets, l'identification de partenaires de licences potentiels et la négociation d'accords de licence adéquats requièrent un certain savoir-faire. Chaque état fédéral s'est donc doté d'au moins un centre de transfert (*Patentverwertungsagentur*, PVA), en partie subventionné par le gouvernement fédéral. La création des PVA était une étape nécessaire pour supporter les risques financiers des demandes de brevets et pour identifier les partenaires de licence adéquats. Les professeurs sont ainsi déchargés de ces activités prenantes et peuvent se consacrer à leurs fonctions principales d'éducation et de recherche. Toutefois, la mise en place de ces centres de transfert est encore en période de transition.

La contribution directe des universités à la technologie, mesurée grâce aux brevets, ne couvre pas tous les domaines de la technologie, mais plutôt ceux à forte concentration de savoir. La plupart des demandes de brevets concernent la chimie et l'ingénierie mécanique. La base institutionnelle de cette concentration est l'une des forces spécifiques de l'industrie allemande dans ces secteurs. Les universités déposent également quelques demandes de brevets en médecine et en électrotechnique, et très peu en physique. En moyenne, la contribution des universités aux demandes de brevets en Allemagne s'élève à environ 4,5% (Schmoch 2004). Cette faible proportion reste néanmoins substantielle si l'on considère que l'orientation principale des universités est axée sur la recherche fondamentale. En ce qui concerne les technologies à forte concentration de savoir comme la biotechnologie, les semi-conducteurs, la chimie organique, les matériaux, le contrôle, la technologie de surface et médicale ou les polymères, la proportion est bien plus élevée, entre 10% et 30%. Au contraire, dans les domaines à basse technologie, la contribution des universités est négligeable. Celles-ci remplissent donc leur mission principale: s'engager dans la recherche complexe.

La recherche universitaire orientée vers l'application doit être évaluée dans le cadre plus large des activités industrielles en Allemagne. Comme décrit dans la Sect. 13.1, l'industrie allemande se concentre sur la technologie de haut niveau et devra, au cours des prochaines années, évoluer vers la technologie de pointe. Par conséquent, le gouvernement allemand s'efforce d'accroître les activités industrielles pour les produits de pointe et subventionne les activités de R&D. Dans ce contexte, les universités ont un rôle essentiel à jouer.

Les attentes croissantes de la société pour des universités activement engagées dans le transfert de savoir et de technologie entraînent des attentes politiques correspondantes. Une nette tendance en faveur de résultats à court terme est visible, alors que la recherche à long terme est de plus en plus négligée. Beaucoup d'acteurs politiques n'ayant pas une connaissance suffisante de la spécialisation des universités dans des domaines complexes, ne comprennent donc pas que leur contribution aux basses et moyennes technologies doive rester modérée. De plus, la différentiation des besoins des utilisateurs est souvent insuffisante. Beaucoup de petites et moyennes entreprises ont besoin de solutions de basses et moyennes technologies, pour lesquelles les universités ne sont pas les meilleurs partenaires (Meyer-Krahmer 2000). En ce qui concerne les besoins appliqués des petites et moyennes entreprises, les instituts Fraunhofer sont souvent bien mieux adaptés que les universités. De plus, grâce à leur spécialisation dans des domaines appliqués, les instituts universitaires de technologie devraient jouer un rôle plus important, même si leur infrastructure en termes de personnel et d'équipement technique demeure insuffisante actuellement. Certains états fédéraux ont toutefois pris l'initiative de renforcer le rôle de ces instituts polytechniques en ce qui concerne le transfert de technologie vers les petites et moyennes entreprises (Kulicke et al. 2004)[12].

13.4 Débat actuel en Allemagne

L'actuel débat allemand sur les universités est résolument influencé par la pénurie grandissante de fonds publics en général et de fonds publics pour la recherche en particulier. L'idéal d'Humboldt, caractérisé par une liberté complète de la recherche, n'est plus appliqué au sens strict. Par contre, la question d'une utilisation efficace de l'argent public pour la recherche est étudiée de plus près lorsque le terme « efficace » est uni à celui d'« économiquement profitable et rentable »[13]. Dans ce contexte, le débat actuel a tendance à critiquer la performance et la flexibilité de la recherche universitaire (Schimank 2001; Krucken 2001; Krull 2005; Wissenschaftsrat 2000a). Il est en particulier reproché aux universités de répartir leurs fonds de manière égalitaire et non pas selon des critères de performance, ce qui ne permet pas d'établir des profils pointus. Lors des décennies précédentes, la politique d'éducation avait comme but explicite que toutes les universités proposent un enseignement de haut niveau dans toutes les disciplines afin que le niveau de qualité soit pratiquement le même partout. Le système universitaire allemand est l'exact opposé du modèle en vigueur aux États-Unis, caractérisé par quelques universités prestigieuses et un grand nombre d'universités de moindre niveau, souvent sans activités de recherche.

Dans le contexte d'une attente de l'amélioration de la performance et de la flexibilité des universités, le « nouveau management public » (NMP) est devenu le maître mot depuis les années 1980 (Schimank 2005). Le NPM se caractérise par la volonté d'une plus grande ouverture vers le marché, d'une diminution de la réglementation et par une gouvernance forte. « L'université allemande 'traditionnelle' a été décrite comme (…) une combinaison de réglementations politiques émanant de l'état et d'une autonomie professionnelle émanant d'une 'oligarchie universitaire' » (Schimank 2005: 363). L'organisation classique des universités allemandes est donc largement à l'opposé du modèle de la NMP. En conséquence, l'Allemagne va mettre en place un système d'évaluation semblable au Research Assessment Exercise (Programme d'évaluation de la recherche, RAE) du Royaume-Uni. Par exemple, l'Association pour la recherche allemande (GRA) a créé l'Institut pour l'information sur la recherche et l'assurance qualité (IFQ), chargé d'évaluer tous les établissements de recherche publics allemands d'ici environ 5 ans. Parallèlement, le Conseil scientifique allemand développe une activité de classification par discipline visant à examiner toutes les matières importantes dans les cinq prochaines années. De nombreux

---

[12] La Fondation Steinbeis de l'État du Baden Württemberg a établi un réseau efficace avec les établissements technologiques pour favoriser le transfert de technologie.

[13] Archibugi (2006) qualifie cette tendance de « révolution néolibérale ».

états et universités collectent des indicateurs de performance afin de faire le lien entre le niveau de financement de base et la performance (Leszczensky and Orr 2004). L'impact de ces mesures sur les financements de base restant toutefois limité, l'obtention de financement externe reste d'actualité pour les universités.

Depuis peu, les universités deviennent de plus en plus autonomes dans l'utilisation de leurs ressources financières, le recrutement de leur personnel, y compris des professeurs, et leurs structures organisationnelles. Ce processus de transfert de responsabilités de l'état fédéral vers les présidents d'universités est toujours en cours et a déjà été réalisé à des degrés variables selon les états. Il implique une nouvelle distribution du pouvoir au sein des universités accordant plus d'influence au président et à son administration centrale au détriment des comités de professeurs. D'un côté, une administration centrale plus puissante permet le renforcement des centres dominants et la reconfiguration, ou parfois la fermeture, des centres plus fragiles afin d'obtenir un profil plus pointu. De l'autre, l'administration centrale doit pouvoir accéder plus facilement aux informations sur la performance des nombreux centres de l'université. Ceci est l'une des raisons de l'importance grandissante des divers programmes d'évaluation mentionnés préalablement. Ces nouvelles structures se heurtent évidemment à une opposition interne et il faudra plusieurs années avant d'atteindre un juste équilibre des pouvoirs.[14]

En ce qui concerne les universités classiques, l'exigence d'un transfert de savoir efficace entre de plus en plus souvent en conflit avec l'héritage des structures organisationnelles des établissements publics, caractérisées par un manque de flexibilité et de longs délais de réponse aux demandes externes. En réaction, de nombreuses activités de transfert de technologie ne sont pas directement organisées par l'université mais par son environnement proche, comme par des entreprises privées créées par des professeurs, des associations publiques ou des fondations (Bierhals and Schmoch 2000; Schmoch 2003). L'une de ces formes d'activités externes est l'An-Institute, un centre de recherche proche de l'université mais qui en est légalement indépendant. Grâce à des accords de coopération avec l'université, le directeur d'un An-Institute enseigne aussi à mi-temps dans l'établissement. En général, les An-Institutes reçoivent leur financement de base des états fédéraux dans lesquels ils se situent, mais ils doivent solliciter une majorité de leurs financements de sources externes, à l'instar des instituts Fraunhofer. On estime que les activités des An-Institutes dans les domaines liés à la technologie représentent approximativement un tiers de celles de tous les instituts Fraunhofer réunis. Il est toutefois impossible d'énumérer les activités de transfert de technologie des universités de façon précise, les structures organisationnelles et les mécanismes de transfert étant très nombreux (Bierhals and Schmoch 2000). Face à cette tendance, les universités tentent de développer de nouvelles structures d'organisation interne afin d'obtenir une plus grande visibilité des transferts. Ce changement en faveur de centres

---

[14] Dans le contexte de ce débat, un groupe de recherche chargé d'examiner la gouvernance de la recherche a récemment publié un ensemble de thèses sur « le cadre de la recherche adaptée aux besoins financée par l'état » en Allemagne (Forschergruppe 2007).

d'organisation plus efficaces et plus flexibles aura un impact sur le système universitaire dans son ensemble.

Compte tenu des problèmes économiques, la prise de conscience publique en faveur de l'innovation est de plus en plus grande. Dans ce contexte, de nombreuses activités sont mises en place au niveau du gouvernement central, et en particulier des états, pour favoriser le transfert de technologie des universités vers l'industrie: création de parcs scientifiques et lancement d'initiatives pour instaurer des clusters de compétences en relation avec les universités et les entreprises dans des domaines technologiques spécifiques.

Une autre nouveauté marquante est l'accord entre le gouvernement central et les états fédéraux visant à octroyer des fonds de recherche supplémentaires aux universités performantes (*Elite-Universitäten*), spécialement sélectionnées lors d'une compétition. La procédure de sélection continuelle semble avoir pour effet l'introduction de nouvelles structures organisationnelles dans les universités participantes, impliquant la mise en place de profils plus pointus et de centres organisationnels plus flexibles. La profonde opposition aux réformes enracinée depuis plusieurs décennies (Schimank 1995) devrait donc être démantelée par la perspective d'obtenir des fonds supplémentaires conséquents.

En résumé, la tendance est à une évaluation trop unilatérale des universités, qui prend seulement en compte leur réussite dans le transfert de technologie. À long terme, le rôle spécifique des universités dans la recherche fondamentale devra être reconnu à sa juste valeur. Concernant les rôles économiques, une réforme de l'enseignement paraît plus pertinente puisqu'une large proportion de diplômés travaillera pour des entreprises plutôt que pour des organisations scientifiques. À cet effet, l'enseignement de nombreuses disciplines peut être nettement amélioré. Des études récentes montrent que d'ici une dizaine d'années, le développement économique de l'Allemagne pourrait être considérablement entravé par une pénurie de personnel qualifié, en particulier de diplômés universitaires en sciences de la nature et de l'ingénierie (BMBF 2005, 2006). De ce point de vue, une meilleure qualité de l'enseignement, avec un meilleur taux de réussite des étudiants, sera plus utile que des transferts de technologie plus efficaces. De plus, il deviendra essentiel d'augmenter la proportion d'étudiants en sciences de la nature et de l'ingénierie. Quoi qu'il en soit, le débat sur le manque de personnel qualifié ne fait que commencer.

Enfin, les universités doivent soigner la réputation des disciplines non techniques et démontrer leur intérêt pour la société. Si elles échouent, la proportion de ces matières diminuera régulièrement.

La pénurie de main d'œuvre extrêmement qualifiée, en particulier d'ingénieurs, est au cœur d'un débat d'actualité. Bien que l'industrie allemande se concentre toujours sur la technologie de haut niveau (voir Sect. 13.1 ci-dessus), le nombre d'universitaires a fortement augmenté dans tous les secteurs de l'économie avec la complexité grandissante des technologies et des services (EFI 2008: 98f; Leszczensky et al. 2008). Dans le même temps, la part des diplômés universitaires est faible en Allemagne par rapport aux autres pays industrialisés (OCDE 2007), et le nombre d'étudiants diminue à cause du faible taux de natalité et du vieillissement de la population. À l'heure actuelle, certaines entreprises sont déjà obligées de limiter leur production par manque d'ingénieurs, en particulier en ingénierie mécanique. Une étude récente, basée sur une croissance économique annuelle moyenne de 2,5%, prévoit d'ailleurs un manque cumulé de 95 000 ingénieurs et de 397 000 autres universitaires d'ici 2014 (BMBF 2007). À cause de cette pénurie de main d'œuvre hautement qualifiée, de nombreuses entreprises pourraient décider de se délocaliser vers d'autres pays aux ressources humaines plus importantes. Ce débat met en avant la mission première des universités, c'est-à-dire l'enseignement et donc la formation d'universitaires qualifiés. Les mesures suivantes ont été suggérées pour faire face à ce problème:

- Amélioration de l'éducation scolaire dans le but d'augmenter la proportion d'élèves pouvant prétendre à des études universitaires
- Réduction de la fracture sociale afin de faciliter l'accès à l'enseignement supérieur aux enfants défavorisés
- Amélioration des modalités d'obtention de diplômes universitaires en ingénierie et des conditions de travail en entreprise pour les femmes
- Amélioration de l'attractivité du travail en Allemagne pour les travailleurs étrangers hautement qualifiés (EFI 2008: 36ff)

Ce dernier point pourrait être qualifié de nouvelle forme d'impérialisme. Dans tous les cas, il indique clairement que le recours à une main d'œuvre hautement qualifiée revêtira une importance toujours croissante, entraînant une concurrence grandissante entre les pays à tous les stades du développement économique.

13.5 Conclusions

D'un point de vue plus général, la situation actuelle en Allemagne peut être considérée comme une période de transition. Cette situation, qui fait référence à une transition de l'abondance vers la pénurie, est mal acceptée par la société. Chacun remarque par exemple que le pouvoir d'achat des ménages a régulièrement diminué au cours de la dernière décennie, mais tout le monde essaie de maintenir son ancien niveau de vie dans tous les domaines. Les réformes nécessaires pour s'adapter aux nouvelles structures dans le contexte de la mondialisation et du vieillissement de la société seront donc introduites, mais très progressivement. De nombreux experts prévoient une rapide aggravation car les réformes nécessaires tardent trop. Les ressources de l'Allemagne sont encore considérables, ce qui rendrait une stabilisation possible mais probablement à un niveau moindre. Parmi ces ressources, il convient de mentionner la grande qualité et les grandes compétences de la main d'œuvre, le haut niveau d'innovation industrielle, comme illustré par les dépôts de brevets, ainsi que l'excellente infrastructure. Bien qu'une grande partie de l'économie allemande se concentre toujours sur la technologie de haut niveau, de plus en plus d'entreprises réussissent également dans la technologie de pointe.

Pour les universités, les conséquences de cette transition ont plusieurs répercussions, parfois contradictoires. La première de ces conséquences est la diminution des fonds alloués à la recherche scientifique: les universités essayent donc de conserver leur niveau de financement en ayant davantage recours aux fonds externes. Bien que les possibilités de financement externe n'aient pas été toutes entièrement exploitées, elles ne sont pas illimitées et les universités seront confrontées à une réduction des ressources encore plus sensible qu'actuellement.

Parallèlement, les décideurs politiques et les organisations scientifiques s'efforcent d'améliorer l'efficacité de la recherche scientifique grâce à des réformes organisationnelles, à l'introduction de nouvelles mesures incitatives et à l'évaluation régulière des institutions et des groupes de recherche. À cet égard, l'Allemagne n'en est qu'au début par rapport à d'autres pays comme le Royaume-Uni, les Pays-Bas ou l'Australie et ses universités ont probablement encore fort à faire avant de mettre en place une nouvelle structure. Pour l'instant, les programmes d'évaluation axés principalement sur l'excellence scientifique de la recherche fondamentale ne prennent pas suffisamment en compte le large éventail d'activités de la recherche et la division du travail entre les différents groupes et établissements de recherche.

Un autre aspect de cette transition est la demande croissante en activités de transfert de technologie et de savoir. Normalement, les universités doivent jouer un rôle important dans la restructuration de l'économie allemande vers des technologies de pointe et des services à forte concentration de savoir. Bien que l'on puisse encore améliorer les mécanismes et les structures du transfert de technologie et de savoir des universités, la contribution de ces dernières à la technologie est déjà significative (Schmoch 2000). L'un des problèmes majeurs dans ce contexte est le conflit potentiel entre l'exigence d'une recherche fondamentale d'excellence et l'augmentation du transfert de technologie. Le débat actuel cherche d'ailleurs à savoir si la science fondamentale et les activités de transfert sont contradictoires ou pas (cf. Van Looy et al. 2004). Quoi qu'il en soit, certains professeurs activement engagés dans le transfert de technologie doivent aussi s'acquitter, au détriment de leur mission d'enseignement, de multiples tâches, dont les négociations avec les entreprises, la recherche, l'enseignement, la supervision des chercheurs débutants et confirmés, etc. Les établissements de notation doivent donc réfléchir à de nouveaux modèles d'évaluation qui donneraient autant de valeur aux activités de transfert qu'à l'excellence scientifique.

De plus en plus, l'orientation vers l'application pousse les universités à favoriser les sciences de la médecine, de la nature et de l'ingénierie au détriment des sciences humaines et sociales. Cette érosion des sciences humaines et sociales reflète le discours public actuel focalisé sur les perspectives économiques de l'Allemagne dans le contexte de la mondialisation. D'autres apports potentiels du monde universitaire à la société, comme par exemple l'éthique dans les sciences du vivant, la place de l'individu dans un monde de haute technologie, la modification des structures sociales dans un contexte de chômage grandissant ou le nombre croissant de résidents étrangers, sont considérés comme secondaires.

Un autre impact notable pour les universités est la progression de l'unification européenne, qui influence déjà fortement les normes de l'enseignement universitaire. On peut d'ores et déjà observer les premières mises en place de normes communes pour évaluer et comparer la performance de la recherche, un changement qui va renforcer la tendance vers l'évaluation régulière comme décrite ci-dessus.

La pénurie de fonds publics entraînera l'introduction généralisée de frais de scolarité qui resteront toutefois raisonnables par rapport à ceux des universités privées. Ces dernières n'auront donc aucune raison de prendre une place prépondérante dans le système universitaire allemand. Elles se cantonneront à quelques disciplines et même là, devront démontrer leur supériorité qualitative par rapport aux universités publiques.

Au-delà des discussions sur la recherche et sur la troisième mission des universités, leur rôle essentiel dans la formation de personnel hautement qualifié va devenir de plus en plus d'actualité.[15] Pour l'instant, les décideurs politiques tentent de déplacer le problème mais d'ici 10 ans, la présence de personnel hautement qualifié sera considérée comme un facteur essentiel pour la compétitivité de l'économie allemande. Dans ce contexte, les universités doivent réfléchir à une meilleure formation didactique de leur personnel ainsi qu'à une meilleure relation entre enseignants et étudiants afin d'augmenter le taux de réussite de ces derniers. De plus, il deviendra nécessaire d'inciter davantage d'étudiantes à se diriger vers les sciences de la nature et de l'ingénierie. Enfin, des efforts doivent être également fournis pour attirer les étudiants étrangers.

Récemment, un évènement significatif a eu un fort impact sur les universités: la division du travail plus marquée entre gouvernement central et états fédéraux (Länder), grâce à laquelle ces derniers obtiennent l'entière responsabilité des universités. Les conséquences de cette nouvelle organisation ne sont pas encore claires. Certains experts constatent une amélioration générale de l'enseignement et de la recherche due à la concurrence renforcée entre les *Länder*. D'autres dénoncent les différences structurelles croissantes entre les *Länder* en ce qui concerne les normes de l'enseignement et de la recherche et constatent une mobilité réduite des étudiants ainsi qu'un écart grandissant entre les universités des *Länder* pauvres et des *Länder* riches. Une conséquence possible serait que les *Länder* pauvres réduisent leur enseignement en ingénierie puisqu'un grand nombre de leurs diplômés obtiennent du travail dans les grandes entreprises des *Länder* riches. Des mécanismes compensatoires appropriés devront donc être trouvés pour garantir un nombre suffisant de diplômés dans ces disciplines.

Une autre conséquence de la restructuration actuelle du système universitaire allemand pourrait être une plus grande spécialisation des universités dans des domaines spécifiques afin d'obtenir un profil plus pointu. L'ambition actuelle d'avoir toutes les universités offrant la même qualité dans la quasi-totalité des disciplines ne peut pas être maintenue sur le long terme. Actuellement, certaines universités ont déjà atteint un niveau de qualité d'enseignement et de recherche très élevé (Friedmann et al. 2004; Wegner et al. 2004), ce qui devrait continuer à l'avenir. Quant au devenir de ces structures d'ici 15 ans, un scénario extrême serait celui du système universitaire américain avec un nombre limité d'excellentes universités et de nombreuses universités avec un niveau d'enseignement moins élevé et aucune

---

[15] D'ailleurs, Archibugi (2006) soutient que ces dernières années, l'accent a été mis de façon exagérée sur la transmission du savoir des universités vers les entreprises.

recherche. Ce cas de figure est peu probable en Allemagne mais une différenciation plus nette sera inévitablement mise en place.

Malgré toutes les perturbations dues à la restructuration actuelle, les universités joueront un rôle plus important à moyen terme puisque leur contribution ciblée aux industries et services basés sur la connaissance est essentielle pour la compétitivité de l'économie allemande. En particulier dans le contexte du débat sur la pénurie de main d'œuvre hautement qualifiée, l'enseignement, mission première des universités, devrait connaître un nouvel élan.

Bibliographie

Albrecht B et al (2004) Der Fischer Weltalmanach 2004. Zahlen, Daten, Fakten. Fischer Taschenbuch Verlag, Frankfurt a. M

Archibugi D (2006) In defense of public science. Contribution au Going Global Conference. The Challenges for Knowledge-based Economies à Helsinki, Finlande, Septembre 21–22, 2006

Bierhals R, Schmoch U (2000) Wissens- und Technologietransfer an Universitäten.Dans: Schmoch U, Licht G, Reihard M (dir) Wissens- und Technologietransfer in Deutschland. Fraunhofer IRB Verlag, Stuttgart, pp 74–114

Bundesministerium für Bildung und Forschung (BMBF) (2000) Bundesbericht Forschung 2000. BMBF, Bonn

Bundesministerium für Bildung und Forschung (BMBF) (2004) Bundesbericht Forschung 2004. BMBF, Berlin/Bonn

Bundesministerium für Bildung und Forschung (BMBF) (2005) Zur technologischen Leistungsfähigkeit Deutschlands 2005. BMBF, Berlin/Bonn

Bundesministerium für Bildung und Forschung (BMBF) (2006) Forschung und Innovation in Deutschland. BMBF, Berlin/Bonn

Bundesministerium für Bildung und Forschung (BMBF) (2007) Bericht zur technologischen Leistungsfähigkeit Deutschlands 2007. BMBF, Berlin/Bonn

Bundesministerium für Bildung und Forschung (BMBF) (2008) Bundesbericht Forschung und Innovation 2008. BMBF, Berlin/Bonn

Bundesministerium für Forschung und Technologie (BMFT) (1993) Bundesbericht Forschung 1993. BMFT, Bonn

Encarnação J, Schmoch U et al. (1997) Technology transfer in Germany. Dans: Abramson HN, Encarnação J et al (dirs) Technology transfer systems in the United States and Germany. Lessons and perspectives. National Academy Press, Washington, DC, pp 241–348

Expertenkommission Forschung und Innovation (EFI) (2008) Gutachten zu Forschung, Innovation und technologischer Leistungsfähigkeit. EFI, Berlin (disponible sur www.e-fi.de)

Forschergruppe "Governance der Forschung" (2007) Forschungspolitische Thesen zu Rahmenbedingungen für eine leistungsfähige öffentlich finanzierte Forschung, FÖV, Berlin.

Friedmann J et al (2004) Die Elite von morgen. Spiegel 48:178–200

Haug H-F, Hetmeier H-W (2003) Bericht zur finanziellen Lage der Hochschulen. Statistisches Bundesamt, Wiebaden

Heinze T, Kuhlmann S (2006) Analysis of heterogeneous collaboration in the German research system with a focus on nanotechnology. Dans: Jansen D (dir) New forms of governance in research organizations. From disciplinary theories towards interfaces and integration. Springer, à venir, Heidelberg

Hochschulrektorenkonferenz (HRK) (Hrsg.) (1996) Zur Finanzierung der Hochschulen. Dokumente zur Hochschulreform 110/1996. Hochschulrektorenkonferenz, Bonn

Institut der deutschen Wirtschaft (IW) (dir) (2006) Deutschland in Zahlen. Deutscher Instituts-Verlag, Köln

Keck O (1993) The national system of technical innovation in Germany. Dans: Nelson RR (dir) National innovation systems. A comparative analysis. Oxford University Press, New York/Oxford, pp 115–157

Krücken G. (2001) Wissenschaft im Wandel? Gegenwart und Zukunft der Forschung an deutschen Hochschulen. Dans: Stölting E, Schimank U (dirs) Die Krise der Universitäten. Leviathan Sonderheft 20. Westdeutscher Verlag, Wiesbaden, pp 326–345

Krull W (2005) Eckpunkte eines zukunftsfähigen deutschen Wissenschaftssystems. Zwölf Empfehlungen. Hannover

Kulicke M, Stahlecker T, Hemer J, Wolf B, Malcherek A, Wranik A, Hercher A (2004) Forschungslandkarte Fachhochschulen. Potenzialstudie. BMBF, Berlin

Legler H, Gehrke B, Schasse U. Rammer C, Schmoch U (2004) Innovationsindikatoren zur technologischen Leistungsfähigkeit der östlichen Bundesländer. Studien zum deutschen Innovationssystem, Nr 20-2004. BMBF, Berlin

Legler H, Rammer C, Schmoch U (2006) Technological performance – concept and practice. Dans: Schmoch U, Rammer C, Legler H (dirs) National systems of innovation in comparison. Structure and performance indicators for knowledge societies. Springer, Dordrecht, pp 3–14

Leszczensky M, Orr D (2004) Staatliche Hochschulfinanzierung durch indikatorengestützte Mittelverteilung. Dokumentation und Analyse der Verfahren in 11 Bundesländern. Kurzinformation Hochschul-Informations-System A2/2004. Hannover

Leszczensky M, Robert Helmrich R, Frietsch R (2008) Bildung und Qualifikation als Grundlage der technologischen Leistungsfähigkeit Deutschlands. Studien zum deutschen Innovationssystem, Nr. 8-2008. EFI, Berlin (disponible sur www.e-fi.de)

Manegold K-H (1978) Technology academised. Education and training of the engineer in the nineteenth century. Dans: Krohn W, Layton ET, Weingart P (dirs) The dynamics of science and technology. Social values, technical norms and scientific criteria in the development of knowledge. R. Reidel Publishing Company, Dordrecht/Boston, pp 137–158

Meyer-Krahmer F (2000) Vernetzung zwischen Wissenschaft und Wirtschaft – ihre Bedeutung für Wachstum und Beschäftigung. Dans: Stiftung Brandenburger Tor (dir) Wissens- und Technologietransfer. H&P Druck, Berlin, pp 18–27

OCDE (2007) Education at a Glance 2007. OCDE, Paris

Salter AJ, Martin BR (2001) The economic benefits of publicly funded basic research: a critical review. Research Policy 30(3):509–532

Schimank U (1990) Technology policy and technology transfer from state-financed research institutions to the economy: some German experiences. Science and Public Policy, pp 219–228

Schimank U (1995) Hochschulforschung im Schatten der Lehre. Campus Verlag, Frankfurt a. M.

Schimank U (2001) Festgefahrene Gemischtwarenläden – Die deutschen Hochschulen als erfolgreich scheiternde Organisationen. Dans: Stölting E, Schimank U (dirs) Die Krise der Universitäten. Leviathan Sonderheft 20. Westdeutscher Verlag, Wiesbaden, pp 232–242

Schimank U (2005) "New public management" and the academic profession: reflections on the German situation. Minerva 43:361–376

Schmoch U (2000) Abschließende Betrachtungen. Dans: Schmoch U, Licht G, Reihard M (dirs) Wissens- und Technologietransfer in Deutschland. Fraunhofer IRB Verlag, Stuttgart, pp 423–429

Schmoch U (2003) Hochschulforschung und Industrieforschung. Perspektiven der Interaktion. Campus Verlag, Frankfurt/M

Schmoch U (2004) The technological output of scientific institutions. Dans: Glänzel W, Moed H, Schmoch U (dirs) Handbook of quantitative science and technology research. The Use of publication and patent Statistics in studies on R&D systems. Kluwer Academic Publishers, Dordrecht/Norwell/New York/Londres, pp 717–731

Schmoch U (2005) Leistungsfähigkeit und Strukturen der Wissenschaft im internationalen Vergleich 2004. Studien zum deutschen Innovationssystem, Nr. 6-2005. BMBF, Berlin

Spinner HF (1994) Die Wissensordnung. Ein Leitkonzept für die dritte Grundordnung des Informationszeitalters. Leske + Budrich, Opladen

Statistisches Bundesamt (StaBu) (2009) Various tables (Fachserien). Statistisches Bundesamt, Wiesbaden

Van Looy B, Ranga M, Callaert J, Debackere K, Zimmermann E (2004) Combining entrepreneurial and scientific performance in academia: towards a compounded and reciprocal Matthew-effect? Research Policy 33(3):425–441

Wegner J, Müller B, Siefer W, Weber C (2004) Die besten Universitäten. Focus 39:110–120

Wissenschaftsrat (WR) (1993) Drittmittel der Hochschulen 1970 bis 1990. WR, Köln

Wissenschaftsrat (WR) (2000a) Thesen zur künftigen Entwicklung des Wissenschaftssystems in Deutschland. WR, Köln.

Wissenschaftsrat (WR) (2000b) Drittmittel und Grundmittel der Hochschulen 1993 bis 1998. WR, Köln.

Wissenschaftsrat (WR) (2002) Eckdaten und Kennzahlen zur Lage der Hochschulen von 1980 bis 2000. WR, Köln

Chapitre 14
Universités en voie de développement : évolution du rôle des établissements d'enseignement supérieur au Danemark

Birgitte Gregersen et Jørgen Gulddahl Rasmussen

14.1 Introduction au contexte danois

D'un point de vue économique traditionnel, il pourrait sembler paradoxal qu'un petit pays (5,5 millions d'habitants) avec des salaires élevés, une forte fiscalité, un secteur public étendu, relativement peu d'activité de R&D, et une proportion relativement basse de personnes avec un haut niveau de qualification en science et technologies puisse, depuis des décennies, rester relativement compétitif et riche. Des études récentes du Système national d'innovation danois donnent deux explications interdépendantes (Lundvall 2002b; Christensen et al. 2008).

14.1.1 La cohésion sociale dans le modèle danois de l'État-providence

La première explication est en lien avec le modèle danois de l'État-providence qui, de longue date, met l'accent sur la cohésion sociale. Dans ce modèle, des mécanismes globaux de redistribution permettent une répartition relativement égale des revenus: c'est l'un des ingrédients clés.[1] La traditionnelle égalité d'accès – en principe sans rapport avec le niveau des revenus ni le statut social – à des services publics de relativement haut niveau assurés par l'état providence y compris l'éducation, les

---

[1] L'indice de Gini pour le Danemark: 23,2 (2005, rang 1), IDH: 0,949 (2005, rang 14) et PIB par habitant (PPA US$ 2005): 33 973 (source: OCDE 2008 et PNUD 2007).

B. Gregersen(✉) • J.G. Rasmussen
Département des études de gestion, Université d'Aalborg, Aalborg, Danemark
Courriel: bg@business.aau.dk

soins, les services sociaux, l'environnement et l'infrastructure, est un autre élément clé. Il ne faut pas sous-évaluer l'importance de la création et du maintien de la cohésion sociale en rassemblant, par exemple, la majorité des enfants de tous les milieux sociaux au sein d'un système d'école publique commun ou le principe de la gratuité et l'égalité d'accès à des services de santé.

Depuis le début du vingtième siècle, le Danemark a des syndicats puissants et des groupes politiques du centre-gauche qui positionnent l'État-providence et la cohésion sociale au centre des priorités politiques. Le système corporatiste d'interaction entre l'État, les syndicats de salariés et les employeurs est au centre de la formulation et de la mise en œuvre du modèle de l'État-providence. Cette coopération a permis la création du modèle danois de flexi-sécurité, qui allie une grande flexibilité pour les employeurs dans le recrutement et le licenciement des salariés avec un niveau relativement élevé de sécurité de revenu pour les salariés. En lien avec le modèle de cohésion sociale, il faut également citer le taux de participation relativement élevé des femmes dans le marché du travail, avec le régime étendu de garde d'enfant soutenu par l'État depuis les années 1960.

Toutefois, depuis quelques années, le modèle de cohésion sociale subit une pression politique croissante des tendances néolibérales et se voit dans une croissance des inégalités de revenus, une diminution des prestations sociales, une évolution du système de sécurité sociale vers plus d'assurances et de pensions privées, plus d'hôpitaux privés, et plus de parents qui envoient leurs enfants dans des écoles privées. Alors que le taux moyen de chômage avoisinait les 3% ces dernières années, les personnes les moins qualifiées ont des difficultés à trouver et à garder un travail régulier – une tendance qui ne fait qu'augmenter avec la crise financière actuelle. C'est le cas, notamment, pour beaucoup d'immigrés d'origine non-Européenne et venant des États-Unis. La société danoise ne réussit pas à intégrer efficacement ces populations au marché du travail.

14.1.2 Une R&D faible, mais un flux continu d'innovations

Une deuxième hypothèse expliquant comment le Danemark réussit à maintenir un tel niveau de revenu élevé est liée à un flux continu d'innovations de produit, de processus et de marché réalisées par les petites et moyennes entreprises (PME). Pourtant, ce secteur dominant de PME investit très peu en R&D et ses interactions directes avec les universités sont minimes. L'agro-industrie traditionnelle à grande échelle fait figure d'exception dans ce paysage danois dominé par les PME. Aujourd'hui, ce secteur se caractérise par un niveau élevé de standardisation dans les produits et les processus, des subventions importantes de l'UE pour la production primaire, une industrie de transformation efficace, et quelques canaux de distribution dominants. L'industrie pharmaceutique scientifique est une autre exception. Elle est en expansion rapide, avec une forte activité de dépôts de brevets.

Beaucoup de petits pays ont une structure commerciale spécialisée dans les biens à moyenne ou basse teneur en technologie mais, selon Maskell (2004), le cas du Danemark a quelques aspects spécifiques qui contribuent à sa compétitivité. Parmi

Tableau 14.1 Les dépenses de R&D au Danemark en pourcentage du PIB 1995-2007 (%)

Secteur	1995	2000	2001	2002	2003	2004	2005	2006	2007
Privé	1,05	1,50	1,64	1,73	1,78	1,69	1,67	1,65	1,65
Public	0,78	0,75	0,75	0,76	0,78	0,78	0,76	0,80	0,88
Total	1,83	2,25	2,39	2,49	2,56	2,47	2,43	2,45	2,53

Source: Institut danois des études et recherches et des politiques de recherche (2003a, 2003b, 2005); Eurostat

les éléments importants, il faut inclure des institutions informelles telle que l'économie négociée, une culture égalitaire, et une grande fluidité dans l'échange d'informations grâce à des relations de confiance bien établies (Lundvall 2002b; Maskel 2004). L'alliance de ces structures avec des conditions macroéconomiques stables est un élément important pour comprendre comment l'industrie danoise parvient à garder une relative compétitivité, malgré un manque de R&D formelle (Christensen et al. 2008).

Malgré la relative grande spécialisation des secteurs faiblement technologiques, les dépenses totales danoises en R&D par rapport au PIB ont plus que doublées depuis le début des années 1980 (d'environ 1% en 1980 à environ 2,5% du PIB en 2007). Toutefois, parmi les pays Nordiques, la Finlande et la Suède dépassent sans conteste le Danemark, avec des chiffres plus élevés sur toute la période. Dans les deux pays, les dépenses en R&D atteignent maintenant plus de 3% du PIB.

Comme le montre le Tableau 14.1, les dépenses publiques de R&D n'augmentent pas au même rythme que celles du secteur privé. Toutefois, le gouvernement danois a récemment annoncé une augmentation significative du budget public dédié à la R&D en 2009 et 2010, afin d'atteindre l'objectif de Barcelone de 1% en 2010.

Durant les deux dernières décennies, les secteurs les plus en demande et les plus actifs dans la recherche ont été l'industrie pharmaceutique et le secteur des TIC/télécommunications. Les services de recherche privés de ces secteurs collaborent étroitement avec les universités danoises et étrangères, mais une tendance grandissante des entreprises danoises consiste à établir des laboratoires de recherche en dehors du pays (Institut danois des études et recherches et des politiques de recherche 2003/2009). Par exemple, le laboratoire pharmaceutique Novo Nordisk dépense environ un milliard d'euros par an en R&D et déploie 4 600 salariés travaillant en R&D dans le monde (2008). 52% des 27 000 salariés de Novo Nordisk sont basés en dehors du Danemark.

Si les moyennes dépassent celles de L'Union européenne (UE) et de l'Organisation de coopération et développement économiques (OCDE), la distribution des dépenses de R&D est biaisée. Globalement, 1,5% des entreprises sont responsables de 47% de toute la R&D au Danemark en 2006 (Institut danois des études et recherches et des politiques de recherche 2008a). On peut toutefois noter que, depuis le milieu des années 1990, les petites entreprises ont augmenté leurs efforts en R&D.

Le Tableau 14.2 montre que les dépenses pour l'éducation dans sa globalité (primaire, secondaire et tertiaire) en pourcentage du PIB augmentent progressivement depuis le milieu des années 1990 et dépassent la moyenne de l'OCDE, suite à une politique qui met de plus en plus l'accent sur les ressources humaines en tant que moteur de l'innovation et la croissance.

Tableau 14.2 Dépenses (toutes sources) pour l'éducation en pourcentage du PIB (1995, 2000, 2005)

	Danemark			Moyenne de l'OCDE		
	1995	2000	2005	1995	2000	2005
Total éducation	6,2	6,6	7,4	…	…	5,8
Éducation tertiaire	1,6	1,6	1,7	…	…	1,5

Source: OCDE (2008); Mémento sur l'Éducation (2008: Table B2.1)

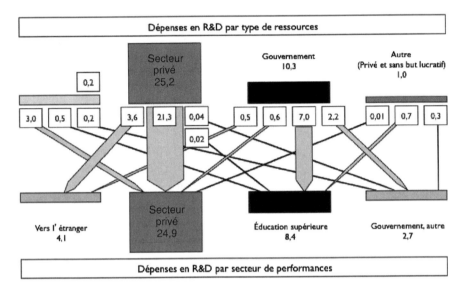

Fig. 14.1 R&D au Danemark par sources de financement et par secteur, 2003 (bn DKK) (*Source* : Institut danois des études et recherches et des politiques de recherche)

Si on regarde de plus près la distribution des dépenses de R&D par source de financement (Fig. 14.1), le secteur privé représente 60% et le secteur public presque 30%. Le pourcentage du secteur privé est relativement élevé, dépassant le niveau de l'UE-27, mais reste en dessous de celui de la Suède et de la Finlande, par exemple. Il faut noter que la proportion de financements venant de sources étrangères a presque doublé dans les années 1990, le reflet d'une tendance vers la globalisation de la production du savoir. Si on regarde la distribution par secteur, le secteur privé représente plus de deux tiers des activités de R&D, le reste étant couvert par l'enseignement supérieur (surtout les universités) et d'autres établissements de recherche publics. Avec, dans le temps, une augmentation de la part des universités.

14.1.3 Inscriptions en enseignement supérieur, doctorat et formation tout au long de la vie

Au cours des deux siècles passés, tous les enfants ont suivi au moins 7 ans d'éducation primaire. Depuis plusieurs décennies, le minimum est passé à 9 ans et aujourd'hui,

Tableau 14.3 Les inscriptions dans l'éducation tertiaire par domaine d'enseignement, Danemark, années sélectionnées, %

	2000		2005		2007	
	Total	Part F	Total	Part F	Total	Part F
Éducation	11	69	11	71	11	71
Arts & lettres	17	65	15	63	15	62
Sciences sociales, commerce et droit	23	47	30	50	29	51
Science	10	33	8	32	9	35
Ingénierie	10	28	10	33	10	33
Agriculture	2	52	1	52	1	54
Santé et bien-être	24	80	22	81	22	80
Services	2	27	2	22	2	22
Total	100	57	100	57	100	58
Total des inscriptions	189 162	107 644	232 255	133 376	232 194	133 684

Part F : Part des femmes inscrites dans chacun des domaines d'éducation
Source : UNESCO Institut des statistiques (2009)

la plus grande majorité passe au moins 12 ans dans les systèmes d'éducation (y compris l'enseignement secondaire), aboutissant soit à une éducation professionnelle, soit à un diplôme de l'enseignement secondaire, qui peut être général, technique ou commercial. De plus, un nombre grandissant de jeunes poursuit des études tertiaires. Au début des années 1980, environ 15% des jeunes de 25 à 64 ans avaient une éducation tertiaire (courte, moyenne ou longue). En 2006, cette proportion était de 35% (OCDE 2008). L'augmentation du taux d'inscriptions est particulièrement grande pour les étudiantes, et aujourd'hui les jeunes femmes surpassent en nombre les hommes inscrits dans l'éducation tertiaire avec, néanmoins, une grande variation de domaine en domaine (voir Tableau 14.3).

Depuis plusieurs années, l'Association de l'industrie danoise et le gouvernement danois ont lancé de nombreuses campagnes ciblées vers les jeunes avec pour objectif de promouvoir l'intérêt pour la science et l'ingénierie, en faisant référence à un manque éventuel d'ingénieurs au Danemark dans les années à venir, mais la distribution globale des inscriptions semble difficile à modifier.

Pendant plusieurs années, les étudiants danois ont eu le droit d'étudier et de recevoir une bourse de l'État d'un montant d'environs 900 dollars US par mois (2008), avec en plus des crédits pour la durée standard des études de premier et deuxième cycle, pour un total de 5 à 6 ans. Tous les jeunes ont de ce fait la possibilité de financer leur enseignement supérieur sans un soutien financier de la part de leurs parents ou d'autres sources. En plus, de plus en plus de programmes de premier et de deuxième cycle augmentent leur capacité, seuls un petit nombre d'entre eux limitant le nombre d'inscrits. Quelques débats ont lieu de temps en temps sur la scène politique au sujet du système des bourses et de la politique libérale des inscriptions, mais pour le moment, des seules limitations introduites concernent les étudiants non-européens qui, depuis 2006, doivent payer des frais de scolarité. Les étudiants européens ne paient pas de frais de scolarité pour des programmes normaux, en journée, en premier et deuxième cycle, mais seulement pour les MBA et certains programmes d'études à temps partiel en deuxième cycle.

Les dix dernières années ont aussi vu une croissance du nombre d'étudiants en doctorat, ce qui reflète une tendance internationale vers une formation plus formelle en recherche.[2] Toutefois, le Danemark est toujours en retard par rapport à la Suède et à la Finlande, malgré une augmentation récente du budget public pour les études de troisième cycle et une tentative de rattraper le niveau finnois.

Depuis cinq à dix ans, on remarque une croissance continue du nombre de cours proposés en deuxième cycle, dans beaucoup de domaines, qui prennent la forme de formation continue sur la base d'expériences professionnelles acquises. Actuellement, toutes les universités danoises offrent des programmes de deuxième cycle avec une sélection importante d'autres activités réunies dans le programme Éducation ouverte.

Le Danemark a une longue tradition d'éducation et de formation des adultes, y compris de formation professionnelle. Selon diverses études réalisées par l'UE, la main d'œuvre danoise figure parmi la plus active en ce qui concerne la participation dans la formation continue et les activités de formation tout au long de la vie, et jusqu'à présent le secteur public a dépensé un plus grand pourcentage du PIB sur la formation tout au long de la vie que la plupart des autres pays (Christensen et al. 2008).

14.2 La position des établissements d'enseignement supérieur et de recherche dans le Système national d'innovation

Le système d'innovation danois comprend (2008) une large gamme d'établissements d'enseignement supérieur et de recherche: huit universités, quatre établissements de recherche publics pour des secteurs et domaines spécifiques, quatre hôpitaux universitaires, neuf GTS,[3] plusieurs centres d'éducation tertiaire (CVU en danois) et académies de gestion, sept pôles scientifiques, et environ sept « centres d'innovation ».[4]

La plupart de ces établissements sont publics ou parapublics. Le budget annuel de l'État finance une grande partie, bien qu'elle soit en baisse, des activités de ces établissements.[5] Une plus petite partie, en croissance, des budgets des établissements viennent des sources publiques et privées pour des cibles, programmes et

---

[2] Les entrées en programmes de doctorat sont passées de 1 168 en 1998 à 2 072 en 2008, avec une augmentation de la proportion de femmes de 39% à 47% pendant la même période (Statistiques Danemark 2009).

[3] GTS est un sigle danois qui signifie « Instituts de services techniques homologués ».

[4] La cartographie danoise des établissements d'enseignement supérieur et de recherche change depuis 2007, le résultat d'un nouveau processus de fusion. Certaines des douze universités existantes ont fusionné pour n'en laissé que huit et, dans le même temps, la majorité des 21 établissements de recherches publics qui existaient ont soit fusionné soit intégré les universités.

[5] La partie financée par des fonds publics est passée de 97,5% en 2000 à 96,7% en 2006.

projets stratégiques. La plus grande partie des investissements en R&D publics est destinée aux universités (pour l'enseignement supérieur).

Les parties suivantes se focalisent plutôt sur les universités et un peu moins sur les établissements de recherche publics et les hôpitaux universitaires – les trois groupes qui, ensemble, se partagent la plus grosse part des moyens disponibles.

14.2.1 Liens et collaboration

Le choix des domaines de collaboration et des partenariats est, pour l'essentiel, la décision des établissements ou de leurs départements, voire du groupe de recherche ou même du chercheur lui-même, à condition que les financements viennent de l'établissement ou des partenariats. Par conséquent, l'histoire de l'établissement, ses traditions, et les bénéfices mutuels des liens de collaboration sont autant d'éléments qui jouent un rôle important dans l'exploitation de ces relations.

Dans le contexte danois, la structure commerciale existante et les activités du secteur public du savoir jouent un rôle important dans la création des relations. Les partenaires dans les collaborations de recherche et de la production de savoir incluent le secteur agricole, le secteur pharmaceutique, le secteur énergétique, sans oublier l'un des plus importants, le secteur des hôpitaux publics. Ces secteurs sont dominés par des grandes entreprises, ce qui implique qu'un nombre relativement faible d'entreprises est à l'origine d'une grande partie des relations avec des groupes de recherche spécifiques dans les universités et dans les établissements de recherche publics.

À part ces types de liens, le système d'innovation comprend également plusieurs pôles scientifiques liés, de manière générale, à une université. Les liens mentionnés ci-dessous incluent des essaimages des grandes entreprises et des universités qui font partie des pôles scientifiques et des « centres d'innovation ». Ces pôles et centres peuvent également disposer d'établissements de recherche sectoriels et de GTS, et la recherche universitaire ordinaire peut également profiter des mêmes endroits.

Dans une petite économie comme le Danemark, les produits qui résultent de ce savoir sont commercialisés à l'international. Aujourd'hui, c'est le cas pour les activités entre grandes entreprises et établissements de recherche, mais aussi pour les jeunes entreprises et celles issues de l'essaimage. Les demandes pour leurs produits, ainsi que leurs partenaires R&D, sont très orientés vers l'international.

La plupart des entreprises axées sur le marché intérieur ou qui ont des produits à faible teneur technologique sont moins impliquées dans les relations de recherche et d'innovations avec les universités que les entreprises, incorporant plus de recherche dans leurs activités et travaillant aussi bien sur les marchés extérieur et intérieur. Les GTS ont pour mission, en partie, d'accroître la création des relations entre de telles entreprises et les zones les plus avancées du système d'innovation, mais jusqu'à présent, aucun changement radical dans le schéma d'interaction n'est véritablement visible. Il semble que la présence de salariés diplômés d'université dans les entreprises soit un réel avantage pour démarrer des activités de création de partenariat (Christensen et al. 1999; Vinding 2002). En revanche, de moins en moins d'entreprises danoises se focalisent exclusivement sur le marché intérieur, impliquant que les entreprises sont de plus en plus nombreuses à incorporer la recherche à leurs activités.

Jusqu'à présent, les faibles relations avec le système de recherche n'ont pas eu une conséquence directe sur l'orientation générale vers le marché intérieur. En revanche, avec un plus grand nombre d'entreprises devant faire face à la concurrence intense des entreprises étrangères, le savoir devient un avantage concurrentiel de plus en plus important. Par conséquent, les entreprises s'impliquent plus dans les activités de R&D. Leur succès semble dépendre de la vitesse avec laquelle les diplômés trouvent de l'emploi dans ces entreprises et ce qu'ils peuvent apporter aux entreprises en termes de compétences. Ce qui implique que l'enseignement supérieur offre des qualifications adéquates.

14.3 Cartographie du système d'enseignement supérieur et de recherche au Danemark

Afin d'obtenir une vue d'ensemble du système d'enseignement supérieur et de recherche, cette partie présente un bref historique des établissements d'enseignement supérieur et du système de gouvernance, ainsi qu'un descriptif des principaux liens en place entre les institutions d'enseignement supérieur et de recherche et les autres partenaires dans la société.

14.3.1 Brève histoire de l'enseignement supérieur

Créée en 1479, l'université de Copenhague fut d'abord séminaire pour des prêtres catholiques, reconnu par le pape, et proposant des programmes de droit, de philosophie et de médecine (Ministère des sciences, technologie et innovation 2003: 3). Pendant plusieurs siècles, cette université était le seul établissement d'enseignement supérieur au Danemark. La fin du dix-huitième siècle voit la fin de cette exclusivité, quand de nombreux instituts de formation des maîtres se mettent en place progressivement, conséquence de l'introduction de l'enseignement général primaire qui augmente la demande pour l'enseignement des enseignants.

Pendant la première moitié du dix-neuvième siècle, l'Institut universitaire de technologie, devenu l'Université technique de Danemark, est créé (1829), et plus tard l'Université royale agricole et vétérinaire (1856) et l'Université danoise de la science pharmaceutique (1892) sont établies. Par la suite, deux écoles de commerce et l'Université d'Aarhus (1928) voient le jour pendant la première moitié du vingtième siècle. Et finalement, pendant la deuxième moitié de ce même siècle, les universités de Odense (1966), Roskilde (1972), et Aalborg (1974) sont créées, ainsi que l'Université danoise d'éducation, fondée en 2000 par la fusion de plusieurs établissements plus petits. Dès le départ, le Centre universitaire de Roskilde et l'Université d'Aalborg introduisent dans leur approche pédagogique générale un modèle d'apprentissage basé sur la résolution des problèmes.

Au cours du vingtième siècle, les instituts de formation des maîtres sont suivis par des instituts de formation pour différents métiers liés à la pédagogie et à l'école maternelle. En parallèle la formation du personnel de santé passe d'une approche professionnelle en interne à une éducation institutionnalisée. En comptant les instituts de formations des maîtres, plus de cent établissements faisaient partie de cette catégorie avant la série de fusions. De plus, un certain nombre d'instituts de formation en ingénierie, et plusieurs établissements d'enseignement secondaire spécialisés en commerce et en technologie, ont commencé à offrir des programmes courts d'enseignement supérieur d'un à 2 ans dans leurs domaines spécifiques.

Jusqu'à présent, cette augmentation du nombre d'établissements d'enseignement au sein du secteur universitaire n'a été suivie que par un petit nombre de fusions: une entre l'université d'Odense et une petite école de commerce dans la partie sud de Jutland avec l'Université du Danemark du Sud (1998), et une autre, celle concernant l'Université de l'éducation mentionnée ci-dessus (2000). Dans le secteur des instituts de formation, depuis 10 ans, le Ministère de l'éducation encourage les établissements dans le même domaine à fusionner, et une série de fusions a sérieusement diminué le nombre de ce type d'instituts de formation. En 2007, le Ministère de la science, de la technologie et de l'innovation lance l'idée de fusions supplémentaires dans le secteur universitaire. Le résultat de ces négociations est une sorte de solution « modérée », proposant de ramener le nombre total d'universités à huit.

Un grand nombre de relations existent à un niveau individuel entre des groupes de chercheurs et des enseignants dans des domaines similaires. Les liens à un niveau institutionnel sont bien moins nombreux et servent, en général, aux petits établissements avec peu de moyens à obtenir le soutien d'établissements mieux dotés pour la recherche, avec pour résultat une amélioration de la qualité de l'enseignement dans les premiers.

14.3.2 Le développement d'un système de gouvernance universitaire

14.3.2.1 D'un système de gouvernance collégiale...

À la Réforme en 1536, les universités au Danemark sont devenues des établissements publics avec un certain degré d'autonomie. L'université était régie par un système de gouvernance collégiale basée sur les professeurs qui agissaient au travers d'un sénat. En 1968, les étudiants ont demandé à avoir plus d'influence sur la prise de décisions dans les universités, et au début des années 1970, le parlement a voté la structure de gouvernance, adoptée pour les décennies qui ont suivi. Cette loi a défini la composition du sénat universitaire: 50% de professeurs, 25% d'étudiants et 25% de personnel technique administratif. Chaque collège dans l'université élisait ses membres du sénat, et les mêmes, dans les mêmes proportions, élisaient le recteur. Pendant la première moitié des années 1970, toutes les universités ont constitué des facultés, chacune ayant plusieurs départements avec des conseils. Ces conseils étaient composés de la même façon que le sénat et étaient décisionnaires en ce qui concerne les budgets, les plans et les questions liées à l'enseignement, et ils élisaient un doyen de la faculté. Les départements étaient régis par tout le personnel de recherche, d'enseignement et technique administratif, avec un nombre de représentants élus des étudiants; ils élisaient un chef de département.

Pour tous les programmes au niveau de la maîtrise, un conseil d'étude était élu à parité entre enseignants et étudiants, et ces conseils prenaient des décisions relatives aux programmes, au planning des cours, et à d'autres questions liées à l'enseignement et l'éducation. Ceci se faisait sous ordonnance du Ministère de l'éducation pour chaque programme de maîtrise qui définissait au niveau national les objectifs généraux du programme. De cette manière, la gouvernance des programmes d'études se divisait entre le Ministère et les Conseils d'études. En même temps, il est important de noter que ni les conseils ni les universités ne pouvaient – et ne peuvent encore aujourd'hui – lancer un nouveau programme de deuxième ou de premier cycle sans l'autorisation du Ministère, et le ministère a toujours eu le pouvoir d'évaluer la qualité des programmes en place.

Pendant les années 1980 et 1990, les façons d'attribuer des ressources à l'éducation universitaire ont changé par étape. Pendant plusieurs années, les ressources étaient attribuées selon une formule qui prenait en compte le nombre d'étudiants et les salaires des chercheurs et enseignants permanents. Dans le nouveau système d'attribution, l'argent était distribué aux universités sur la base du nombre de diplômés en premier et deuxième cycle. De cette manière, les fonds sont maintenant attribués selon les résultats plutôt que sur les moyens. Ce changement a fait partie des nouveaux principes d'attribution des fonds publics aux établissements, et dans une certaine mesure, le changement dans les universités faisait partie des expérimentations nationales de ces nouveaux principes.

À plusieurs occasions, des professeurs à titre individuel, certains partis politiques et différents organismes de la société civile se sont plaints, notamment en ce qui concerne l'influence des étudiants et du personnel technique administratif sur les décisions relatives à la recherche et à l'administration prises au sein de l'administration. En 1992, le Parlement a voté une nouvelle loi sur la gouvernance universitaire, promue par le gouvernement de centre-droit. Le changement le plus important introduit par cette loi était de donner aux recteur, doyens, chefs de départements et chefs d'études une structure hiérarchique plus traditionnelle avec un mandat de direction plus clair. La loi a gardé le système d'élections, le changement le plus important dans la gouvernance étant l'abolition de plusieurs comités et la gestion opérationnelle dorénavant confiée à un dirigeant unique.

14.3.2.2 ... À un système hiérarchique descendant

Ce système a été également critiqué par différents acteurs. La critique la plus courante concernait la lenteur de ce système démocratique dans la prise de décisions. Cela n'a jamais été prouvé mais, en 2003, le gouvernement a pourtant promulgué une nouvelle loi sur la gouvernance universitaire. Cette loi abolit le sénat et les conseils des facultés et établit plusieurs conseils consultatifs universitaires. Un conseil universitaire, composé en majorité de membres externes venant du monde des entreprises, des établissements culturels et des universités étrangères, se voit attribué l'essentiel des pouvoirs auparavant dévolus au sénat. De plus, le recteur, les doyens et les chefs de département sont désignés et non plus élus. Le recteur est désigné par le conseil, les doyens par le recteur, et les chefs de département par le doyen. La prise de décision des conseils universitaires est limitée strictement à des questions d'ordre académiques. Les dirigeants individuels aux différents niveaux prennent toutes les autres décisions. Les seules instances de la structure de gouvernance à rester intact sont les conseils d'études.

La structure de gouvernance en place actuellement est formellement plus autonome que les structures en place auparavant. Les universités ne sont plus formellement une partie intégrante de l'administration de l'État, mais sont définies comme des sortes d'entreprises avec un conseil de direction, où la majorité externe nomme les nouveaux membres du conseil, et la responsabilité économique et financière reste entièrement confiée au conseil. En revanche, les universités continuent à être financées essentiellement par les fonds public, et le gouvernement et le ministère ont encore de nombreux mécanismes pour contrôler des domaines spécifiques, ainsi que le pouvoir de déclencher des évaluations dans les universités spécifiques sur des sujets d'intérêt. En même temps, le système d'attributions des ressources pour l'éducation a gagné en détail au travers des années. Pendant cette même période l'attribution des moyens pour la recherche a progressivement été transformée d'une somme forfaitaire basée majoritairement sur des traditions et partiellement sur des mécanismes d'attribution des fonds pour l'éducation vers un système basé sur des priorités stratégiques et politiques.

La nouvelle structure de gouvernance s'est accompagnée d'un nouveau « dispositif d'attribution des ressources » prenant la forme d'un « contrat de développement » formel signé entre le ministère et chaque université. Le contrat dure, généralement, 4 ans et définit plusieurs objectifs relatifs à des ressources externes, des publications de recherche; la coopération internationale, nationale et régionale; le nombre de diplômés; la production de doctorats; et un certain nombre d'améliorations de type plutôt administratif et organisationnel. Parallèlement, la plupart des universités ont commencé à développer et annoncer leurs stratégies, faisant le lien entre les objectifs plus spécifiques dans les contrats et les objectifs à plus long terme et les missions de l'université (Rasmussen 2006).

Ces développements font partie d'une nouvelle approche à la gestion publique dans la gouvernance globale de l'État. Pour les partisans de ce type de système, cette approche permet d'aligner les universités et leur capacité de gestion non seulement avec la dynamique environnante générale, mais aussi avec un gouvernement national qui demande des établissements et un système de financement de la recherche plus souple et qui se tourne de plus en plus vers des programmes de recherche décidés par le ministère. C'est ce que l'on voit également dans le développement structurel du système national de financement de la recherche, où les conseils de recherche nationaux, traditionnellement dirigés vers les disciplines d'études, ont été fusionnés pour couvrir des domaines et des programmes plus vastes, non liés à des disciplines et des projets.

Pour compléter la description du système national de gouvernance, il faut mentionner deux autres éléments. Premièrement, le Comité permanent de la recherche au Parlement, qui débat de la plupart des lois relatives à l'enseignement supérieur et des questions relatives à la recherche. Deuxièmement, la structure actuelle du gouvernement qui a deux ministères responsables de l'éducation. Le Ministère de la science, de la technologie et de l'innovation est responsable des universités, et le Ministère de l'éducation est responsable de l'enseignement primaire et secondaire, ainsi que de la majeure partie de l'éducation tertiaire qui tombe en dehors du champ de compétences des huit universités existantes.

14.3.3 Liens entre les établissements d'enseignement et de recherche et les autres partenaires dans la société

14.3.3.1 Relations avec le système d'éducation

Comme indiqué plus haut, la majeure partie du système éducatif, de l'école primaire jusqu'au doctorat, est publique, sous la responsabilité globale du Ministère de l'Éducation et, dans le cas des universités, du Ministère de la science, de la technologie et de l'innovation. C'est le cas, même pour les écoles primaires et celles du premier cycle de l'école secondaire, où 15% des élèves sont inscrits dans des écoles privées. Les règlementations sont les mêmes pour les écoles privées et publiques. Dans le secteur de l'éducation, les relations directes entre l'État et chacun des sous-secteurs semblent plus fréquentes et dominantes que les liens entre les différents secteurs (par exemple, entre le secteur des écoles primaires et celui des écoles secondaires, ou entre le deuxième cycle de l'école secondaire et les universités). C'est aussi le cas pour les liens entre les établissements de formation professionnelle publics et les autres secteurs du système d'éducation. Pourtant de plus en plus d'accords bilatéraux se mettent en place entre les établissements eux-mêmes à des niveaux et dans les secteurs différents. On le remarque notamment entre les instituts universitaires et les universités afin de combiner l'enseignement supérieur court et long pour les étudiants qui démarrent dans les instituts universitaires et veulent poursuivre des études plus avancées dans les programmes universitaires.

14.3.3.2 Relations entre enseignement supérieur et les entreprises et l'administration publique

L'augmentation du nombre de diplômés des universités travaillant dans le commerce et dans l'administration publique crée forcément des relations étroites entre l'enseignement supérieur et ces secteurs de la société. On assiste dès lors à une relation beaucoup plus régulière entre l'enseignement supérieur et la société. L'enseignement supérieur et le monde universitaire ne sont plus autant perçus comme des institutions totalement séparées de la société, et le savoir intégré aux entreprises très impliquées dans la recherche se rapproche de plus en plus de celui dans les universités. Cela semble du moins être le cas dans les grandes entreprises, publiques ou privées, basées sur le savoir. Même si cela ne concerne qu'une petite partie du secteur marchand et de l'administration publique, il en résulte une meilleure compréhension entre ces secteurs et une meilleure évaluation critique de la part des entreprises et du secteur public au sujet du travail réalisé par les universités. En même temps, il en résulte une implication accrue des entreprises et des institutions comme fournisseurs de cas, de projets et de stages pour les étudiants universitaires.

14.3.3.3 La formation tout au long de la vie

Pendant les dix à quinze dernières années, une autre forme de liens a évolué entre les établissements d'enseignement supérieur, les entreprises privées, et les institutions publiques, avec un nombre accru de salariés qui ont pris part dans la formation continue à temps partiel, notamment à un niveau master (MBA et programmes similaires). Certains étudiants financent ces formations eux-mêmes, mais ils obtiennent souvent une réduction de leur temps du travail. D'autres étudiants ont une partie de leurs frais de scolarités payée par leur employeur, et d'autres sont fortement encouragés par leurs employeurs à participer à ce genre de formation. Ce lien augmente non seulement les compétences des salariés expérimentés, mais permet également aux établissements d'enseignement supérieur d'établir plus de proximité avec la vie quotidienne dans le monde des entreprises et dans l'administration publique. Il est possible que le rôle des organisations d'anciens étudiants, jusqu'à présent complètement absentes au Danemark par rapport à d'autres pays, augmente au fur et à mesure.

14.3.3.4 Lien dans la recherche

Les liens dans la recherche existent depuis des décennies. On peut considérer la création au milieu du dix-neuvième siècle des universités avec une seule faculté comme une réponse aux demandes exprimées par l'agriculture et l'industrie. En particulier, dès les débuts du mouvement coopératif et jusqu'à très récemment, l'agriculture montre une capacité impressionnante à créer des liens avec la recherche. D'un côté, la part relative de ces relations traditionnellement fortes avec l'agriculture semble décroître au Danemark en même temps que la montée de l'externalisation de la fabrication des produits agricoles et la baisse du nombre d'agriculteurs. De l'autre, l'attention croissante accordée à l'agriculture biologique, aux organismes génétiquement modifiées (OGM), aux aliments fonctionnels, au clonage animal, aux pesticides, aux produits pharmaceutiques et aux maladies animales a, dans un sens, redonné un élan à ce domaine traditionnel de recherche et renforcé les relations plus particulièrement à l'industrie chimique et l'industrie pharmaceutique. Les liens relatifs à la recherche qui se sont le plus développés pendant ces dernières décennies sont ceux qui ont été établis entre les entreprises fortement impliquées dans la recherche. Plus particulièrement, ce sont les industries pharmaceutiques et TIC en pleine croissance qui ont noué des liens forts avec les universités pour faire de la recherche. Petit à petit, d'autres secteurs suivent le même chemin.

Actuellement, les liens restent faibles entre les PME et les activités de recherche universitaires. Récemment, l'État, l'industrie elle-même, et les universités ont lancé plusieurs actions ayant pour objectif de renforcer la collaboration entre les universités et les PME, mais il semblerait qu'il reste encore un long chemin à parcourir. À l'inverse, ce sont surtout les différents instituts de services technologiques, y compris les GTS mentionnés plus haut, qui ont la responsabilité d'assurer la dissémination du savoir dans les PME. Ces instituts visent tous les secteurs de l'économie et servent, en grande partie, d'intermédiaires entre le nouveau savoir produit dans les universités danoises et les PME pour la mise en œuvre des ces technologies. Ils servent également, dans une certaine mesure, d'établissements de dissémination du savoir pour différents types d'institutions publiques (municipales). La plupart de ces institutions ont été créées par l'État, et leurs activités de base sont financées en partie par des fonds publics. Au cours de la dernière décennie, l'État ayant réduit leurs crédits, ces instituts doivent se tourner de plus en plus vers le marché. Ce qui a pour résultat plusieurs changements structurels dans le secteur.

14.3.3.5 Transfert de technologie dans les universités

Au fil des années, les universités ont vu leur rôle s'accroître dans le transfert de savoir et de technologie. Du fait de leur implication dans l'enseignement et la recherche – et éventuellement dans la coopération avec d'autres établissements de recherche – leur troisième mission de dissémination et de transfert de technologie est devenue une cible importante. Lentement et de manière plutôt organique, ce développement a pris une importance croissante dans certaines universités, notamment avec un accent mis sur le savoir technique. Dès ses débuts, cette évolution a émergé non pas d'une initiative de l'État ou d'un travail commun avec lui, mais à partir de différents groupes et centres de recherche dans des départements spécifiques. Le résultat est qu'aujourd'hui, toutes les universités danoises ont établi des bureaux de transfert de technologie, des bureaux de dépôt de brevets, des centres de réseaux, des incubateurs, des ambassadeurs du savoir, etc. – autant de structures et institutions qui servent à la dissémination du savoir et aux activités de transfert de technologie. Aujourd'hui, la loi relative aux universités et aux contrats d'activités que les universités doivent signer avec le ministère inclut explicitement ces activités.

14.4 Le débat danois sur le rôle et le développement des établissements d'enseignement supérieur et de recherche

Pendant les cinq dernières années, les établissements d'enseignement supérieur et de recherche au Danemark ont fait l'objet d'un débat entre les partis politiques au parlement et impliquant plusieurs institutions sociétales comme les associations des employeurs, les syndicats, les associations professionnelles, et des personnes impliquées directement dans les activités universitaires et la création des liens entre les universités et les autres partenaires dans la société. Un débat suscité aussi bien par les développements globaux que par les changements internes du système d'innovation national. De tels débats s'embrasent pour différentes raisons et ont été initiés par différentes organisations. Les débats sur différents sujets dans le domaine, dans une certaine mesure, tournent autour de l'efficacité, de la qualité et de la dynamique dans les établissements, les types de liens, et le système dans sa globalité dès la production et la dissémination du savoir. Les débats sont imbriqués et peuvent se diviser en plusieurs pôles. Dans ce chapitre, on les divise de la manière suivante: aspects financiers, types de production et de dissémination de savoir, la main-d'œuvre universitaire de l'avenir, la gouvernance des universités et le système d'éducation tertiaire du futur.

14.4.1 L'argent fait tourner le monde

Une des discussions sur la compétitivité future de la société danoise dans un monde en cours de globalisation tourne autour de la question de savoir comment les entreprises du futur pourront développer de nouveaux produits innovants et les vendre. Ce débat a une perspective nationale reliée à la structure industrielle spécifique au Danemark, constituée d'un grand nombre de petites et moyennes entreprises et d'un système de production en majeure partie à faible teneur technologique. Il a de plus une perspective internationale relative à l'UE et à ses objectifs liés à la compétitivité mondiale.

Le gouvernement en place s'est engagé dans les Accords de Bologne, ce qui implique que les dépenses globales de R&D doivent atteindre 3% du PIB en 2010. Cet objectif a le soutien de beaucoup de partis politiques, des organisations sociétales, et des universités. Il est, en même temps, en accord avec les ambitions de l'UE et dans ce sens est souvent perçu comme une sorte de contribution nationale à la compétitivité européenne.

Ce sujet est devenu un débat parce que les observateurs ont du mal à voir comment le gouvernement va atteindre son propre objectif de 1% de dépenses publiques de R&D. Plusieurs recteurs d'université se plaignent qu'à l'étude du budget national annuel proposé par le gouvernement et les financements publics de base de leurs institutions, ils ne voient que des réductions budgétaires liées à des augmentations de productivité intégrées et à la réattribution des fonds à des domaines spécifiques de recherche. Plutôt qu'une augmentation annuelle, il semble donc que l'on assiste plutôt à une diminution ou du moins une stagnation des attributions. Face à cette situation, le Ministère de la science a promis que l'année suivante, l'augmentation sera visible, et que l'objectif de financement serait atteint en 2010.

Les critiques continuent cependant, du fait de la politique mise en place par le gouvernement pendant 8 ans et qui consistait à n'augmenter aucun impôt. Parallèlement, les dépenses de santé et les autres dépenses sociales augmentent. De plus, la coalition qui forme la majorité politique au parlement ne tient que grâce à des politiques qui, dans une certaine mesure, sont en opposition à une augmentation des financements publics de la recherche. Ce qui est une des façons d'expliquer le scepticisme dans les universités. Ceux qui redoutent ce développement futur redoutent qu'une des manières d'atteindre cette ambition relative à la recherche soit de réduire encore plus sévèrement les financements de l'enseignement universitaire. Le ministre a promis le contraire, mais le débat ne s'arrêtera pas tant que d'autres fonds ne seront pas trouvés pour atteindre le pourcentage ciblé pour la recherche.

En bref, les débats sur le financement de la recherche, l'enseignement et le service concernent (1) l'évolution du budget national dans sa globalité dans ces domaines; (2) l'évolution de l'attribution des ressources dans les différents domaines scientifiques comme les sciences naturelles, les sciences humaines, et les sciences sociales; et (3) l'évolution des mécanismes qui créent les financements publics destinés aux domaines, programmes et projets. En ce qui concerne les mécanismes, un des changements le plus important semble être l'utilisation accrue de co-financement avec des fonds publics qui suivent les fonds venant de sources privées.

14.4.2 Recherche et liens de recherche

Que ce soit dans les universités, au niveau politique national, ou parmi les organismes sociétaux impliqués dans la recherche, le débat en cours se focalise sur la distribution des maigres moyens disponibles pour la recherche. Ce débat touche aussi bien les dimensions mondiale, nationale et régionale que les différents disciplines, domaines et objectifs. Ce débat dure depuis des années du fait que, avec une population ne dépassant pas les cinq millions, les ressources nationales allouées à la recherche – y compris celles du secteur privé – sont très limitées, si on les compare aux standards internationaux. Certains en tirent la conclusion qu'une petite nation doit mettre l'accent sur des activités de recherche dans des domaines spécifiques afin d'atteindre l'excellence dans la production du savoir.

Ce débat sur la concentration prend des directions différentes. Une de ces directions concerne la contradiction suivante: suffit-il d'atteindre un niveau mondial dans certains domaines de la recherche fondamentale pour répondre aux besoins nationaux commerciaux, sociaux et culturels? On pourrait voir ce débat, dans un sens, comme la recherche mode 1 contre mode 2 (Gibbons et al. 1994). Dans cette perspective, ce débat est lié à un autre, qui concerne le gouvernement qui semble promouvoir le choix des universités et des autres établissements de recherche de diriger leurs activités plus directement vers la production de résultats qui peuvent, de manière précise, être utiles aux commerces nationaux et locaux. Pour rendre le débat encore plus complexe, il existe deux points de vue contradictoires. D'un côté, il faut mettre l'accent plus sur les sciences dures pour pouvoir être compétitif sur le marché mondial. D'un autre, les sciences conjecturelles sont non seulement de plus en plus nécessaires pour poursuivre le développement de l'État-providence danois, mais elles sont aussi un des facteurs qui expliquent le succès compétitif du pays, au travers de son organisation sociale spécifique. Il semblerait que ces débats prennent de l'importance dans la perspective du futur de la structure commerciale nationale, avec un accent mis sur les industries de services et de création.

Ce débat persiste depuis plusieurs années, prenant des formes différentes, sans qu'aucune politique formelle ne prenne forme ni au niveau national, ni au niveau des différents établissements. Une explication possible tient peut-être au fait qu'aucune coalition forte n'a, pour l'instant, été formée sur une stratégie commune définissant un type spécifique de concentration à poursuivre. Toutes les coalitions politiques semblent avoir des partisans des différents types de concentration. De plus, si on considère de près le paysage des financements pour la recherche depuis une dizaine d'années, on peut déceler une lente mais régulière orientation vers les sciences naturelles et la technologie, parallèlement à une décroissance de ceux réservés aux sciences humaines et sociales. Cette évolution est rendue possible par le découplage progressif des financements pour la recherche et l'éducation. Mais, il semblerait que dans l'immédiat, une politique plus explicite au sujet du degré et du type de concentration ne soit pas à l'ordre du jour, et elle n'est pas reprise dans les débats nationaux autour du développement de la recherche.

Cela signifie que les relations qui se mettent en place avec les centres de recherche mondiaux, les entreprises mondiales, les centres de recherche nationaux, les entreprises nationales, les instances publiques et les partenaires régionaux sont, pour la plupart, le résultat d'un développement naturel à partir des intérêts et des résultats de recherches locaux. Si les instances nationales et internationales, comme les instances européennes, peuvent soutenir ces processus, tout comme les universités elles-mêmes, les acteurs clés sont les groupes de recherches eux-mêmes et, dans certains cas, les entreprises et d'autres types d'organisations, à la fois demandeurs et financeurs. De cette façon, la concentration dans la forme des relations de recherche fait partie d'un développement plutôt organique.

14.4.3 *Structures internes de gouvernance et structures externes de collaboration*

Comme mentionné plus haut, pendant les dernières décennies, les structures internes de gouvernance universitaires ainsi que l'organisation générale du système d'enseignement supérieur ont subit plusieurs processus de changements. Ceci ne s'est pas déroulé sans des débats entre les différents partenaires parmi les politiques en particulier et au sein de la société en général. Ces débats traversent actuellement une période calme, mais ils ont tendance à s'embrasser de temps à autre. Un débat tourne autour des conditions de gouvernance interne dans les universités, surtout sur le rôle du ministère, lorsque celui-ci veut se mêler des affaires internes des universités. Un autre débat est de nature plus interinstitutionnelle et met l'accent sur des fusions et des nouveaux liens entre les instituts universitaires et entre les universités et les instituts universitaires.

Le débat sur la gouvernance universitaire est alimenté par la contradiction entre ce que le gouvernement appelle l'autonomie institutionnelle et les différents mécanismes directs et indirects qui sont à la disposition, et peut-être même de manière de plus en plus importante, du Ministère de la science, la technologie et l'innovation. Bien que les universités ne soient plus perçues comme des établissements publics traditionnels, l'état conserve un contrôle prédominant. Depuis la période de réelle gouvernance collégiale, le cadre mis en place par le gouvernement est toujours relativement restreint. Parallèlement, toutes les universités ont des équipes nationales d'évaluateurs externes nommés par le ministère et qui participent à la plupart des examens dans les universités. Le statut formel d'autonomie n'a pas changé ces possibilités d'inspection.

Auparavant, ces méthodes de contrôle ne faisaient pas l'objet de discussion. Les contrôles externes avaient peu d'effet sur les universités. Les opérations quotidiennes et la prise de décision se sont faites de manière organique et normale en ce qui concerne le développement et la planification de l'enseignement et de la recherche, et le financement était, pour sa plus grande partie, forfaitaire. La régulation par l'État n'avait pas d'impact sur la vie quotidienne de ces activités. Les vrais problèmes étaient souvent négociés à l'échelle nationale entre le Ministère et les représentants des conseils d'étude, les doyens, ou à la Conférence danoise des recteurs pour les questions administratives. De temps à autre cela prenait la forme d'un débat public, mais en général ces débats touchaient des problèmes spécifiques et non pas des questions des structures de gouvernance.

Trois facteurs expliquent ce revirement du débat vers des structures de gouvernance et son intensification. Premièrement, cette dynamique s'enracine dans l'augmentation du nombre de demandes faites aux universités, parallèlement aux demandes de réductions budgétaires systématiques qui rendent la gouvernance de l'État plus visibles dans les universités. Ensuite, la divergence entre l'autonomie formelle et la gouvernance réelle contribue à rendre de plus en plus difficile aux universités de répondre aux attentes internes et externes. Et enfin, cette nouvelle autonomie demande aux universités d'adopter une gestion plus systématique, ce qui signifie qu'à chaque niveau, les responsables sont non seulement nommés par le dirigeant, mais qu'on attend d'eux l'utilisation de méthodes de gestion souvent vécues en interne comme étant très mécaniques, alors que ce type d'organisation est plutôt habitué à une approche plus organique (Rasmussen 2002). Le débat est aujourd'hui quotidien dans toutes les universités, et se retrouve ensuite relayé par les médias, amenant des discussions aussi bien sur les principes que sur leur mise en pratique.

Le débat qui a lieu dans et entre les établissements d'enseignement supérieur non-universitaires est différent des discussions universitaires pour deux autres raisons. L'une est la formalisation de la structure éducative mise en place dans ces établissements pour améliorer le niveau d'éducation des diplômes professionnels. L'autre est le besoin d'une masse critique, qui force un grand nombre de petits établissements à fusionner pour former des instituts universitaires. Une difficulté inhérente à ce processus se trouve dans le cadre plutôt flou mis en place par le Ministère de l'éducation, une nouvelle façon de procéder pour ce type d'établissement. Proposer une éducation liée d'une manière ou d'une autre à la recherche, mais pas forcément basée sur la recherche, est un prérequis pour les instituts universitaires, mais ces derniers n'obtiennent pas un financement de l'État pour faire de la recherche. Par conséquent, établir des liens avec les universités est perçu comme une manière d'établir cette connexion à la recherche.

Le débat dans ce domaine est, pour l'essentiel, lié à la question de savoir qui doit fusionner avec qui, et quelle sorte de structure de gouvernance doit être mise en place dans la nouvelle université. Au début du processus, il y avait plus de cent établissements et il ne subsistera que moins de dix grands établissements, selon le Ministère de l'éducation. Plusieurs structures différentes coexisteront avec des formes différentes de liens avec les universités. Certaines seront issues de fusions souples avec des établissements venant de domaines différents (écoles d'infirmiers, de maîtres, de commerce), tandis que d'autres formeront des établissements plus homogènes et centralisés. Certaines fusions intègrent les liens avec une université, tandis que d'autres ne le font pas. Les premières altérations de ces nouvelles constellations sont déjà évidentes.

14.5 Conclusions

L'interaction croissante entre les universités et les autres acteurs du système d'innovation (petites et grandes entreprises, entreprises à forte et faible teneur en technologie, instituts de services technologiques, hôpitaux, services de conseil et commerciaux à haute intensité de connaissances, agences publiques, et autres établissements d'enseignement, etc.) prend plusieurs formes y compris des laboratoires communs, des entreprises d'essaimage, des licences, des contrats de recherche, la mobilité des chercheurs, la collaboration sur les publications, des conférences, des expositions et des médias spécialisés, des contrats informels avec des réseaux professionnels, et le flux des diplômés. La plupart des pays, y compris le Danemark, mettent en œuvre des stratégies à facettes multiples pour stimuler la collaboration entre les universités et d'autres acteurs du système d'innovation (Mowery et Sampat 2005). Toutefois, il n'est pas facile de concevoir et de mettre en œuvre des collaborations mutuellement bénéfiques entre des acteurs ayant des missions, des cultures, des ressources, des structures d'influence et des bases de connaissances différentes (Arocena et al. 2004). Il y a des différences majeures entre les domaines technologiques et les secteurs au niveau de leurs capacités et de leurs occasions de créer et de maintenir des liens avec des universités et d'autres établissements de recherche. Pour les entreprises et les établissements moins impliqués dans la recherche, il n'est peut-être même pas pertinent d'entreprendre une collaboration directe.

Du point de vue des universités et des autres établissements d'enseignement supérieur, un mélange complexe de défis les attend pour être à la hauteur d'une nouvelle mission plus étendue dans une économie de savoir moderne (Lundvall 2002a). Dans ces conclusions, nous regarderons quelques uns de ces défis.

14.5.1 Globalisation et restructuration du système de production

Historiquement, la plupart des établissements d'enseignement supérieur et de recherche étaient liés directement au système de production national. On le voit clairement dans les universités spécialisées (par exemple, en agriculture ou en pharmaceutique) et dans la mise en place des établissements de recherche publics spécialisés par secteur, mais aussi, bien entendu, dans d'autres domaines comme le droit, le commerce et l'ingénierie. La globalisation en cours et la restructuration de la production et des services constituent un des défis majeurs et de plus difficiles pour les établissements nationaux actuels. Par exemple, si l'industrie du logiciel se relocalise en Inde ou en Chine dans l'avenir, est-il pertinent de continuer à former des spécialistes en TIC danois? Si on externalise la production, que vont faire les ingénieurs de la production? Si l'internationalisation et les fusions dans les services commerciaux du savoir continuent, vont-ils se retrouver à Londres ou à Beijing? Les entreprises multinationales ouvrent et ferment des départements R&D sur la base des points forts nationaux. Depuis 10 ans, par exemple, des entreprises multinationales ont établi des départements de R&D au Danemark dans les domaines de la communication mobile et de l'industrie pharmaceutique, mais récemment, certaines des unités de recherches mobiles ont été fermées ou ont subi des réductions de taille et de personnel. Dans le même temps, les entreprises danoises très impliquées dans la recherche créent des unités de recherche en dehors du Danemark et travaillent de plus en plus en collaboration avec des universités et des établissements de recherche étrangers. Comment peuvent et doivent réagir les établissements d'enseignement supérieur et de recherche?

Une stratégie adaptée à un petit pays pourrait être celle de la spécialisation, où la majeure partie des faibles moyens est allouée à quelques domaines spécifiques. Les identifier est déjà un défi en soi, tout comme de se mettre d'accord sur le choix. Néanmoins, il semble que plusieurs pays, y compris le Danemark, essaient de mettre en œuvre une telle stratégie de spécialisation, et il semble aussi qu'il y ait une compréhension commune sur le fait que les domaines des TIC, des nanotechnologies, des biotechnologies et de la pharmaceutique sont parmi ceux qu'il faut choisir, sur la base des prévisions concernant les technologies clés du futur et les industries connexes à fort potentiel de croissance.

Dans le cas danois, une autre stratégie de spécialisation (ou, peut-être de diversification) pourrait consister à renforcer encore plus les liens entre les établissements d'enseignement supérieur et de recherche et l'administration publique, le secteur de santé, le secteur des énergies alternatives, et l'industrie de l'environnement – des domaines où le Système d'innovation danois a encore des atouts concurrentiels internationaux.

14.5.2 Internationalisation croissante de la création et de la diffusion du savoir

Parallèlement à la globalisation et à la restructuration de l'industrie et des services, on assiste à la croissance de l'internationalisation de la création et de la diffusion du savoir. Cela s'explique en partie – comme mentionné plus haut - par la restructuration des activités de R&D des entreprises et l'externalisation des postes hautement qualifiés. Cela influe également les établissements universitaires plus directement du fait du plus grand accent mis sur les collaborations internationales de recherche, l'internationalisation du personnel et la mobilité des étudiants, ainsi que sur les publications internationales. Dans ce contexte, les universités et les établissements de recherche doivent trouver un équilibre entre, d'une part, la demande croissante d'engagements à l'international et, d'autre part, l'engagement pris auprès des entreprises nationales et d'autres acteurs du système d'innovation. Dans les pays dont la structure de production est constituée en majorité par des PME évoluant au sein d'industries à faible niveau technologique investissant peu dans la R&D et qui, traditionnellement, collaborent peu, voire pas du tout, avec les universités et les autres établissements de recherche, le dilemme est encore plus manifeste (Arocena et al. 2004).

De plus, l'internationalisation croissante du système de production de savoir est vigoureusement stimulée par la R&D nationale et internationale et les politiques d'innovation. Dans le contexte danois, plusieurs politiques européennes — par exemple les différentes générations de programmes cadres – ont eu une influence importante sur les politiques nationales et sur les réactions des établissements universitaires face à ces nouvelles possibilités de financement. La demande croissante pour la formation de Réseaux d'excellence va dans le même sens.

14.5.3 Commercialisation croissante des activités du secteur public

Depuis les années 1980, la philosophie de service public glisse vers plus en plus de commercialisation (Peters and Olssen 2005). Cette tendance a également fait son entrée dans les établissements d'enseignement supérieurs et de recherche et dans leurs relations avec les autres acteurs du système d'innovation, ce qui se voit de plusieurs manières. D'abord, dans l'accent politique croissant mis sur la production des « connaissances utiles », définies en premier lieu comme étant des connaissances pouvant apporter un bénéfice économique direct au secteur privé. Ceci s'applique aussi bien à la « modernisation » et à la mise au point en cours des programmes d'études qu'à l'attribution des fonds publics pour la recherche. Ensuite, la philosophie de la commercialisation prévaut également dans la dépendance grandissante envers les financements externes. D'un côté, ces derniers peuvent stimuler une recherche collaborative entre les établissements d'enseignement supérieur et de recherche et des partenaires externes. De l'autre, il y a un risque qu'une dépendance grandissante favorise la recherche à court terme dans quelques domaines spécifiques aux dépens de la recherche à plus long terme dans des domaines plus variés, avec à la longue pour résultat final de vider la source clé de collaboration. Enfin, l'évolution du mécanisme d'attribution des fonds, passant d'un mécanisme basé sur les résultats plutôt que sur les moyens va dans le même sens.

14.5.4 Marchandisation grandissante du savoir

Les nouvelles possibilités qui existent pour les universités et les établissements de recherche pour déposer des brevets a renforcé le dilemme classique entre, d'un côté, un accès ouvert et facile à la recherche publique et, de l'autre, l'appropriation privée comme motivation de base pour innover. Mais plus important encore, la tendance grandissante de traiter l'information et le savoir comme des produits marchands, introduit une contradiction basique dans une économie de savoir. D'un côté, les entreprises et, maintenant, les universités également, essaient de capturer des marchés du savoir au travers des droits de propriété intellectuelle. De l'autre, le savoir est produit de manière sociale dans des groupes et des réseaux, qui peuvent se trouver détruits ou endommagés quand on traite le savoir en tant que denrée. De plus, la marchandisation du savoir s'accompagne de coûts plus importants pour le développement et le maintien d'une infrastructure de savoir adéquate, y compris des coûts divers de transaction qui se présentent suite au processus de marchandisation et de protection des droits de propriété.

Récemment, la plupart des pays européens ont mis en œuvre des équivalents à la loi Bayh-Dole des États-Unis, dans l'espoir de toucher des revenus futurs des brevets déposés par les universités. Dans le cas danois, une nouvelle loi sur les brevets a été mise en œuvre en 2000 (L347), avec pour objectif de faciliter la commercialisation de la recherche publique. La nouvelle loi donne la possibilité aux établissements de recherche publics de reprendre les droits sur une invention faite par un chercheur du public en payant une compensation « juste ». De plus, la loi L347 crée pour les établissements de recherche publics une obligation de travailler activement à donner à leur recherche une utilisation commerciale. Il est évidemment trop tôt pour évaluer les effets à long terme, mais des enquêtes sur la commercialisation confirment que la mise en place de l'infrastructure institutionnelle liée aux droits de propriété intellectuelle (DPI) est un processus cher, long et qui comporte des risques (Agence danoise pour la Science, la technologie et l'innovation, 2007).

Il est important de se demander si, à la longue, ce changement de régime des DPI dans la recherche publique aura une influence sur les schémas de collaboration internes et externes. Les dirigeants universitaires attribueront-ils plus de moyens aux domaines ayant un plus fort potentiel de dépôt de brevet? L'exigence de discrétion va-t-elle influencer l'interaction entre les collègues, les étudiants et les partenaires externes?

Bibliographie

Agence danoise pour la science, la technologie et l'innovation (2007) Public Research Commercialisation Survey 2006, Copenhagen

Arocena R, Gregersen B, Sutz J (2004) Universities in transition – challenges and opportunities in small Latin American and Scandinavian countries, présenté au Second Globelics Conference, Innovation systems and development: emerging opportunities and challenges, Beijing, 16–20 octobre 2004

Centre danois des études et recherches et des politiques de recherche (2003a) Innovation dans le secteur privé danois 2000 [en danois]

Centre danois des études et recherches et des politiques de recherche (2003b) R&D du secteur privé. Chiffres du R&D 2001 [en danois]

Centre danois des études et recherches et des politiques de recherche (2003/2009) Research Management Processes under Rapid Change

Centre danois des études et recherches et des politiques de recherche (2005) Indicateurs danois de recherche et innovation 2005 [en danois]

Centre danois des études et recherches et des politiques de recherche (2008a) R&D du secteur public, chiffres R&D 2006 [en danois]

Centre danois des études et recherches et des politiques de recherche (2008b) R&D du secteur privé. Chiffres du R&D 2006 [en danois]

Christensen JL, Gregersen B, Rogaczewska AP (1999) Vidensinstitutioner og innovation, DISKO report n° 8. Industry and Trade Development Council, Copenhagen

Christensen JL, Gregersen B, Johnson B, Lundvall BÅ, Tomlinson M (2008) An NSI in transition? Denmark. Dans: Edquist C, Hommen L (dirs) Small country innovation systems – Globalization, change and policy in Asia and Europe. Edward Elgar, Cheltenham, UK

Gibbons M, Limoges C, Nowotny H, Schartzman S, Trow M (1994) The new production of knowledge. The dynamics of science and research in contemporary societies. Sage, Londres

Lundvall BA (2002a) The university in the learning economy. DRUID Working Paper N°02-06, Aalborg

Lundvall B-Å (2002b) Innovation, growth and social cohesion: the Danish model. Edward Elgar, Cheltenham

Maskell P (2004) Learning in the village economy of Denmark. The role of institutions and policy in sustaining competitiveness. Dans: Cooke P, Heidenreich M, Braczy KHJ (dirs) Regional innovation systems. 2e édition. Routledge, Londres, pp 154–185

Ministère de la science, de la technologie et de l'innovation (2003) Danish universities in transition – Background report to the OECD examiners panel, Copenhagen

Mowery DC, Sampat BN (2005) Universities in national innovation systems. Dans: Fagerberg J, Mowery DC, Nelson RD (dirs) The Oxford handbook of innovation. Oxford University Press, Oxford, UK

OCDE (2008) Education at a glance 2008, OECD Indicators. OCDE, Paris, ISBN 978-92-64-04628-3

Peters MA, Olssen M (2005) "Useful knowledge": redefining research and teaching in the learning economy. Dans: Barnett R (dir) Reshaping the university – new relationships between research, scholarship and teaching. The Society for Research into Higher Education

PNUD (2007) Human Development Report 2007/2008 – Fighting climate change: Human solidarity in a divided world. PNUD, New York

Rasmussen JG (2002) Management between the shop floor and the corporate level. European Journal of Education 37(1):43–56

Rasmussen JG (2006) Steering processes in and around Danish universities. Mechanic governance in organic institutions?, III Seminar on Strategic Change in Higher Education, le Generalitat Valenciana et l'International Management Higher Education (IMHE) Programme, OCDE, Valencia, 27–28 avril 2006

Statistiques Danemark (2009) http://www.dst.dk

UNESCO Institut des statistiques (2009) Global Education Digest 2009, Comparing education statistics across the world. UIS, Montreal, Canada, ISBN: 978-92-9189-070-5

Vinding AL (2002) Interorganizational diffusion and transformation of knowledge in the process of product innovation, thèse de doctorat, Département des études commerciales, Aalborg University

Chapitre 15
Rôle des établissements d'enseignement supérieur dans le système national d'innovation et le débat en Suède

Claes Brundenius, Bo Göransson, et Jan Ågren

15.1 Introduction au contexte suédois

On cite souvent le modèle social suédois, voire le modèle social nordique, comme un exemple de succès systémique. Les débuts de ce modèle datent des années 1930, et ce modèle a été ensuite développé et maintenu pendant la période de l'après Deuxième Guerre mondiale, avec comme caractéristique principale une croissance économique durable et équitable à long terme.

La Grande Crise frappe la Suède au début des années 1930, entraînant le désespoir en masse, avec des taux de chômage élevés et un effondrement des institutions financières. C'est dans ce contexte que le Parti social-démocrate suédois arrive au pouvoir en 1932. Le parti est depuis resté au pouvoir, à l'exception de quelques courtes périodes tenues par l'opposition de centre-droit. Pourtant, même lorsque l'opposition est au pouvoir, le modèle social n'est presque jamais remis en cause.

La vision du Parti social-démocrate est la création du *Folkhemmet* (La patrie du peuple), qui transforme la Suède en lieu sûr pour tous les suédois. Au départ, le combat contre le chômage est la priorité numéro un, et la politique économique est, pendant une longue période, basée sur l'idée Keynésienne de trouver des moyens pour accroître la demande globale et stimuler le développement des services publics. Le modèle social a plusieurs caractéristiques (selon Andersson et Gunnarsson 2006) :

1. Premièrement, il repose sur le principe que le système d'assurance sociale doit être financé par des fonds publics au travers des transferts importants de revenus. C'est essentiellement un système de redistribution ex-post, c'est-à-dire, de redistribution des gains de la croissance. Toutefois, dans le contexte suédois, les transferts

---

C. Brundenius (✉) • B. Göransson • J. Ågren
Institut des politiques de recherche, Université de Lund, Lund, Suède
Courriel : Claes.Brundenius@fpi.lu.se

de revenus revêtent une signification particulière, permettant d'augmenter la demande intérieure qui, par des effets d'accélérateur, doit stimuler les investissements et la croissance. Il y avait donc au départ un mécanisme puissant de croissance intégrée dans le système de redistribution.
2. Un deuxième aspect est l'implication du secteur public dans l'accès gratuit à l'éducation, les soins de santé, la sécurité sociale pour tous, et d'autres services fournis par l'État. L'égalité des chances pour tous les citoyens est un concept intrinsèque.
3. Troisièmement, le modèle met l'accent sur la régulation du marché du travail, d'abord par un système centralisé de négociation des salaires entre les employeurs et les syndicats, et ensuite par la politique solidaire des salaires mise en place au début des années 1950.

Toutefois, l'âge d'or de la croissance (qui a duré de 1950 à environ le milieu des années 1970) est fini, et il est très clair que le modèle suédois n'a plus son caractère exceptionnel. Plusieurs pays ont atteint, ou surpassé le même revenu par habitant que la Suède, et le système social suédois actuel ne contient que quelques éléments qui ne se trouvent pas dans d'autres pays. Le Modèle social suédois d'origine est généralement considéré comme étant parvenu à son terme.

En revanche, malgré plusieurs années de recul économique, surtout pendant les années 1990, la Suède figure toujours parmi les pays les plus riches, avec un niveau élevé selon l'indicateur de développement humain (IDH) du Programme des Nations Unis pour le développement (PNUD), qui est basé sur des indicateurs comme le PIB par habitant (PPA), l'espérance de vie, l'alphabétisation des adultes, et la mortalité infantile. Toutefois, il devient apparent que d'autres pays rattrapent la Suède, et ce dernier a baissé dans les rangs du IDH mondial. En 2005, la Suède est à la sixième position dans le Rapport mondial sur le développement humain du PNUD (2005), par rapport au quatrième en 1995 (PNUD 1995).

15.1.1 Le déclin du modèle d'origine

Le modèle suédois commence son déclin au début des années 1970. À cette période, l'État suédois commence un nouveau type d'intervention dans le marché du travail avec l'introduction d'une série de lois sur des aspects fondamentaux du rapport entre le travail et le capital. Plus tard, la Confédération des syndicats suédois (LO) conteste les accords Saltsjöbaden,[1] demandant le contrôle sur les investissements des entreprises suédoises. Ce défi va casser une entente de 30 ans entre le LO et le SAF, avec pour résultat l'affaiblissement de l'alliance entre le travail et le capital, un facteur clé du modèle suédois. Puis, en 1976, une coalition de centre-droit a pris le pouvoir. Pour la première fois en 34 ans, le règne Social-démocrate se trouve mis de côté par une autre idéologie politique, ce que beaucoup considère comme la fin du Modèle suédois.

---

[1] Des accords datant du 1938 entre la Confédération des syndicats suédois (LO) et la Confédération des employeurs suédois (SAF) qui ont réduit de manière importante la nécessité d'intervention de l'État sur le marché du travail.

15.2 Les rôles des établissements d'enseignement supérieur et de recherche dans le système d'innovation suédois

15.2.1 Introduction au système suédois d'innovation

Depuis plusieurs décennies, la Suède accorde une priorité élevée à la recherche et développement (R&D). En termes de dépenses R&D par habitant, le pays est actuellement en haut de la liste de l'Organisation pour la coopération et le développement économiques (OCDE). En 2005, le R&D suédois représentait 3,88% du PIB, légèrement en baisse par rapport au record de 4,3% en 2001. Il convient de souligner que le secteur marchand représente la majeure partie de ce pourcentage (74% du total en 2005). Toutefois, il est probable que ce pourcentage va baisser du fait de la tendance des entreprises à externaliser leurs activités R&D vers les économies nouvelles et émergeantes. Cela dit, il est évident que la Suède a figuré et continue à figurer en tête en ce qui concerne les dépenses R&D au niveau mondial. La recherche dans les universités et dans d'autres établissements d'enseignement supérieur représentait 21% du total en 2005, tandis que les 5% restant des dépenses de recherche correspondent à celles des agences de l'État, y compris les fondations de recherche et le secteur privé non-marchand (Tableau 15.1).

Traditionnellement, l'État joue un rôle important dans l'enseignement et la recherche suédois. L'université la plus ancienne des pays nordiques, l'Université d'Uppsala ouvre ses portes dès 1477, et l'Université de Lund, en Skåne (Suède du sud) en 1666 (au moment où la région de Skåne passe des mains des danois aux suédois). L'Académie royale des sciences est créée en 1739 avec comme objectif « d'utiliser la science pour servir la société ». En 1811, l'Académie royale de l'agriculture et la foresterie suit et, au cours du dix-neuvième siècle, la recherche commence à prendre une place importante dans les universités suédoises. Au vingtième siècle, le développement des universités s'intensifie, notamment vers la fin du siècle, et aujourd'hui, la Suède compte 13 universités publiques et 23 autres établissements publics d'enseignement supérieur (instituts universitaires et écoles de formation professionnelle).

Traditionnellement, les crédits publics vont directement aux universités selon les règles de la loi de finances. Toutefois, depuis les années 1940, un système de conseils de recherche, selon les modèles américain et britannique, se met en place petit à petit. À partir des années 1960, les fonds pour la recherche ont augmenté de manière impressionnante, résultat de la croissance rapide du système d'enseignement supérieur et les investissements importants dans la recherche sectorielle. Les années 1970 voient la naissance d'une sensibilisation autour de la nécessité d'une politique nationale de recherche, où l'État doit jouer un rôle actif de recteur. Dans les années 1960 et 1970, les pays de l'OCDE deviennent de plus en plus conscients de l'impératif pour les pays d'avoir une politique en science et technologie (OCDE 1969). En 1979, le gouvernement suédois présente son premier projet de loi sur la recherche. Le Parlement l'adopte, et décide que ce genre de loi doit être voté à chaque mandat et servir « d'instrument de planification à long terme et de coordination des investissements publics dans le secteur R&D. »

Tableau 15.1 Dépense R&D par secteur 1995–2007 (millions de SEK actuels)

Année	Total	Secteur privé (%)	Universités/ Instituts universitaires (%)	Agences de l'État (%)	Associations sans but lucratif (%)
1995	59 297	74,25	21,93	3,66	0,16
1997	67 007	74,84	21,54	3,54	0,08
1999	75 813	75,12	21,40	3,36	0,11
2001	97 276	77,24	19,84	2,83	0,09
2003	97 101	74,10	22,03	3,48	0,39
2005	103 814	74,12	20,86	4,72[a]	0,29
2007	110 451	73,74	21,29	4,80[a]	0,16

Source: Adapté de SCB (2007b) et SCB (2009)
[a]Comprend les municipalités

Comme mentionné plus haut, l'État est la source directe (au travers de la Loi de finances) de la majeure partie des crédits dédiés aux activités de recherche dans le secteur de l'enseignement supérieur. En 2001, ces crédits représentaient 47% des revenus R&D dans ce secteur. Le reste venait des financements externes (la plupart venant des conseils de recherche nationaux, des agences du gouvernement central, et des fondations de recherche). Les fonds externes sont particulièrement élevés dans les sciences de l'ingénierie (deux tiers du total), tandis que la part dans les sciences humaines et le droit n'atteint qu'un tiers. Dans les sciences sociales, la médecine, et les sciences naturelles, la part est d'environ 50%.

Les sciences médicales ont absorbé 27% de tous les fonds R&D en 2001, tandis que 23% allaient à l'ingénierie, 19% aux sciences naturelles, 11% aux sciences sociales, 6% aux sciences humaines, et 5% aux sciences de l'agriculture et la foresterie.

15.2.2 L'économie du savoir suédois face aux défis de la mondialisation

Au début des années 2000, le gouvernement Social-démocrate a produit une série de rapports ayant pour objectif de s'attaquer aux défis de la mondialisation, ainsi qu'aux opportunités (et menaces) que représente une concurrence mondiale accrue pour l'économie du savoir et de l'enseignement suédois. Un rapport récent du gouvernement (Ministère de l'industrie, l'emploi et l'éducation 2005) indique que « le rôle de l'État consiste en la création des conditions qui permettront à la Suède de garantir la meilleure recherche et éducation du monde et de maintenir une économie stable, avec un climat commercial de première qualité et des systèmes d'innovation efficaces ».

Le rapport insiste que pour assurer « une croissance de haut niveau et une productivité accrue, et ainsi notre bien-être futur, nous devons développer des conditions qui sont propices à l'innovation et nous devons améliorer le climat d'innovation ». Le défi est de maintenir la compétitivité de l'industrie suédoise (au sens large) dans un climat de plus en plus concurrentiel. Pour ce faire, l'intensité du savoir dans l'industrie (au niveau des produits, des processus et des services) est cruciale.

Par conséquent, non seulement faut-il un climat attirant des investissements pour la croissance des industries – les industries traditionnelles autant que les nouvelles – mais il est aussi important de créer des conditions pour avoir une économie de savoir dans son ensemble qui est attractive. Toutefois, les grandes entreprises sont, en règle générale, internationales, et elles établissent leurs opérations dans les pays les plus appropriés pour leurs besoins.

En juin 2004, le gouvernement a lancé une nouvelle stratégie d'innovation sous le nom de La Suède innovante: une stratégie pour la croissance par la revitalisation. Cette plateforme propose de poursuivre une « vision de la Suède comme la plus compétitive des économies du savoir dans le monde ». Ce plan stratégique résulte d'échanges entre différents ministères (notamment, le Ministère de l'industrie et le commerce, et le Ministère de l'éducation et des sciences) et des représentants du milieu universitaire, du monde des entreprises, des autorités publiques et les organisations syndicales. Pour accompagner le lancement de cette nouvelle stratégie, le gouvernement a aussi nommé un Conseil ad hoc sur la politique d'innovation. Ces initiatives sont en ligne avec la Stratégie de Lisbonne de L'Union européenne, qui définit l'objectif de faire de l'Europe l'économie la plus dynamique et compétitive du monde en 2010. Selon la Stratégie de Lisbonne, il convient d'avoir des initiatives stratégiques concernant l'innovation qui favorisent l'investissement des entreprises dans la R&D, la commercialisation des résultats de la recherche, la création des nouvelles entreprises (PME) dynamiques, l'injection de capital-risque et de capital d'amorçage, et l'accès à un environnement fertile pour le développement des pôles régionaux. La Suède participe également activement dans les programmes-cadres européens pour la recherche, le développement technologique et la démonstration.

Dans le cadre de la stratégie d'innovation, le gouvernement met en place des programmes pour maintenir et renforcer la position de la Suède en tête de certains secteurs clés: l'industrie de la métallurgie, l'industrie de la foresterie et du bois, l'industrie des véhicules, l'industrie pharmaceutique et biotechnologique, l'industrie des technologies d'information et télécom, et le dernier mais non des moindres, l'industrie aérospatiale.

La Suède est très dépendante et sensible à l'économie mondiale, tout comme la plupart des pays dans cette tendance actuelle de mondialisation. Dans le cas de la Suède, il y a une dépendance spécifique, mais pas unique, qui résulte de la position dominante des grandes entreprises multinationales (comme Ericsson, Volvo, Saab, ABB et AstraZeneca) dans le SNI suédois. Les industries mentionnées dans le programme ci-dessous représentent 80% des investissements par les entreprises suédoises dans la R&D; elles génèrent 70 milliards US$ en exportations et fournissent 600,000 emplois en Suède.

15.2.3 *Les politiques des pôles de compétitivité et le rôle de Vinnova*

Grâce aux bénéfices associés aux différentes économies dites d'agglomération, les concepts de systèmes d'innovation et de pôles de compétitivité attirent l'intérêt des chercheurs et décideurs qui cherchent à faciliter l'innovation et la compétitivité dans les secteurs industriels de croissance comme la biotechnologie et les télécommunications, et qui cherchent aussi à soutenir le développement de l'économie locale dans les localités et les régions en difficulté.

Les défenseurs des pôles de compétitivité ont tendance à mettre l'accent sur les interactions spontanées et les efforts réels des entreprises, tandis que les défenseurs des systèmes d'innovation ont tendance à donner plus de poids au rôle des institutions publiques et des règlementations de travail. Il est possible que ces différences apparaissent ou non, voire aient un impact pratique dans ce cas spécifique. De plus, les deux approches se renforcent l'une l'autre et sont utiles pour la mise en place de politiques efficaces.

Les parties prenantes, les institutions et l'infrastructure au centre d'un système régional d'innovation existaient avant la mise en place de ces nouveaux efforts sous la forme de promotion ciblée d'investissements étrangers directs, d'incubateurs, de pôles scientifiques, de recherche appliquée et d'ingénierie, de reformes des droits de propriété intellectuelle, et de collaboration université/industrie. Ce qui est nouveau depuis quelques années se situe dans les efforts de systématisation des relations entre les différents éléments du système et ceux destinés à améliorer le système.

La réflexion autour des systèmes d'innovation et des pôles de compétitivité existe en Suède depuis de nombreuses années aussi bien au niveau national qu'au niveau régional. Les pôles de compétitivité sont promus notamment par le Ministère de l'industrie comme aide à la croissance, par le Ministère de l'éducation pour les liens entre les universités et l'industrie, et aussi par le Ministère des affaires étrangères comme un moyen de promouvoir l'investissement étranger direct, tout particulièrement par l'agence suédoise d'investissement « Invest in Sweden » (ISA).

La Suède fait un travail de pionnier par le développement d'une entité gouvernementale spécifique dédiée au soutien du développement des systèmes d'innovation: Vinnova (un sigle suédois pour l'Agence suédoise pour les systèmes d'innovation). La mission de Vinnova est de promouvoir la croissance durable par le biais de financements R&D et par le développement de systèmes d'innovation efficaces, qui est fait par une intégration de la recherche et le développement dans la technologie, le transport et la vie au travail.

Vinnova a lancé un programme de pôle de compétitivité pour promouvoir une nouvelle approche plus étendue à la politique régionale. Le programme Vinnväxt est une tentative par Vinnova de susciter plus de concurrence et plus de coopération ainsi que des programmes d'expérimentation, notamment via un concours qui permet aux régions de mettre en avant le partenariat le plus compétitif dans un domaine spécifique. Le programme encourage les différentes régions à construire une large coopération entre les acteurs des universités et des secteurs public et privé. Ces alliances devraient interagir dans des domaines spécifiques afin d'améliorer le système régional d'innovation et devenir compétitives au niveau mondial, tout en garantissant des ressources égales au financement de Vinnova. Les projets sélectionnés reçoivent de la part de Vinnova 200 millions SEK sur 10 ans.

Toutes les agences de développement régional ont été invitées à intégrer la pensée des pôles de compétitivité et des systèmes régionaux d'innovation dans leurs programmes de développement régional (RUP) et dans leurs programmes de croissance régionale (RTP). L'agence nationale de promotion commerciale (Nutek) a la mission de coordonner ce travail, par l'analyse des besoins des différents acteurs, les efforts de collaboration possibles, et par la promotion des bonnes pratiques.

Vinnova, Nutek et ISA ont lancé ensemble le programme Visanu. Il s'agit d'une tentative de renforcer les pôles de compétitivité et les systèmes d'innovation en tant qu'outil politique. Le programme a trois parties: (1) un soutien relatif aux processus pour les systèmes régionaux d'innovation et des pôles de compétitivité sélectionnés par le gouvernement régional pour augmenter la compétitivité au niveau mondial. Au total, trente initiatives régionales ont reçu un soutien; (2) développement du savoir avec pour cible de soutenir le développement des pôles de compétitivité et des systèmes d'innovation dynamiques; et (3) la promotion internationale afin d'attirer les investissements étrangers et des compétences internationales. Visanu a également créé un réseau d'experts régionaux et est impliqué dans la création de l'Institut Dahmén, une organisation à but non-lucratif avec pour objectif de créer des liens entre les chercheurs et les praticiens dans le développement des systèmes d'innovation et des pôles.

Le programme Forska&Väk de Vinnova a été lancé en 2005 avec pour objectif de soutenir les efforts R&D dans des petites et moyennes entreprises (PME). Les décideurs et les représentants des entreprises s'accordent sur le succès du programme. De multiples manifestations de la mondialisation défient de plus en plus le point fort traditionnel de la Suède, c'est-à-dire, les quelques grandes entreprises multinationales qui ont du succès, mais qui sont mobiles, et qui représentent environ deux-tiers de la R&D suédoise. Par conséquent, les politiques se focalisent plus sur les PME innovantes. Récemment, Vinnova a lancé une politique globale – PME innovante: l'avenir de la Suède – afin de proposer toute une panoplie de politiques pour ces entreprises.

15.2.4 La quête pour un nouveau modèle

Avec un mélange d'initiatives aussi bien ascendantes que descendantes, la Suède est un cas intermédiaire entre les États-Unis et le Japon. L'introduction descendante relativement faible d'une « troisième mission » pour les universités, qui implique une plus grande implication dans la société a été interprétée de différentes manières, allant de la sensibilisation pour mieux informer le public des activités universitaires à la création d'un éventail de mécanismes de transfert de technologie. La propriété intellectuelle liée à la recherche universitaire, quelles que soit les sources du financement, appartient aux universitaires tout comme les choix liés à sa distribution. Les universitaires peuvent la transférer à une entreprise existante, la donner à une organisation universitaire, ou l'utiliser comme base pour créer une entreprise, comme ils l'entendent. Vu la tradition d'une interaction industrielle essentiellement en direction des grandes entreprises, la majeure partie de la propriété intellectuelle est transférée vers les entreprises par des relations informelles, comme au Japon.

15.3 Cartographie du système d'enseignement supérieur et de recherche et du système d'innovation en Suède

15.3.1 Le développement de l'enseignement supérieur

Comparé à plusieurs autres pays européens, la Suède ne possède qu'un nombre relativement restreint d'établissements de recherche. Le système d'enseignement supérieur et de recherche suédois est plutôt dominé par des universités et des instituts universitaires. En automne 2006, il comptait 41 universités et instituts universitaires, dont 36 appartenant à l'État et cinq fondations financées par l'État.

La taille des établissements universitaires varient beaucoup, de moins de cent salariés pour les plus petits à près de 6,000 salariés à plein temps et plus de 34 000 étudiants inscrits pour le plus grand, à Lund, pendant l'année scolaire 2006–2007. Ensemble, les dix universités les plus grandes emploient 71% de l'effectif total en 2006, mesuré en années-personnes (SCB 2007a). En termes d'années-personnes, on voit cette dominance accentuée par le fait que 52% des années-personnes sont utilisées dans les cinq universités de Lund, Uppsala, Göteborg, et Stockholm, en plus du Karolinska Institutet (SCB 2007a). La recherche dans le système universitaire se concentre donc plutôt dans les grandes universités.

La taille et le nombre d'établissements universitaires ont augmenté considérablement depuis la période qui a suivi la Deuxième Guerre Mondiale, afin de s'adapter au développement de l'enseignement supérieur. Au début des années 1960, l'enseignement supérieur était réservé à une élite restreinte. De quelques milliers d'étudiants, l'enseignement supérieur a pris de l'ampleur pour atteindre près de 400 000 étudiants aujourd'hui, au sein du système universitaire. Le Tableau 15.2 montre que le nombre d'étudiants inscrits à l'université a plus que doublé en 27 ans, entre 1980 et 2007.

15.3.2 Les exécutants de la recherche

La recherche publique est exécutée essentiellement, pour environ 64%, par les universités et les instituts universitaires. Les ressources financières pour la recherche publique sont attribuées à ces établissements par le moyen de subventions globales directes, et aux chercheurs individuels ou aux groupes de recherche par les conseils de recherche. Ces établissements reçoivent aussi des financements pour la recherche en provenance des fonds de l'UE, de l'industrie suédoise et des fondations de recherche. En moyenne, le financement fixe constitue un peu moins de 50% du total des fonds alloués à la recherche dans les universités et les instituts universitaires. Toutefois, à cet égard, il y a une variation importante parmi les différents sujets de recherche. La recherche dans les sciences techniques est largement (au 2/3) financée par des fonds externes, tandis que ce sont les sciences humaines qui reçoivent le moins de financements externes (1/3) (Projet de loi 2004: 18).

Tableau 15.2 Étudiants inscrits à l'université ou dans un institut universitaire 1979/1980 à 2004/2005

Année	1979/1980	1984/1985	1989/1990	1994/1995	1999/2000	2004/2005	2006/2007
Étudiants	184 095	187 773	193 175	269 632	319 036	394 393	380 147

Source: SCB (2007c)

15.3.3 Le financement de la recherche

Il y a trois conseils de recherche publics en Suède. Le Conseil de recherche suédois (Vetenskapsrådet) est le plus grand, avec en 2005, 2 523 millions SEK mis à disposition de la recherche fondamentale dans tous les domaines de recherche (Projet de loi 2007: 17). Il s'agit d'une agence gouvernementale qui dépend du Ministère de l'éducation, de la recherche et de la culture, et qui a trois responsabilités clés: le financement de la recherche, la politique de la recherche et la communication scientifique. De plus, il comprend trois conseils scientifiques: pour les sciences humaines et les sciences sociales, pour la médecine, et pour les sciences naturelles et l'ingénierie. Deux autres conseils publics ciblent des domaines spécifiques de recherche: le Conseil suédois pour la vie au travail et la recherche sociale (FAS), avec un budget de 291 millions SEK, et le Conseil suédois de la recherche pour l'environnement, les sciences agricoles et la planification spatiale (FORMAS), avec 531 millions SEK à distribuer en 2005. Des représentants des chercheurs forment la majorité de ces trois conseils, et la consultation des experts internationaux est fréquente dans l'évaluation des politiques et des activités de ces conseils.

Comme indiqué ci-dessous, Vinnova est un autre acteur important dans le financement de la recherche. En plus du développement des systèmes d'innovation efficaces, sa mission comprend le financement du R&D suédois. Pour ce dernier, il disposait de 1 122 millions SEK en 2005. Plusieurs autres agences gouvernementales financent de la recherche dans leurs domaines spécifiques de compétence.

Les fonds publics pour la recherche et le développement incluent également des financements des fondations de recherche, établies en 1993–1994 avec du capital issu des fonds des travailleurs. Ces entités ne reçoivent aucun capital de l'État, bien que le gouvernement nomme leurs conseils d'administration. Au moment de la création de ces fondations, la Fondation du tricentenaire de la Banque de Suède a reçu une partie des fonds des travailleurs dissous, pour devenir aujourd'hui le plus grand financier de la recherche en sciences sociales et humaines. En 2004, ensemble, ces fondations ont distribué environ 1 500 millions de SEK. Certaines fondations d'origine privée ont également leur importance. La Fondation Knut et Alice Wallenberg a donné environ 950 million SEK en 2004. Dans le domaine de la médecine, il y a plusieurs acteurs importants qui financent la recherche, comme des fonds pour le cancer, les maladies du cœur et du poumon, et le diabète. Ensemble, ces organisations privées ou non-gouvernementales financent la recherche, essentiellement dans les universités et les instituts universitaires, à la hauteur de 2 200 millions SEK en 2001 (Projet de loi 2004: 17). La Fig. 15.1 donne un aperçu des flux de financements en 2005 entre les secteurs financeurs et les secteurs exécutants.

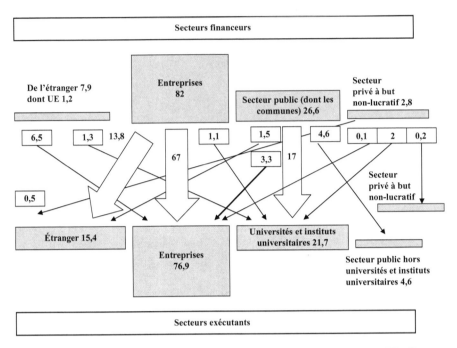

Fig. 15.1 R&D en Suède par secteurs financeurs et exécutants en 2005 (milliard de SEK) (*Source* : Adapté du SCB 2009)

15.3.4 Relations informelles

Pour les universitaires suédois, l'interaction avec les entreprises se déroule au quotidien, au travers de leur rôle universitaire. Les relations habituelles comprennent l'orientation des différentes requêtes vers les personnes aptes à les gérer et la prise en charge des questions relatives aux étudiants. La forme traditionnelle d'implication commerciale est donc comme consultant. Les limitations sur le rôle professoral restreignent dans la plupart des cas leurs activités avec des entreprises à des opérations de conseil individuel à temps partiel. L'implication est donc relativement limitée en temps et en soutien financier, amenant rarement à une interaction à long terme avec les clients. Par conséquent, il existe une séparation nette entre les activités de conseil et le travail universitaire.

15.3.5 La troisième mission

Bien que le système d'éducation serve de véhicule à l'entrepreneuriat universitaire dans la plupart des pays européens, il existe également un mouvement vers une implication plus directe des professeurs d'universités dans des activités commerciales. En 1997, la Loi relative à l'éducation supérieure a donné aux universités suédoises une troisième mission, en plus de celles d'enseignement et de recherche, qui consiste à jouer un rôle plus large pour expliquer le monde universitaire au grand public. Au contraire du Japon, ce cadre légal relativement renforcé n'a pour autant pas été accompagné de mécanismes de mise en œuvre aussi renforcés. Par conséquent, le type d'entrepreneuriat qui en résulte jusqu'à présent est surtout indirect, avec des entreprises et des étudiants qui sont porteurs des idées commerciales.

15.3.6 Le processus de Bologne

Historiquement, la Suède a toujours « exporté » peu d'étudiants, par exemple pour faire des études à l'étranger. Pour les étudiants suédois, les opportunités nouvelles pour faire des études universitaires en Europe sont apparues avec l'adhésion à l'UE dans le milieu des années 1990, par exemple avec le programme Erasmus qui permet aux étudiants de faire une partie de leurs études dans d'autres pays européens. Le débat actuel porte surtout sur ce qu'on appelle le processus de Bologne, qu'il faut peut-être regarder dans le contexte de la Stratégie de Lisbonne, qui comprend des mesures dans des domaines comme la réforme économique, la R&D et la cohérence sociale. L'objectif général du processus de Bologne est de créer un espace européen unique pour l'enseignement supérieur. En pratique, l'Espace européen de l'enseignement supérieur comprend d'autres états en plus des pays membres de l'UE (il y avait 40 états adhérents après une réunion à Berlin en 2003). Un des objectifs opérationnels vise à l'harmonisation du système des unités de valeur et les cycles de l'enseignement supérieur (Kim 2005). La participation de la Suède à ce processus est plutôt plus défensive que celle de ses voisins nordiques de la Norvège, la Finlande et le Danemark. La Suède a mis l'accent sur l'importance de certains éléments distinctifs nationaux, comme un cycle de doctorat d'une durée de 4 ans (Kim 2005).

15.3.7 Les sociétés holding universitaires

En 1994, le Parlement suédois a donné aux universités et aux instituts universitaires le droit de créer des sociétés holding afin d'obtenir, détenir en fiducie et vendre des actions dans des entreprises des projets et de services R&D. Plus tard, elles ont reçu le droit d'avoir des entreprises ayant pour but de fournir des enseignements sur mesure. Jusqu'à présent, ces sociétés holding ont été établies par 14 universités et instituts universitaires. Ces entreprises ont évolué des manières différentes selon les différentes spécialisations, tailles et structures de l'environnement commercial local. Selon Vinnova (Vinnforsk, VP2003: 1), les établissements de recherche suédois ont déjà suffisamment de fonds pour soutenir et renforcer les motivations pour commercialiser les résultats de la recherche. La principale faiblesse du système réside dans un manque de ressources financières des sociétés holding. À ce sujet,

Vinnova a également consulté d'autres acteurs et parties prenantes. La plupart parmi eux se rangent aux conclusions générales de Vinnova, mais certains ont relevé un manque de ressources et de compétences, ainsi que des attitudes négatives envers la commercialisation des résultats de recherche, comme étant autant d'obstacles difficiles à surmonter pour ces établissements.

L'université d'Uppsala, l'Université de Göteborg, la Faculté d'ingénierie à l'Université de Lund, et l'Institut royal de technologie ont argumenté qu'il faut renforcer le rôle des établissements de recherche. D'autres ont évoqué le fait que ces établissements font partie d'un système plus large avec plusieurs types d'acteurs différents et qu'il faut trouver une délimitation convenable de leurs fonctions (par exemple, l'Université de Linköping, l'Institut de technologie Blekinge, et l'Agence suédoise de l'énergie). Teknikbrostiftelsen en Linköping a affirmé que les universités ne sont pas appropriées pour « parrainer » des systèmes d'innovation, et qu'elles sont naturellement actrices dans la première partie du processus, mais qu'elles n'ont pas suffisamment de connaissance ni une position adéquate pour entreprendre une telle tâche. Par ailleurs, affirme-t-il, le problème n'est pas un manque de ressources financières, mais un manque de définition nette des objectifs des holdings.

La Confédération des entreprises suédoises et d'autres organisations représentants des entreprises privées ont souligné l'importance de renforcer la coopération entre les universités et le secteur privé. Plusieurs participants, comme l'Université d'Uppsala, l'Université de Göteborg, l'Institut royal de technologie, les producteurs d'avions et de voitures SAAB, et la Confédération suédoise des syndicats de salariés ont déclaré qu'à travers des services juridiques et de conseil commercial, les sociétés holding pourraient être plus utiles dans le développement des systèmes d'innovation des établissements d'enseignement et dans les premiers pas de la commercialisation.

La Fondation du savoir (KK-stiftelsen) travaille au renforcement de la compétitivité suédoise par un soutien, notamment, aux nouvelles universités et aux nouveaux instituts universitaires, et par le développement des compétences dans l'industrie. Leur position est que chaque établissement devrait avoir le droit de créer des sociétés holding, mais que ces dernières ne devraient pas être obligatoires. Pour être efficaces, ces entreprises demandent un haut niveau d'expérience dans la commercialisation, le développement commercial, les brevets, etc., compétences qui sont pour beaucoup difficiles à maintenir. L'idée est à explorer à condition de trouver des structures de collaboration entre de telles entreprises et des différents établissements d'enseignement (Projet de loi 2004: 168–169).

15.4 Le débat suédois actuel

Il est généralement admis qu'en Suède la méthode de plus en plus en faveur pour influencer les décideurs consiste à ouvrir les débats dans les pages d'opinion des quotidiens les plus influents. En réalité, les politiques et décideurs eux-mêmes estiment que ces articles sont un moyen efficace et rapide de transmettre leur message.

Chaque article reçoit suffisamment de place, mais c'est l'éditeur qui choisit avec attention les auteurs, il semblerait, sur des bases de la « valeur en tant qu'information » d'un sujet et selon la position de l'auteur dans la société suédoise. Dans ce contexte, on met de plus en plus l'accent sur les questions de la politique de l'enseignement supérieur et la recherche.

Il y a quelques années, Ulf Sandström (2002), directeur de recherche à l'Institut suédois pour des études en éducation et recherche (SISTER), a présenté des résultats empiriques tirés de sa recherche sur le débat suédois sur la politique de la recherche et ses « effets durables » de 1980 à 2001. Pendant les années 1980, il y avait peu de débats sur ces problématiques dans les quotidiens, et ceux qui existaient étaient plus descriptifs que normatifs. Quand le gouvernement de centre-droit a pris le pouvoir aux débuts des années 1990, au début d'une crise économique profonde, une critique plus sévère commence à poindre. Des professeurs de sciences humaines protestent contre la baisse des crédits; la question de la pertinence de la recherche universitaire pour l'industrie devient un sujet à la mode, ainsi que celui de la position des femmes dans le système suédois de recherche. Au moment où les sociaux-démocrates reprennent le pouvoir et nomme un nouveau ministre de l'enseignement supérieur – Carl Tham – la position des chercheuses devient un des thèmes central du débat (Sandström 2002: 53–54). Le nouveau ministre subit de plus en plus de pression de la part des groupes de chercheurs bien organisés en ce qui concerne la baisse des crédits de recherche (Benner 2002). La confiance entre les chercheurs et les politiques est au plus bas, et on en trouve les échos de plus en plus souvent dans les médias (Sandström 2002).

Le Ministre d'enseignement supérieur qui prend la suite, Thomas Östros, social-démocrate également, présente un rapport en 2000 avec le titre laconique de « La recherche « (« Forskning »). Il a été considéré comme étant plutôt favorable aux chercheurs, mais par contre, on voit apparaître une nouvelle critique, cette fois ci qui concerne la pertinence de la recherche suédoise pour l'industrie et pour la société plus largement. Pendant le mandat du Ministre Östros, les débats médiatiques sur la politique de la recherche et les questions connexes ont été plus nombreux et le sont restés depuis (Sandström 2002).

Le débat suédois actuel se divise en trois catégories générales basées sur des problématiques qui souvent se chevauchent, interagissent et s'affrontent:

1. Un débat général sur l'enseignement supérieur et la recherche sur des sujets comme l'organisation, le financement, la qualité de l'enseignement et de la recherche universitaires, la liberté d'enseignement, et l'internationalisation.
2. Un débat autour des droits et des promotions par exemple des femmes, des minorités ethniques, des classes sociales, et des régions qui sont considérés comme défavorisées dans le système actuel d'enseignement et de recherche.
3. Un débat autour de la pertinence économique et industrielle de la recherche suédoise. Dans cette catégorie, l'objectif politique explicite et implicite est la croissance économique.

Nous allons discuter certains éléments de chacune de ces catégories, avec un accent sur la troisième.

15.4.1 La troisième mission: sa pertinence mise en question

Depuis la fin des années 1990, le système suédois d'enseignement supérieur est responsable de ce qu'on appelle une Troisième Mission, ce qui signifie qu'en plus de ses tâches traditionnelles d'enseignement et de recherche, les universités et les autres établissements universitaires sont également obligés d'interagir avec la société et la vie économique qui les entourent. La législation est en lien étroit avec des inquiétudes sur la croissance économique et une augmentation des taux de chômage. La nouvelle tâche met en évidence un débat classique sur « la liberté d'enseignement » dans des universités indépendantes et « l'université au service de la société ». Dans un rapport publié peu après l'introduction de l'amendement sur la troisième mission, deux chercheurs du Centre pour la science régionale d'Umeå ont demandé aux représentants de sept universités et instituts universitaires suédois ce qu'ils pensaient des différents aspects de cette troisième mission. Ils ont interrogé des chefs de départements, des directeurs d'études, et le personnel administratif de départements présélectionnés (Informatique, Physique, et Biologie). Les établissements d'enseignement supérieur interrogés pour ce rapport étaient: l'Université d'Umeå, l'Université technique de Linköping, l'Institut universitaire d'Örebro, l'École royal de technologie, le Karolinska Institutet, l'Université de Lund et l'Université Karlskrona/Ronneby (Asplund et Nordman 1999). Sur la base de cette enquête, les auteurs ont tiré les conclusions suivantes:

- Les attitudes en ce qui concerne la troisième mission diffèrent considérablement entre les universités et entre les départements dans les universités. Par exemple, parmi les six universités qui ont un département informatique, la moitié soutenait la troisième mission tandis que l'autre moitié était contre.
- Les petits instituts universitaires accordent plus d'importance à la troisième mission parce que les petites universités ont plus besoin de créer des partenariats au niveau local afin de collecter des fonds externes pour compléter ceux qu'elles reçoivent de l'État.
- Pour les chercheurs, les obstacles majeurs sont un manque de temps, la pression et une énorme charge de travail. Les chercheurs créent de nouvelles idées avec un potentiel de croissance économique, mais souvent ils leur manquent le temps pour les développer.
- Beaucoup de personnes considèrent que la troisième mission ajoute à la charge administrative et à la paperasserie et la caractérise, par exemple, comme « des paroles plus que des actions » (Asplund et Nordman 1999: 30–31).

15.4.2 La question de la discrimination positive dans le recrutement

Selon Laila Abdallah, une anthropologue culturelle et spécialiste des questions du genre, les femmes qui cherchent des financements pour la recherche ne sont pas des victimes directes de la discrimination dans le système suédois (Abdallah 2002: 177).

C'est toutefois un fait que jusqu'à présent les femmes sont sous-représentées aux niveaux supérieurs de la hiérarchie de la recherche, ce qui pourrait s'expliquer en partie par l'existence des obstacles informelles, comme un manque d'accès aux réseaux informels (Abdallah 2002: 186–188). La question du genre est un sujet de débats controversés en Suède à tous les niveaux de la société. De plus, les préjugés sociaux en matière de recrutement est une problématique qui dure, vu le faible niveau persistant en ce qui concerne le nombre de personnes inscrites venant de familles sans tradition universitaire.

15.4.3 *Les débats sur les politiques IST en Suède sont-ils basés sur des mythes?*

Le paradoxe suédois est un sujet de discussion fréquent. Comment la Suède, qui investit sans doute plus dans la R&D et d'autres facteurs de croissance que tous les autres pays membres de l'OCDE, arrive-t-elle à avoir si peu de retours sous la forme d'innovation et de croissance à long terme? Anders Granberg de l'Institut de la recherche politique de l'Université de Lund, et Staffan Jacobsson, de l'Université de technologie de Chalmers (Granberg et Jacobsson 2006) ont examiné de près certaines croyances dominantes et persistantes dans le débat autour de la politique scientifique en Suède qui peuvent apporter un éclairage sur cette question. Ils concluent que le plan général fondé sur ces croyances est « trompeur, car il dépeint la Suède comme une nation:

1. Ayant un volume exceptionnel de recherche universitaire, tandis qu'ils suggèrent que la Suède se situe dans la moyenne de plusieurs pays de l'OCDE à cet égard, au vu des caractéristiques spécifiques du système R&D suédois et des multiples fonctions sous la responsabilité du secteur universitaire. En effet, l'utilisation de temps passé comme un indicateur alternatif ouvre la possibilité que la Suède puisse avoir un volume moins important de recherche universitaire que certains autres pays de l'OCDE.
2. Où la recherche « axée sur la curiosité » domine, tandis qu'il suggère que l'orientation du développement du savoir et des compétences est pour l'essentiel aux mains des financements externes dirigés vers de la recherche « axée sur les besoins » ou « stratégique ». De plus, du moins dans les universités techniques, les subventions en bloc ne permettent quasiment pas de recherche « axée sur la curiosité », comme la recherche exploratoire.
3. Où la recherche « axée sur la curiosité » menace l'innovation et la croissance économique, tandis qu'ils affirment que non seulement il existe une dichotomie trompeuse entre ce type de recherche et celle « axée sur les besoins », mais que ces formes de recherche sont en fait complémentaires.
4. Où il y a une distance, voire un fossé, importante, entre le monde universitaire et l'industrie, tandis qu'ils affirment qu'il existe beaucoup de preuves du contraire, bien qu'ils soient d'accord qu'il serait possible de faire plus pour exploiter les « complémentarités » (Granberg et Jacobsson 2006: 334).

Déplorant la vision imparfaite qui résulte d'une « focalisation simpliste sur les questions de la 'commercialisation' », ils détaillent trois défis politiques. Tout d'abord, ils suggèrent « que la recherche universitaire n'aurait peut-être pas le volume nécessaire pour attirer des efforts industriels R&D, mais qu'il y a encore des opportunités pour poursuivre une politique offensive de pôles de compétitivité. Une telle politique doit, par contre, aller bien au-delà d'une simple augmentation du volume de la R&D 'axée sur les besoins' ». Ensuite, « l'épuisement des subventions globales a atteint un tel niveau qu'il est possible que l'impact soit négatif sur la capacité des universités (du moins des instituts universitaires) à remplir leur mission et à être efficaces dans la mise en œuvre d'une politique scientifique axée sur des pôles de compétitivité. Il faut rééquilibrer les financements externes et les besoins en subventions globales ». Enfin, ils indiquent que « la capacité des universités à jouer un rôle vraiment complémentaire à celui de l'industrie est menacée et doit être assurée. Si cette capacité est réduite, les universités pourraient ne pas arriver à remplir la partie la plus importante de leur mission, c'est-à-dire, de pouvoir répondre aux opportunités scientifiques et technologiques et de générer des capacités avant que l'industrie n'en fasse la demande pour une politique scientifique 'axée sur les besoins' » (Granberg et Jacogsson 2006).

L'Association suédoise des anciens élèves en ingénierie, représente un groupe important dans le système d'innovation suédois, et ils rejettent, d'une manière différente, la très discutée dichotomie entre la recherche fondamentale « axée sur la curiosité » et la recherche « axée sur les besoins ». Selon eux, si on regarde le MIT et son orientation vers l'extérieur qui date d'il y a environ 100 ans, ils argüent que la recherche « axée sur les besoins » conduit souvent à la recherche fondamentale, ce qui crée de nouvelles ouvertures entre les différents domaines de recherche (Civilingenjörsförrbundet 2003: 15).

15.4.4 L'université entrepreneuriale

La Suède est un fervent défenseur des droits de la propriété intellectuelle dans les forums internationaux, notamment en ce qui concerne les brevets. Dans le système universitaire suédois, « les chercheurs ont depuis longtemps des droits de propriété intellectuelle liés aux résultats de leurs travaux, et le débat se focalise sur la faisabilité et la pertinence de transférer cette propriété de l'individu à l'institution » (Mowery et Sampat 2005: 232). Plusieurs rapports officiels analysent la question de maintenir ou pas la propriété actuellement accordée aux professeurs et aux chercheurs dans les universités (« l'exception des professeurs ou des enseignants des universités », c'est-à-dire, une exception à la législation suédoise qui stipule que l'employeur détient les droits sur les inventions de ses salariés). Plus récemment, dans le rapport Vinnforsk, Vinnova conclut que le chercheur devrait avoir le droit de rendre compte à l'université ou à l'institut universitaire qui l'emploie de ses inventions et de ses applications informatiques. Le droit de secret, à l'entière disposition du chercheur, doit y être lié, et le chercheur devrait être reconnu comme l'inventeur (s'il s'agit d'un brevet) ou comme l'auteur (s'il s'agit d'un programme informatique). On devrait également considérer la question de savoir si l'université devrait avoir le droit à un remboursement raisonnable des revenus net (par exemple, des inventions brevetées). Pour préparer le rapport, Vinnova a consulté plusieurs acteurs importants dans le système d'innovation suédois. Certaines de leurs conclusions se trouvent ci-dessous:

Dans un commentaire, l'Université de Lund écrit que le rapport traite la question de manière superficielle et préconise sans dispute que « l'exception des enseignants » devrait être abolie. Notamment, on maintient qu'une bonne partie de la recherche se fait en groupes de recherche et que, souvent, les chercheurs individuels ne participent pas au projet sur toute sa durée, ce qui rend difficile la tâche de juger la contribution des chercheurs individuels. L'objection principale, toutefois, est que le choix de donner une utilité aux résultats, qui sont intimement liés à l'établissement universitaire, n'est pas une affaire personnelle.

L'Institut royal de technologie et l'Université de technologie de Chalmers sont tous deux en accord pour dire qu'il faut maintenir « l'exception des enseignants » à court terme, tout en voyant un besoin de changements à plus long terme. L'Université de Göteborg affirme qu'un système d'innovation efficace devrait mener, à terme, à l'abolition de l'exception, et qu'il n'est pas durable de concevoir les droits liés aux résultats de la recherche simplement comme l'affaire d'un chercheur individuel.

Teknikbrostiftelserna (groupe de sept fondations régionales désignées pour développer des liens entre le monde universitaire et l'industrie, qui font maintenant partie de l'Innovationsbron AB) soutient, à une exception près, le statu quo, tout comme Företagarna, l'organisation nationale des PME. La Confédération suédoise des industries (les plus grandes entreprises), au contraire, soutient son abrogation.

La Confédération suédoise des syndicats indique que, au vu des tentatives en cours de renforcer les efforts d'utilisation des résultats de recherche, il est naturel de donner la propriété de ces résultats aux établissements de recherche. SACO (la Confédération suédoise des associations professionnelles) et le SULF (Association suédoise des enseignants universitaires) veulent tous les deux maintenir l'exception. Tout comme TCO (la Confédération des salariés professionnels), qui a pourtant écrit que des efforts futurs doivent s'orienter vers un changement du système scientifique suédois afin d'abolir l'exception des enseignants.

15.4.5 Un besoin de capital-risque

Joseph Schumpeter souligne l'importance de capital financier pour permettre à l'entrepreneur d'établir de nouvelles combinaisons (Schumpeter1934). Comme indiqué ci-dessus, les acteurs financiers sont des éléments qui font partie de la démarche IST, et les entrepreneurs individuels considèrent souvent l'accès au capital comme un obstacle majeur, notamment aux débuts du processus d'innovation. Pour cette raison, il y a une demande persistante d'améliorer le système d'accès au capital. Le problème était accentué par la baisse du cycle commercial en 2001, qui a touché durement les nouvelles entreprises TIC et biotech, menant ensuite à une baisse importante des fonds de capital-risque disponibles. L'Académie royale suédoise des sciences de l'ingénierie (IVA) affirme qu'il est important que l'État ait une responsabilité nette dans le domaine du financement d'amorçage. L'IVA a initié un projet, CONNECT, qui rassemble des bailleurs de capitaux-risques, différents experts et des innovateurs afin de stimuler le développement des entreprises avec un potentiel de croissance et de transmettre des compétences et du capital (IVA 2003: 13). Dans un article dans le quotidien Dagens Nyheter, paru en janvier 2005, le Ministère de l'enseignement supérieur Thomas Östros a présenté au public le projet gouvernemental d'utiliser 2 000 millions SEK pour renforcer la capacité des entreprises suédoises à commercialiser leurs résultats de la recherche. Le programme a été mis en œuvre ensuite avec l'intention d'assurer un accès au capital et de renforcer les compétences et le développement des réseaux. Une société holding, Innovationsbron AB (Le Pont d'Innovation), a été fondée avec sept affiliés régionaux, en collaboration étroite avec les universités à Uppsala, Lund, Göteborg, Stockholm, Luleå, Umeå, et Linköping. Vinnova travaille en étroite collaboration avec cette nouvelle entreprise, ayant pour tâche de créer de nouveaux incubateurs (DN Debatt 18 février 2005, et http://www.innovationsbron.se).

15.4.6 Le développement régional

Les systèmes d'innovations, les pôles de compétitivité et les réseaux commerciaux sont, dans une certaine mesure, des concepts similaires et peut-être dans certains cas difficiles à différencier. Dans le concept de la Triple Hélice, le monde universitaire, l'industrie et les décideurs sont trois types d'acteurs clés pour créer des réseaux et pour interagir. Pour les pôles de compétitivité et les systèmes d'innovation, il faut ajouter aux moins deux autres types d'acteurs: les financeurs et les organismes intermédiaires. Asheim et Gertler (2005) soulignent l'importance du niveau régional pour le succès de l'innovation. Malgré la révolution dans les communications, la géographie a son importance parce que certains éléments du savoir sont tacites et « adhérents », tout comme « l'apprentissage par l'interaction » est essentiel pour l'innovation (Asheim et Gertler 2005: 293).

Le débat public sur les questions régionales se limite essentiellement à deux sujets de controverse. D'abord, il y a un débat d'une nature politique plus générale sur quel pouvoir politique supplémentaire donner aux régions. La Suède n'a aucune tradition fédérale, mais depuis l'adhésion à l'UE, la pression s'accroît de la part des régions. De plus, un autre débat pose la question de la pertinence d'avoir des politiques actives sur des systèmes d'innovation et des pôles de compétitivité. Les opposants sont pour l'essentiel des économistes. À une extrémité, les ultra-libéraux disent qu'il ne faut aucune politique de ce genre, parce que le marché est toujours plus efficace économiquement. À l'autre extrême, certains interventionnistes et protectionnistes disent que, par exemple, les pôles de compétitivité peuvent être créés à partir de presque rien, et que les pôles autonomes peuvent protéger de la concurrence externe. Toutefois, le débat se situe surtout entre ces deux extrêmes.

15.5 Conclusions

Il ressort de cette présentation que le Système suédois d'enseignement supérieur et de recherche a été développé, maintenu et ajusté avec succès, selon différentes cibles politiques dans la période qui a suivi la Deuxième Guerre mondiale. Les indicateurs sur la recherche, comme le montant des financements, tout comme le nombre des brevets et les notations liées aux citations, montre un système produisant des résultats de recherche d'un haut niveau international. Malgré les quelques discussions autour de la fiabilité des indicateurs, la plupart des observateurs s'accordent pour dire que les universités suédoises tirent plutôt bien leur épingle du jeu contre leurs homologues de la plupart des autres pays.

Il est clair, toutefois, qu'une fois que la discussion tourne vers l'amélioration du rôle et de la performance des établissements universitaires pour pouvoir répondre aux défis de l'avenir, la confusion règne, notamment sur comment les universités peuvent travailler en lien avec la société et servir de moteur de croissance par des innovations et de l'entrepreneuriat. Une étude sur les attitudes des universités suédoises envers la troisième mission montre que les instituts universitaires plus petits sont, par nécessité, plus intégrés au niveau local et dans le développement régional (Asplund et Nordman 1999: 30). Dans un contexte favorable, une telle intégration peut dans l'idéal avoir pour résultat une relation symbiotique entre le secteur privé et le système universitaire dans la production du savoir et, peut-être, une émergence ou une amélioration des pôles locaux. Il serait intéressant de poursuivre cette idée en examinant et comparant le rôle potentiel des universités dans un contexte local plutôt que dans un système national de savoir.

Bibliographie

Abdallah L (2002) Kvinnor, forskning och karriärhinder. Dans: Sandström U (dir) Detnya forskningslandskapet. SISTER, Stockholm

Andersson M, Gunnarsson G (2006) Egalitarianism in the process of modern economic growth: the case of Sweden. Document d'information pour le Rapport sur le développement dans le monde de 2006, La Banque mondiale, Washington, D.C.

Asheim BT, Gertler MS (2005) The geography of innovation: regional innovation systems. Dans: Fagerberg et al. (dirs) The Oxford handbook on innovation. Oxford University Press, London and New York

Asplund P, Nordman N (1999) Attitudes toward the third mission. A selection of interviews from seven universities in Sweden. Document de travail SNS et CERUM n° 15:1999. Centre for Regional Science, Umeå

Benner M (2002) Ställningskrig: Reflektioner kring debatten 2001. Dans: Sandström U (dir) Detnya forskningslandskapet. SISTER, Stockholm

Civilingenjörsförbundet (2003) Ökad tillväxt eller stillad nyfikenhet? En analys avsvensk forsknings drivkrafter. http://www.cf.se.cf_tycker_naringspolitik.htm

Granberg A, Jacobsson S (2006) Myths or reality: a scrutiny of dominant beliefs in the Swedish science policy debate. Science and Public Policy 33(5):321–340

IVA (2003) IVAs underlag till forskningspropositionen. http://www.iva.se

Kim L (2005) Bolognaprocessen och dess effekter på svenska universitet och högskolor. http://www.lu.se/upload/LUPDF/Bologna/Sverige_Bologna/Bologna10maj05_LKim.pdf

Ministère de l'industrie, de l'emploi et de la communication (2005) Innovation systems – interaction for enhanced knowledge and growth. Bureau du gouvernement, Stockholm

Mowery D, Sampat BN (2005) Universities in national innovation systems. Dans: Fagerberg et al. (dirs) The Oxford handbook on innovation. Oxford University Press, Londres et New York.

PNUD (1995) Human Development Report 1995. Oxford University Press, New York

PNUD (2005) Human Development Report 2005. Oxford University Press, New York

Projet de loi (forskningspropositionen) 2004/05:80, Forskning för ett bättre liv

Sandström U (2002) Forskningsdebattens långa vågor (Les longues vagues du débat sur la recherche). Dans: Sandström U (dir) Det nya forskningslandskapet. SISTER, Stockholm

SCB (2007a) Enseignement supérieur. Salariées dans l'enseignement supérieur 2006 (en suédois). Sveriges Officiella Statistik, Statistiska meddelanden UF 23 SM 0701

SCB (2007b) Recherche et le développement expériemental en Suède 2005 (en suédois). Sveriges Officiella Statistik, Statistiska meddelanden UF 16 SM 0701

SCB (2007c) Les inscriptions des étudiants 1977/78–2006/2007 par université/institut universitaire et sexe (en suédois). Accès le 30 octobre 2007 à http://www.scb.se/statistik/UF/UF0205/2007A01b/Web_GR1_RegUnivKon.xls

SCB (2009) Science and Technology Indicators for Sweden 2007 http://www.scb.se/statistik/publikationer/UF0301_2007A01_BR_UF96BR0901.pdf

Schumpeter D (1934, 1996) The theory of economic development. Transaction Books, Londres

Visanu (2005) Det nationella programmet för utveckling av innovationssystem och kluster. Slutrapport 6 juil 2005. http://www.nutek.se

Partie III
Synthèse

Chapitre 16
Les trois missions de l'université : synthèse des résultats du projet UniDev

Claes Brundenius et Bo Göransson

16.1 Introduction

Ce chapitre tente d'établir quelques comparaisons quantitatives et qualitatives des douze pays qui ont participé au projet UniDev, en examinant l'évolution du rôle des établissements d'enseignement supérieur dans les contextes d'innovation, de croissance économique et de développement. Comme nous avons expliqué dans le chapitre d'introduction, des équipes nationales des 12 pays (Brésil, Cuba, Uruguay, Danemark, Allemagne, Suède, Afrique du Sud, Tanzanie, Fédération de Russie, Lettonie, Vietnam, et Chine) ont travaillé sur le projet. Il est intéressant de noter que le rôle joué par l'enseignement supérieur (notamment celui des universités) est un sujet important dans tous les pays, malgré les différents systèmes économiques (des économies de marché libérales à des économies socialistes), les différents niveaux de développement, et les différents rôles joués par les systèmes nationaux d'innovation[1].

Dans ce livre, les chapitres consacrés aux pays offrent des informations approfondies et une analyse de la situation dans chacun des 12 pays. Ce chapitre puise dans ces résultats, mais essaie également de fournir un cadre comparatif avec des apports venant des études de chaque pays. Le chapitre traite des trois missions de l'université : (1) l'enseignement, (2) la recherche, et (3) la troisième mission, c'est-à-dire, ce que font les universités pour être pertinentes au sein de la société.

Le Tableau 16.1 ci-dessous présente des informations quantitatives de base pour les 12 pays (et le monde et les États-Unis à des fins de comparaison). Le tableau présente les dernières données disponibles sur la population, la parité de pouvoir

---

[1] Il y a plusieurs rapports internationaux qui traitent du sujet de l'évolution du rôle de l'enseignement supérieur, par exemple Arocena et al. (2008), Eggins (2009), UNESCO (2009), ESF (2008)

C. Brundenius (✉) • B. Göransson
Institut des politiques de recherche, Université de Lund, Lund, Suède
Courriel: Claes.Brundenius@fpi.lu.se

Tableau 16.1 UniDev : Quelques données de base

	Population (millions) 2007	Rang IDH* 2007	PPA (milliards $) 2000 actuel	PPA (milliards $) 2007 actuel	PPA par habitant 2000 actuel	PPA par habitant 2007 actuel	Téléphones mobiles par 100 habitants	Utilisateurs d'Internet par 100 habitants
Brésil	191,6	75 (8)	1 186,7	1 775,6	6 810 (7)	9 270 (8)	63 (8)	35,2 (5)
Cuba	11,26	51 (6)	61,3	77,4	5 500 (9)	6 876 (9)	2 (12)	11,6 (10)
Uruguay	3,32	50 (5)	25,5	36,6	7 730 (5)	11 020 (6)	90 (6)	29,1 (6)
Danemark	5,46	16 (2)	150,4	201,0	28 180 (1)	36 800 (2)	114 (3)	80,7 (1)
Allemagne	82,27	22 (3)	2 100,3	2 857,7	25 670 (3)	34 740 (3)	118 (1)	72,3 (3)
Suède	9,15	7 (1)	243,9	343,0	27 500 (2)	37 490 (1)	113 (4)	79,7 (2)
Afrique du Sud	47,85	129 (11)	284,3	452,3	6 460 (8)	9 450 (7)	88 (7)	8,3 (11)
Tanzanie	40,43	151 (12)	25,5	48,7	750 (12)	1 200 (12)	21 (11)	1,0 (12)
Russie	142,1	71 (7)	1 086,3	2 036,5	7 430 (6)	14 330 (5)	115 (2)	21,1 (7)
Lettonie	2,28	48 (4)	19,0	35,9	8 010 (4)	15 790 (4)	97 (5)	55,0 (4)
Vietnam	85,15	116 (10)	108,1	215,4	1 390 (11)	2 530 (11)	28 (10)	21,0 (8)
Chine	1 318,31	92 (9)	2 940,1	7 150,5	2 330 (10)	5 420 (10)	42 (9)	16,1 (9)
MONDE	6 610,26	-	41 825,9	65 752,3	6 887	9 947	51	21,8
USA	301,62	13	9 930,9	13 827,2	35 190	45 840	85	73,5

Sources: Indicateurs du développement mondial 2007 (Banque mondiale 2007), Rapport sur le développement humain 2009 (PNUD 2009)
*Classement mondial de l'Indice de développement humain (IDH) ; classement UniDev entre parenthèses

d'achat (PPA) en dollars par habitant (comme indicateur indirect du niveau de développement), l'indice de développement humain (indice comprenant la satisfaction des besoins fondamentaux dans la variable PPA), et la pénétration mobile et Internet (comme des indicateurs d'une capacité de se connecter à la société d'information).

En ce qui concerne le développement, trois pays UniDev se caractérisent par des économies de marché très développées, avec des niveaux de PPA qui dépassent de loin ceux des autres pays (plus de 30 000 PPA$/habitant) : le Danemark, l'Allemagne et la Suède. La Russie et la Lettonie suivent dans le classement (environ 15 000), puis les pays d'Amérique Latine et l'Afrique du Sud. La Chine a encore un PPA/habitant relativement bas mais, comme on sait, elle est sur la voie rapide pour rattraper les autres pays. Le Vietnam et la Tanzanie restent bien loin derrière les autres, malgré une croissance rapide entre 2000 et 2007. Le classement des pays n'a pas beaucoup changé pendant cette période.

Par contre, si on regarde l'IDH, quelques différences intéressantes émergent. Ainsi, Cuba, l'Uruguay, la Chine et le Vietnam se trouvent à un rang plus élevé dans les classements en IDH qu'en PPA, tandis que l'Afrique du Sud passe du septième rang en PPA au onzième en IDH, essentiellement à cause d'une répartition très inégale des revenus et une espérance de vie en baisse (due à une fréquence élevée des cas de SIDA).

En ce qui concerne la pénétration des technologies d'information, sans surprise, les pays développés se trouvent en tête du classement. Il est néanmoins intéressant de noter que beaucoup de pays en voie de développement les talonnent, notamment le Brésil, l'Uruguay et, dans une certain mesure, l'Afrique du Sud (à l'exception de la pénétration d'Internet). La Chine et le Vietnam comblent rapidement leur retard. Cuba rattrape son retard en termes de connexion à Internet, mais a toujours un taux de pénétration lent en ce qui concerne le téléphone mobile (en dernier rang de tous les pays).

16.2 La première mission : l'enseignement

La première mission des universités, celle qui reste la plus importante, est bien entendu l'enseignement. Si l'investissement dans l'enseignement supérieur est très coûteux (et a parfois été considérée comme un luxe), on constate aujourd'hui une prise de conscience croissante, du moins dans les pays développé, de l'importance de l'enseignement supérieur et du rôle crucial qu'il joue dans la croissance économique et le développement durable. Dans les pays UniDev, les inscriptions dans l'éducation tertiaire ont également augmenté rapidement depuis une décennie, ce qui apparait dans la Fig. 16.1. La figure montre l'évolution des taux d'inscription entre 1999 et 2007 (voir aussi les données détaillées dans les Tableaux 16.2 et 16.3).

L'indicateur est le taux brut d'inscriptions (TBI) au niveau tertiaire, qui représente en réalité un indicateur indirect, parce qu'il divise le total des inscriptions par la tranche d'âge correspondante (dans ce cas, la cohorte des 18 à 24 ans). Cette mesure peut

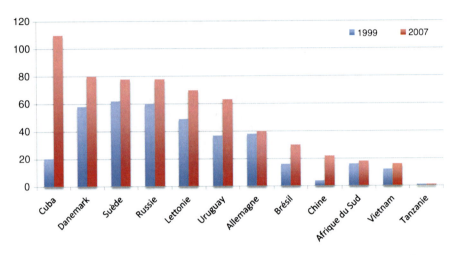

Fig. 16.1 Taux bruts d'inscriptions dans l'enseignement tertiaire (1999 et 2007) (*Source*: Tableau 16.3)

sembler arbitraire, puisqu'il y a de toute évidence beaucoup d'étudiants dans les universités qui ont plus de 24 ans. Toutefois, les chiffres des inscriptions par âge ne sont pas facilement disponibles de manière générale, et le TBI est considéré comme un substitut raisonnablement utilisable.

Les données montrent une croissance rapide des inscriptions dans beaucoup de pays. Ceci est notamment le cas pour Cuba qui, en 2002, a lancé une campagne pour « l'universalisation » des études universitaires, avec pour résultat une augmentation considérable des inscriptions dans l'enseignement tertiaire. Par conséquent, à Cuba aujourd'hui la quasi-totalité de la tranche d'âge est inscrite dans un établissement d'enseignement tertiaire, avec également une augmentation des inscriptions dans les groupes plus âgés, ce qui est à l'origine de problèmes que nous évoquerons plus tard. Les autres pays qui ont élargi de façon impressionnante leur enseignement universitaire sont la Chine, le Brésil et l'Uruguay. Le Danemark, la Suède, la Russie et la Lettonie ont également des taux de 75 et plus.

16.2.1 Quels pays mobilisent le plus de ressources pour l'enseignement supérieur ?

Comme indiqué ci-dessus, l'enseignement supérieur est coûteux. Si les coûts par unité (c'est-à-dire, le coût par étudiant) varient, pour assurer une haute qualité, les pays en voie de développement n'ont pas beaucoup de choix pour réduire les coûts par rapport aux coûts dans les pays riches, à l'exception des salaires des enseignants. Les enseignants, en règle générale, reçoivent des salaires bien bas dans les pays en voie de développement.

Tableau 16.2 UniDev : les inscriptions dans l'éducation tertiaire, 1999-2007

	1999	2000	2001	2002	2003	2004	2005	2006	2007
Brésil Total	2 369 945	2 694 245	3 030 754	3 479 913	3 887 022	4 163 733	4 453 156	4 676 646	4 880 381
Femmes	1 318 393	1 515 352	1 705 995	1 966 283	2 193 246	2 346 516	2 488 927	2 605 611	2 680 978
Cuba Total	153 463	158 674	178 021	191 262	235 997	396 516	417 858	681 629	864 846
Femmes	81 558	84 826	92 824	104 036	132 543	247 063	293 089	414 239	549 670
Uruguay Total	91 275	Na	na	na	na	na	na	na	158 841
Femmes	57 495	Na	na	na	na	na	na	na	99 924
Danemark Total	189 970	189 162	192 022	196 204	201 746	217 130	232 255	228 893	232 194
Femmes	106 957	107 644	108 290	112 698	116 844	125 628	133 376	131 302	133 684
Allemagne Total	2 087 044	2 054 838	2 083 945	2 159 708	2 242 397	2 330 457	2 268 741	2 289 465	2 278 897
Femmes	989 271	988 703	1 014 075	1 058 896	1 109 082	1 150 947	1 127 168	1 137 777	1 133 518
Suède Total	325 124	346 878	358 020	382 851	414 657	429 623	426 723	422 614	413 710
Femmes	192 961	201 962	211 468	227 682	247 091	255 853	254 325	251 782	247 894
Afrique du Sud Total	623 911	644 763	658 588	675 160	744 489	735 073	741 380	741 024	760 009
Femmes	340 893	356 631	352 133	362 427	385 857	403 462	401 042	408 519	402 805
Tanzanie Total	18 867	na	18 331	23 239	31 772	39 117	41 419	na	55 134
Femmes	3 970	na	4 775	7 763	9 325	12 861	13 206	na	17 803
Russie Total (000)	4 073,0	na	na	na	8 099,7	8 608,0	9 003,2	9 167,3	9 370,4
Femmes	na	na	na	na	4 601.9	4 907.4	5 136.9	5 219,5	5 325,6
Lettonie Total	82 042	91 237	102 783	110 500	118 944	127 656	130 706	131 125	129 497
Femmes	50 539	57 850	63 524	67 991	73 403	79 473	82 575	83 010	82 771
Vietnam Total (000)	810,1	899,5	974,1	1 020,7	1 131,0	1 319,8	1 387,1	1 666,2	1 928,4
Femmes	347,6	374.2	409,1	436,9	486,3	539,8	567.3	na	950,7
Chine Total (000)	9 019,0	7 979,6	13 629,3	17 730,0	19 782,0	19 898,8	22 631,2	25 742,0	27 195,3
Femmes	na	na	na	8 325,0	9 325,2	8 183,7	10 866,0	12 588,8	13 536,3

Source : Base de données, UIS
[a]NEPAD/AU (2010)

Tableau 16.3 Taux bruts d'inscriptions (TBI) dans l'éducation tertiaire, 1999–2007

	1999	2000	2001	2002	2003	2004	2005	2006	2007
Brésil	14	16	18	20	22	24	25	na	30
Cuba	21	22	26	28	34	55	63	88	109
Uruguay	34	na	na	na	na	na	na	na	64
Danemark	56	58	60	63	67	74	81	80	80
Allemagne	na	na	na	na	na	na	na	na	40[a]
Suède	64	67	70	76	82	84	82	79	75
Afrique du Sud	14	14	14	15	15	16	15	15	16[a]
Tanzanie	1	(1)	1	1	1	1	1	(1)	1
Russie	na	na	na	na	65	69	71	72	75
Lettonie	50	56	63	67	71	75	75	74	71
Vietnam	11	9	10	na	na	na	na	na	14[a]
Chine	6	8	10	13	16	18	20	22	23

Source : Base de données UIS et mises à jour UniDev
[a]UniDev estimate
TBI = Taux Bruts d'Inscription dans l'éducation tertiaire, est le résultat de la division du nombre total d'inscription par la cohorte des 18–24 ans (définition Unesco)

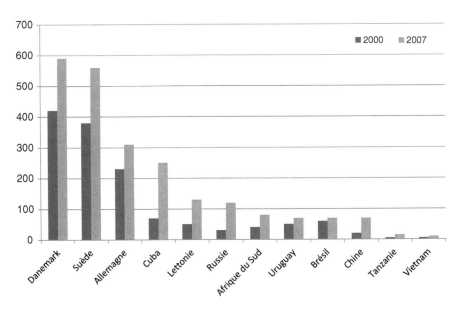

Fig. 16.2 Dépenses publiques d'enseignement supérieur (PPA$/habitant) 2000 et 2007(*Source* : Tableau 16.4)

La Fig. 16.2 montre les dépenses par habitant (PPA$) d'enseignement supérieur dans les pays UniDev (voir aussi le Tableau 16.4 pour les détails, y compris les données du coût par étudiant). Comme on peut s'y attendre, les trois pays les plus riches, le Danemark, la Suède et l'Allemagne, dépensent le plus sur l'enseignement supérieur (entre 400 et 600 PPA$/habitant en 2007). Toutefois, de tous les autres pays, c'est le Cuba qui dépense le plus de ces ressources par habitant pour l'enseignement supérieur,

Tableau 16.4 Dépenses publiques pour l'éducation autour de 2000 et 2007

	Dépenses totales pour l'éducation en % du PIB	Dépenses pour l'enseignement supérieur en % du PIB	Enseignement supérieur en % du total pour l'éducation	Dépenses publiques pour l'enseignement par habitant (PPA$)
Brésil 2000	3,8	0,8	21,1	54
2007	4,6	0,7	15,2	65
Cuba 2001	7,8	1,3	16,7	72
2007	13,3	3,3	24,8	248
Uruguay 1999	2,8	0,6	21,4	46
2007	3,4	0,6	17,6	66
Danemark 2000	6,4	1,5	23,4	423
2007	6,8	1,6	23,5	589
Allemagne 2000	4,2	0,9	21,4	231
2007	4,1	0,9	22,0	312
Suède 2000	6,2	1,4	22,6	385
2007	8,2	1,5	18,7	562
Afrique du S. 2000	5,3	0,6	11,3	39
2007	5,3	0,8	15,0	76
Tanzanie 2000	2,5	0,5	21,3	4
2007	5,2	1,4	26,2	16
Russie 1999	2,9	0,5	17,2	37
2007	3,9	0,8	20,5	115
Lettonie 2000	5,4	0,7	12,9	56
2007	5,1	0,8	15,6	126
Vietnam 2001	4,1	0,4	9,8	6
2007	5,6	0,5	8,9	13
Chine 2000	3,4	0,8	23,5	19
2006	3,8	1,2	31,2	65

Source : Base de données UIS et mises à jour UniDev

comme résultat de son programme intensif d'universalisation. La Russie et la Lettonie dépense un peu plus que 100PPA$/habitant pour l'enseignement supérieur. La Chine, le Brésil et l'Afrique du Sud consacrent environs 75 PPA$/habitant) à l'enseignement supérieur, tandis que l'Uruguay dépense 51 PPA$/habitant, la Tanzanie et le Vietnam aussi peu que 17 et 13 PPA$, respectivement (Tableau 16.4).

En règle générale, ces données ne comprennent que les dépenses publiques de l'enseignement supérieur. Il est plus difficile d'avoir les données concernant le financement privé de l'enseignement supérieur, en partie due à l'imprécision de la définition des établissements d'enseignement supérieur privés. Par exemple, les établissements d'enseignement supérieur sont importants au Brésil et en Lettonie, et les données que nous présentons pourraient être plus élevées si elles comprenaient tous les établissements privés.

Mais, nous pouvons également regarder les dépenses d'enseignement depuis un autre point de vue. Combien est dépensé en termes relatifs, c'est-à-dire en pourcentage du PIB ? Ici, c'est Cuba en tête avec 3,3% du PIB consacré à l'enseignement

Tableau 16.5 Proportion absolue et relative des dépenses publiques d'enseignement supérieur 2007

Proportion des dépenses en ES en % du PIB			
Dépenses d'ES par habitant (PPA$)	Relativement élevées (plus que 1,0%)	Moyen (0,5–0,9%)	Bas (moins que 0,5%)
Élevé (plus que 300 PPA$/habitant)	Danemark (1,6%) Suède (1,5%)	Allemagne (0,9%)	
Moyenne élevée (100–299 PPA$/habitant)	Cuba (3,3%)	Lettonie (0,8%) Russie (0,8%)	
Moyenne basse (40–99 PPA$/habitant)	Chine (1,2%)	Brésil (0,7%) Uruguay (0,6%) Afrique du Sud (0,8%)	
Bas (moins de 40 PPA$/habitant)	Tanzanie (1,4%)	Vietnam (0,5%)	

Source : Tableau 16.4

supérieur (et pas moins de 13,3% consacré à l'éducation en général !). Le Danemark, la Suède, et la Lettonie suivent avec 1,5%, suivis par la Tanzanie à 1,4% et la Chine à 1,2%. Les autres pays dépensent entre 0,5% et 0,9% du PIB pour l'enseignement supérieur.

Ces deux aspects des dépenses d'enseignement supérieur sont illustrés dans la matrice présentée dans le Tableau 16.5.

16.2.2 Qu'étudient les étudiants ?

L'augmentation du nombre des inscriptions dans l'enseignement supérieur est un fait important, mais il faut également considérer d'autres aspects. Ainsi, dans plusieurs pays UniDev l'orientation des études soulève une inquiétude légitime. Dans plusieurs pays, il y a un vif débat sur, par exemple, le rôle des sciences humaines et le peu d'intérêt des étudiants, et notamment des étudiantes, pour les sciences naturelles et les sciences de l'ingénierie. Autrement dit, à quoi sert l'enseignement supérieur et, étant donné le coût pour les budgets publics, les autorités doivent-elles essayer d'attirer les étudiants vers des sujets plus « utiles » pour la société ? Dans beaucoup de pays, les étudiants ne paient pas de frais de scolarité pour les universités publiques, et dans certains (l'Uruguay, par exemple), il n'y a pas de restrictions à l'entrée, ce qui signifie que toute personne peut s'inscrire dans n'importe quel domaine d'étude. Cette approche peut avoir pour résultat un nombre disproportionné d'inscrits dans certains domaines, considérés par certains comme « moins pertinents », que d'autres. Sans poursuivre ce débat dans les détails, nous allons simplement présenter les tendances dans les pays UniDev. La Fig. 16.3 présente cette situation en 2007 (voir Tableau 16.6 pour les détails).

Les données présentent le domaine d'étude comme un pourcentage du nombre total des inscrits. L'enseignement (c'est-à-dire, la formation des enseignants) fait

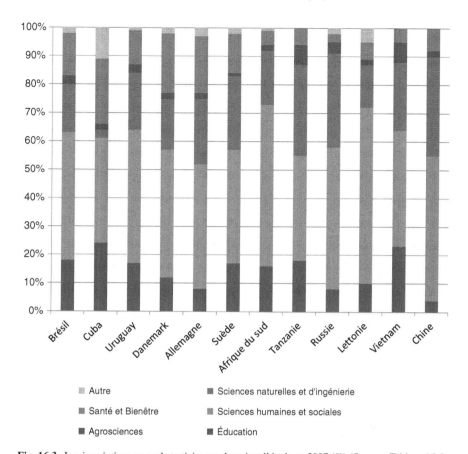

Fig. 16.3 Les inscriptions en cycle tertiaire par domaine d'étude en 2007 (%) (*Source* : Tableau 16.6)

partie des priorités, notamment à Cuba et au Vietnam, avec environ 25% des étudiants inscrits. Les sciences humaines sont fortement représentées au Danemark, en Suède, en Allemagne et en Chine, avec plus de 10% des inscrits. Le nombre d'inscrits en sciences sociales (y compris l'économie et le droit) est important dans tous les pays, allant de 20% en Tanzanie à 54% en Lettonie. Les sciences humaines et les sciences sociales prises ensemble comptent pour entre 25% (Tanzanie) et 63% (Afrique du Sud) de tous les inscrits.

Comme indiqué ci-dessus, dans beaucoup de pays, l'inquiétude augmente face au manque d'intérêt des étudiants pour les sciences naturelles, et dans une certaine mesure, pour les sciences d'ingénierie. Les cycles de sciences naturelles sont assez largement adoptés en Allemagne (15%) et le sont de plus en plus en Tanzanie (de 3,5% à 15% entre 1999 et 2005). Dans la plupart des pays, moins de 10% des étudiants sont inscrits en sciences naturelles. Ensemble, les sciences naturelles et d'ingénierie représentent environ 30–35% en Russie, en Chine et en Allemagne. En Suède, en Tanzanie et au Vietnam, ce chiffre se situe autour de 25%. Dans les autres

Tableau 16.6 UniDev : Inscriptions en cycle tertiaire par domaine d'étude, 1999 à 2007 en pourcentage

	Edu	Hum	SciSoc	Science	Ingé	Agro	Santé	Autres	Total
Brésil 1999	7,2	9,7	43,0	13,5	9,1	2,5	13,6	1,3	100
Brésil 2007	17,6	3,5	42,0	8,4	8,6	2,3	15,4	2,0	100[a]
Cuba 2007	26,4	1,3	34,3	2,3	1,7	1,5	23,2	8,2	100
Uruguay 2007	16,0	4,7	40,2	11,7	9,6	3,2	13,3	1,2	100
Danemark 1999	10,5	17,4	26,6	10,1	9,2	1,8	22,9	1,6	100
Danemark 2007	11,3	15,3	29,0	8,7	10,1	1,5	22,0	2,2	100
Allemagne 1999	8,0	16,1	26,5	12,3	16,2	1,6	16,2	2,3	100
Allemagne 2007	7,1	15,5	27,4	15,3	15,5	1,5	14,5	3,1	100
Suède 1999	12,8	13,4	25,6	11,1	20,5	1,0	17,0	1,8	100
Suède 2007	15,0	12,5	26,3	9,4	16,1	0,9	17,7	2,0	100
Afrique du S. 2000	21,2	6,6	47,0	10,6	6,7	1,4	5,3	1,0	100
Afrique du S. 2006	13,2	4,9	52,9	10,4	9,5	1,8	5,9	1,2	100
Tanzanie 1999	14,3	2,5	36,9	3,5	18,1	6,7	5,4	0,4	100
Tanzanie 2005	12,9	7,1	20,2	15,2	9,0	4,7	6,6	0,0	100
Russie[b] 2000	8,1	48,1[d]	9,3	23,0	4,7	4,4	2,3		
Lettonie 1999	19,0	8,7	42,8	4,1	16,0	2,7	4,8	1,2	100
Lettonie 2007	10,5	7,2	53,7	5,1	10,4	1,1	6,3	5,6	100
Vietnam 1999	25,9	4,9	38,8	17,5[c]	4,0	2,9	0,0	100	
Vietnam 2007	26,5	3,8	35,4	24,4[c]	6,8	3,1	0,0	100	
Chine 1999	4,3	14,2	38,9	5,8	27,4	2,3	7,1	0,0	100
Chine 2007	5,5	15,1	34,3	4,8	30,4	1,7	8,2	0,0	100

Source : Base de données UIS et mises à jour UniDev
[a] Autres inclus
[b] Se réfèrent aux diplômés de cette année-là
[c] Science + Ingénierie
[d] Sciences humaines et sociales

pays, le pourcentage est considérablement plus bas. À Cuba, il n'est qu'à 4,0% (avec 2,3% pour les sciences naturelles et 1,7% pour les sciences d'ingénierie). Le gouvernement cubain s'inquiète de cette situation, mais il semblerait que cela puisse en partie être expliqué par la croissance rapide des inscriptions en général, et aussi par le fait que les sciences naturelles sont un domaine coûteux, nécessitant des équipements chers qu'il faut, souvent, importer. Un autre problème réside dans la crise économique profonde que Cuba a vécu pendant les années 1990, avec pour résultat la décapitalisation de beaucoup d'équipements, dont une grande partie est aujourd'hui obsolète.

En revanche, le gouvernement cubain consacre beaucoup de ressources au secteur de la santé (un secteur également très coûteux), ce qui se reflète dans les inscriptions. À Cuba, pas moins de 23% des étudiants sont inscrits dans les études de santé (le pourcentage le plus élevé de tous les pays UniDev), ce qui tend à impliquer que le nombre d'inscrits est une question de priorités. Par contraste, certains autres pays UniDev ont des pourcentages étonnamment bas d'inscrits dans les cycles de santé : Afrique du Sud (6%), Russie (4%), Lettonie (6%), Vietnam (3%), et Chine (8%).

Il est également étonnant que les études agricoles attirent si peu d'étudiants dans les pays en voie de développement : Brésil (2%), Cuba (1,5%), Uruguay (3%), Afrique du Sud (2%), et Vietnam (3%). La Chine est une exception, avec 8% des étudiants inscrits en sciences agricoles.

16.3 La deuxième mission : recherche universitaire

La recherche universitaire a reçu beaucoup d'attention en tant que passerelle entre l'industrie et la société. La création de pôles scientifiques situés près des universités reçoit ainsi un soutien attentif. Ces pôles ont proliféré non seulement dans les pays développés, mais également en Chine, Brésil, Afrique du Sud et Cuba. Prasada Reddy explore ces développements dans le Chap. 3 de ce livre. Ci-dessous, nous regarderons de plus près la croissance de la recherche universitaire et son importance croissante, notamment dans les pays en voie de développement.

16.3.1 *Où fait-on de la R&D ?*

Le Tableau 16.7 et la Fig. 16.4 (voir aussi le Tableau 16.8) montrent certaines caractéristiques de la performance en R&D dans les pays UniDev. Si on regarde les dépenses intérieures brutes de R&D (DIRD), le schéma qui émerge ressemble à celui des dépenses publiques d'enseignement (voir Tableau 16.5). Les DIRD en pourcentage du PIB se situent entre 3,63% en Suède et 0,41% au Vietnam. En Chine, par contre, les DIRD sont exceptionnellement élevées (1,49%) par rapport aux niveaux des revenus. L'exception chinoise devient tout particulièrement remarquable au vu des dépenses intérieures brutes de R&D du secteur des entreprises (DIRDE), qui représente 71% de toute la R&D en Chine, et qui placent la Chine au même niveau que la Suède, le Danemark, l'Allemagne et la Russie.

D'autres configurations intéressantes apparaissent quand on regarde les dépenses intérieures brutes de R&D du secteur de l'enseignement supérieur (DIRDES), qui révèlent une situation qui s'inverse dans beaucoup de cas. Par exemple, la Lettonie, le Brésil, Cuba et l'Uruguay ont tous une proportion plus élevée de DIRDES (en pourcentage du DIRD) que la plupart des pays développés, bien que la relation de cause à effet soit loin d'être évidente. Il est possible que les gouvernements des pays UniDev en voie de développement accordent la priorité à la recherche universitaire, souvent comme un moyen pour établir des passerelles vers l'industrie ; à moins que cela ne fasse que refléter les faibles DIRDE de ces pays. La R&D universitaire est, par contre, très faible en Russie et en Chine, aussi bien en termes relatifs qu'en termes du PPA par habitant. Le secteur de recherche universitaire faible dans ces pays reflète leur passé d'économie planifiée et centralisée, où des établissements de recherche spécialisés de l'État entreprenaient la plupart de la recherche.

Tableau 16.7 La performance R&D en 2000 et 2007

	DIRD en % du PIB 2000	2007	DIRD (million PPA) 2000	2007	DIRD/hab (PPA) 2000	2007	DIRD/hab Par secteur 2007 ENT	GOUV	EES
Suède	3.62	3.63	8 829	12 451	995	1361	989	83	287
Danemark	2.18	2.54	3 279	5 105	614	934	606	65	257
Allemagne	2.40	2.53	50 407	72 300	613	879	615	120	143
Chine	0.76	1.49	22 344	106 542	18	81	59	15	7
Russie	1.05	1.12	10 727	22 809	74	165	106	48	11
Brésil	1.02	1.11	12 104	19 709	69	103	41	22	40
Afrique du S.	0.73	0.95	2 075	4 297	47	90	52	19	17
Lettonie	0.36	0.59	68	158	29	69	22	17	30
Uruguay	0.24	0.44	61	161	18	48	14	16	18
Cuba	0.45	0.41	276	317	25	28	14[b]		14
Vietnam	0.17	0.41	184	883	2	10	1	7	2
Tanzanie[a]	na	0.30	na	146	na	4	0.1	1	3
Memo : USA	2.66	2.68	264 161	370 569	936	1 229	884	132	163

Source : Base de données UIS
[a]NEPAD/AU (2010)
[b]ENT+GOUV

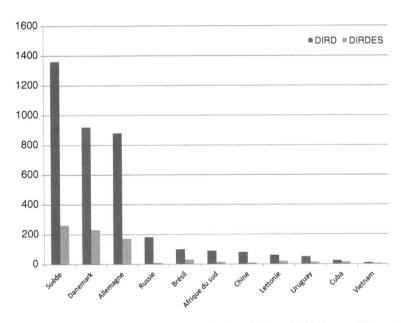

Fig. 16.4 Dépenses de R&D en 2007 : DIRD et DIRDES par habitant (PPA) (*Source* : Tableau 16.7)

Tableau 16.8 DIRD par secteur exécutant et par source de financement, 2007

	Par performance				Source de financement				
	ENT	GOUV	EES	PNP	ENT	GOUV	EES	PNP	Étranger
Suède	72,7	6,1	21,1	0,1	65,7	23,5	0,6	2,5	7,7
Danemark	64,9	7,0	27,5	0,6	59,5	27,6	–	2,8	10,1
Allemagne	70,0	13,7	16,3	–	67,6	28,4	–	0,3	3,7
Chine	72,3	18,5	8,5	–	70,4	24,6	–	–	1,3
Russie	64,2	29,1	6,3	0,4	29,4	62,6	0,6	0,1	7,3
Brésil	40,2	21,3	38,3	0,1	39,9	57,9	2,2	–	–
Afrique du S.	58,3	20,8	19,3	1,6	43,9	38,2	3,0	1,4	13,6
Lettonie	32,5	24,3	43,2	–	36,4	55,2	0,9	–	7,5
Uruguay	28,9	34,5	36,7	–	24,6	60,2	12,9	–	2,3
Cuba	–	50	50	–	35,0	60,0	–	–	5,0
Vietnam	14,5	66,4	17,9	1,1	18,1	74,1	0,7	–	6,3
Tanzanie[a]	0,1	42,1	54,1	3,8	0	60,6	0	1,0	38,4
Mémo : USA	71,9	10,7	13,3	4,2	66,4	27,7	5,8	–	–

Source : Base de données UIS
[a]NEPAD/AU (2010)

16.3.2 Combien font de la recherche dans les universités ?

La recherche joue donc un rôle très différent dans beaucoup des pays UniDev. Dans les pays plus développés, la recherche universitaire ne joue pas un rôle aussi dominant que dans les pays en voie de développement. Dans les pays développés, comme dans les grandes économies comme la Russie et la Chine, c'est le secteur des entreprises qui prend en charge et qui finance l'essentiel de la recherche (voir Tableau 16.8). Par conséquent, le secteur des entreprises est de loin le plus grand contributeur à la R&D dans les pays développés, tandis que le secteur public fournit l'essentiel du financement dans les pays en voie de développement. Le secteur de l'enseignement supérieur joue un rôle mineur dans le financement de la recherche aussi bien dans les pays développés que dans ceux en voie de développement.

Combien, donc, sont ceux qui font de la recherche dans les pays UniDev, et où le font-ils ? Compter les chercheurs est un exercice délicat. Les organismes internationaux comme l'OCDE et l'UNESCO consacrent beaucoup d'efforts à cette question. Le problème réside dans le fait que beaucoup (peut-être la plupart) de chercheurs (notamment dans les universités) ne font pas de recherche à temps plein. Ce qui explique pourquoi les rapports statistiques, tel le rapport de Frascati, font la distinction entre personnes physiques et équivalent temps-plein (ETP). Certains pays ne fournissent que des données en personnes physiques, et dans ces cas, nous avons effectué nos propres estimations de substituts de l'ETP, ce qui représente bien entendu l'indicateur le plus pertinent pour établir des comparaisons. Moyennant cette mise en garde, nous présentons les données sur l'emploi des chercheurs (ETP) dans les pays UniDev dans la Fig. 16.5 et les Tableaux 16.9–16.11.

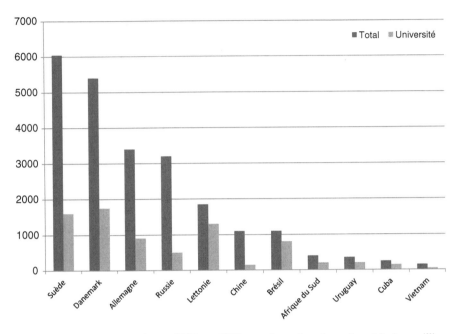

Fig. 16.5 Densité de chercheurs (ETP) en 2007 : totale et dans les universités (par million d'habitants) (*Source*: Tableau 16.10)

Tableau 16.9 UniDev : distribution des chercheurs par secteur d'emploi, autour de 2000 et de 2007 (% du total)

	Autour de 2000				Autour de 2007			
	ENT	GOUV	EES	Autres	ENT	GOUV	EES	Autres
Brésil	26,7	4,4	72,4	0,4	26,6	3,1	69,8	0,5
Cuba	n/d	n/d	n/d	n/d	..	20,0[a]	80,0[a]	–
Uruguay	15,7	3,0	81,0	–	27,8	9,0	63,2	–
Danemark	47,9	20,6	30,2	1,2	60,6	7,6	31,0	0,7
Allemagne	59,0	14,9	26,2	–	60,3	14,3	25,4	–
Suède	57,2	6,1	36,6	0,1	67,6	5,5	26,4	0,4
Afrique du S.	20,8	15,0	62,7	1,4	34,0	11,4	53,4	1,2
Tanzanie[b]	n/d	n/d	n/d	n/d	n/d	21,8	72,6	5,6
Russie	57,2	28,1	14,3	0,4	50,6	32,6	16,3	0,5
Lettonie	26,1	17,3	56,5	–	10,9	17,6	71,4	–
Vietnam	11,6	63,3	24,3	0,8	n/d	n/d	n/d	n/d
Chine	52,3	25,1	22,6	–	70,0	15,1	14,9	–

Source : Base de données UIS, n/d non disponible
[a]Estimation
[b]NEPAD/AU (2010)

Tableau 16.10 UniDev : Nombre de chercheurs (ETP), 1999–2007

	1999	2000	2001	2002	2003	2004	2005	2006	2007
Brésil	n/d	64 002	67 785	71 859	79 301	86 932	109 420	116 669	124 882
Cuba[a]	5 468	5 378	5 849	6 057	5 075	5 115	5 526	5 491	5 236
Uruguay	585	806	n/d	930	n/d	n/d	n/d	n/d	1 158
Danemark	18 945	n/d	19 453	25 547	24 882	26 167	28 179	28 653	n/d
Allemagne	254 691	257 874	264 385	265 812	268 942	270 215	277 628	279 800	n/d
Suède	39 921	n/d	45 995	n/d	48 186	48 784	55 090	55 729	n/d
Afrique du S.	n/d	n/d	14 182	n/d	n/d	n/d	17 303	18 572	n/d
Tanzanie[a,b]	n/d	n/d	n/d	n/d	n/d	n/d	n/d	n/d	2775
Russie	497 030	506 420	505 778	491 944	487 477	477 647	464 577	464 357	469 076
Lettonie	2 626	3 814	3 497	3 451	3 203	3 324	3 282	4 024	4 223
Vietnam[a]	n/d	n/d	n/d	9 328	n/d	n/d	n/d	n/d	15 484
Chine	531 100	695 062	742 726	810 525	862 108	926 252	1 118 698	1 123 756	n/d

Source : Base de données UIS, *n/d* non disponible
[a]*Effectif*
[b]Nepad/AU (2010)

Tableau 16.11 Nombre de chercheurs[a] (ETP), 1999 et 2007[b]

	Nombre de chercheurs (ETP) 1999	2007	Chercheurs par million d'habitants 1999	2007	Emploi par secteur (%) 2007[b] BUS	GOV	HEI	OTH
Suède	39 921	55 729	4 501	6 091	67,6	5,5	26,4	0,4
Danemark	18 945	29 572	3 564	5 416	60,6	7,6	31,0	0,7
Allemagne	254 691	279 800	3 097	3 456	60,3	14,3	25,4	–
Russie	497 030	469 076	3 415	3 303	50,6	32,6	16,3	0,5
Lettonie	2 626	4 223	1 096	1 851	10,9	17,6	71,4	–
Chine	531 100	1 123 756	547	1 080	70,0	15,1	14,9	–
Brésil	64 002	124 882	647	1 053	26,6	3,1	69,8	0,5
Afrique du S.	14 182	18 572	308	395	34,0	11,4	53,4	1,2
Uruguay	585	1 158	177	349	27,8	9,0	63,2	–
Cuba[c]	3 281	3 142	295	279	–	100,0		–
Vietnam[c]	9 328	15 484	115	182	11,6	63,3	24,3	0,8
Tanzanie[c,d]	n/d	1 355	n/d	34	0,9	35,3	37,9	26,0

Source : Base de données UIS
[a]Classé selon la densité de chercheurs en 2007
[b]Ou année la plus proche
[c]Effectif
[d]Nepad/AU (2010)

    La Suède et le Danemark ont de loin la densité la plus élevée de chercheurs (plus de 5 000 par million d'habitant), suivi par l'Allemagne et la Russie (plus de 3 000). Les trois pays suivants – la Lettonie, la Chine et le Brésil – ont une densité située entre 1 000 et 2 000 chercheurs par million d'habitant. Les autres pays – Afrique du Sud, Uruguay et Cuba, ont une densité de chercheurs de moins de 400. Il n'y pas de données fiables pour la Tanzanie.

    Le tableau est bien différent en ce qui concerne les chercheurs universitaires. Dans les quatre pays en tête (la Suède, le Danemark, l'Allemagne et la Russie) et la Chine, plus de 50% des chercheurs sont dans le secteur des entreprises. Dans les autres pays, la situation est bien différente. Dans ces pays (à l'exception du Vietnam), plus de 50% des chercheurs sont dans l'emploi du secteur universitaire. En Tanzanie, les donateurs étrangers jouent un rôle important dans la recherche (Tableau 16.8). Bien que la recherche universitaire joue un rôle clé dans les systèmes d'innovation dans tous les pays, c'est dans les pays en voie de développement, avec un secteur d'entreprise faible, que la recherche universitaire joue un rôle crucial.

    Le paysage de la recherche diffère de manière importante essentiellement entre les pays développés et ceux en voie de développement. Le Tableau 16.12 présente une illustration de ces différences entre les pays UniDev. Des dépenses importantes par habitant ne sont pas forcément un signe de fort investissement en R&D au sein des universités, en termes relatifs. Ainsi, la R&D universitaire par habitant est plutôt élevée au Danemark, en Suède et en Allemagne, bien que la proportion en DIRD ne dépasse pas 25%. En revanche, certains pays comme la Lettonie et le Brésil, ont non

Tableau 16.12 Taille absolue et relative de la R&D universitaire, vers 2007

R&D universitaire par habitant (PPA$)	Part de la R&D universitaire dans les dépenses R&D totales		
	Relativement haute (plus de 30%)	Moyenne (15 à 30%)	Basse (Moins de 15%)
Haute (plus de 100 PPA par habitant)		Danemark (28%) Suède (21%) Allemagne (16%)	États-Unis (13%)
Moyennement haute (30 à 74 PPA par habitant)	Lettonie (43%) Brésil (38%)		
Moyennement basses (11 à 29 PPA par habitant)	Cuba (50%) Uruguay (37%)	Afrique du Sud (19%)	Russie (6%)
Basse (moins de 11 PPA par habitant)	Tanzanie (53%)	Vietnam (18%)	Chine (9%)

Sources : Tableaux 16.7 et 16.8

seulement un taux élevé de R&D universitaire en pourcentage du DIRD, mais des dépenses par habitant relativement élevées également. Ancienne république soviétique, le cas de la Lettonie est intéressant parce qu'il présente une configuration très clairement différente de celle de la Fédération de Russie.

Dans l'ancien système de recherche soviétique, les universités s'occupaient de peu de recherche, qui était plutôt réalisée au sein des grands établissements de recherche liés à l'Académie des sciences, ce qui dans une large mesure est encore le cas en Russie aujourd'hui, où les universités sont responsables de moins de 6% de la R&D. Même situation en forme de reflet du passé en Chine, où seulement 9% des activités de recherche prennent place dans les universités. En Amérique Latine, en Afrique et au Vietnam, la R&D universitaire joue un rôle important dans la recherche en général. En Tanzanie, tout particulièrement, l'essentiel de la R&D (plus de 60%) est réalisé par les universités.

16.4 Débats en cours sur le rôle de l'université

Les équipes dans chaque pays ont mis en place des ateliers nationaux pour échanger sur les résultats préliminaires avec les différentes parties prenants : universités, gouvernement, décideurs politiques, représentants des entreprises, et l'ensemble des chercheurs. Dans certains de ces ateliers, les échanges se sont focalisés sur le rôle de l'université dans la société, et les participants étaient invités à classer à partir d'une liste commune à tous les pays les quatre ou cinq questions clés. Le Tableau 16.13 détaille les résultats (dans certains cas, le classement a été fait par l'équipe nationale). Les pays partagent beaucoup de préoccupations, mais il y a aussi des différences intéressantes.

Tableau 16.13 Les sujets majeurs au sein des débats sur l'université des 12 pays

Les sujets majeurs	Suède	Danemark	Allemagne	Lettonie	Russie	Brésil	Cuba	Uruguay	Chine	Vietnam	Tanzanie	Afrique du S.
Financement	x	x	x	x	x	x	x	x	x	x	x	x
Allocation des ressources		x	x									x
Gouvernance		x	x									x
Qualité des enseignants	x						x			x	x	x
Bas salaires					x		x	x				
Accès à l'éducation supérieure		x										x
Privé contre public						x		x			x	
Pertinence de la R&D universitaire	x		x		x	x		x		x		
Inclusion / Pertinence sociale	x					x		x	x			
Égalité des sexes / minorités	x										x	x[a]
Intégration de l'université et de la recherche					x		x			x		
Problèmes de transferts de technologie			x	x		x			x	x		
Déclin de l'intérêt dans les S'T		x		x							x	

Source : UniDev : rapports des ateliers nationaux http://developinguniversities.blogsome.com
[a]Majorités!

16.4.1 Le financement de l'enseignement supérieur

Sans surprise, le problème du financement est en tête de liste dans tous les pays. Généralement, le financement de l'enseignement supérieur vient du budget public, et il existe une concurrence entre les différentes priorités à gérer, notamment dans les pays en voie de développement. Les universités subissent des pressions, notamment pour donner des preuves de leur pertinence sociale et de la rentabilité aussi bien de l'éducation que de la recherche. Un des problèmes d'un grand nombre de pays UniDev réside dans le fait que, traditionnellement, l'éducation est gratuite, y compris l'éducation universitaire. Ce principe est sacré dans certains pays, où il n'existe aucun projet d'introduire des frais de scolarité, comme la Suède, le Danemark, Cuba et l'Uruguay. En Uruguay, la question se pose de savoir si les étudiants étrangers peuvent continuer à bénéficier de ce système (par exemple, les étudiants du Chili). Il existe en Suède un débat similaire. Tout étudiant de l'UE a le droit d'étudier en Suède sans payer des frais de scolarité. Jusqu'à présent, c'est aussi le cas pour tout autre étudiant d'un pays hors UE. Le débat se déplace entre ceux qui sont en faveur d'une « gratuité pour tous » pour rendre la Suède attirante pour les étudiants étrangers, et ceux qui pensent qu'il serait dommage de ne pas profiter de cette source complémentaire de revenus pour financer le système universitaire.

Ce débat existe aussi en Tanzanie, où l'enseignement supérieur était gratuit jusqu'à la fin des années 1980. Toutefois, avec la croissance rapide de la population et le nombre d'étudiants qui terminent l'enseignement secondaire, il devient de plus en plus difficile pour le gouvernement de fournir une éducation gratuite de qualité.

Dans certains pays, le rôle des établissements d'enseignement supérieur est plutôt important (au Brésil par exemple). D'un côté, cette configuration permet de disposer d'importants fonds de sources non-gouvernementales pour financer l'enseignement supérieur. De l'autre, elle soulève les questions de contrôle de la qualité et d'un accès inégal aux établissements privés qui souvent ont des frais de scolarité très élevés, ce qui les rend inaccessibles à la plupart des étudiants (ce qui est le cas au Brésil et en Afrique du Sud). Une autre question controversée est le fait que les établissements d'enseignement supérieur privés ne font que rarement de la recherche. La privatisation est une question sur toutes les lèvres au Brésil, en Uruguay et en Tanzanie. L'Uruguay, pour l'instant, ne possède qu'une université et elle est publique, bien qu'il existe quelques initiatives privées.

16.4.2 La pertinence de la recherche universitaire

La deuxième question clé, sans surprise, concerne la pertinence de la recherche universitaire. Ce sujet fait l'objet de vifs débats dans l'ensemble des pays UniDev, de la Suède et l'Allemagne à la Russie en passant par le Brésil, l'Uruguay et le Vietnam, mais souvent avec des points de vue différents. Dans certains pays, le débat ne tourne pas tellement autour de la définition de la pertinence de tel ou tel sujet de recherche, mais plutôt sur la pertinence de lancer des projets de recherche au sein des universités, quand le secteur privé ou des établissements de recherche spécialisés pourraient la faire de façon plus efficace et pertinente. C'est le cas en Russie et en Chine, par exemple. Dans d'autres pays, comme Cuba et l'Uruguay, le débat est plutôt sur la pertinence de la recherche universitaire en tant que telle.

L'inclusion sociale et la pertinence sociale des universités sont des questions en discussion en Suède, Brésil, Cuba, Uruguay et Chine. Toutefois, il convient de souligner que la notion « l'inclusion sociale » peut être interprétée de plusieurs manières. Pour certains, il s'agit des politiques d'inscription dans les universités, ce qui signifie qu'il s'agit presque d'un synonyme de l'accès à l'enseignement supérieur. Ce qui pourrait expliquer la différence, de ce point de vue, entre la Suède et le Danemark. La même chose s'applique en ce qui concerne l'égalité entre les hommes et les femmes et la question des minorités, qu'on peut interpréter en termes d'inclusion et d'exclusion. La réponse de l'Afrique du Sud est intéressante : l'inclusion/l'exclusion sociale n'est pas une problématique des minorités, mais une problématique des majorités (non-blanches) !

À Cuba et en Uruguay (et dans une certaine mesure au Brésil), le concept de l'inclusion sociale concerne majoritairement les universités du fait de leur programme de recherche qui cherche à prendre en compte les problèmes qui touchent les populations les plus en difficulté.

16.4.3 *La qualité de l'enseignement et l'importance des éléments de motivation*

La troisième question clé concerne la qualité de l'éducation, allant de la Suède à Cuba, en passant par le Vietnam, la Tanzanie, et l'Afrique du Sud. Sans surprise, la qualité des enseignants est en lien avec leur rémunération, un grave problème dans la plupart des pays. Les salaires des enseignants d'universités sont à la traîne par rapport à la tendance générale des salaires, et dans beaucoup de pays UniDev, les universités ont du mal à recruter des gens, qu'ils soient enseignants ou chercheur.

Mais, ce phénomène n'est pas nouveau. Il y a presque un quart de millénaire, le botaniste, médecin et zoologue suédois Carl Linnaeus, le père de la taxonomie moderne, a résumé les questions les plus urgentes auxquelles étaient confrontées les universitaires de l'époque :

> On doit donner aux professeurs d'université la liberté d'exercer leur profession, de recevoir un salaire pour la tâche à laquelle il se destine, la possibilité de déclencher l'enthousiasme de leurs étudiants pour leur sujet et d'être reconnu pour les résultats de leurs recherches, ainsi que d'être promus sur la base de leurs mérites et pas seulement sur leur ancienneté ou par suite d'intrigue ou d'adoption d'un camp[2]

---

[2] Carl von Linnaeus, vice-président de l'Université d'Uppsala, le 25 septembre 1759. Traduit en anglais par les auteurs, sur la base d'une traduction libre du Suédois du seizième siècle par Gunnar Weimarck dans *Universitetsläraren* 15/2007.

À Cuba, récemment, la qualité de l'éducation est devenue une préoccupation de plus en plus grande du gouvernement. Cela s'explique notamment par l'augmentation massive des inscriptions universitaires depuis le début des années 2000 dans la campagne pour « l'universalisation de l'enseignement supérieur ». Pour des raisons faciles à comprendre, la phase initiale a souffert d'un manque important d'enseignants universitaires qualifiés, avant que le système puisse fournir des enseignants qualifiés en nombre suffisant.

Il existe donc un lien entre les bas salaires et la qualité de l'enseignement dans beaucoup de pays car il est difficile de recruter et garder de bons enseignants et chercheurs universitaires si les salaires sont trop en retrait comparés à ceux pratiqués dans d'autres métiers. C'est du moins le cas en Russie, à Cuba et en Uruguay.

Les gouvernements de certains pays mentionnés sont particulièrement préoccupés par la mise en place de politiques destinées à créer des liens plus serrés entre la recherche universitaire et le secteur productif, soit pour maintenir soit pour créer un avantage concurrentiel pour l'industrie. C'est le cas non seulement pour les pays comme la Lettonie, la Chine et le Vietnam qui avaient auparavant des économies planifiées au niveau central et qui ont hérité d'une faible tradition de recherche universitaire qu'il faut compenser, mais également pour l'Allemagne où le secteur des établissements de recherche est relativement grand par rapport à d'autres pays développés comme la Suède et le Danemark. Sans surprise, les questions liées au transfert de technologie et à la relation avec le secteur productif sont prioritaires dans le débat sur les universités dans ces pays – ce qui reflète peut-être les mesures politiques qui cherchent à encourager l'esprit entrepreneurial chez les chercheurs universitaires.

16.5   La troisième mission : vers une université développementale ?[3]

En considérant les contributions de chaque pays, et en prenant en compte les résultats des ateliers, des séminaires et des conférences internationales où les résultats du projet ont été ventilés, un sujet semble particulièrement important : la pertinence sociale des universités, non seulement en ce qui concerne la recherche, mais aussi par rapport à l'enseignement et, avant tout, à la « troisième mission ». Cette constatation est d'autant plus valable dans les pays UniDev du Sud : Brésil, Chine, Cuba, Uruguay, Afrique du Sud, Tanzanie et Vietnam.

À Cuba, le débat a mené à ce qu'on appelle l'Universalisation de l'enseignement supérieur, décrite dans le chapitre consacré à Cuba. En Uruguay, il y a un débat au sujet du « syndrome de solitude », qui « correspond au manque de demande sociale pour le savoir généré de façon endogène dans une large mesure [et qui] laisse le

---

[3] Cette partie prend pour base les études de cas des pays d'UniDev présentées de manière plus détaillée dans *Science and Public Policy*, le numéro spécial sur la troisième mission (mars 2009)

monde universitaire livré à lui-même ». Le rapport uruguayen indique que « le syndrome de solitude et le système actuel de récompense créent une situation schizophrénique : la recherche devrait être utile pour les différentes parties prenantes qui toutefois ne demandent pas de résultats ; selon cette configuration, la recherche devrait être récompensée pour sa pertinence, mais le système universitaire met trop l'accent sur les résultats mesurés en termes internationaux plutôt que nationaux ».

Ainsi, il semblerait qu'il soit nécessaire de créer un nouveau type d'université, du moins dans le Sud, une université développementale (pour une discussion plus approfondie sur le sujet, voir Brundenius et al. 2009). Une telle université se définit par son engagement dans son troisième rôle ou mission, qui est d'être en lien avec la société, d'être pertinente pour celle-ci, et de répondre à une partie de ses besoins, notamment à destination des plus pauvres. Ce qui explique que des voix s'élèvent dans le Sud pour demander « une recherche plus utile » (et une recherche plus utile dans le Nord pour aider à résoudre les problèmes du Sud).

C'est tout le sens de l'expression « troisième mission », qui appelle à une pertinence accrue des universités. Depuis longtemps, les deux missions des universités, décrites plus haut – l'enseignement et la recherche – ont été les deux piliers nécessaires pour fournir à la société certaines compétences ainsi que des connaissances et des idées nouvelles, bien que ces compétences ne soient pas forcément utiles à une majorité de gens. Dans un sens, les universités ont toujours maintenu un certain degré de liens avec des segments influents de la société, n'étant pas, comme les critiques aiment dire, exclusivement impliquées dans des objectifs plus obscurs de l'art pour l'art. L'enseignement religieux et « la recherche de Dieu dans la science » des universités du Moyen Âge servaient à répondre aux demandes du pouvoir, tout comme dans l'université humboldtienne l'éducation et la science formaient le caractère et la vision du monde des étudiants. C'est vers la fin du vingtième siècle, avec l'avènement des structures permettant une éducation globale du plus grand nombre, qu'une partie plus large de la société se préoccupe des tâches et obligations précises de l'université.

Du fait de cette évolution, les universités doivent faire face à de multiples demandes nouvelles de la part de nombreuses parties prenantes. On demande aux universités de jouer un rôle progressivement plus important dans le développement économique et social. Les États exigent que les universités fournissent une éducation pour des cohortes d'âges plus en plus larges, ainsi que de développer et de transférer une technologie de pointe à l'industrie. De plus en plus, l'industrie cherche plus qu'une éducation générique en ingénierie, exigeant des universités qu'elles fournissent aussi bien un enseignement renouvelé et spécialisé que des activités de recherche accompagnant ses besoins spécifiques. Les étudiants voient l'éducation comme un investissement plutôt qu'une quête personnelle, et demandent que l'enseignement soit en prise directe avec leur futur emploi. De plus, la société civile se tourne souvent vers les universités pour trouver des réponses à toute sorte de problèmes auxquels doit se confronter la société, des maladies aux conflits humains.

Comment satisfaire cette multitude d'attentes parfois contradictoires ? Il est clair que de manière générale les universités n'ont pas une capacité suffisante pour y répondre et, comme les chapitres de ce livre le montrent, il est également clair que la crise à laquelle doit faire face l'université pour répondre aux exigences changeantes n'est pas limitée au monde développé. Avec une meilleure communication mondiale, la croissance des relations commerciales internationales et des liens commerciaux, une université qui ne peut pas répondre aux demandes locales perd sa pertinence pour des pans entiers de la société.

Le concept de la troisième mission inclut une grande partie des exigences croissantes qui pèsent sur l'université. Pour certain, il s'agit d'une définition par défaut, la troisième mission regroupant toutes les activités de l'université qui ne sont pas couvertes par les deux premières missions : l'enseignement et la recherche. Ce qui en fait un concept relativement amorphe. Sans surprise, la troisième mission est en général définie de manière assez vague par les documents de politiques nationales, et l'interprétation de la mission varie considérablement d'un pays à l'autre, et même d'une université à l'autre dans un même pays. Il existe toutefois un tronc commun qui consiste pour l'université à assumer un rôle plus visible pour stimuler et guider l'utilisation du savoir à des fins de développement social, culturel et économique. Pour certains pays, la définition est plutôt claire : les universités devraient se consacrer au développement de nouvelles solutions technologiques qui pourraient être transférées, de préférence, à l'industrie du pays. Dans d'autres cas, la formulation et l'interprétation de la troisième mission est un processus continu, provoquant un débat continuel.

Dans certains pays, le concept de troisième mission des universités est assez nouveau. Du fait de leur adhésion au modèle soviétique d'organisation de leur système scientifique et technologique, les universités de pays comme la Russie, la Chine, Cuba, la Lettonie et le Vietnam ont joué un rôle plus limité dans la production de nouveau savoir et d'innovation que leurs homologues de l'ouest. Du fait de la transition d'une économie planifiée vers une économie tournée vers le marché, les universités de ces pays ont endossé des responsabilités plus larges, s'engageant y compris dans des activités leur permettant de s'adresser à la société dans son ensemble. Cela ne signifie pas que l'interprétation de la troisième mission, ou même que la direction du mouvement de responsabilisation des universités, soit uniformément adoptée dans ces pays. En Chine, l'introduction de la troisième mission consistant à « servir la société directement » a été interprétée par de nombreux conseils de gouvernance comme un moyen de donner aux universités la liberté de ne plus poursuivre que des objectifs purement économiques, afin de compenser la réduction de leurs financements publics. Ce qui a entraîné un mouvement vers la recherche de profit des universités ayant la capacité et la compétence de répondre aux besoins de l'industrie. Dans ce contexte, la troisième mission prend surtout la forme de transferts de technologies vers l'industrie. Au Vietnam, au contraire, la troisième mission des universités consiste à « s'adresser à l'ensemble de la société » au travers de sa deuxième mission de recherche, et on attend d'elles qu'elles répondent aux besoins de la société.

De même, à Cuba, l'interprétation de la troisième mission requiert des universités qu'elles « s'impliquent largement dans les besoins sociaux et économiques » plutôt que de ne se focaliser que sur les besoins de l'industrie. La même interprétation peut être décelée dans les programmes de vulgarisation de l'unique université d'Uruguay, l'Université de la république. Bien que la définition de la troisième mission soit toujours en cours en Uruguay, on demande toujours à l'université de s'attaquer globalement aux problèmes sociétaux plutôt que de se limiter à la mise en place de relations entre l'université et l'industrie.

D'autres pays se tentent de trouver un équilibre entre ces deux interprétations de ce que doit être cette troisième mission. Pour la Lettonie, la troisième mission des universités implique non seulement qu'elles s'intéressent aux retours économiques des innovations et des transferts de technologie à l'industrie, mais aussi qu'elles participent à « l'éducation de la nation » et à « influencer la société ». La Russie a également adopté une interprétation large de la troisième mission qui inclut le développement sociétal, mais à laquelle il manque une orientation politique claire. Dans l'attente d'une définition systémique de la troisième mission, celle-ci s'est, en pratique, surtout focalisée sur les activités de transfert de technologie.

Le jeu d'équilibriste des universités prises entre les déclarations parfois floues des décideurs et les pressions auxquelles elles doivent faire face au quotidien est également visible dans des pays comme l'Afrique du Sud, la Suède ou le Danemark. En Afrique du Sud, c'est à l'université d'améliorer ses relations avec la société et l'industrie. Bien que cela implique en théorie de « rendre les universités plus accessibles à la communauté », cela se traduit surtout en pratique par un rapprochement avec l'industrie et la mise en place de transferts de technologie. En Suède, la troisième mission consistant à « interagir avec la société qui l'entoure » conduit très souvent l'université vers des activités de développement de technologies brevetables qui pourront ensuite être transférées à l'industrie. Le Danemark également a du mal à trouver une signification pratique au concept de « collaboration avec la société » et quelle priorité donner à la troisième mission. Dans tous ces pays, les universités consacrent des ressources financières de plus en plus importantes pour ouvrir et conserver des bureaux de transfert de technologie et pour mettre en place des programmes de motivation pour encourager le développement de nouvelles technologies à destination de l'industrie.

En Allemagne, la troisième mission est plus clairement définie en tant « qu'activités liées à la contribution directe des universités au développement économique », ce qui signifie, en pratique, des transferts de technologie à l'industrie. Les autres activités ne font pas partie de cette définition. Les pays en voie de développement comme le Brésil et la Tanzanie ont une définition plus étroite de la troisième mission. En Tanzanie, les politiques gouvernementales, ainsi que les financeurs, obligent les universités à se rapprocher de l'industrie plutôt que de s'engager dans l'innovation sociale. Ce qui n'empêche pas de larges segments de la société d'associer au système universitaire tanzanien une mission plus large.

En d'autres termes, bien que certains des pays tentent tant bien que mal de faire cohabiter une définition étroite de la troisième mission avec une plus large implication sociétale, la plupart des 12 pays UniDev ont une interprétation pratique de la troisième mission liée au transfert de technologie à l'industrie. Neuf des douze pays adhèrent à cette définition étroite de la troisième mission (Fig. 16.6). Seuls Cuba, l'Uruguay et le Vietnam interprètent cette troisième mission de leurs universités

16 Les trois missions de l'université : synthèse des résultats du projet UniDev

	Champ large : Société en générale	Champ étroit : Transfert de technologie à l'industrie
Haut niveau de R&D (plus de 1% du PIB)		Suède (3,63%) Danemark (2,54%) Allemagne (2,53%) Chine (1,49%) Russie (1,12%) Brésil (1,11%)
Bas niveau de R&D (moins de 1% du PIB)	Uruguay (0,44%) Cuba (0,41%) Vietnam (0,41%)	Afrique du Sud (0,95%) Lettonie (0,59%) Tanzanie (0,48%)

Fig. 16.6 Champ d'action de la troisième mission et niveau d'intensité national de recherche

comme un engagement à inclure de plus larges segments de la société que de l'industrie. Si l'on procède à un classement encore plus fin des pays en fonction du niveau de dépenses nationales en R&D, il est intéressant de noter qu'aux niveaux les plus élevés, aucun pays n'élargit le champ d'action de cette troisième mission. En d'autres termes, plus les dépenses en R&D sont élevées plus celle-ci se concentre sur le développement industriel et la compétitivité.

Pourquoi ? Une des raisons pourrait être la tendance des décideurs au sein des gouvernements et des universités de se conformer aux nouveaux modèles théoriques. De nouveaux modèles sont proposés pour aider les universités à évoluer vers une plus grande pertinence, tels les modèles de Triple Hélice impliquant des partenariats public-privé, la création d'universités entrepreneuriales ou spécialisées, et les pôles d'excellence à grande échelle. Il n'existe toutefois aucun modèle universel ou prêt à l'emploi pour guider ces changements. Chaque pays doit faire face à des circonstances économiques, sociales, culturelles et politiques uniques qui demanderont aux parties prenantes d'engager un dialogue permettant de déterminer le rôle optimal des universités au sein d'un système national d'innovation en pleine évolution, particulièrement en ces temps de ressources financières incertaines pour les universités.

Malgré tout, nous avons senti que les décideurs des secteurs industriels de tous les types de pays croyaient fermement que les derniers concepts importés leur permettraient de trouver des réponses aux problèmes actuels. On pourrait pourtant penser que des systèmes importés, et parfois non encore testés, ont une tendance à manquer de souplesse et ne sont pas adaptés à un environnement clairement différent de celui d'où ils viennent. On pense par exemple à la conviction quasi universelle que les universités tireront des avantages économiques de la mise en place de bureaux de transfert de technologie et de programmes de motivation pour encourager les chercheurs à penser en gestionnaire. D'énormes sommes sont dépensées pour ces activités alors même qu'il est bien difficile d'en trouver, dans chacun de ces pays, ne serait-ce qu'une preuve empirique d'un possible résultat positif. Pourtant, les universités du monde entier continuent à dépenser sans compter dans la création de bureaux de transfert de technologie, de technopoles et d'incubateurs, créations soutenues par les politiques gouvernementales en matière de propriété intellectuelle et par les schémas de promotion de l'innovation industrielle.

Très peu d'efforts sont consacrés à l'élargissement des activités relationnelles de l'université, pour se concentrer plutôt sur les demandes de savoir de la société et des processus d'innovation sociale, définis par leur caractère inclusif et uniquement tirés par la demande. Les citoyens, les pouvoirs publics et les entreprises privées ont chacun des attentes différentes concernant la production de savoir et à son accessibilité. Il est nécessaire de mieux comprendre les relations et les interactions entre les différents acteurs et comment passent les « signaux » de besoins et de capacités, afin qu'une innovation plus large et plus complète, et« répondant aux besoins de la société », puisse en résulter. Le réseau UniDev se consacre à l'exploration de ces problématiques, et continuera à mener des études de cas pour déterminer comment une vision inclusive du savoir permet d'obtenir des gains de bien-être, une amélioration du potentiel d'innovation et une réduction de la pauvreté.

Bibliographie

Arocena R, Bortagaray I, Sutz J (2008) Reforma Universitaria y Desarrollo. Tradinco S.A., Montevideo

Brundenius C, Lundvall B-Å, Sutz J (2009) The role of universities in innovation systems in developing countries: developmental university systems – empirical, analytical and normative perspectives. Dans : Lundvall B-Å, Joseph KJ, Chaminade C, Vang J (dirs) Handbook of innovation systems and developing countries. Edward Elgar, Aldershot

Eggins Heather (dir) (2009) Sharing research agendas on knowledge systems. Occasional Paper No. 16. UNESCO, Paris

ESF (2008) Higher education looking forward: an agenda for future research. European Science Foundation, Strasbourg

Göransson B, Maharajh R, Schmoch U (dirs) (2009) Science and Public Policy special issue on the Third Mission

NEPAD/AU (2010) African innovation outlook 2010. NEPAD/African Union, Pretoria

OECD (2009) Main science and technology indicators, vol 2. OECD, Paris

UIS Database (2010) Montreal: Unesco Institute of Statistics. http://stats.uis.unesco.org/unesco/ReportFolders/ReportFolders.aspx. Accès le 20 avril 2010

UNESCO (2009) Global Education Digest 2009. UNESCO, Paris

À Propos des auteurs

Anda Adamsone-Fiskovica est chercheuse et responsable de projet au Centre pour les études scientifiques et technologiques de l'Académie lettone des sciences. Elle a obtenu un master en sociologie à l'université de Lettonie et une maîtrise en Sciences et technologie à l'université de Linkoping (Suède). Elle a également mené à bien un doctorat en sociologie à l'université de Lettonie (2003–2007). Ses principaux domaines de recherche touchent aux politiques de R&D et d'innovation, que développement de l'enseignement supérieur, et aux relations entre la science et la société en Lettonie. Elle est le chef d'équipe lettone au sein de plusieurs projets de recherche internationaux, et membre de plusieurs réseaux européens de chercheurs scientifiques et dédiés à l'innovation.

Jan Ågren est titulaire d'un master d'Histoire économique de l'université de Lund (Suède). Il fait partie de l'Institut des politiques de recherche (IPR) en tant que chercheur associé à l'université de Lund, où il est également membre du groupe de recherche LEAP4D. Ses principaux domaines de recherche comprennent de nombreux sujets liés à la dynamique entre les institutions formelles et informelles au sein des systèmes d'innovation ou, plus particulièrement, entre les savoirs propriétaires et les attitudes et pratiques scientifiques ouvertes au sein des centres de recherche universitaires.

Rodrigo Arocena est professeur titulaire de Science et développement à la faculté des sciences de l'université de la république d'Uruguay. Il est actuellement le recteur de l'université. Il est titulaire d'un doctorat en mathématiques et d'un doctorat en études de développement, tous deux obtenus à l'université centrale du Venezuela. Ses travaux de recherche se consacrent essentiellement aux interactions entre la science, la technologie et le développement, avec une attention particulière portée au rôle des universités dans les pays en voie de développement.

Mats Benner est professeur et directeur à l'Institut des politiques de recherche (IPR), au sein de l'université de Lund (Suède). Il est titulaire d'un doctorat de sociologie de l'université de Lund. Ses travaux se concentrent sur les politiques de recherche et l'organisation de la recherche, et il est chargé du calendrier et des priorités politiques dans les domaines de la recherche et de l'innovation, de la gestion de groupes de recherche de grande taille, et de mener et organiser les évolutions du système universitaire. Il a été impliqué dans plusieurs travaux d'évaluation commandités par différents gouvernements, universités et organismes de financement. Il a également publié des articles dans différents journaux tels que *Research Policy*, *Science and Public Policy* et *Minerva*.

Claes Brundenius est professeur honoraire à l'Institut des politiques de recherche (IPR), à l'université de Lund (Suède). Il est titulaire d'un doctorat d'Histoire économique de l'université de Lund. Il a été attaché à la Direction des affaires scientifiques de l'OCDE. Il a été professeur invité à l'université de Pittsburg (1984) et au *Smith College* (1987), aux États-Unis. Entre 1997 et 2003, il fut directeur de recherche au Centre de la recherche pour le développement de Copenhague. Ses travaux actuels se consacrent sur les politiques de développement des économies en développement et en transition, notamment en Amérique latine et aux Caraïbes, en Asie de l'Est et dans le Sud de l'Afrique.

Tran Ngoc Ca est le directeur du Secrétariat du Conseil national des politiques scientifiques et technologiques et directeur adjoint de l'Institut national des politiques scientifiques et technologiques et des études stratégiques, à Hanoi (Vietnam). Il a travaillé sur de nombreux projets de politiques et de gestion scientifiques, technologiques et d'innovation, de technologies de l'information et de commerce électronique pour l'UNDP, l'UNIDO, la Banque mondiale, la Commission européenne, le CIDA, le SIDA/SAREC, le CRDI, etc. Il est impliqué dans de nombreux projets d'enseignement et de conseil. Le Dr Ca est titulaire d'un diplôme d'ingénierie de l'université de Moscou (ancienne union soviétique), d'un master de l'université de Lund (Suède) et d'un doctorat de l'université d'Édimbourg (Royaume Uni). Il a passé du temps dans quelques universités américaines telles que celles de Davis, de Berkeley et de Stanford en tant que boursier Fulbright. Il a publié de nombreux articles, participé à plusieurs livres et rédigé un livre publié par Ashgate Publishing (Royaume Uni) : *Technological capability and learning in firms: Vietnamese industries in transition*. Il est également membre de plusieurs associations au Vietnam et à l'étranger.

Bitrina D. Diyamett est chercheur sénior au sein de la Commission tanzanienne des sciences et technologies, et coordinatrice nationale du chapitre tanzanien du Réseau des études sur les politiques technologiques africaines. Elle est titulaire d'un master en Politiques scientifiques et technologiques de l'université de Lund (Suède). La majeure partie de ses travaux de recherche, de conseil et de ses publications se concentrent sur les systèmes d'innovation des pays les moins développés. Bitrina termine actuellement son doctorat à l'université de Dar es Salaam (Tanzanie), pour lequel elle s'intéresse à l'innovation et aux relations inter-organisationnelles au sein du secteur manufacturier tanzanien.

À Propos des auteurs

Aurora Fernández González est professeur titulaire et professeur émérite au sein du Haut institut polytechnique de la Havane et participe aux travaux du groupe Science, Technologie, Sociétés et Innovation (STS+I) de l'université de la Havane en tant que professeur à temps partiel dans le cadre du diplôme de Master en Science, Technologie et Société. Elle est titulaire d'un doctorat en Contrôle automatique, obtenu à l'université polytechnique de Pozna (Pologne), et d'un master en Recherche opérationnelle de l'université de Lancaster (Grande Bretagne). Pendant plusieurs années, elle a occupé le poste de directrice de l'enseignement supérieur, au sein du Ministère de l'enseignement supérieur, à Cuba. Elle est la secrétaire du Bureau du Conseil national des études supérieures. Ses travaux de recherche se concentrent sur les politiques d'enseignement supérieur et sur le rôle des universités dans les systèmes d'innovation et dans le développement.

José Luis Garcia Cuevas est professeur titulaire, universitaire Émérite, et directeur des Science et Technologie au sein du Ministère de l'enseignement supérieur à Cuba. Il est titulaire d'un doctorat en électronique. Il coordonne un groupe de recherche sur la gestion du savoir et de l'innovation. Ses travaux de recherche se concentrent autour de la question de savoir comment le savoir, la science, la technologie et l'innovation, en parallèle des systèmes diplômant des universités, et influent sur le développement social et économique, aussi bien au niveau local que national. La majeure partie de ses recherches s'attaque aux problématiques liées aux politiques scientifiques et d'innovation, au niveau local comme au niveau national, aux réseaux d'innovation, au renforcement des capacités et au soutien de l'université au développement, et à l'impact des nouvelles technologies convergentes appropriées.

Leonid Gokhberg est professeur et premier vice-recteur de l'École supérieure d'économie (ESE) – l'une des principales universités de recherche en Russie – et directeur de l'Institut ESE des études statistiques et de l'économie du savoir. Il est l'auteur de plus de 350 publications en Russie et à l'international consacrée aux indicateurs S&T et d'innovation, aux analyses et aux politiques. Il a également coordonné des dizaines de projets internationaux parrainés par la Commission européenne, la Banque mondiale, l'UNIDO, la Fondation nationale américaine pour la science, l'IIASA, etc. Leonid Gokhberg a également été consultant pour l'OCDE, Eurostat, l'UNESCO et d'autres organismes nationaux ou internationaux. Il est également le rédacteur en chef du journal moscovite « Foresight » et membre des groupes d'experts de l'OCDE et Eurostat consacrés aux indicateurs de S&T, à la société de l'information et à l'éducation.

Bo Göransson est chercheur responsable et coordinateur du groupe de recherche LEAP4D de l'Institut des politiques de recherche (IPR), au sein de l'université de Lund (Suède). Il est titulaire d'un doctorat en économie internationale de l'université d'Aalborg (Danemark). Ses travaux de recherche tentent de déterminer comment les systèmes de savoir et d'apprentissage influent sur le développement économique et la croissance. La majeure partie de ses travaux traite des problématiques liées aux politiques d'innovation, au renforcement des capacités, et à l'impact des nouvelles technologies dans les pays en développement, notamment dans le domaine des technologies de l'information et des communications (TIC). En parallèle, il étudie également le rôle des universités dans les systèmes d'innovation et le développement.

Birgitte Gregersen est professeur associé en économie et membre du groupe de recherche IKE au sein du département des études de gestion, à l'université d'Aalborg (Danemark). Elle a effectué des recherches et publié dans le domaine des évolutions techniques et de l'emploi, des technologies de l'information dans le secteur public, de l'approvisionnement public en technologie, des études des systèmes d'innovation nationaux, des relations université-industrie, des politiques d'innovation et du développement durable. Ses travaux de recherche actuels sont centrés autour des systèmes d'innovation, et plus spécialement sur les institutions et les capacités d'apprentissage dans un contexte de développement durable. Elle a plusieurs années d'expérience dans le domaine de la gouvernance des universités, y compris en tant que vice-doyenne et directrice d'étude.

Jørgen Gulddahl Rasmussen est professeur d'organisation et de gestion au sein du département des études de gestion de l'université d'Aalborg (Danemark). Pendant de nombreuses années, il a mené des études théoriques et empiriques et publié dans les domaines de la gestion publique et opérationnelle, de la stratégie et de l'organisation. La gouvernance des universités et les interactions entre les universités et leur environnement ont été ses principaux domaines de recherche pendant plus de 10 ans. Auparavant, il a exercé les fonctions de doyen et assuré de nombreuses tâches de gestion universitaires. Il est actuellement Directeur de l'école de recherche en science sociale au sein de l'université d'Aalborg.

Wang Haiyan est professeur associé de recherche à l'Académie chinoise des sciences et technologies pour le développement, sous la tutelle du Ministère des sciences et technologie (République populaire de Chine). Ses travaux de recherche s'intéressent essentiellement au développement régional, au système d'innovation national, aux stratégies de S&T et aux politiques reliées. Elle a mené une trentaine de projets nationaux et internationaux dans les domaines des stratégies scientifiques et technologiques, et du développement régional, en tant que directeur de recherche ou chercheur principal, et a publié 5 livres, environ 30 articles dans les domaines de la stratégie scientifique et technologique, de recherche sur les politiques d'innovation, du système national d'innovation et du développement régional.

Nguyen Vo Hung est chercheur et vice président de la division des politiques d'innovation et du développement du marché des technologies, au sein de l'Institut national des politiques scientifiques et technologiques et des études stratégiques (NISTPASS). Il est titulaire d'une maîtrise en Commerce et Finance internationaux de l'université de Lancaster (Royaume Uni). Ses principaux travaux de recherche concernent les politiques d'innovation dans les pays en développement, se concentrant sur l'innovation des PME, les stratégies d'investissements étrangers au sein des marchés émergents, l'application de la théorie des jeux à la préparation des politiques et à la gestion des actifs incorporels.

Janis Kristapsons est le fondateur (1991) et toujours à la tête du Centre d'études scientifiques et technologiques de l'Académie lettone des sciences et conseiller auprès du Président de l'Académie. Sa formation universitaire variée a touché aux domaines du nucléaire, de la physique des solides et de la sociologie. Ses principaux domaines de recherche couvrent actuellement les politiques de recherche et d'innovation des pays d'Europe centrale et de l'est, aux activités d'invention et de R&D, aux transferts de technologie et aux relations entre l'industrie et le monde universitaire, ainsi qu'aux indicateurs S&T et aux évaluations de recherche. Avec ses collègues estoniens et lithuaniens, il a écrit une monographie au sujet de la transition des systèmes de R&D de la Baltique (2003).

Tatiana Kuznetsova est directeur du Centre des politiques scientifiques, d'innovation et d'information (Institut des études statistiques et de l'économie du savoir, Université d'état – École supérieure d'économie (ESE)). Ses recherches couvrent des études sur les politiques S&T et d'innovation, et leur contexte légal. Elle est l'auteur de plus de 250 publications; a participé à plusieurs projets internationaux parrainés par l'OCDE, le NNF, l'UNIDO, la Banque mondiale, etc. Elle a également des actions de conseil auprès de diverses agences gouvernementales, centres scientifiques et universités. Elle est membre de l'équipe Russe participant au projet international « Systèmes nationaux d'innovation des pays BRICS (Brésil, Russie, Inde, Chine et Afrique du Sud).

Anne-Marie Maculan est professeur titulaire du Programme d'ingénierie de production de COPPE au sein de l'université fédérale de Rio de Janeiro (Brésil). Elle est titulaire d'un doctorat en socio-économie de l'université du Québec à Montréal. Elle a été consultante auprès du Ministère des sciences et technologies, de la Banque mondiale et des agences fédérales ou nationales brésiliennes pour a recherche et l'innovation. Ses principaux domaines universitaires incluent les transferts de technologie et de savoir, l'entrepreneuriat universitaire, et le rôle des établissements de recherche scientifique dans le système local d'innovation, avec un regard particulier sur les technopoles et les expériences d'incubateurs.

Rasigan Maharajh est un universitaire activiste qui a travaillé dans des organisations non gouvernementales s'intéressant à différents domaines comme l'illettrisme, l'éducation et le développement humain, tout en étant un des responsables élus de groupes d'étudiants et de jeune au sein du Front démocratique uni et de la machinerie du Congrès national africain. Depuis 1994, il a assumé le rôle de coordinateur national du Projet de transition des politiques scientifiques et technologiques, le poste de Responsable de la Commission politique du Conseil pour la recherche scientifique et industrielle et occupe actuellement le poste de directeur en chef de l'Institut de la recherche économique sur l'innovation.

José Manoel Carvalho de Mello est professeur invité du Programme de troisième cycle en ingénierie de production et conseiller auprès de l'Agence d'innovation au sein de l'université fédéral de Fluminense (Brésil). Il est titulaire d'un diplôme d'ingénierie chimique et d'une maîtrise d'ingénierie de production, tous deux obtenus à l'université fédérale de Rio de Janeiro (Brésil). Le Dr Mello est également titulaire d'un doctorat d'ingénierie de production (recherche opérationnelle) de l'université de Birmingham (Angleterre). Il était compagnon invité du Centre de gestion, au sein de l'université de Bradford, Angleterre (1973); du Centre Science, Société et Technologie, au sein du Conservatoire national des arts et métiers à Paris (1984/1985); et l'université d'état de New York (1997/1998). Il est vice-Président de l'association de la Triple Hélice et l'auteur de nombreux articles traitant des politiques scientifiques, technologiques et d'innovation, des systèmes locaux d'innovation, des modèles d'innovation en triple hélice et de l'entrepreneuriat universitaire.

Luis Félix Montalvo Arriete est chercheur sénior au sein de la Société des sciences et technologies et de l'innovation au sein de l'université de la Havane (Cuba). Il est titulaire d'un doctorat en Politiques scientifiques et technologiques de l'université de Campinas (UNICAMP – Brésil). La majeure partie de ses travaux de recherche s'intéresse aux problématiques liées aux politiques scientifiques et technologiques, aux politiques d'innovation et aux systèmes d'innovation. Ses recherches se concentrent sur le rôle des universités dans les systèmes d'innovation.

Enver Motala a travaillé pendant plus de 25 ans dans de nombreux environnements éducatifs et domaines incluant l'enseignement de base pour adulte, l'enseignement basé sur le programme scolaire, l'enseignement complémentaire et l'enseignement supérieur. Il a été avocat pour le mouvement syndical indépendant et a joué un rôle prépondérant dans le mouvement éducatif antiapartheid. Après les premières élections démocratiques, il a été nommé au poste d'associé du Consortium sur les politiques éducatives et de l'Institut de recherche économique sur l'innovation; avec et pour lesquels il conduit et coordonne des projets de recherche sur la démocratie, les droits de l'homme et la justice sociale dans l'éducation en Afrique du Sud.

Burton L.M. Mwamila est un universitaire expérimenté en ingénierie, chercheur et consultant. Il a été l'un des premiers soutiens à l'établissement de l'Université d'ingénierie et de technologie, dont il a été le premier doyen entre 2005 et 2009. Il a été le premier président du Conseil national pour l'enseignement technique de 1999 et 2007. Il est actuellement le Président de la Commission tanzanienne des sciences et technologies (COSTECH). Au niveau régional, il a été membre du Conseil de gouvernance du Réseau africain des institutions scientifiques et technologiques (ANSTI) de 2000 à 2009. Au niveau continental, il est le Président du Bureau exécutif du Forum panafricain de la compétitivité (PACF) depuis 2008. Le 1er juillet 2009, il a été nommé vice-chancelier fondateur de l'Institut africain Nelson Mandela des sciences et technologies d'Arusha (NM AIST-Aruscha – Tanzanie), pour l'Afrique de l'est).

Jorge Núñez Jover a étudié la chimie, est titulaire d'un doctorat en philosophie et est le directeur des études de troisième cycle de l'université de la Havane (UH).

Il est coordinateur des programmes de maîtrises et de doctorats en science, technologie et société. Il est titulaire d'une chaire en science, technologie, société et innovation. Il a publié 10 livres et plus de 100 articles. Ses travaux de recherche couvrent les domaines de l'éducation, de la science, de la technologie et de la société; les études de troisième cycle en évaluation et accréditation, et les politiques scientifiques des universités. Il est professeur invité dans de nombreuses universités en Espagne, en Allemagne, au Brésil, au Mexique et dans d'autres pays de l'Amérique latine et des Caraïbes.

Isarelis Pérez Ones a obtenu son diplôme de sociologie en 1997, ainsi qu'un master en science, technologie et société (STS), à l'université de la Havane (UH). Elle y est aujourd'hui professeur assistant. Elle a été étudiante de troisième cycle à l'université de Roskilde (Danemark) entre 2002 et 2003. En 2005, elle a suivi un programme de formation de doctorat, « Globelics Academy », à l'université technique de Lisbonne. Elle est sur le point de terminer son doctorat en STS à l'UH. Ses principaux intérêts concernent les études sociales des sciences et technologies et de l'enseignement supérieur. Ses travaux actuels se sont concentrés sur le rôle des universités dans les systèmes d'innovation.

Prasada Reddy est chercheur sénior à l'Institut des politiques de recherche (IRP) au sein de l'université de Lund (Suède). Il est titulaire d'un doctorat en économie, d'un master en politiques scientifiques et technologiques et en droit. Il a également travaillé en tant que professeur associé à l'université d'Oslo pendant deux ans. Il a occupé la position d'Officier principal des affaires économiques de l'UNCTAD pendant quelque temps et a également été consultant auprès d'organisations internationales telles que WIPO, l'OCDE, et l'UNU. Ces nombreux domaines de recherche concernent les investissements étrangers directs (FDI), la technologie et les droits de propriété intellectuelle. Ces quelques dernières années, il a travaillé dans le domaine de la globalisation de la R&D et ses implications pour les systèmes d'innovation, notamment en ce qui concerne le déplacement de la R&D vers des pays en développement.

Thiago Borges Renault est candidat au doctorat à l'université fédérale de Rio de Janeiro (Brésil). Il est titulaire d'une maîtrise en ingénierie de production de l'université fédérale de Fluminense (Brésil). Ses travaux de recherche se concentrent sur les relations entre l'université, l'industrie et le gouvernement, et l'essaimage universitaire au Brésil.

Mario Scerri est professeur d'économie à la faculté d'économie et de finance au sein de l'université de technologie de Tshwane et chercheur sénior à l'Institut de recherche économique sur l'innovation. Six ans avant d'occuper ce poste à l'IREI, il a été doyen de deux facultés qui ont fusionnées pour former la Faculté d'économie et de finance au sein de l'université de technologie de Tshwane. Ses travaux de recherche se concentrent sur l'évolution des systèmes d'innovation, spécifiquement dans le sud de l'Afrique. Il a écrit au sujet des systèmes locaux d'innovation et des relations entre l'état et le système national d'innovation. Il a récemment publié un livre sur l'évolution du système sud africain d'innovation depuis 1916.

Ulrich Schmoch est conférencier indépendant à l'université de Karlsruhe (Allemagne), chercheur sénior à l'Institut Fraunhofer de recherche sur les systèmes et l'innovation, et responsable scientifique au bureau de la Commission d'Experts sur la recherche et l'innovation à Berlin (Allemagne). Il est titulaire d'un diplôme en ingénierie mécanique, d'un doctorat en sciences sociales et politiques de l'université de Hanovre (Allemagne), et d'un doctorat fédéral en sociologie des sciences et technologies de l'université de Karlsruhe (Allemagne). Ses travaux de recherche se concentrent sur les systèmes d'innovation, le transfert de savoir, les indicateurs d'innovation et les structures de recherche scientifique.

Judith Sutz est la coordinatrice universitaire du Conseil universitaire de recherche de l'université de la république (Uruguay), et professeur titulaire en science, technologie et société. Elle est titulaire d'un doctorat en socio-économie du développement de l'Université de Paris la Sorbonne (France). Ses travaux de recherche se concentrent sur l'innovation et la production et l'utilisation sociale du savoir dans les pays en développement. Elle a fait partie du Groupe de travail sur la science, la technologie et l'innovation du projet Millenium de l'ONU, et elle est chercheur invité de WAAS et fait partie du Bureau scientifique de Globelics.

Erika Tjunina est chercheur sénior au Centre pour les études scientifiques et technologiques de l'Académie lettone des sciences. Elle est diplômée en chimie de l'Université technique de Riga et titulaire d'un doctorat en science d'ingénierie spécialisé en mécanique des polymères. Ses recherches au centre touchent essentiellement à l'analyse scientométrique (indicateurs S&T quantitatifs) de la science lettone et aux études sur les inventions et les inventeurs en Lettonie. Elle a aussi participé à de nombreux projets sur le rôle des établissements universitaires dans la R&D nationale et les systèmes d'innovation.

Inga Ulnicane-Ozolina a travaillé en tant que chercheur pour le Centre d'études sur la science et la technologie à l'Académie lettone des sciences jusqu'en 2008, apportant sa contribution à des études sur les politiques de recherche et de l'innovation (EraWatch et Trendchart), à des établissements universitaires et au tutorat scientifique. Elle a fait des études de science politique et des études européennes, a enseigné l'administration publique et l'économie politique, et a travaillé pour l'initiative internationale EuroFaculty, qui avait pour objectif de réformer l'enseignement supérieur des sciences sociales dans les états baltiques. Ses recherches portent sur l'internationalisation de la recherche, et sur les organisations et établissements scientifiques, technologiques et d'innovation.

Zhou Yuan est titulaire d'un doctorat en développement régional, professeur-chercheur et directeur général adjoint du Centre administrative pour l'Agenda 21 de la Chine (ACCA21), au sein du Ministère de la science et la technologie, RPC; vice-président de l'Association chinoise du développement de l'industrie de haute technologie; membre du Conseil consultatif international, Centre des sciences, technologie et innovation en Chine, de l'Institut Levin, au sein de l'Université de l'état de New York; professeur à l'Université chinoise de science et technologie, l'Université de Xian Jiaotong, l'Université de science et technologie de Beijing, l'Institut nature, science et histoire de l'Académie chinoise de science, etc. Il a entrepris plus de 50 projets internationaux, nationaux et régionaux dans les domaines liés à la stratégie science et technologie; il est directeur de recherche dans le développement régional, et il a publié 10 livres et plus de 100 articles en Chinois et en anglais dans les domaines de la stratégie et des politiques scientifique et technologique et dans le développement régional.

Stanislav Zaichenko est un chercheur sénior à l'Institut des études statistiques et de l'économie du savoir (université d'état – École supérieure d'économie) depuis 2004. Pendant ce temps, il a participé à plusieurs programmes de recherches internationaux en tant qu'expert, dont Globelics (projets BRICS et UniDev) et TACIS, ainsi que dans des dizaines de projets nationaux à l'initiative de l'état russe et des entreprises. Ses travaux de recherche principaux, qui se reflètent dans une douzaine de publications, se concentrent sur l'intégration de la science et de l'éducation, l'évaluation de la performance R&D, les réformes de la gestion universitaire, et à d'autres problématiques liées à la politique S&T.

Index

A

Académie chinoise des sciences, 162
Académie cubaine des sciences, 111–118
Académie de Science brésilienne, 74, 76
Académie de Science et Technologie vietnamienne, 138, 140, 143
Académie lettone des sciences, 250
Académie russe des sciences, 43, 269, 272
Afrique, 137, 197, 198, 203
Afrique du Sud, 7, 10, 25, 47, 212–235, 353–355, 357–373, 376, 377
Agence suédoise d'investissement (ISA), 48, 336, 337
Agence suédoise de développement international (SIDA), 355
Allemagne, 7, 10, 19, 20, 42, 72, 241, 256, 272, 273, 275, 283–304, 353–355, 357–371, 373, 376, 377
Alphabétisation, 137, 332
Amérique du sud, 64, 85, 87
Amérique latine, 15, 24, 61, 85–87, 92, 95, 116, 118, 122, 126, 355, 369
ANC, 234
Apartheid, 211–221, 225, 231–234
Apprentissage tout au long de la vie, 100, 103, 104, 213, 218, 310–312
Argentine, 64, 86, 97
Asie, 15, 24, 126
Association de recherche allemande, 294, 298
Auto-suffisance technologique, 61
Autonomie des universités, 22, 75, 95, 263
Autonomie technologique, 59, 62–64

B

Banque mondiale, 10, 63, 232, 354
Basé sur la science, 17–19, 30, 51, 246, 308
Biotechnologie, 20, 24, 32, 33, 42, 45, 47, 48, 53, 92, 93, 118, 119, 167, 173, 227, 285, 290, 292, 294, 297, 326, 336
Bolivie, 97
Brésil, 7, 10, 25, 30, 42, 44, 48, 51, 59–62, 64, 66–67, 69, 71–74, 76–79, 81, 100, 118, 122, 353–360, 362–371, 376, 377
Brevets, 18, 33, 34, 45, 46, 48, 51, 78, 81, 112, 118, 125, 144, 168, 183, 184, 230, 241, 254, 255, 261, 262, 269, 276, 290, 292, 296, 297, 301, 308, 320, 328, 342, 346, 349
Bureau de transfert de techonologies, 35
Bureau pour la Coopération Industrielle (BICO), 197
Bureaux des brevets technologiques, 46, 48, 78

C

Canada, 18, 19, 273
CEI, *Voir* Communauté des États indépendants
Centre de développement et transfert de la technologie (TDTC), 47, 197, 199
Centre de Recherches pour le Développement International (CRDI), 6
Centres d'excellence, 14, 16, 18, 19, 21, 22, 40–41, 146, 147, 156, 228, 277
Changement institutionnel, 16, 225
Chili, 64, 87, 97, 100, 118, 371
Chine, 4, 7, 10, 25, 42, 47, 50, 52, 118, 134, 161–188, 273, 285, 326, 353–370, 372, 373, 375, 377

Chômage, 88, 95, 120, 232, 233, 240, 284, 285, 302, 308, 331, 344
Clark, B., 5
CoET, *Voir* Institut universitaire d'ingénierie et de technologie
Collaborations université-industrie, 31–34, 38, 41–49, 53
Commercialisation de la recherche, 19, 35, 79, 156, 257, 261, 328, 335, 342
Commission économique pour l'Amérique latine et les Caraïbes (CEALC), 87
Commission européenne, 250, 256, 295, 296
Communauté de développement de l'Afrique Australe (SADC), 224, 226
Communauté des États indépendants (CEI), 241
Confédération des syndicats suédois (LO), 332
Confédération patronale suédoise (SAF), 332
Congrès des syndicats d'Afrique du Sud (COSATU), 232, 234
Conseil pour l'enseignement supérieur (CHE), 219, 225
Conseil suédois de la recherche (Vetenskapsrådet), 339
Conseils de recherche, 14, 19, 20, 22, 318, 334, 338, 339
Contôle qualité, assurance qualité, 14, 40, 130, 179–180, 180, 225–226, 226, 298
Corporations multinationales, 50, 51, 60, 61, 63, 79, 149, 151, 191, 326, 335, 337
Crise économique, 94, 130, 134, 283, 285, 343, 362
Croissance économique, 3, 6, 13, 15, 21, 29, 33, 61, 87, 88, 110, 134, 137, 154, 161, 168, 240, 247, 263, 267–269, 280, 284, 285, 287, 301, 331, 343, 344, 345, 353, 355
Cuba, 7, 10, 45, 47, 109–130, 353–366, 368, 369, 370, 373, 375–377

D
Danemark, 7, 10, 23, 46, 97, 241, 307–328, 341, 353–373, 376, 377
Décideurs politiques, 31, 32, 302, 303, 369
Démocrates sociaux, 343
Dépenses en R-D (DIRD), 97, 242, 363–365, 368, 369
Dépenses intérieures brutes de R-D (DIRD), 168–171, 274, 363
Dépenses intérieures brutes de R-D du secteur de l'enseignement supérieur (DIRDES), 274, 363
Dépenses intérieures brutes de R-D du secteur des entreprises (DIRDE), 363

Dépenses intra-muros de R-D du secteur de l'État (DIRDET), 171
Deuxième guerre mondiale, 15, 61, 86, 162, 249, 283, 284, 331, 338, 349
Deuxième mission des universités, 104
Développement économique, 3, 4, 6, 7, 16, 21, 24, 30–53, 60, 77, 85–105, 122, 140, 165, 166, 185, 189–209, 215, 219, 239, 240, 246, 248, 261, 263, 272, 301, 309, 374, 376
Développement technologique, 21, 25, 30, 33, 43, 53, 60, 62, 77, 80, 112, 113, 137, 146, 191, 198, 240, 259, 264, 269, 335
DIRD, *Voir* Dépenses en R-D
Discrimination, 73–75, 344–345
Domaines d'études, 68, 120, 175, 176, 222–224, 252, 361
Droit de la propriété intellectuelle (DPI), 48, 78, 98, 328
Droits de la propriété intellectuelle liées au commerce (DPILC), 33, 46, 49, 78, 98, 135, 144, 152, 157, 261, 328, 336, 346
Dynamisme technologique, 65, 66, 67

E
École de la dépendance, 6
Économie d'apprentissage, 102, 283–304, 315, 348
Économie de savoir, 326, 328, 335
Économie du savoir, 14, 16, 23, 30, 32, 47, 103, 105, 118, 161, 239, 247, 257, 273, 276, 334
Économie évolutionniste, 38
Économie sociale de marché, 285
Économie socialiste, 7, 239, 261, 353
Économies d'échelle, 15, 53
Edquist, Charles, 39
Enquête de PISA, 278
Education ouverte, 312
Enseignement tertiaire, 207, 310, 311, 312, 318, 321, 355, 356, 357, 361
Entrepreneurs, 18, 26, 46, 148, 197, 205, 206, 259, 269, 347
Entreprises de haute technologie, 23, 92, 206
Entreprises publiques, 44, 60, 61, 63, 97, 99, 115, 134, 135, 139, 140, 151, 163, 165, 170, 171, 183, 184, 319
Environnement de la recherche, 13, 18, 338
Équivalent temps plein (ETP), 224, 365–368
Espace européen de l'enseignement supérieur, 341
Espérance de vie, 332, 355

Index 391

Essaimage, 34, 36, 45, 52, 79, 80, 183, 208, 313, 325
Essaimage universitaire, 20, 52
Établissements d'enseignement supérieur (EES), 59, 67–69, 71, 119, 121, 124, 125, 127, 129, 130, 174, 180–184, 213, 215, 217, 219–222, 225, 245, 246, 248–254, 258, 264, 267–272, 274–280, 364–366
Établissements de R&D, 79, 117, 119, 135, 136, 139–148, 155, 157, 192, 193, 203, 209, 245, 254, 267, 268, 270, 273, 277, 278
Établissements de recherche, 3, 15, 16, 20, 22, 42–45, 47, 50, 52, 58, 66, 78, 79, 114, 134, 137, 139, 140, 151, 153, 155, 157, 162–168, 170, 171, 173, 181, 187, 243, 245, 249, 250, 254, 257, 259, 262–263, 267, 268, 270, 272, 274, 276, 277, 290, 291, 298, 302, 310, 312, 313, 320, 322, 325–328, 338, 341, 342, 347, 363, 369, 372, 373
Établissements universitaires, 3, 4, 6–8, 13, 15, 25, 30, 33, 46, 94, 105, 119, 123, 130–158, 189, 239–265, 268–274, 288, 327, 338, 344, 349
État providence, 87, 307–308, 323
États Unis, 14–20, 23, 29, 30, 32, 33, 38, 66, 78, 88, 100, 110, 118, 166, 183, 186, 230, 256, 269, 273, 284, 285, 291, 298, 308, 328, 337, 354, 365, 369
Études/programmes de troisième cycle, 72–73, 76, 96, 121, 122–124, 145, 164, 175, 176, 179, 223, 224, 241, 251, 252, 312
Etzkowitz, Henry, 5, 18, 30, 32, 42, 81, 242
Europe, 5, 13, 14, 19, 20, 21, 23, 26, 27, 33, 54, 109, 118, 166, 241, 261, 268, 341
EUROSTAT, 240, 242, 252, 309
Exportations, 31, 62, 66, 67, 86, 92, 93, 111, 118, 126, 135, 171, 189, 229, 240, 241, 271, 285, 335
Externalisation, 320, 327

F
FAO, 137
Fédération Russe, Russie, 7, 267, 272, 279, 281, 353, 369
Financement de la recherche, 15, 19, 43, 64, 257, 258, 260, 264, 293, 318, 322, 339–340, 365
Financement R-D, 51, 63, 117, 146, 170, 172, 183, 257–258, 259, 271, 272, 274, 276, 336, 339

FMI,
Fond national pour le développement scientifique et technologique (FNDCT), 44, 63–65
Fondation de savoir (KK-stiftelsen), 342
Formation technologique, 60, 64–67, 77, 78, 81, 153
France, 19, 20, 21, 54, 273, 284
Frascati, Manual, 229, 365
Fraunhofer, 43, 290, 290–293, 297, 299
Freeman, Chris, 38, 267

G
Gatsby Clubs, 205
Gibbons, Michael, 14, 40, 125, 322
Gouvernance, 10, 13–26, 73, 100, 141, 148, 179, 195, 219, 245, 246, 298, 314, 315–318, 321, 323–325, 370, 375

I
IDH, *Voir* Indice de développement humain
IED, *Voir* Investissements étrangers direct
Implications politiques, 7
Importations, 61–63, 86, 110, 115, 133, 172, 241
Inclusion sociale, 73–75, 102, 370, 372
Incubateurs, 41, 45–47, 53, 77, 81, 98, 178, 186, 205, 208, 221, 269, 320, 336, 348, 378
Indice de développement humain (IDH), 307, 332, 354, 355
Infrastructures de savoir, 16, 32, 328
Initiatives des pôles, 202
Innovation, 3, 13, 30, 59, 85, 109, 135, 165, 190, 241, 267, 285, 308, 331, 353
Innovation sociale, 376, 378
Innovations incrémentales, 79, 151, 152
Inscriptions en cycle universitaire, 95
Institut Max Planck, 42, 290
Institut suédois des études en education et recherche (SISTER), 343
Institut universitaire d'ingénierie et de technologie (CoET), 47, 48, 197–205, 207, 208
Instruments politiques, 21, 44, 65, 93, 102
Inventions, 33, 35, 49, 261, 290, 296, 346, 347
Investissements étrangers direct (IED), 90, 134, 135, 241
ISA, *Voir* Agence suédoise d'investissement

J
Japon, 33, 38, 72, 117, 134, 144, 272, 273, 277, 285, 337, 341

K

Keynes, Milton 86, 232, 331

L

Laboratoires publiques, 17, 325
Lettonie, 7, 10, 47, 239–265, 353, 354, 355–370, 373, 375, 376, 377
Leydesdorff, Loet, 42
Licence, 18, 23, 33, 34, 37, 45, 46, 48–51, 78–81, 156, 182, 183, 228, 290, 292, 296, 297, 325
List, Friedrich, 38
Livre blanc (Afrique du Sud), 46, 218, 219, 220, 225, 226, 232
Loi Bayh Dole, 33, 149, 328
Loi Helms-Burton, 110
Loi Torricelli, 110
Lundvall, Bengt-Åke, 38, 39, 88, 167, 267, 307, 309, 326

M

Main d'œuvre hautement qualifié, 62, 136, 301, 304
Mandela, Nelson, 218, 221
Marché de capital-risque, 16, 23
Marx, Karl, 214
Mbeki, 229
Mesures d'investissements liés au commerce (MIC), 135
Mexique, 66, 79, 100, 122
Microélectroniques, 18, 42, 284, 292, 296
Mobilité des chercheurs, 18, 325
Mode 2, 38, 40–41, 125, 322
Modèle linéaire, 3, 13, 32
Modèle suédois, 332
Monde universitaire, 4, 45, 98, 100, 158, 203, 303, 319, 341, 345, 347, 348, 374
Mondialisation, 3, 7, 110, 284, 301, 302, 334–335, 337
Mortalité infantile, 332

N

National Institutes of Health (NIH), 17
Nelson, Richard, 33, 37, 38, 267
Néolibéralism, 232, 239, 298, 308
Nutek, 337

O

Objectifs de développement du millénaire, 154
OCDE, 13, 16, 33, 102, 139, 194, 229, 272, 274, 275, 278, 300, 307, 309, 310, 311, 333, 334, 345, 365

OMT, (pas trouvé)
ONG, *Voir* Organisations non gouvernementales
Organisations non gouvernementales (ONG), 154, 203, 204, 269
Organisations R-D, *Voir* Établissements de R&D

P

Paradoxe suédois, 345
Parcs scientifiques, 47, 53, 300
Parti communiste sud africain (SACP), 234
Pays-bas, 20, 302
Personnel noir, 224
Personnel R&D, 273, 274, 277
Personnes physiques, 365
Péru, (pas trouvé)
Petites et moyennes entreprise (PME), 23, 47, 48, 90, 135, 136, 149, 191, 200, 204, 205, 207, 208, 241, 244, 245, 308, 320, 327, 335, 337, 347
Photonique, 42, 291
PIB, *Voir* Produit intérieur brut
PIB par habitant (PPA), 134, 240, 307, 332
PME, *Voir* Petites et moyennes entreprise
Pôles, 13, 20–23, 47, 48, 68, 113, 114, 167, 168, 186, 197, 201–203, 208, 272, 312, 313, 321, 335–337, 346, 348, 349, 363, 377
Politique d'environnement, 136, 155, 157
Politique d'innovation, 21, 32, 80, 232, 247, 335
Politique de recherche, 13, 14, 16, 17, 24, 32, 82, 246, 248, 291, 309, 310, 345
Politique publique S&T, 59, 63
PPA, *Voir* PIB par habitant
Première mission des universités, 301, 304, 355–356
Privilège professoral, 296
Processus de Bologne, 341
Processus politique, 7
Production de savoir, 38, 40–41, 93, 155, 247, 289, 293, 313, 327, 378
Produit intérieur brut (PIB), 7, 8, 10, 62, 65, 87, 90, 93, 97, 99, 110, 115, 117, 118, 134, 135, 139, 168, 171, 172, 178, 190, 192, 229, 230, 231, 240, 241, 242, 257, 258, 271, 273, 274, 307, 309, 310, 312, 321, 332, 333, 359, 360, 363, 364, 377
Programme Croissance, Emploi et Rédistribution (GEAR), 232
Programme de reconstruction et de développement, 218
Programmes de doctorat, 122, 279, 312
Programmes de masters et de commerces, 96, 109

Index

Propriété intellectuelle, 33, 46, 48, 77, 78, 98, 125, 135, 144, 148, 155, 157, 257, 261–262, 269, 296, 328, 336, 337, 346, 378
Publications, 15, 34, 35, 37, 40, 50, 81, 88, 101, 124, 125, 150, 182, 183, 198, 226, 227, 232, 247, 254, 255, 286, 290, 291, 317, 325, 327

Q

Qualité de l'enseignement, 74, 75–76, 98, 100, 179–181, 219, 245, 252, 301, 315, 343, 372–373

R

Rattrapage, 239–265
Recherche appliquée, 20, 24, 33, 42, 53, 64, 94, 168, 169, 173, 180–183, 187, 209, 242, 245, 259–261, 263, 291, 292, 293, 336
Recherche dans les centres/pôles d'excellence, 14, 16, 18–22, 25, 40, 41, 67, 126, 128, 146, 147, 156, 227, 228, 279, 290, 302, 327, 377
Recherche et développement (R&D), 50, 169, 173, 181, 190, 244, 249, 250, 254, 255–258, 258–259, 261, 262, 264–266, 268–280, 285–287, 289, 291, 293, 294, 297, 307–310, 313, 314, 321, 326, 333–337, 339–341, 350, 351, 363, 377
Recherche fondamentale, 13–14, 17, 21, 22, 24, 30–33, 36, 42, 50, 51, 53, 64, 134, 167, 168, 169, 173, 180–182, 187, 195, 196, 198, 209, 242, 244, 260, 269, 290–294, 297, 300, 302, 322, 339, 346
Recherche universitaire, 13–26, 29–33, 37, 42, 44, 45, 48, 49, 53, 64, 73, 76, 80, 100, 101, 109, 126, 128, 134, 248, 249, 254, 289, 293, 294, 296–298, 313, 320, 337, 343–346, 363–365, 368, 371–373
Recherche, gouvernance de la, 10, 13–26, 299
Réforme universitaire, 3, 21, 44, 68, 73, 80, 82, 154, 243, 267–280
Relations universite-industrie, 29–53, 336, 376
Relations université-secteur privé, 342
Remplacement des importations, 61–63, 86, 115, 133
République démocratique d'Allemagne, 284
République fédérale d'Allemagne, 284
Ressources humaines, 46, 51, 76, 77, 104, 123, 140, 141, 147, 148, 157, 161–163, 198, 215, 226, 240, 247, 255, 272, 273, 274, 277, 301, 309

Rosenberg, Nathan, 23, 33, 37
Royaume uni, 15, 19, 20, 23, 204, 215, 272, 273, 277, 284, 298, 302

S

Sarec, 6
Science et technology (S&T), 42, 45–47, 52, 59, 63–65, 92–95, 115, 116, 133, 138–141, 144, 146, 148, 150–155, 162–167, 171, 182–184, 194, 199, 200, 207, 226, 228, 247, 267–269, 273, 274, 276–278, 280
Science, ingénierie et technologie (SIT), 222–224
Science, technologie et innovation (STI), 213, 232
Science, technologie et société (STS),
Sciences de la vie, 42, 173, 222, 291, 302
Service de vulgarisation universitaire, 29, 34, 36, 68, 79–81, 102, 137, 141, 376
Sexe, genre, 9, 71, 95, 154, 206, 214, 224, 234, 253, 344, 370, 372
SI, *Voir* Systèmes d'innovation
SIDA, *Voir* Agence suédoise de développement international
SIT, *Voir* Science ingénière et technologie
SNI, *Voir* Système national d'innovation
Social-démocrate, 331, 332, 334
Société d'apprentissage, 198, 213
Sociétés holding universitaires, 341–342
STI, *Voir* Science technologie et innovation
Suède, 7, 10, 13, 22, 23, 29, 46, 48, 97, 100, 241, 255, 256, 275, 309, 310, 312, 331–349, 353–366, 371–373, 376
Suisse, 20, 21
Système de recherche, 14, 17–19, 21, 23, 25, 81, 163, 164, 167, 249, 314, 369
Système de recherche en laboratoire, 17, 51, 64, 92, 119, 129, 292
Système de science et d'innovation technologique (SSIT),
Système global de connaissance, 4, 6, 129, 264
Système national d'innovation (SNI), 3, 38, 79, 85–105, 109–130, 135–138, 161–166, 167–170, 178, 180, 186, 187, 191–194, 197–206, 212, 213, 215, 226, 230, 231–234, 242–245, 248, 263, 264, 267, 268, 272, 280, 335
Système R&D soviétique, 155, 249, 267
Système universitaire, 4–6, 14, 20–22, 25, 51, 60, 67, 72–74, 76–78, 85, 89, 95–98, 101, 104, 133, 138–148, 150, 155, 156, 161–166, 174–178, 186, 187, 215, 249–256, 264, 287, 292–300, 303, 304, 338, 346, 349, 371, 374, 376

Systèmes d'innovation (SI), 4, 8, 13, 16, 38–39, 48, 85, 91, 104, 129, 151, 201–203, 213, 334–337, 339, 342, 348, 368

T
Tableau de bord européen, 241
Tanzania Gatsby Trust (TGT), 48, 204–205
Tanzanie, 7, 10, 24, 43, 47, 48, 189–209, 353, 354, 355, 357–362, 364–373, 376, 377
Taux brut d'inscriptions (TBI), 355, 356, 358
TBI, *Voir* Taux brut d'inscriptions
Technologies d'informations et de communications, 4, 33, 42, 43, 167, 212, 309, 320, 326, 347
Technologies d'informations et de communications, 4, 33, 42, 43, 167, 212, 309, 320, 326, 347
Télécommunications, 48, 61, 64, 65, 142, 171–173, 309, 336
Théorie de la modernisation, 5
TIC *Voir* Technologies d'informations et de communications
Transfert de technologie, 18, 35, 37, 39, 46–48, 51, 77, 78, 80, 112, 118, 156, 157, 182–187, 200, 204, 227, 242, 245, 259, 291, 292, 297, 299, 302, 303, 320, 337, 373, 376–378
Triple Hélice, 42
Troisième mission des universités, 9, 303, 375, 376

U
UNESCO, 6, 10, 97, 118, 311, 365
UniDev, 6–10, 13, 24, 31, 353–378
Unification d'Allemagne, 284, 286
Union des républiques socialistes soviétiques (URSS), 110, 211, 239, 249, 268, 271, 284

Union européenne, 239, 240, 247, 284, 285, 309, 335
Union soviétique, 43, 134, 146, 162, 211, 242, 262
Université d'Afrique du Sud
Université de Dar es Salaam, 191, 196–206
Université de la République, 85, 94, 95, 376
Université de Lettonnie, 249–251, 254, 261, 262
Université entrepreneuriale, 8, 15, 35, 146, 346–347, 377
Université évolutive, 85, 103–105
Université ouverte de Tanzanie (UOT), 195
Université, Humboldtienne, 374
Universités de recherche, 229, 262, 264, 277, 279
Universités privées, 72, 74, 95, 100, 146, 156, 162, 195, 206, 288, 303
Universités, brevetage, 18
Universités, deuxième mission, 363–369
Universités, financements, 206–207
Universités, licences, 81
Universités, première mission, 355
Universitès, salaires, 147, 373
Universités, troisième mission, 341, 349, 375, 376
URSS, *Voir* Union des républiques socialistes soviétiques
Uruguay, 7, 10, 44, 85–105, 278, 353–360, 362–374, 376, 377

V
Vietnam, 7, 10, 25, 30, 44, 133–158, 353–360, 362–373, 375–377
VIH, Sida (pas trouvé)
Vinnova, 52, 335–337, 339, 341, 342, 346–348
Volkswagenstiftung, 294
Von Humboldt, Wilhelm, 293

Z
Zanzibar, 205